沈福伟，1935 年生于江苏苏州。1958 年毕业于复旦大学历史系。1978 年起任教于苏州大学，历任副教授、教授、文化交流与现代化硕士点导师。研究方向：中外关系史、亚洲及欧洲文化史、现代化理论。曾任十卷本《中华文明史》(1994 年) 及《中华历史通鉴》(1997 年) 中外文化交流学科主编及撰稿人。著有《中西文化交流史》(上海人民出版社，1985 年初版，2006 年、2014 年、2017 年修订)、《Cultural Flow between China and Outside World throughout History》(外文出版社，1996 年初版，2009 年修订)、《西方文化与中国：1793—2000 年》(上海教育出版社，2003 年)、《文明志》(上海人民出版社，2013 年)、《中国与欧洲文明》(山西教育出版社，2018 年) 等。

沈福伟文化史论著系列

沈福伟 / 著

中国与西亚文化交流史

A History of Cultural Exchanges between China and West Asia

山西出版传媒集团
山西教育出版社

图书在版编目（CIP）数据

中国与西亚文化交流史 / 沈福伟著. — 太原 : 山西教育出版社，2023.3
（沈福伟文化史论著系列）
ISBN 978-7-5703-3129-1

Ⅰ. ①中… Ⅱ. ①沈… Ⅲ. ①文化交流-文化史-中国、西亚 Ⅳ. ①K203 ②K370.03

中国国家版本馆 CIP 数据核字（2023）第 041972 号

中国与西亚文化交流史
ZHONGGUO YU XIYA WENHUA JIAOLIU SHI

责任编辑 邓吉忠
复　　审 陈旭伟
终　　审 李梦燕
装帧设计 薛　菲
印装监制 蔡　洁

出版发行 山西出版传媒集团 · 山西教育出版社
（太原市水西门街馒头巷 7 号　电话：0351-4729801　邮编：030002）
印　　装 山西新华印业有限公司
开　　本 787×1092　1/16
印　　张 21.25
字　　数 378 千字
版　　次 2023 年 3 月第 1 版　2023 年 3 月山西第 1 次印刷
审 图 号 GS（2022）4974 号
书　　号 ISBN　978-7-5703-3129-1
定　　价 86.00 元

前　言

西亚是有着广阔的山林、平原和沙漠的地区。这里曾是人类最早繁衍、活动的地区之一，公元前4000年就孕育了世界上最古老的美索不达米亚文明。从此以后，辉煌的西亚文明就像哺育它的底格里斯河和幼发拉底河一样滔滔不绝，绵延至今。

西亚和以中国为代表的东亚是世界上最早崛起的两大古文明的摇篮，彼此在两千多年前就开始了文化的接触。作为一个地理区域，西亚离中国并不遥远。从阿富汗、伊朗向西，有伊拉克、土耳其、塞浦路斯、叙利亚、黎巴嫩、约旦、以色列、巴勒斯坦、沙特阿拉伯、科威特、巴林、卡塔尔、阿拉伯联合酋长国、阿曼、也门，这些国家和地区分属于不同的民族和文化体系，在文明演进的舞台上扮演着各不相同的角色。伊朗、阿拉伯、土耳其是播送西亚文明的三大主要地区。

前6世纪，居住在伊朗高原的波斯人和米地亚人继承巴比伦和亚述文明，建立起一个强大的波斯帝国。大流士一世（前522—前486年在位）统治时，这位身兼巴比伦和埃及国王的波斯君主建立了世界历史上第一个地跨亚、非、欧三大洲的大帝国，使伊朗人的文明信息向东推进到了中国的西部边境。随后，希腊文化紧随马其顿的亚历山大东征在亚洲中西部发扬光大，罗马帝国则席卷地中海世界，势力伸向波斯湾和红海。为发扬伊朗文化，立国伊朗东部的帕提亚王朝和萨珊波斯继续与西方相抗争。但希腊、罗马的文化边界却一直推进到了中亚细亚，进入了中国的新疆和南亚的印度河流域。中国西部由此形成希腊文化、伊朗文化、印度文化与华夏文化交相辉映的文化景观。

7世纪，游牧的阿拉伯人在走出沙漠、席卷西亚和地中海南岸以后，伊斯兰文明便替代以往各种文明，在这一地区占据了统治地位。阿拉伯哈里发统治下的帝国再次以地跨亚、非、欧三大洲的宏伟版图展现了新的伊斯兰文明的威力。伊朗文化作为一种高度发展的城市文明，在传播阿拉伯文化的过程中扮演了十分重要的角色。哈里发帝国建立后的两个世纪，阿拉伯人已消化了伊朗的各种学问，吸纳了希腊文化、希伯来文化和印度文化，甚至还有中国的工艺和科学知识，成为古典文明的一个无可争议的继承者，并成为东西方文明交汇的中心。阿拉伯人建立的阿拔斯王朝的新都巴格达就是这个中心的中心。

在阿拉伯世界中，文明传递的趋势逐渐由早先的东西双向交汇转变成滚滚浪潮自东向西单向奔流的格局。10世纪末，阿拉伯帝国在文化体系上已呈现出至少三个群体的态势：伊朗、伊拉克为它的东支；北非、科尔多瓦为它的西支；叙利亚、埃及则构成介于东西支系之间的又一支系。由此出现了三个文明中心并列的历史：东部的巴格达、居中的开罗和西部的科尔多瓦。这就使文化的信息、文明的脉搏在亚、非、欧三大洲通过三点联成了一线。科尔多瓦的穆斯林在11世纪到13世纪发动了将阿拉伯学术传送给欧洲基督教徒的文化运动，为欧洲走出黑暗的中世纪传递了知识的钥匙，开启了智慧的门户。其间虽有绵延两个世纪之久（1097—1291年）的欧洲基督教十字军的八次东征，似乎一度使古代希腊、罗马文明与伊朗文明之间曾经有过的东西汇合的局面在基督教文明与伊斯兰教文明之间再现，然而此刻统治西亚、北非的阿拉伯人以文明世界中心的骑士风度与全副戎装的基督教骑士团鏖战到底，使文明传递的洪波依然滚滚向西。那时是东方文明主导西方文明的成长与发展。

在蒙古人统治伊朗和占有美索不达米亚期间，经过与西方基督教国家军事较量、磨练的埃及马木鲁克王朝成为阿拉伯世界的中流砥柱。阿拉伯文化的中心由伊拉克转向埃及，开罗奠定了它作为穆斯林世界文化中心的地位。

建立在拜占廷文明废墟上的奥斯曼土耳其帝国于15世纪在小亚细亚崛起。它继承阿拉伯人开创的事业，再度为缔造一个地跨亚、非、欧三洲的大帝国而征战了近三个世纪。到苏莱曼一世（1520—1566年在位）时期臻于极盛，昔日哈里发雄视世界的盛况重又出现在西亚、非洲。帝国的版图跨越克里米亚，伸向尼罗河第一瀑布，从匈牙利的布达佩斯一直抵达波斯湾的巴林。唯有伊朗却从此另立一方，脱离了阿拉伯世界，在兵连祸结中获得独立。土耳其人从阿拉伯人那里获得了科学、宗教和社会经济的管理知识，连书写用的字母也借自阿拉伯文，并一直使用到1928年。奥斯曼土耳其帝国从16世纪起便一直接受西方国家的挑战，先后与葡萄牙、威尼斯、热那亚、法国、英国甚至美国发生冲突。西方文化对土耳其的冲击开始于拿破仑对埃及的战争，此后法国、英国连同美国相继在叙利亚、埃及和北非兴办学校，为以后蚕食鲸吞这些地方撒下网罟。

1840年后，土耳其已被英、俄、奥、普四个欧洲列强所挟持，接着是整个非洲被列强瓜分完毕，西亚、非洲的政治格局大为改变，“近东”“中东”渐成西方列强政界的常用名词。1907年英、俄瓜分伊朗，1920年土耳其被英、法宰割。第二次世界大战前夕，在西亚、非洲地区，只有穷蹙于小亚细亚的土耳其和红海西岸的埃塞俄比亚以及大西洋海滨的利比里亚算是独立的国家。第二次世界大战结束后，西亚、非洲民族解放运动蓬勃开展，才使这片广大的土地挣脱殖民统治的锁链，获得了独立。

从亚洲东部向西部内陆伸展的中华文明，在地理上和不足500万平方公里的西亚之间虽有千山之隔，却有一条狭窄的高原走廊相连，它便是位于中国新疆西南的塔什库尔干和帕米尔高原西部的阿富汗之间的瓦罕山谷。这条东西贯通兴都库什山脉的谷道在2世纪时名叫休密，后来又称钵和、胡密（护密），将中国和西亚连到了一起，在3000年前已是居民和商旅东西出入的孔道了，2000年前更是著名的丝绸之路分别从撒马尔罕和阿富汗通往西亚的必经之路。从那时起，中国和西亚便有理由被视作两个有着广泛的有机联系的文化实体。

从比较文化的角度去寻求东亚和西亚之间的文化共识，探讨历史的踪迹，梳理彼此的异同，总结交流的经验，可以获得以下几点认识：

西亚曾经长期是世界文明的中心。西亚的居民早在前4000年就首先揭开了世界文明史的序幕，并在此后长期在人类文明的进程中扮演重要的角色。直到17世纪，西亚文明仍然具有强大的生命力。在最近两个世纪中，中近东一直是举世瞩目的地区之一。

古老的中华文明曾长期从西亚吸纳优秀的文化要素，以丰富自身的文明内涵，拓展自己的文明进程。自战国时代起，西亚的文明古国伊朗就与南亚的印度相并列，在长达2000年的时间中一直是中华文明互通信息、互相借鉴的主要对象。在欧洲工业文明从大西洋跨越浩瀚的海洋来到中国以前，西亚一直是中国和地中海世界取得联系的必由之路。中国借助这一地区校正自身的文明机制，调整文明前进的步伐。中国长期从这一地区获取自己的需求，无论是工艺制造、园艺栽培还是原料、矿物、药材、马匹、皮毛等各类资源，甚至包括法律、制度在内的各项精神文明，有些已融化于中华文明之中，成为中国传统文化的一部分。

西亚是中华文明向西方传播并发扬光大的中继站，是工业文明兴起以前中国和欧洲基督教世界沟通的纽带。伊朗是世界上最早使用并向西传导中国发明的丝绢、植物纤维纸和弩机的国家之一。阿拉伯人兴起以后，造纸术、印刷术、炼丹术，连同瓷器、罗盘、火药都首先在当时拥有高度文明的西亚得到移植与传播，并推动着整个地中海世界也步入西亚文明的圈子。中国的这些发明先后经过伊朗人、阿拉伯人之手跨越地中海，传入欧洲。直到法国大革命前夕，欧洲的改革家如杜尔哥等人还念念不忘，想通过了解中国养蚕、造纸、制瓷等产业的技术来改进欧洲大陆的制造业，改善欧洲的社会生活。

中世纪高度发展的西亚文明催生了欧洲近代文明，是欧洲现代文明的起点。阿拉伯世界的科学与文化改变了欧洲的落后面貌，使欧洲学会了向东方学习，去迎接自己的文艺复兴时代。欧洲的文艺复兴运动最初从意大利半岛展开，先从拉丁语和古文字的研究启动。意大利最接近阿拉伯世界，在商业上曾长期仰赖于埃及、利凡特和小亚细亚。文艺复兴运动之所以从文字学、文献学开始，是由于欧洲的科学、文化水平与伊斯兰文明世界相比差距太大。当时欧洲的文盲很多，要想学术昌明，科学发展，还得从文字、文献展开。在大亚尔卑尔特和罗杰尔·培根的时代，欧洲炼丹术士开始从中国和阿拉伯的炼丹家那里获得技术秘密，经过好几个世纪的传承，才引发了化学科学的诞生。罗盘和火药在欧洲近代文明发展过程中的意义远比法国大革命深远。从伊斯兰文明对欧洲工业文明的贡献中不难看出，中华文明已成为伊斯兰文明极富生机的组成部分，以致直到20世纪初，欧洲人仍然认为褴褛纸、炼丹术、火药、火器都是阿拉伯人的伟大创造。

西亚文明在世界多元文明体系中具有重要的地位。欧洲殖民时代的终结，欧洲中心论被多元文明论替代，使人们得以重新审视中华文明、伊斯兰文明、基督教文明以及其他文明对人类文明进程同等重要的贡献。在当今世界，以西亚为母体的伊斯兰文明仍然是值得重视的一股巨大的力量。

沈福伟

2020年12月

目　　录

第一章
中华文化和西亚文化

第一节　西亚文化源流

一、前伊斯兰文化时期

西亚与非洲是世界上最古老的文明诞生的地方。美索不达米亚和尼罗河下游三角洲在前7000年已经萌发了文明的幼芽，逐步摆脱采集经济，开始有了农业与畜牧业。经过漫长的探索与追求，金属冶炼与城市生活随之展开，文明在这些地区首先开出灿烂的花朵。

西亚东部自伊朗高原开始，西部到地中海为止，有着一块新月形的沃土，由西奈半岛向东伸展到幼发拉底河和底格里斯河。这是西亚最适宜于农耕和定居的地方，从那里萌发了古老的美索不达米亚文明。当地居民仰赖两河在每年河泛期间供给充足的水量，如同埃及依靠尼罗河一样。

游牧民族络绎进入这一沃土，促使文明社会的诞生。在前3400年的乌尔，首先出现了欧罗巴人的苏美尔王朝，后来又有赫梯人、都兰人、卡西特人和波斯人的移入。最重要的是那些来自阿拉伯沙漠的闪族人群，巴比伦人、阿拉美人和亚述人注定最后成为这里的统治者。苏美尔人创造了刻画在泥板上的楔形文字，发明了一种一年分为12个月并有闰月的太阴历，使用陶轮和车，采用60进位的计数法。他们的创世神话、洪水和巴别塔的故事，后来被希伯来人写进了《旧约》。苏美尔的城市在前3000年被闪族的游牧民所征服，阿卡德人、巴比伦人相继占有这块人间乐土。法律的制订，运河、道路的建设，城市生活和神庙制度进一步得到完善，都是这一时期文明发展的标志。前1700年，骑马民族卡西特人入侵，毁坏了巴比伦人的文明，使美索不达米亚跨入另外一个时期。巴比伦人重视寺庙、学校，创作了伟大史诗《吉尔伽美什》，进一步改良太阴历，把一年按月亮盈亏分作日数不等的12个月。前8世纪末，亚述人继承巴比伦文化，占领了美索不达米亚，领土从托罗斯山脉伸展到埃及边境。亚述人使军事机器极度扩张，装备有铁兵器、攻城机、战车的军队成了国家的命脉。中央集权的专制政治，开启了世界上最早的邮传制度。精工制作的浮雕是亚述艺术的代表，动物或人兽搏斗的英雄图像，特别是作为权力和强敌代表的狮子，以引人注目的题材出现在各种古建筑中。在那里，亚述的雕匠已将力和情操完全融合为一了。

波斯帕利斯城遗址

肥沃新月的西部，缺少发展农业的广阔平原，海和沙漠促使那里的居民奋战于畜牧与海外经商，赫梯人、阿拉美人、希伯来人和腓尼基人相继流徙在这一地区。赫梯人建国于小亚细亚的中部，在前14世纪中叶进入盛期，他们对文明世界的贡献是使用比之铜、石器更为锋利的铁器。他们的建筑艺术，诸如宫墙、回廊和装饰艺术，都被亚述人所继承。前10世纪来临的时候，阿拉美人统驭了小亚细亚和西南亚洲的陆上贸易，在大马士革建立了强有力的城邦。他们创造的拼音文字，代替象形文字和楔形文字，成为通行文字。阿拉美语曾是地中海东部地区通用的语言，长时期给后人留下巨大的影响。

闪族的腓尼基人居住在黎巴嫩山以西的地中海沿岸，贫瘠的土地驱使他们仰赖天然良港从事海外贸易。他们的足迹遍及地中海、爱琴海和黑海各地，甚至进入大西洋。他们一手建造了加迪斯、迦太基和马赛等沿海城市，并在地中海的马耳他、塞浦路斯、西西里驻扎卫士。腓尼基人最大的贡献是采用有22个符号的拼音字母，每个符号代表一个子音，按次序排列，构成了真正的拼音字母。后来希腊人又给它加上了母音，完成了拼音文字的创作。同样属于闪族的希伯来人，他们逐渐由早先居住的沙漠渗入巴勒斯坦，在北部建立以色列王国，在南部成立犹太王国。大卫（前1010—前970年在位）统一了分散的部众。后来分裂的巴勒斯坦先后被亚述和迦勒底所征服，犹太人在前586年出奔埃及。在埃及，先知耶利米由犹太教确立的一神教，将耶和华演化成一个万能的上帝。希伯来的文学作品通过宗教形式结集成《旧约》和《新约》，成了千古不朽的鸿篇巨制。

巴比伦、亚述文明的继承者是波斯帝国。欧罗巴民族的波斯人和米地亚人在前680年后击败了亚述，在前6世纪建立起一个从地中海东岸到伊朗高原的大帝国。大流士一世（前522—前486年在位）统治时期，帝国东起印度，西至色雷斯和埃及。他身兼巴比伦和埃及国王，将其领土划分成20个行省，分派总督（satrap）治理。波斯原先信奉自然神灵，到前6世纪，琐罗亚斯德创立了以他的名字命名的宗教。他的一生被视作是与恶势力不断抗争和胜利的一生。火被当作善与光明的神马兹达的象征受到崇拜。琐罗亚斯德教要求在善恶斗争中作出抉择，马兹达的旗帜是正义，他会援助站在他一边的人。在琐罗亚斯德的信念中，善与恶的斗争被认为直到人死之后仍然继续存在。波斯的宗教观以为人体只是精神所托付的机体，精神的要素生命可以超脱人体而行动和思想，因此琐罗亚斯德的信徒习惯于弃尸郊野。虽然琐罗亚斯德教后来变为世俗的、以魔法和禁忌为宣传形式的宗教，但它关于地狱和恶魔的观念却被犹太人所借用，犹太人又传给了基督教和崇拜太阳神的密特拉（Mithra）教。

前334年，马其顿的亚历山大发动了征服亚洲的战争。到前322年，马其顿大军已抵达印度河畔，亚历山大帝国代替波斯帝国崛起于欧、亚、非三洲。希腊文化跟随亚历山大的军事征服在亚洲西部和地中海南岸发育、成长，这使埃及、小亚细亚、伊朗、美索不达米亚、阿富汗和费尔干纳都留下了希腊文化以及希腊君主建立的国家，欧亚文明的洪波第一次激荡汇流在中国西部边境。

罗马帝国的崛起，使希腊文明有了新的依附。埃及、昔兰尼加、利凡特（巴勒斯坦、黎巴嫩）和小亚细亚都是罗马在地中海东部的重要辖区。染织、金工、玻璃、制陶、畜牧、园艺都各有所长，精湛的工艺和美术更使它具有独一无二的名声。在君士坦丁大帝（306—337年在位）时建都的拜占廷直到伊斯兰教兴起以后很久始终是在东地中海滋育希腊文明的营垒。在古波斯的东部地区，帕提亚王朝以希腊文化和伊朗文化的传导者身份出现在历史舞台上。到了226年，强有力的萨珊王朝重新以恢复古波斯的光荣为己任，致力于民族文化的重建，确立琐罗亚斯德教（祆教）为国教，排斥摩尼教，将伊朗文化推向一个繁荣的高峰。这个王朝在最初的200年中不断和罗马人争战，后期又与哌哒、突厥冲突，最后被新兴的信奉伊斯兰教的阿拉伯人所灭亡。

二、伊斯兰文化时期

阿拉伯人是天生的商业民族，先知穆罕默德就是商人出身。他创立的伊斯兰教将处于蒙昧时期的阿拉伯社会推上改革的道路。阿拉伯人信奉麦加城中供奉黑石的圣地克尔白（Ka‘bah），俗称天房，每年有朝圣的活动。在朝圣的四个月中，一切争斗都不再存在。这种宗教信仰将处于松散的部落生活中的人群凝聚到一起，为推行一种世界化的新文明去奋斗。伊斯兰教信徒则以穆罕默德为最伟大的先知，他的教训都结集在伊斯兰教的圣经《古兰经》中。伊斯兰教从622年起开始走出麦加，广泛传播。穆罕默德以麦地那为他的新都。632年穆罕默德死后，他的弟子继续他的事业，不断发动圣战，征服邻近地区，建立起由哈里发（Khalīh，Caliph，继任者）统治的帝国。帝国的疆域从东起中亚细亚的乌浒河和信德，向西沿地中海南岸伸展到大西洋，又跨海占领了西西里岛，在西班牙南部建立了伊斯兰教的国家。中世纪的世界文明仰赖阿拉伯帝国，在东方的中国、印度和西方的拜占廷与欧洲之间架起了桥梁，使文明的接力棒在亚、欧、非三大洲之间顺利流转。

阿拉伯人征服西亚、北非之后，在伍麦叶王朝（661—759年），迁都大马士革的阿拉伯人开始接触发达的城市生活，进入阿拉伯文化的孕育时代。过惯沙漠游牧生活的阿拉伯人一旦进入城市，便有许多必须从被统治者那里学习的东西。他们从拜占廷和波斯人那里吸收工艺、技能，学习管理政府机构，从波斯语里吸收的词汇特别多。在征服者实施的政策下，波斯人、叙利亚人、希伯来人、柯柏特人、柏柏尔人和其他各种民族都纷纷皈依伊斯兰教，并且和阿拉伯人通婚。此后，凡是信奉伊斯兰教，使用阿拉伯语，能写阿拉伯文的，不再询问他原来的民族成分，都成了阿拉伯人。阿拉伯文化成了亚、非、欧三大洲许多使用阿拉伯语和不同宗教信仰的民族的共同财富。阿拉伯语在西亚战胜了阿拉美语、波斯语、罗马语、柯柏特语，成为通用语言。阿拉伯人分别于638年和640年在伊拉克新建的孪生城市巴士拉和库发至伍麦叶时期发展成伊斯兰世界两个最大的文化活动中心。阿拉伯语法的创始人阿布勒·艾斯瓦德·杜埃里（688年卒）就曾生活于巴士拉城。他的再传弟子，赫立理的学生西伯韦（793年卒）是个波斯人，他编写了第一部阿拉伯语法教科书，名之为《书》（al-Kitāb），直到现在仍是阿拉伯语法研究的基准。

波斯地毯

在波斯，尽管许多人皈依了伊斯兰教，但琐罗亚斯德教寺庙直到10世纪仍遍布全境。波斯语虽然还有很大势力，但在通都大邑却已通行阿拉伯语。在9—12世纪中也有许多波斯学者用阿拉伯语写作各种学术著作，从事各项文学创作。波斯人开始阿拉伯化。同时，波斯文化在推动阿拉伯文化发展的过程中起了重要的作用。波斯音乐曾是伍麦叶时代崛起的阿拉伯音乐十分重要的借鉴。当时最著名的歌姬加米拉（约720年卒）是个麦地那人，她常公开手持柳特[1]演唱，她的歌婢弟子举不胜举。麦加著名男歌手伊本·麦斯吉哈（715年卒）对传译波斯歌曲、引进波斯器乐、根据希腊和波斯乐律改革阿拉伯音乐贡献殊多。据说是他从波斯工匠那里学到波斯歌词后，再用阿拉伯诗谱写了最初的歌曲。精通罗马音乐和波斯音乐的男歌手伊本·穆哈利兹（约715年卒）是波斯血统，被推崇为伍麦叶时代首屈一指的作曲家，列入伊斯兰教四大歌手之一。出身波斯贵族的摩苏尔人易卜拉欣（742—804年）首先用指挥棒打节拍，又是古典音乐的创始者。他的儿子伊司哈格（767—850年）是麦蒙和穆台瓦基勒的清客，被赞誉为推动伊斯兰教产生的最伟大的音乐家。阿拉伯医学接受了波斯和希腊医学的成就，开始摆脱符咒和单方的窠臼。原籍塔伊夫的哈里斯·伊本·凯莱达（约634年卒）是阿拉伯半岛上首先受过科学训练的医生，他在波斯学习医学，获得了“阿拉伯医生”的头衔。希腊医生和叙利亚医生成了伍麦叶的宫廷医生。阿拉伯人又从希腊文献中汲取炼金术、医学和占星术的知识。阿拉伯建筑艺术吸取了辖区中各地的传统式样，建筑风格各异，可以分成叙利亚埃及学派、伊拉克波斯学派、西班牙北非学派和印度学派。

阿拔斯王朝（750—1258年）时期，是阿拉伯帝国政治上日益分裂，文化上却兴旺发达、蒸蒸日上的时代。762年建成的新都巴格达，经过精心规划，不到半个世纪，至哈仑·拉希德（786—809年在位）在位时已由当年的荒村一跃而成繁华的国际都会，甚至被赞为举世无匹的城市。阿拉伯人在这时大胆地移植希腊、波斯、印度和叙利亚文化，从750年起，在大约一百年中，将希腊语、波斯语、梵语、叙利亚语的科学、哲学和文学著作翻译成阿拉伯语，促成了阿拉伯文化的觉醒和繁荣。在几十年间，巴格达就将已有几百年历史的希腊文化遗产变成了自己的学问。哈里发麦蒙（813—833年在位）于830年在巴格达创建了智慧馆（Bayt al-Hikmah），它拥有科学院、图书馆和翻译馆。希腊的医学、天文学、数学成了阿拉伯学问。希拉城的景教徒侯奈因·伊本·伊司哈格（809—873年）当上了图书馆馆长兼科学院院长，负责全部科学的翻译工作，成为当时最有名望的学者，备受敬仰。他是一批景教翻译家的领袖。他的儿子伊司哈格精通阿拉伯语，后来成为亚里士多德著作最成功的翻译家。侯奈因所译名著，麦蒙按译稿重量付给等量的黄金。撒比特·伊本·古莱（约836—901年）则是哈兰一批萨比教翻译家的领袖，他以哈兰哲学医学学院为基地，翻译与修订希腊著作。

① 波斯长颈琵琶。

他的庇护者哈里发穆阿台迪德（892—902年在位）甚至把他当作至交相待。10世纪后期又出现了许多翻译家，最后完成了阿拉伯历史上的翻译时代。此时，阿拉伯语已经从穆罕默德以后的宗教的语言变成了足以表达高深的科学思想和哲学概念的语言，同时它又以一种晓畅的政治和外交的语言而风行于亚非各地。

伊朗出土的陶器

当阿拔斯王朝最初的一个世纪过去时，阿拉伯人消化了波斯的各种学问和希腊的古典遗产，使之适合于自己的需要，在天文学、数学、炼金术、地理学和医学方面都取得了辉煌的成就，为阿拉伯科学迎来了具有独创精神的时代。侯奈因写的《眼科十论》是眼科学最早的教科书。景教徒伯赫帖舒曾因充任拉希德和麦蒙的御医而家财亿万。拉希德在9世纪初仿照波斯医院在巴格达建立了伊斯兰世界的第一所医院（bīmā ristan，借自波斯语），由伯赫帖舒任院长。从塔巴里、拉齐到伊本·西纳，许多波斯医生都用阿拉伯语写作他们的医学著作。拉齐（865—925年）是伊斯兰最著名的医学家，也是中世纪最杰出的临床医生，一生写作了156种著作。他被认作是外科上串线法的发明者。他的炼金术著作《秘典》（Kitāb al-Asrār）在1187年前被克利曼纳的贾拉尔译成拉丁文，成为欧洲化学知识的来源。伊本·西纳（980—1037年）则因他在医学、哲学、语言上的造诣和诗人的声誉被喻作阿拉伯科学的化身，他的著作多达99种。另一名安达卢西出生的医学家伊本·贝塔尔（1248年卒）留下两部不朽名著《医方汇编》和《药学集成》，使他对伊斯兰世界医药学的贡献超过了他的前辈。

阿拉伯天文学由771年传入巴格达的印度天文书《西德罕塔》（*Siddhanta*）的翻译

开始，阿拉伯语译本《信德印度》（*Sindhind*）还附有波斯的《天文表》。希腊托勒密的《天文大集》有多种阿拉伯语译本和校订本。麦蒙在巴格达和大马士革分别建立天文台观察天象，并仿照希腊制造星盘、象限仪、日晷和地球仪等天文仪器，测量子午线一度之长。哈兰的白塔尼于877—918年在赖盖研究天文，制成具有独创成就的《萨比天文表》。加兹尼人比鲁尼（973—1050年）具有波斯血统，精通各种语言，用阿拉伯语写作天文、历法和占星术著作。他曾敏锐地讨论了地球自转，并测定地球的经度、纬度。他在一部尚未公开的著作中，首先在伊斯兰世界提到中国的茶叶。阿拉伯天文学以波斯为基地在中世纪有长足的进步。欧麦·卡雅（1048—1124年）在纳沙布尔天文台编制的哲拉里历胜过了格雷历。旭烈兀在占领巴格达的翌年，即1259年，就在乌尔米雅湖附近的马拉格建立天文台，由波斯科学家纳速剌丁·杜西（1201—1274年）担任台长，编制了集古今历法大成的《伊儿汗天文表》。天文台的13种仪器和图书馆的40万册藏书在科学事业上造就了一个自麦蒙时代建立智慧馆以来所未有的盛世。阿拉伯人的一些天文著作后来被译成拉丁语传入欧洲，催发了基督教欧洲天文学的发展。

印度算术和印度数字通过大科学家花拉子密（780—850年）的著作和海伯什（874年卒）的天文表在阿拉伯世界普遍使用，最后传入欧洲。花拉子密的《积分和方程计法》的原本已佚，12世纪贾拉尔将它译成拉丁语，直到16世纪还在欧洲各大学中被用作主要的数学教科书。代数学的阿拉伯名称algebra也因此成了欧洲各族文字的通称。

花拉子密以托勒密《地理学》的阿拉伯语译本为蓝本编纂《地形》一书，奠定了后来阿拉伯地理学著作的基础，指导着伊斯兰地理学，直到14世纪。9世纪末，从波斯人后裔伊本·郭大贝开始，各种记录道路和物产的地理志相继问世，到小亚细亚人雅古特（1179—1229年）在摩苏尔编成《地名辞典》（1224年）和阿布·菲达写出《地理志》而集其大成。巴勒莫人伊德里西（1100—1166年）为献给西西里国王罗吉尔二世而作《地理书》，是一部总结前人学说并在实测地图上有新的建树的著作。

阿拉伯文学是众多穆斯林的共同财富。10世纪上半叶，由死于942年的哲海什雅里根据古老的波斯语故事《一千个故事》和几个印度故事改编完成了一部巨著。在后来的几百年中，从希伯来、印度、希腊、埃及不断增添新的内容，到马木鲁克王朝时正式定名《一千零一夜》。此书于1704—1717年间译成法文后，便在西方世界成为家喻户晓的文学范本了。

波斯羊皮古书

教育在阿拉伯世界受到重视。阿拔斯王朝教育事业大有发展，受到朝野的提倡与推崇。小学教育使女孩受到初级的宗教教育。在麦蒙时代的智慧馆之后，伊斯兰世界第一所高等学校尼采米亚大学在1065年正式开办。创办人尼采木·木勒克是塞尔柱突厥王朝的波斯籍大臣，他在巴格达创建的大学是一所政府承认的宗教学院，一直存在到1395年。后来这种宗教学校（madrasah）曾在伊拉克、叙利亚续有增建。

阿拉伯美术以纤细多变的几何形与花卉图案见长，创造了被后世称为阿拉伯式（Arabesque）的装饰图像。波斯人尤其精于工艺美术，使伊斯兰教的手工艺品，诸如地毯、靠垫、丝织品、宝石镶嵌都显得富丽华贵。埃及和叙利亚的丝织品在欧洲享有很高的声誉，十字军和西方富豪都以此作为圣骨的敛衣。印着常见花卉的瓷砖从波斯传入大马士革，被用作建筑物的装饰，加釉玻璃和玻璃装金的技艺在叙利亚和利凡特的一些城市中达到十分完美的地步。

阿拉伯世界光荣地担起了东西方文明接触的桥梁作用。自1097年开始，欧洲基督教十字军运动绵延了两个世纪。战争增强了东西方物质文明和精神文明的交流。十字军在叙利亚平原上发展了他们的骑士制度，使用弩，骑士、战马都备铠甲，学会使用火器，军乐中除喇叭、号角外增添了小鼓和铜鼓，并且效法当地马上比武的庆祝方式，采用穆斯林骑士的纹章。阿拉伯人的香水、胡椒、糖果、蔗糖都通过十字军进入了欧洲人的家庭生活。欧洲在12世纪出现慈惠院和麻风病医院，也受到东方穆斯林的推动。斜纹五色丝缎（atlas）、锦缎、天鹅绒、细洋布、毛毯、挂毡，都深受欧洲人青睐。同时，意大利和诺曼底的军事石工技术造就了开罗城堡和其他阿拉伯要塞、基督教教堂的建筑式样。

西班牙安达卢西的穆斯林在11—13世纪发动了把阿拉伯学术介绍给欧洲人的运动。非洲人君士坦丁（1087年卒）、克利曼纳人贾拉尔（1187年卒）和西西里的犹太人法拉吉·本·沙林通过翻译将伊斯兰教、犹太教和基督教的文化传统最后融汇到一起。许多阿拉伯术语进入了欧洲的各种语言。托莱多在1135—1284年办起的翻译学校培养了成批精通阿拉伯语和拉丁语的人才，使该地跃居世界文化转折期中的一个翻译中心及欧洲向伊斯兰世界吸取先进文化信息的窗口。

地跨欧亚的拜占廷创造的文化是希腊罗马文化和东方文化的结晶。330年罗马皇帝君士坦丁将拜占廷作为帝国首都，改名君士坦丁堡。强有力的小亚细亚文化和罗马文化使拜占廷文化在中世纪独放异彩。拜占廷在宗教上以希腊教（东正教）为国教，承认君权高于教会，这就最终促成了东西罗马的完全分离。在长达11个世纪中，拜占廷在亚洲抵挡着穆斯林的进攻，在巴尔干半岛则和斯拉夫人相周旋。13世纪后，拜占廷西境遭到来自意大利半岛的侵袭，东受奥斯曼土耳其人的攻击。1453年，征服者穆罕默德二世（1444—1446年，1451—1481年在位）占领了君士坦丁堡，标志着拜占廷帝国的最后灭亡。土耳其人在这里建都，改称伊斯坦布尔。伊斯兰教徒奥斯曼人成了拜占廷文化遗产的继承人，致使它的东方色彩更加浓烈了。

奥斯曼帝国不但拥有拜占廷帝国的遗产，而且在大炮、滑膛枪的帮助下，于1517年占领了开罗，结束了马木鲁克王朝，接着又统治了伊拉克、希贾兹、也门和北非伊斯兰教各国，在16世纪中叶苏莱曼一世（1520—1566年在位）时期达到鼎盛，阿拉伯国家成了它的行省，一直维持到1922年。土耳其苏丹身兼哈里发，建立了世界历史上罕见的多民族国家。许多土耳其人开始用阿拉伯语写作。哈只·赫勒法（1658年卒）所著七册《书名释疑》被认作是用阿拉伯语写成的最伟大的百科全书式的专著。

西方文化对地中海东部世界的冲击在18世纪展开了它的序幕。法国人、英国人相继进入叙利亚，阿勒颇成为君士坦丁堡到印度陆上贸易的重镇。时刻得与欧洲社会打交道的奥斯曼土耳其开始派遣学生到欧洲留学。拿破仑对埃及的侵略使西方文化得以驻足于尼罗河畔。拿破仑带往尼罗河谷的第一部印刷机，后来扩充成著名的培拉格印刷局，至今仍是政府印刷机关。参加过反拿破仑战争的土耳其军人穆罕默德·阿里（1769—1849年）在1805年当上了帕夏，开始了阿里王朝一个世纪的统治。他认识到西方文化对埃及现代化的重要性，埃及军队的改组、埃及海军的建立完全得益于法国军官的训练，工科学校、医科学校也由法国人任教。从1813年起，埃及学生被派往意、法、英、奥等国留学。法语在埃及学校课程中占有优越地位。埃及现代化的进程是曲折的，阿里的继承者曾相继辞退外国顾问，关闭一切外国学校。伊斯梅尔一世（1863—1879年在位）虽曾聘请美国军官到军事学校任教，并在埃及首创女子学校，但这些学校未曾长期生存下去。只有1865年在阿西尤特创办的美国学院得以长期生存。

在叙利亚贝鲁特，1835年美国传道会办起了印刷所，1853年又建立了耶稣会的天主教印刷厂，两者直到现在都是西亚有名的阿拉伯语印刷厂。美国教会在1866年开办叙利亚的新教学院，后来改名贝鲁特美国大学。1874年贝鲁特又建成耶稣会办的圣约翰大学。这两所大学在西亚的高等教育上占有引人注目的地位。在阿拉伯各国中，黎巴嫩所以能成为文化最普及的国家，主要仰赖外国学校和私立学校。犹太教、基督教和希腊罗马文化遗产是欧美文明和近东文明在新形势下促使双方相互接近的共同基础。

阿拉伯文化继承、发扬了东西方古典文明，在催发欧洲走上现代化的道路上又起到了传递接力棒的作用，带动了西欧的进步。但到了19世纪和20世纪，阿拉伯世界还要在席卷全球的西方文化的洪波和民族危机的浪潮中做出新的抉择，以改造自身的社会。

第二节　中国和西亚文化交流综述

一、8世纪中叶前的中国和西亚

西亚的古文明和肥沃乐土，是黄河中下游的华夏民族最早与闻的一处文化源，它曾长期在华夏民族中激起追求、探索的火花，同时也引发了中国人最早去开拓远在葱岭东麓的农耕文化。

古代传说将黄河流域的中原人进入帕米尔高原的时代置于前12世纪，周族祖先古公亶父[①]将嬖臣长季绰封在舂山（葱岭）东侧，在这里建立起周族的国家。后来在前6世纪末成书的《山海经·大荒西经》中，便有一个在春秋时期出现的姬姓、食谷、从事农耕的西周之国，还有一个轩辕之国。轩辕之国，据前4世纪编成的《山海经·海外西经》说，位于穷山（葱岭）之际，在女子国[②]的北面，在那里筑有颇具亚述、巴比伦坛塔风格的方丘，称作轩辕之丘。在古波斯的开国传说中，波斯的早期君主都曾活动

① 周武王的曾祖父。

② 克什米尔境内苏伐剌拏瞿呾罗。

在地盘广及中亚阿姆河和新疆天山南麓的吐兰国境，和当地的吐火罗人通婚。10世纪的波斯诗人费尔杜西根据古史创作的史诗《帝王纪》（一称《王书》），叙述季夏（Jamshid）曾在中、印边境游牧，娶了马秦（Machin）国王马王（Mahang）的女儿为妻，“马王”意思是“大王”，指古公亶父或他的后裔。在朅盘陀[①]的开国传说中，波斯国王娶中国公主自于阗归国，途遇战争，将公主留在该地。中国公主因感怀日神而得子，就地立国。朅盘陀君主具有通神的本领，能飞行虚空、控驭风云，因父是日天之种，母是汉土之人，其后裔便自称汉日天种，构成了华人与波斯人共同建国的历史传说。就时间而论，比阿育王后裔和来自东国之民共同建国于阗还要早上几百年，至少可以上推到前6—前5世纪，而且当地居民业已信奉琐罗亚斯德教中的太阳神密特拉（Mithra）了。

尼雅出土人物禽兽文锦

自西周至战国，中国接受了来自美索不达米亚和中亚草原的骑马文化。《诗·大雅·緜》称：“古公亶父，来朝走马。”宋人程大昌解释走马是单骑，不同于以马曳车。春秋中叶，晋、秦相继组建骑兵，但尚未作为能在战争中单独发挥作用的兵种。到前307年，赵武灵王首先大规模组建骑兵，改穿胡服、习骑射，于是骑兵便在战争中起到了决定胜负的作用。对中国来说，骑马文化虽然间接传自草原民族，但源头却在美索不达米亚和伊朗高原。至于类似波斯骑兵所披铁质鱼鳞甲片的推广，在黄河中游最早也在前2世纪了。当时为霍去病送葬时使用的玄甲军，是装备铁铠的骑士，仅用于十分隆重的仪式中。

最早使中国的名声传扬于四邻国家的，是中国独步世界的丝绢。西周时代，已有许多精通天文和纺织、矿冶的工匠流入四邻民族地区。春秋、战国时期，提花的文绮、纨素、绫罗和锦绣已通行全国，进入新疆，甚至远销希腊、德国。波斯在前6世纪已有

① 塔什库尔干。

中国的丝绢。米地亚式的上衣以宽大著称，都以中国的丝绢裁制。希罗多德（前484—前425年）和色诺芬（前440—前355年）都说波斯人喜爱这种式样的衣服，而这种衣料，据普罗科庇的解释，正是后来被希腊人叫作赛里（serie）和赛勒斯（seres）的丝织物。大流士一世建立的波斯帝国和马其顿亚历山大（前336—前323年在位）统治的亚历山大帝国地跨亚、欧、非三大洲，将交通和信息的传递推向一个新的阶段，催发了丝绢西运和中国的声名远扬。

世界上最早提到中国这个国家的是伊朗。前5世纪出现在费尔瓦丁神颂辞中的支尼（Čini），这个名称和古波斯文对中国的称呼Čin，Činistan，Činastān都是一致的，是对周王朝的开创者之姓“姬”的翻译。过去许多学者都按照天主教来华传教士卫匡国的解释，以为是“秦”国的对音，以秦人泛称华人。然而它的具体位置却在葱岭的东侧，是黄河流域的中原人的定居地。换句话说，应该是西周初年季绰率领周民向西迁居的地方，同时又是和伊朗进行交易的一个枢纽或前哨。从费尔杜西《帝王纪》中吐兰国王将女儿下嫁波斯王子肖伍希的故事得知，支尼国与和田曾作为吐兰公主的陪奁被转赠给波斯王子，肖伍希夫妇从此定居和田东北宫城，时间在前6世纪波斯王居鲁士（前550年—前530年在位）登位之前。支尼处于和田以西的莎车或塔什库尔干、叶城一带。印度史诗《摩诃婆罗多》也用了同样的名称支尼来称呼这里的居民，这使波斯古文献中支尼国所在的具体位置更加确定无疑。

从葱岭东侧的西周之国、轩辕之国到支尼国，经过了好几个世纪。春秋、战国之际黄河中下游政治形势动荡，像波澜一样推动着中国西北草原民族成为沟通里海和河套地区文化的传媒。齐桓公（前685—前643年在位）将疆土拓展到燕山山脉和河套以东，对开拓北方交通线不遗余力，东方产丝国齐国的威名从此远扬西方。大流士统一亚洲西部后，对中国丝织品的需求有增无已，而在齐、晋和波斯之间贸迁有无的中枢则是葱岭东麓的支尼国。齐以文绮之国而名闻天下，《管子》已载齐国丝绢运销禺氏（月氏），和欧亚草原的牧民频频交易，因而中国丝绢得以远销波斯。由于双方进行了国情知识交流，中国也就有了各种关于西方国家的传闻。《山海经·大荒西经》中的沃民国，是最早留下的有关美索不达米亚的信息。这为前5—前4世纪在齐国的官学里讲授地理学，拓展人们的域外知识提供了十分有用的材料。有关地球观念的大九州学说之所以最早在东方的齐国产生，也和产丝国齐国操纵与主导着越过河套与塔里木盆地周边国家进行的丝绸、玉石交易，传递了东方文明古国的信息难以分离。按照大九州观念，世界在黄河、长江地区的九个州之外，四周都由海洋围绕，其外，按几何级数展开的世界，还有九个九州那样的广阔境域。这种将中国与世界的地理关系按九的倍数展开的设想，是在亚洲东部与西部地区已经有了实际交往的事实基础上而设计、推测和假想出来的一种观念。在这种科学与虚构参半的世界观念中，东方的齐国与西方的沃民国组成了最早的地理概念，作为东西两极出现在人们的思想与脑海中，实非出于偶然。

在以后的三个世纪中，直到前127年，张骞实地考察西域，从大夏（阿富汗）归国，他所能与闻的西极之国仍是那个《山海经》中美索不达米亚的“沃民国”，即当时被称为安息国的帕提亚王国（前247—224年）。这个在中国人心目中是西域最大国的安息，在汉代向中国输送着从军事技术、砖拱建筑技术、日用器皿，乃至军乐、宫廷音乐、棉毛织物、室内陈设和日神崇拜的宗教信仰。继安息之后崛起的萨珊王朝（224—651年），更以它的甲骑具装的骑兵战术、金属冶铸、玻璃与制陶、金银宝石镶嵌与美术，连同胡天信仰、丧葬习俗、文化娱乐和园艺，在长时期中维持着与中国的联系。在8世纪中叶以前，伊朗文化成为中国文化汲取养分的外来文化之一。

楼兰古城“三间房”和佛塔

古代自东至西贯通亚洲北部的大动脉，可以用“丝绸之路”这个现已被人们习用的概念来表述。最早的丝绸之路出现在春秋、战国之际。前5世纪波斯阿赫美尼德王朝大流士以首都苏萨为中心，广建驿路。东方的齐国自首都临淄起始，通过河北西部的中山国，跨越河套，与葱岭东侧的塔什库尔干取得联系，和美索不达米亚初通信息。到东汉时代（25—220年），丝绸之路已向西延伸到埃及的海港城市亚历山大里亚。东汉首都洛阳作为丝路的起点，繁华昌盛，名声远扬罗马。在地中海东部，丝绸之路又通过伊斯肯德仑湾旁的安条克城转向小亚细亚的安纳托利亚。在拜占廷改名君士坦丁堡（330年）以后，由于中国和拜占廷互通使节，丝绸之路又在君士坦丁堡找到了它在亚欧大陆边境的另一个节点。

丝绸之路起自东海之滨，西抵地中海东部，约略可以葱岭、美索不达米亚为界分成东、中、西三段。

丝绸之路东段，自东海至葱岭。前5世纪，齐国和晋国仅能控制黄河中、下游，河套以西全是戎、狄和塞人、月氏人、吐火罗人游牧的区域。前307年，赵武灵王发动征伐中山国的战争，逐步向阴山山脉拓展国土，到前299年左右，击败林胡、楼烦，沿阴山修筑长城，直至高阙（今内蒙古巴彦淖尔市临河区北狼山的石兰计山口），操纵了东海至葱岭的丝绸之路。自河套以西至葱岭，由于匈奴的崛起，直到汉武帝（前141—前87年在位）征讨费尔干纳盆地的大宛，才完成政治上的控制与交通线的开辟。前60年西域都护府成立，更加稳定了这一局面。此后，鲜卑、铁勒、柔然、突厥相继兴替，河西走廊至塔里木盆地东端成了中原王朝的最后边界，直到640年唐朝才重新占有天山南北的境域。

丝绸之路中段，自葱岭西至美索不达米亚，在阿赫美尼德王朝时被波斯所垄断。亚历山大东征以后，政治形势为之一变，塞人、大月氏人相继由天山南下。前140年大月氏人南迁阿姆河流域，到贵霜翖侯丘就却（15—65年在位）时，在北起锡尔河南至印度河的广大地区建立大月氏贵霜王朝，直到5世纪亡于哌哒。木鹿（今马里）和巴尔克（今瓦齐拉巴德）以东的丝绸之路被大月氏统治了六个世纪之久。木鹿以西，长期在波斯人掌握之中，先有安息（帕提亚）崛起于前，后有萨珊波斯代兴于后。这段丝绸之路具有咽喉性质。自木鹿西通安息国都赫康托姆菲勒斯，西南折向底格里斯河畔的泰西封—塞琉西亚，向西北可通地中海东岸的安条克城。向西经过巴尔米拉进入叙利亚，越西奈半岛最后指向尼罗河下游的亚历山大里亚。自泰西封沿幼发拉底河南下，可通波斯湾头的条支（安条克城），它的阿拉伯名称叫史帕西纳—喀拉塞。由此沿巴林海岸到达卡塔尔西部乌凯尔附近，古代海萨海岸的朱尔哈。《后汉书》称其为于罗国，说是在安息西界，从那里取海路可以绕越阿拉伯半岛到罗马帝国的亚历山大省（埃及）。前1世纪罗马势力侵入叙利亚以后，波斯为垄断丝绸之路东西方贸易，与罗马争战三个多世纪，直到4世纪中叶才告平息。这时波斯又遇到崛起于东部的敌人哌哒和突厥。中国和罗马在1世纪时都曾打算建立直接的贸易关系，但因波斯的阻挠而失败。97年甘英出使罗马，由于走错了路，到了波斯湾头的朱尔哈，只好中止了他继续西行的计划，扫兴而归。2世纪，罗马皇帝图拉真远征波斯湾头，也未达到长久占领并由此与中国相通的目的。波斯凭借它优越的地理位置操纵中国丝绸贸易，乘机建立了本国的丝织工业。中国的丝漆和钢铁、白铜都在波斯享有盛誉。

丝绸之路西段，自幼发拉底河渡口到地中海滨。在亚历山大大帝死后，这里是塞琉古王国的属境。罗马崛起后，地中海沿海全为罗马所占，地中海成了罗马海。从幼发拉底河的尼斯福勒（今腊卡）或阿巴米亚渡口（今比雷吉克），各有大道经过巴尔米拉和阿勒颇高原，分南北两支，将中国货物运到地中海东岸的安条克和利凡特沿岸的贝鲁特、西顿、提尔，从那里再转入小亚细亚或埃及亚历山大里亚。罗马史家佛罗勒斯在《史记》中称颂，奥古斯都在前27年即位时，赛勒斯国（中国）和印度都派使者来朝。印度使者当时取道安条克渡海，中国使者大约也取这条最近的路。这些中国使者都是些蓝眼睛红胡髭的民族，他们是从伊犁河南下的塞人，大约来自塔什库尔干及其附近地区。丝绸之路西段路程也可以从2世纪喀拉塞人伊西陀的《帕提亚道程志》中见到。伊西陀自东而西加以记述，自巴克特里亚到安息国都，西出里海关，经底格里斯河上游的爱克巴坦那、安蒂米达、塞琉西，前往安条克的，可沿幼发拉底河溯流而至尼斯福勒，或经柴格马渡口越河西行；从柴格马向南的道路则通往大马士革和腓尼基（利凡特）各城。罗马帝国长期仰赖中国缣素取得织丝原料，为了摆脱波斯的阻挠，不得不取道红海，经阿拉伯半岛南部的希米雅尔人，从大月氏贵霜王朝和南印度海路转运中国丝货，于是罗马的希腊航海家又把“支尼”这个名称用于南中国，称之为Thin，Thinae。到这时，“赛勒斯”或“支尼”这个名称才逐渐由最初局限于葱岭以东的山国扩大到指称整个中国，那时至晚已在1世纪了[①]。

① 1世纪初罗马史家波旁尼·梅拉在《地方志》中说，塞勒斯人居住在塔比斯山和托罗斯山之间。塔比斯山似指天山，托罗斯山则是兴都库什山和昆仑山的泛称。普林尼（V，54）也说赛勒斯人住在塔比斯山地区。这是对赛勒斯具体方位的最早记录。见戈岱司：《希腊、拉丁文献中的远东》（George Coedès, *Textes D'Auteurs Grecs et Latins Relatifs a l'Extrême-Orient*），巴黎，1910年版，第13—14页。

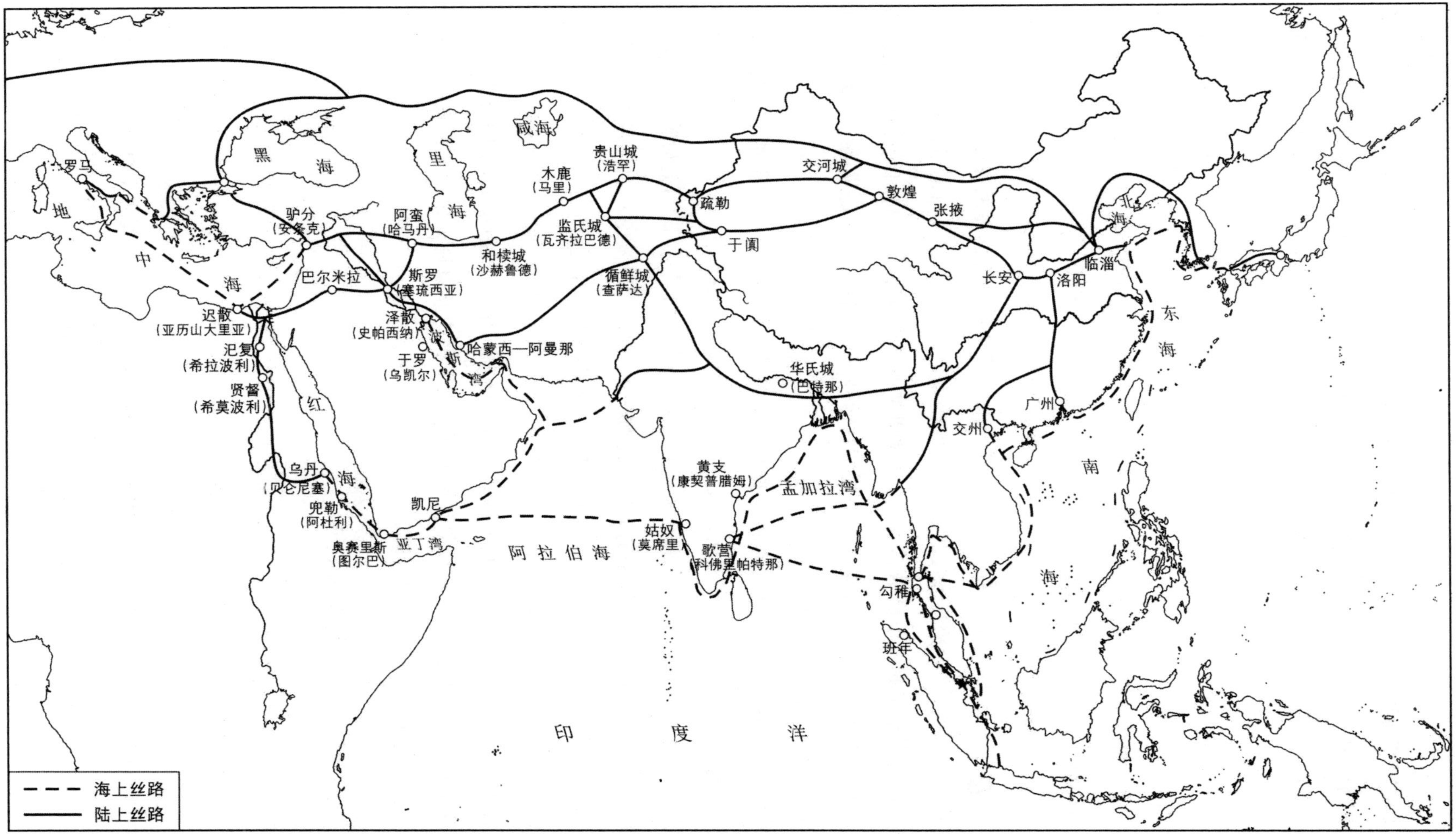

3世纪中国和西亚、地中海世界丝绸之路示意图

支尼（“姬国”）名称的由来，始终和丝货的运销、丝路的延伸息息相关；它的地域内涵也由当初局限于新疆西部的山国而引申为整个产丝国中国的国名。这一段历史概括了西亚与中国交往过程中极富启迪意义的丝绸文化对世界文化进程所产生的巨大影响。

北魏（386—534年）建国后，积极发展对外关系，5—6世纪中使节所至国家广及地中海、波斯湾、阿拉伯海和红海各地，各国使团纷纷来华。突厥称雄北方后，拜占廷与突厥联手开展北方欧亚草原的丝绸贸易，丝绸之路在黑海、地中海、红海三个方向和西亚、欧洲以及非洲取得了联系。隋代裴矩《西域图记》序言中概括了以敦煌为起点的交通线，分别由北、中、南三道通往西海，西海是中国对黑海、爱琴海、地中海、红海、亚丁湾、阿拉伯海、波斯湾等围绕亚洲大陆西部海域的总称。

北道：自伊吾（哈密）通过蒲类海（巴里坤湖）、吉木萨尔、石河子，到突厥可汗庭弓月城（伊宁东北大小金城遗址），再渡伊犁河越中亚细亚草原，经高加索抵达黑海、地中海之滨的拜占廷。568年拜占廷使者泽马尔克到白山可汗庭进谒突厥室点密可汗，正是走的这一条路。

中道：自高昌（吐鲁番）、龟兹（库车）出葱岭，经钹汗（费尔干纳）、康国（撒马尔罕）、安国（布哈拉），到波斯，最后通往西海（地中海）。

南道：自鄯善（若羌）、于阗（和田）、朅盘陀（塔什库尔干）越葱岭，取道护密（阿富汗瓦罕谷），经阿姆河以南的挹怛（昆都士）、帆延（巴米安）到北婆罗门（北印度），抵达印度河口，越阿拉伯海，进入红海，和非洲各国相通。

自唐帝国建立，疆域向西北、西南大为拓展，西亚则有哈里发帝国崛起，与唐朝东西辉映，经四哈里发（632—661年）、伍麦叶王朝（661—759年），中国与西亚、非洲的联系在新的形势下有增无已。但要到阿拔斯王朝建立以后，中国和西亚大陆的交往和文化交流才进入一个新的阶段。

二、8世纪中叶后的中国和西亚

750年兴起的阿拉伯阿拔斯王朝，是伊斯兰历史上最驰名、最长久的朝代。尽管西班牙、北非、阿曼、信德和呼罗珊，都不愿完全承认新的哈里发，埃及也只是在名义上尊重哈里发，而在事实上并不俯首听命，哈里发作为宗教领袖的威望大为下降，但帝国的统治仍在艾卜勒·阿拔斯（750—754年在位）的子孙世袭之下继续下去，直到1258年为止。758年，曼苏尔（754—775年在位）以哈希米叶城为新都巴格达奠定基础。他当初作出这个决策时，首先想到的是这里是一个优良的驻地："这里有底格里斯河，可以把我们和遥远的中国联系起来，可以把各种海产和美索不达米亚、亚美尼亚和它周围的粮食运来供应我们。"751年，唐朝与阿拔斯王朝在中亚发生怛逻斯之战，唐朝遭遇失败，决定放弃这块地方。752年（天宝十一载）农历十二月，阿拔斯王朝的使者谢多诃密（Said Emir）到达长安，唐朝特授以左金吾卫员外大将军的勋位，开始展开频繁的使节往来。

历代哈里发在巴格达建立了萨珊王朝库斯老式的集权政府，波斯影响不断增大，除了伊斯兰教仍是国教，阿拉伯语还是国语外，其他的一切都已波斯化了。这正是阿拔斯人自夸新政权为"新纪元"的时代，也是中国和阿拉伯世界进入了和平与友好交往的"新纪元"，是中国和阿拉伯世界之间海上贸易空前发达和繁荣的时期。

自9世纪开始一直到16世纪，中国和阿拉伯世界建立了广泛的联系，进行了频繁的交流。特别是海上贸易，从9世纪到15世纪中叶，始终处于持续增长时期。中国帆船大量运销瓷器和丝绸，输出金、银、铅、锡、铜钱和各种日用品，组织了印度洋地区的区间贸易，投入到阿拉伯海和印度洋西部地区的远洋航业，使中国的海外贸易、帆船运输业十分兴旺，生气勃勃。在漫长的六个多世纪中，可以以12世纪为界，分成前后两期。

波斯雕花银罐

前期，阿拉伯帆船将它的营运范围从阿拉伯海向东拓展到中国南海和东海。阿拉伯商船出没于南起越南中部占城，北至长江三角洲扬州的中国东南沿海各港。中国帆船也开辟了从广州起航，经马六甲海峡和斯里兰卡直至波斯湾，并由东非坦桑尼亚的三兰国（桑给巴尔岛翁古贾·库乌）北上阿拉伯香岸席赫尔、卡勒哈特、苏哈尔，到波斯湾头乌波拉港的航线①，经营象牙、香药、珠宝、玻璃和棉布贸易。唐代贞元（785—805年）年间宰相、地理学家贾耽（730—805年）所录的“广州通海夷道”详细地记下了华船通航印度洋的航路。在印度洋西部，沿东非北上阿拉伯半岛的环岛航路，习称三兰航线。三兰航线比阿拉伯的曼苏地在10世纪初所记阿曼—甘巴罗（奔巴岛）航线还早一个多世纪。后来航线虽因政治动乱有所收缩，但从11世纪下半叶起，中国贸易商不但在苏门答腊建立了稳固的商站，而且也在马尔代夫群岛、东非沿海的曼达岛和桑给巴尔岛设立了新的贸易站。那时被阿拉伯人称为桑奈建群岛（黑人群岛）的许多岛屿，东起爪哇、苏门答腊，西至奔巴、桑给巴尔和马达加斯加，都成了中国贸易商努力扩展的市场。

后期，中国帆船于1140年左右的南宋时代在阿拉伯世界开辟了航期可以缩短一年的麻离拔航线，致使印度洋航业产生了划时代的新的飞跃。麻离拔是阿拉伯南部香岸马赫拉的古港佐法尔。从广州起航的中国帆船，在东北季风的9、10月出发，经过40天的连续航行，到达苏门答腊西北的亚齐，越冬以后，又在西南季风的3、4月继续航行，经60天的不停顿航行，直赴佐法尔。这样，中国帆船便可以在不到三年的时间内往返一次，因而使航业大有起色，在印度洋开辟了这条长达6000海里的航路，使货运量大大超过了阿拉伯同行。此后一个世纪中，由于埃及艾优卜王朝（1171—1250年）向红海两岸和亚丁湾扩张势力，在对抗十字军骑士团的战役中屡建战功，埃及逐渐替代阿拔斯哈里发成为阿拉伯国家的台柱。因此在1225年赵汝适写作《诸蕃志》时，麻离拔成了大食（阿拉伯）的主要港口，阿拉伯的国都已经不再是伊拉克的巴格达，而是译作蜜徐篱的开罗了②。

中国帆船的激烈竞争，13世纪阿拉伯和波斯湾掀起的东非移民热潮，使印度洋航

① 沈福伟：《中国与非洲》，中华书局1990年版，第208—213页。

② 沈福伟：《十二世纪的中国帆船和印度洋航路》，《历史学》1979年第2期；沈福伟：《中国与非洲》，中华书局1990年版，第248—250页。《诸蕃志》中的麻离拔，并非是夏德《诸蕃志译注》中考订的米尔巴特（Mirbat）。冯承钧《诸蕃志校注》（中华书局1956年版，第57页）已将该书勿拔国认作米尔巴特，而以夏德考订为误。不能将米尔巴特一地既译作麻离拔，又认作勿拔。因此麻离拔只能是古港佐法尔。

业出现了一个新局面。在到达南印度马拉巴海岸（西海岸）的船只中，中国帆船遥遥领先，中国帆船操纵了奎隆和广州（或泉州）之间的海上贸易，阿拉伯帆船至多只能抵达苏门答腊岛。元代，中国帆船已深入东非季风贸易极限的基尔瓦地区，它们能够以马拉巴或苏门答腊为基地，参与基尔瓦—亚丁—马拉巴的三角贸易。元代汪大渊《岛夷志略》中的针路、班达里、加里那条，就有通过马尔代夫群岛的摩加迪沙航线。这条经苏门答腊、马尔代夫至索马里南部摩加迪沙的航线，是中国帆船经营的印度洋航路中的北线。另有经过苏门答腊和查戈斯群岛、塞舌耳群岛附近海域，以肯尼亚沿海位于南纬3°20′的格迪为终点港的印度洋航路中的南线，因此在中国文献上出现了称为南海回回的国家，南海回回就是格迪港的中国称呼。中国帆船运销阿拉伯世界的除丝绢、瓷器、铜锡以外，更多的是转口贸易物①。

14世纪上半叶，中国帆船所到的阿拉伯和非洲港口，北起波斯湾头的巴斯离（今布什尔）、甘埋里（波斯湾中的计岛），南至东非沿海的班达里（摩加迪沙）、加将门里（基尔瓦·基西瓦尼）。中国海外贸易商汪大渊在1328年到1339年间两次跟随中国商船出海，足迹遍及亚非两洲沿海和岛屿，最远到达大西洋滨摩洛哥的丹吉尔。在1349年完稿的《岛夷志略》中，他记述了所见所闻，视野之广，知识之博，足以与同时代的欧洲游历家马可·波罗、非洲游历家伊本·白图泰相并列。他从佛教文化盛行的中国来到伊斯兰世界，是继唐代杜环之后又一名亲身考察伊斯兰文化的中国人，也是古代到达大西洋边的唯一有名可指的中国人。

蒙古的崛起，将中国文化最西的边界推进到幼发拉底河以东的美索不达米亚。旭烈兀在1258年占领巴格达后，与忽必烈联合，受忽必烈册封统治阿姆河以西直至叙利亚的国土，旭烈兀对忽必烈称伊儿汗（藩属之汗），奠都大不里士。旭烈兀在1265年去世，继位者都继续受元朝册封，视大都（北京）的大汗为上国，使用汉文玉玺以示王权。在梵蒂冈档案中收藏的三件蒙古文书上，见到使用的汉文印玺有“辅国安民之宝”“王府定国理民之宝”和“真命皇帝和顺万夷之宝”。伊儿汗的第七位继任者合赞汗（1295—1304年在位），虽然不再称伊儿汗，但他仍使用汉文国玺，仿效元朝，对各项政治制度乃至驿政进行有效的改革，并且注意吸取中国科学、医学、艺术的成就。在1294年9月，海合都汗（1291—1295年在位）曾效法元朝发行过纸币，虽因准备不足而迅速失败，但却使伊朗成了世界上仅晚于中国发行纸币的国家。合赞汗改奉什叶派伊斯兰教为国教，加速了蒙古政权和穆斯林文化的结合。伊尔汗国同时和欧洲各国交

① 沈福伟：《中国与非洲》，中华书局1990年版，第368—370页。

往，又为中国文化的西传充当了十分重要的传媒，在中世纪晚期世界文化转向近代化的过程中起到了推动作用。通过西亚，中国人发明的火药、罗经导航技术和印刷术逐渐成为地中海文明中不可或缺的部分。

中国东南沿海和伊斯兰世界、基督教世界在13世纪以后的交往，于商业关系之外，向更深的层次渗透。由于民族混居、通婚，以及宗教信仰的变化，在对外贸易最为发达的泉州地区出现了许多华化的阿拉伯或穆斯林后裔。元明时代，伊斯兰文化差不多同时由西北和东南沿海向内地推进。明初伟大航海家郑和（1371—1433年）自1405—1433年间七次率领庞大的宝船队开赴印度洋，每次必到印度西海岸的西洋国，明代又称古里国（卡利科特），因此称七下西洋。郑和和他的同僚王景弘所创导的远洋航业，是在元代中国航海界业已取得的卓越成绩之上继续发展的结果。郑和船队又增辟了自苏门答腊西部的苏门答剌港不经斯里兰卡而直赴索马里南部摩加迪沙和肯尼亚、坦桑尼亚沿海的航线，这些航线远远胜出了宋代麻离拔航线。中国宝船深入基尔瓦以南的南非海域，甚至闯过了南非最南端的厄加勒斯角。宝船队的这些航海活动，可称为欧洲人环航地球之前最有创举的航海活动，它将中国文化的西部边界拓展到印度洋西部地区，在造船、航海和玻璃、医药、制瓷等技术领域继续维系着双方已有悠久传统的切磋和交流。

嘉峪关

同一时期，中国通过北京 — 嘉峪关一线和撒马尔罕以及阿拉伯半岛的麦加开展的陆上队商贸易也有长足的进步。1413年，来自中亚哈烈（帖木儿帝国）和伊朗失剌思（设拉子）的使节还国，永乐帝朱棣派中官李达、吏部员外郎陈诚、户部主事李暹伴送，最远抵达设拉子。设拉子是哈烈王沙哈鲁（1409—1447年在位）第二子亦不剌金所任法尔斯总督的驻地。使者以玺书、文绮、纱罗、布帛等中国特产馈赠酋长。1416年陈诚两次出使，副使鲁安曾到达亦思弗罕（伊斯法罕），亦思弗罕和它的邻国失剌思亦派使者在1419年向中国进献狮、豹、西马，明朝回赠白金、钞币。1420年，陈诚第三次出使撒马尔罕，迎来了失剌思使者，他们以贡马为名，在1423年抵达宣府行宫进见朱棣，用马匹支援朱棣北征蒙古。中国的彩币、瓷器同样深受对方的喜爱。

1524年（嘉靖三年），设拉子和它邻近32部最后一次向北京派使团进行瓷马贸易。同年，来自伊斯坦布尔的鲁迷国（Rumi）使团奔赴河西走廊，直到1554年，前后共有五次。这时正当奥斯曼土耳其的苏莱曼一世（1520 —1566年在位）当政，对外扩张臻于顶峰。伊斯坦布尔迄今珍藏的许多名贵青花瓷器，至少有相当一部分是由这种直接贸易被输送到那里的。在罗马和拜占廷帝国之后，中国再一次通过地中海、爱琴海和欧洲有了来往。这一次是建都北京的明帝国，通过博斯普鲁斯海峡的欧亚陆梁，和那个地跨欧、亚、非的土耳其帝国取得了联系。明朝和麦加的贸易，则一直维系着，直至万历年间（1573 —1620年），称得上是历史上与朝贡、赉赐贸易相始终的一种长途队商贸易。

此后的几个世纪，由于奥斯曼人和波斯人之间不断发生争战，奥斯曼人又面临着英、法和俄、奥的挑战，贯通中国和西亚的陆上贸易被西方殖民国家所垄断的印度洋海上贸易所替代。中国和伊斯兰世界在文化学术上的交流虽然由于经堂教育在内地的推广而有新的起色，但新的文化浪潮已经由西欧向世界各地席卷，中国和西亚都需要在新的挑战面前重新作出自己的抉择。进入19世纪以后，西亚对逐渐陷入欧洲列强宰割和压迫的中国来说，一变往昔的光辉景象，成了从民族危机中探求新的自强之路的前车之鉴。

分崩离析的土耳其帝国在欧洲列强的觊觎下加速没落。1918年第一次世界大战结束后，土耳其、叙利亚和美索不达米亚、巴勒斯坦继续受到欧洲列强控制，刚从俄国军队的手中挣脱的伊朗又被英军占领。伊拉克成了第一个获得独立的阿拉伯国家。土耳其在穆斯塔法·凯末尔·阿塔图尔克领导下进行独立革命，赢得了中国爱国人士的声援。

第二次世界大战将中国和伊斯兰国家一起卷入战争的旋涡，使这些地区陷入重重灾难之中，同时也加强了彼此的相互支援。中国和西亚所遭受的共同命运，使他们的友谊在反法西斯战争中得到了考验，彼此之间的了解和同情有了更深层次的发展。

1949年，中国人民获得解放，激励着西亚的民族独立解放运动，使该地的政治地图出现了巨大的变化。站起来的中国人民向西亚人民伸出无私热情的援助之手，支援他们进行民族解放战争，帮助他们重建家园，建设更加美好的生活。

第二章
中国与美索不达米亚古文明

第一节　亚洲冶铜文明的中心：西亚与东亚

一、冶铜带领人类走进文明

人类从新石器时代末期才开始脱离野蛮与愚昧，走进文明，这一过程长达几千年之久。远古时代萌发的农耕文化，只有东亚的南部以水稻为主，在地中海盆地、西亚和印度都以小麦和大麦为主。同属野草的驯化作物的小麦和大麦，经过长期的培植，都会长出更大而更有营养的麦粒。小麦的祖先有二，一是丁克尔麦，一是野爱默麦。丁克尔麦麦粒很小，野生在小亚细亚、高加索、克里米亚和巴尔干。爱默麦是经过驯化后更加优良的麦种，它最早生长在巴勒斯坦、小亚细亚、埃及和西欧。现代欧洲人和地中海地区人用来焙制面包的小麦是爱默麦的衍生种，美索不达米亚、中亚，伊朗和印度是人类最早栽培这类小麦的地方。大麦的野生种遍布北非、巴勒斯坦、小亚细亚、外高加索、伊朗和阿富汗，亚洲的中部和西南部可能是最早的栽培中心。靠着这些农艺作物，人类第一次有了可以播种、收获与储备的食物，逐渐使渔猎和采集经济在人类生存要素中退居到越来越不重要的地位。

最古老的人类群体是围绕着这些地区一个一个茁壮成长起来的。直到手工业开始重要到需要从锄耕农业中分离出来，成为一种颇具规模而比之农业需要具备更多的科学知识的一个独立部门，于是有了城市生活、商品交换和文字。等这些条件都一一成熟起来，地球上便有了最早的文明中心，而这些文明中心，除了尼罗河流域的埃及，几乎都发生在欧亚大陆最南部具有温湿气候的地区。

东亚地区是与上述文明发生区有一定距离的古文明发生区。处于长江流域和黄河流域的中国古文明，自前5000年起已可以见到成熟的稻作文化和旱作文化。长江流域的温湿气候适宜水稻生长，是世界上最古老的稻作文化的诞生地。1973年，杭州湾以南宁绍平原上的余姚市发掘出河姆渡文化，存在的年代在前5000—前3000年，至少有2000年时间。河姆渡遗址普遍存在稻谷、谷壳、稻秆、稻叶的堆积层，农具有石斧和木耜、骨耜，晚期更有方形穿孔石刀。用水牛等大型哺乳动物的肩胛骨制成的骨耜使翻土的效率得到提高。驯养的家畜有狗、猪和水牛。河姆渡文化的另一特色是有发达的木作工艺和最早的漆器（黑、红两色）。长江中游湖南澧县彭头山出土碳化的栽培稻，杂有野生稻，年代在前6200—前5800年。长江下游河姆渡和长江中游江汉平原是中国最早栽培水稻的地区，有亚洲最古老的稻谷实物遗存。长江下游余姚河姆渡、吴兴钱山漾、苏州草鞋山和长江中游澧县八十垱出土的稻谷都是籼稻、粳稻共存，都有6000年以上历史。

中国北方黄河流域属于旱作文化区域。黄河中下游在远古时代属于亚热带气候，在中游呈区域性土壤母质的是黄土或黄土状土。野生植物驯化后最早被栽培的粮食作物是粟。河北南部和河南北部的磁山—裴李岗文化、仰韶文化到龙山文化（前6000—前2000年）的出土物证明粟是当地的原生作物，栽培历史极久。河北武安磁山遗址在1976—1978年发掘，提供了前6000年中国北方业已栽培粟作食粮的证据，年代之久，几乎和希腊阿吉萨遗址出土距今6960—7950年的黍相当。中国在2000年前才开始种植的小麦是从亚洲西部一路东传的结果。1987年甘肃民乐县东灰山遗址中出土的小麦和大麦是现在中国境内最早的遗存，有5000年的历史。约旦河谷长达几千年的耶利哥遗址中，出土了100多件炭化谷物、豆类和水果的标本和粘在泥砖上的作物印痕，其中就有早到9000多年前的双棱大麦（hordeum distichum）和双粒小麦（triticum dicoccum）。由此可以推测，在亚洲东部，农艺作物传播的最早信息发生在前3000年。

这是直到目前为止，我们所获知的中国西部和亚洲西部之间最早有了联系的文化信息。

人类发现金属矿，就像驯化和栽培粮食作物一样，同样也有一个漫长的过程。最早进入文明状态的古埃及人在向周边世界寻找金子、贵重的石头和在当时看来一切具有魔力的物品时，发现了自然铜。和铜共生的矿石往往具有许多光怪陆离的色泽，其中就有孔雀石和绿松石。孔雀石是铜的一种碳酸盐［$Cu_2CO_3(OH)_2$］，绿松石［Turquoise，$CuAl_6(PO_4)_4(OH)_8 \cdot 5H_2O$］是铝的一种带有铜的色性的磷酸盐，常作为铜的共生矿出现在天然岩层中。古代埃及人无法辨认绿松石和色性与之相似的天青石（lazurite）之间的不同，更增加了绿松石具有的天然的灵性，而使之成为一种极受珍爱的宝石。世界上最古老的绿松石矿是早见于前4000年以后西奈半岛西南部的西拉比·伽丁（Serabit el Kadim）和瓦迪·马伽拉（Wadi Maghara）。这两处矿又是历史悠久的铜矿，出产孔雀石和硅孔雀石，至晚在古王国时期就已开采。埃及称绿松石叫mafkat，中国人音译为“玫瑰”。《韩非子》这部前3世纪的古书中讲到，“玫瑰”这个名字在前4世纪已经出现在中国长江流域的楚国，说明当时中国已经有绿松石了。

新疆新源出土铜铃

金属矿有光泽，坚硬耐用，加之可以溶解和锻造，在前9000年前就引起了人类的注意。铜算得上是最早被人类认识和利用的自然金属。在很早的时候人们就学会利用自然铜制作饰品了。在伊拉克北部与土耳其接壤的扎威·彻米（Zawi Chemi）遗址中发现的一件自然铜饰品，经C_{14}测定，年代为前9217±300年。过去只知道古埃及人在前5000年就知道利用自然铜制作铜锥和铜针了，后来出土的东西多了，新的发现重新开启了人们的历史视野，明白了在小亚细亚东部和两河流域生活的古代聚落知道利用自然铜又要早许多。从前9000年到前4000年的5000年中，人们所用的铜制品多数来源于自然铜。在地表常与自然铜伴生的孔雀石、蓝铜矿，是最早被人类用来炼制自然铜的矿源。小亚细亚的恰塔尔·荷尤（Catl Huyuk）和塞贝尔特（Saberde），分别出土过属于前7000—前6500年的铜球和铜丝，阿里·库什（Ali Kosh）发现了前7000—前5800年经过锻打的铜球。这些都是利用自然铜制作的饰品或工具。自然铜通常十分纯净，呈金黄色，常为赤铜矿包裹，有时存在于含褐铁矿的泥土中，也有含银或含铁的。赤铜矿的色泽呈老红色，与共生矿孔雀石呈绿色不同。

人们学会从共生矿中冶炼铜的时间，比利用自然铜要晚许多。英国学者泰列卡特在《冶金学史》（R. F. Tylecote, *History of Metallurgy*, 1979）中经过仔细研究，认为人类在铜石并用时代和早期青铜时代，无论在欧洲大陆还是在埃及的许多古文明诞生地，都使用过共生矿冶炼铜合金，产品有砷铜、锑铜和低锡青铜。最早的冶炼中心在小亚细亚的安纳托利亚，从前6000年开始，在人类进入锡青铜时代以前的3000年中，有过一段颇为漫长的使用红铜和砷铜合金的历程。在以色列的提姆纳（Timna），处于铜石并用时代的工场附近就有砷铜的矿床，所以提姆纳的产品中出现过高含量的砷铜。天然矿中也有含锡或含锑的铜矿，而且锡、锑的熔点都要比砷低，这就为共生矿直接冶炼出锑铜、低锡铜提供了可能。人工冶炼铜按照铜合金的成分可以分成人工红铜和非人工红铜两种。从时间序列论，通常是直接由共生矿冶炼获得铜合金的方式，即非人工铜合金发生在先，然后才有人工冶炼的红铜。在西亚、中亚、欧洲那些早期冶铜遗址中见到的多半是砷铜、锑铜，也有部分属于低锡青铜，由此炼成的铜也会有砷铜、红铜和低锡青铜之别。

经过光谱分析证实，在铜合金冶炼史上，在欧亚大陆和地中海东部所有地区，砷作为一种合金成分要较锡早得多。这种情况在前4千纪至前3千纪间人类经历的一段“合金试验时期”（Era of experimental alloying）中是一种普遍现象，无论在安纳托利亚还是附近的阿塞拜疆、南欧、赛克拉德斯、克里特和以色列都是如此，而且在稍远的伊朗和印度河流域也不例外。在这个长达2000年的试验时期，砷这一在自然界分布很广而性质介于金属与非金属之间的化学元素，由于独立存在的很少，大多以硫化物形式夹杂在铜、铅、锡、镍、钴、锌、金等矿物中，因而在共生矿冶炼过程中通常都有存在。

砷有黄、灰、黑三种同素异形体，灰色晶体性脆而硬，具有金属材质，可用来制作硬质合金材料，因此成为在锡被应用以前常用的合金成分，含量从0.25%以下到4%，甚或高达10%～12%。在这个合金试验时期中，人类有意识地将砷（As）、锑

（Sb）和铋（Bi）加入到自然铜铸件或冶炼的矿石中。由于砷的氧化物沸点较低，容易挥发，在还原条件下冶炼含砷的氧化铜矿石产品中保留的砷一般不超过2%，对增强铜的硬度不明显。在砷含量达到8%～11%时，合金硬度便会增加，但性脆，致使表面出现许多裂纹。砷铜合金冷加工工艺最合适的含砷量是2%～6%，这种比例的合金延展性能良好，合金硬度会随冷加工的增加而明显提高。小亚细亚和近东在前4000年出现的砷铜合金多半是当地居民从含砷的硫砷铜矿（Cu_3AsS_4）取得的。在一些地区，直接从含锡、含锑的共生矿中炼出低锡青铜或锑铜。砷青铜具有固熔强化、加工硬化作用，并且还可用作铜的脱氧剂，使它较纯铜具有更好的机械性能。含砷的铜经过冷锻能迅速硬化，性能优于红铜。当共生矿是铜的硫化矿时，砷会在焙烧中大量流失，炼出较纯的铜，硬度反不如砷铜。加之由于砷的毒性，人们最终转向使用锑、锡冶炼铜合金。

锡青铜的性能比砷青铜优越。熔点1083.4℃的纯铜，加入锡以后，会使熔点降低，硬度加大。含锡25%的青铜，熔点会降到800℃，硬度反而会增加好几倍。人工熔炼铜合金，从砷铜起步，进而提高到砷青铜，最后进至锡青铜，表明人类在冶炼铜合金过程中逐步掌握科学知识，不断提高冶炼技艺，规范操作进程，最后达到完美的境地。

小亚细亚和近东的居民从当地丰富的硫砷铜矿中炼制砷铜，是在前4000年以后展开的。巴库地区库尔泰普（Kultepe）遗址证实了由砷铜向锡铜合金演进的过程。在那里，从地层1到地层2到地层3，是自然铜演进为砷铜的遗存，地层3和地层4则是铜锡合金遗存。人们取得锡青铜合金技术是经历了长达2000年的试验期的。

两河流域南部古城乌鲁克、乌尔、乌玛、尼普尔都有冶铜工场，铸造了甲胄、刀剑、长矛、弓箭等兵器和精美的饰品。北部古城拉格什曾是闪族阿卡德人的重镇。在连年争战中，这些城邦国家先后扩充自身的实力。前2200年，阿卡德人以巴比伦城为中心建立了巴比伦帝国，城市遍布在这一地区长达900公里的地面上。最古的乌尔城前后经历三个王朝，一度成为美索不达米亚的政治、文化中心、帝国的首都。自1927年到1931年，英国考古学家伍莱发掘出1850座坟墓，其中有16座王室陵墓，出土物十分丰富。这座年代久远的古城大约在前1738年被战火摧毁。乌尔附近并无铜矿，冶铜的矿石都从远方运去。有证据表明，至少在前2200年以后，乌尔第三王朝已从阿曼输入铜矿石加以冶炼。那时阿曼苏哈尔附近的基西干河以及古尔干河等地都是产铜的地方，至今还有废弃的铜矿遗迹可见。

中亚细亚土库曼斯坦捷詹河附近的纳马兹加文化，早在20世纪初施密特在安诺发掘时曾命名为安诺文化，后来继续经过多次发掘，发现了阿尔登（Altin Depe）、纳马兹加（Namazga Depe）、卡波兹（Khapuz Depe）、乔伊丹（Djeitun）和锡尔河流域的楚斯特（Chust）文化遗址，从冶铜遗址中采集到成批的砷铜、红铜制品。捷詹河西岸阿尔登丘遗址出土前2300—前2000年的铜器，有短剑、刀、镰、矛头、管饰，主要是砷铜或铅铜合金，尚未进入锡青铜阶段。这里是最靠近中国西部的一个冶铜中心。中国西部古铜矿遗存与纳马兹加文化最为相邻的是伊犁河流域尼勒克县奴拉赛古铜矿遗址，这里在20世纪末发现过前1世纪下半叶的矿石、铜渣和废铜锭，铜制品含有少量的砷，却未发现过锡青铜。

和中国西部地区最相近的冶铜文化中心，还有一个是西伯利亚西南部叶尼塞河上游的米努辛斯克盆地发展起来的阿凡纳西沃文化（约前2000—前1500年），和继起的安德罗诺沃文化（前1500—前1200年），以及更晚的卡拉苏克文化（前1200—前700年）。米努辛斯克的冶铜技术和纳马兹加相近，在阿凡纳西沃和安德罗诺沃文化时期也以红铜为主，自前1600年以后才受到欧洲伏尔加河和奥格河的塞伊玛文化的影响。这种文化在前1600年到前1300年间曾经通过贝加尔湖向南到达蒙古南部，和商文化有过联系。但是按照它的冶铜技术，无论如何难以对中国内地产生值得注意的影响。当时这里和黄河河套地区的经济联系是由丁零等一些游牧民族的迁移为媒介而产生的。

那么中国本部在冶金试验时期又是怎样的情况呢？这就必须从20世纪的一系列考古发掘中来找答案了。

二、中国境内冶铜文明的产生

到人们跨进21世纪为止，在中国境内发现的商代以前亦即前1600年以前的早期铜器共有近400件，其中甘肃就有300多件，占了总数的80%以上。甘肃境内从东到西遍布出土早期铜器和铜渣的遗址，邻近地区铜矿、锡矿、铝矿和包括铜砷矿在内的多金属共生矿是当地居民炼取铜合金的矿源。但是目前中国境内发现的最早的铜制品是1973年在陕西临潼姜寨仰韶文化早期居住遗址中出土的一个半圆形铜片，是含锌达25%的黄铜片。房屋的炭化木椽经C_{14}测定并经树轮校正，年代是前4675±135年，这是迄今为止中国古遗址中最早见到的金属块。陕西渭南仰韶文化晚期出土有铜笄，经检测也是黄铜，具有锻造组织。甘肃境内的马家窑文化，年代相当于中原仰韶文化晚期。1978年在东乡林家的马家窑文化层中，出土了一把完整的铜刀和部分铜器碎片，是中国境内最早可辨器形的金属制品，刀背呈弓形，圆尖，柄部很短，遗址的年代在前

3280—前2740年间。这一年代和1942年在山西榆次源涡镇出土的一块陶片上的铜渣年代相当，陶片年代约为前3000年。东乡林家的灰坑中还发现了铜碎渣，经岩相鉴定，小块铜碎渣由孔雀石组成，较大块的主要是褐铁矿40%、孔雀石30%、石英10%、赤铁矿5%、金属铜5%，并有少量铁橄榄石，是一种由铜铁共生矿冶炼不完全的冶金遗存。铜碎渣的存在表明了一次冶炼铜铁氧化共生矿失败的记录，证明当地冶炼成低锡青铜刀并非偶然出现的孤证。由此可以肯定，前3000年左右，黄河中、上游地区确已展开对冶铜技术的探索。

甘肃东乡林家马家窑文化遗址出土的铜刀，是一把含锡6%～10%的青铜器，也是目前所见中国最早的青铜器，它的绝对年代和近东发现的世界上最早的青铜器的时代不相上下。泰列卡特在《冶金学史》中举出，世界上最早的含锡8%～10%的锡青铜器是前2800年乌尔的王陵中出土的铜斧和短剑，属于乌尔第一王朝时期。

陕西仰韶文化中出现黄铜，来源于含铅锌的氧化共生矿。这类铜器还见于山东龙山文化遗址中，一是1974年胶州市三里河发现的两段可以对接的铜锥，含锌达22%；二是1982年长岛北长山店子发现的一件圆形铜片，含锌达34.89%。在诸城、栖霞、烟台牟平、日照也发现了铜片、铜锥以及炼渣、孔雀石等炼铜原料。河南龙山文化（或龙山时代的中原文化，前2400—前1900年）晚期，共有5处遗址出土铜器。1981年在登封王城岗一个灰坑中出土一件容器残片，宽6.5厘米，高5.7厘米，厚约0.2厘米，是中国目前所见最早的容器残片，容器含有铅、锡。郑州牛寨出土过炼化铅青铜的炉壁残片。临汝煤山两个灰坑中发现的炼铜坩埚残片是中国目前所见最早的坩埚。黄河中、上游在前2千纪的1000年中处于利用铜的氧化共生矿还原熔炼阶段，当时所能采集到的铜矿石决定了熔炼成的铜器是黄铜还是低锡青铜，它们的出现不是人工冶炼的目的物，只能表明冶金技术尚处于初始阶段。

新疆新源出土铜武士人像

继马家窑文化之后兴起的甘肃东部齐家文化（前2255—前1910年或更晚），在6处遗址中共出土红铜和锡青铜45件，主要材质是红铜。年代最早的武威皇娘娘台共出土铜器30件，有铜锥15件，铜刀6件，钻头2件，铜凿、铜环、铜条各1件，并有铜器残片4件，都是红铜。永靖秦魏家出土7件铜器，有铜锥、铜条、铜指环及饰品，广河齐家坪出土长15厘米的铜空首斧1件、镜1件，广河西坪出土了长18.3厘米、柄长7厘米的铜刀1件，材质都是红铜。

自马家窑文化出土东乡锡青铜刀后，甘肃永登蒋家坪出土马厂时期（相当于河南龙山文化）铜刀，也是青铜。这类锡铜制品在西部地区齐家文化中也续有发现。甘肃永靖秦魏家的铜指环，青海贵南尕马台的铜镜，甘肃广河齐家坪的铜镜，都是锡青铜制品。

中国本部的中原地区，东起山东、河南，西到陕西，在前3世纪最早的冶金遗存中，先后出现了黄铜制品，有刀、笄、锥、条等工具和日用铸件。同时出现的还有锡青铜，但没有砷铜和红铜制品。这是由于山东东部拥有丰富的铜锌铅共生矿和铜锌共生矿资源，在那里发现过古代采坑、炼渣等遗迹。

中国西部齐家文化出土的铜器数量比马家窑文化明显增多，在晚期出现的装饰品和斧、镰等工具中，铜器材质以红铜为主。锻制的小件刀、锥，铸造的大件铜斧，都表明这时红铜的冶炼与技术逐渐成熟，并曾逐渐向东传递，在河南临汝煤山灰坑发现的炉壁有6层铜液附着物，山西襄汾陶寺龙山文化墓葬出土有含铜量达97.86%的红铜铃。

中国本部在前2千纪进入夏代，代表文化偃师二里头文化已有了铜容器制作技术，成为中国境内最先进的冶金文化。甘肃东部齐家文化以熔炼红铜为主，进化的程度仅次于中原文化，初步凸现出西部地区在冶金技术和铜合金知识方面有了比以前更大的进步。甘肃中西部在前1800年左右到前1300年间展开的四坝文化，是1948年在甘肃山丹县四坝滩发现石器、陶器的同时出土了铜器和金器而被单独命名的。四坝文化金属冶炼技术继承马家窑文化马厂类型（前2300—前2000年），与齐家文化同时展开，分布在东西600公里长的河西走廊。酒泉干骨崖遗址附近曾发现有马厂类型的冶炼铜块和铜锥，当地冶金技术自有一种前后承续关系。1976年玉门市清泉乡火烧沟发掘300多座墓葬，随葬铜器的有106座，出土铜器超过200件。1986年和1987年在安西、民乐和酒泉的300多座四坝文化墓葬中，共取得铜器73件，并在地表采集到若干残件。到20世纪末，四坝文化铜器已发现270余件，工具中有刀、削、锥、有銎斧，武器有矛、匕首、箭镞，饰品有耳环（桃形为主）、指环（三圈以上铜丝绕成）、手镯（桃形）、扣饰（蘑菇形）、泡、六连珠和三连珠饰。四坝文化中的直柄铜刀起源于前3000年的马家窑文化的马家窑类型，其后在齐家文化中多次出现，但四坝文化中的刀形制规范，且都是有柄复合工具，又出现了新产品环首刀和有贯通銎的斧。环首刀形制和古埃及的式样相仿。矛和匕首仅见于玉门火烧沟墓地。饰品中只有指环和外缘有小孔的铜泡在较早的马家窑文化和齐家文化中已经有过，耳环、手镯、连珠饰则都初见于这一地区。

民乐东灰山和酒泉干骨崖出土68件铜器。经原子吸收光谱、扫描电镜和金相分析，民乐东灰山铜器全是含砷量在2%～6%的砷铜；酒泉干骨崖遗址铜器中有铜锡合金，含锡量多在2%～10%，出土的含砷合金比例与东灰山接近，双方在工艺上或有联系。含砷比例低于7%，是冶炼砷铜共生矿的结果。火烧沟铜器中，红铜器占了一半，且含砷量微小，锡青铜、铅锡青铜数量很多。安西鹰窝树遗址铜器全部是铜锡合金制品，而且多是铸件。与齐家文化相比，四坝文化的冶铜工艺要更进步。四坝文化中不但有红铜器，干骨崖和东灰山遗址还出现较多的砷铜器，这类铜器为中国中原早期遗址中所没有，是中亚和近东地区早于青铜久已使用的冶铜制品。在甘肃境内，时代偏早的民乐东灰山遗址所见多为砷铜合金；时代偏晚的酒泉干骨崖遗址，铜锡合金比例明显增加；时代最晚的安西鹰窝树遗址，全部是铸造的锡青铜制品，尚未使用较成熟的锻打锡青铜技术。

四坝文化以酒泉为中心，就遗址时代和工艺特色而论，表现出位置偏东的遗址以砷铜、红铜为主，位置偏西的遗址以锡青铜为主的走势。四坝文化青铜器多属小件工具、装饰品，尚未出现青铜容器；而且在锡青铜以外，还有铅青铜和铅锡青铜，使用复合陶范分铸法铸造器物。这种技术与中原地区同时代青铜铸造技术相仿，可以确定四坝文化后期已属青铜时代文化。铜器的形态普遍具有北方草原文化风貌。火烧沟发现的1件青铜铸造的四羊首权杖头，外形与细颈小壶相似，下端刻有四道凹弦纹，充分体现出北方游牧、畜牧经济文化圈的民族特色。人种学研究表明祁连山北麓甘肃河西地区，自新石器时代到青铜时代是东亚蒙古人种分布区，至今尚未见到有欧罗巴人种居住的遗存，足以排除当地冶金工艺由来自葱岭以西的白种移民传入，而是由于祁连山北麓富有铜矿、锡矿、铅矿和多金属共生矿的天然资源，当地居民就地开发资源的结果。

现在可以明白，中国境内自出现金属冶炼技术起，至少可以以河套地区为基准，划分成东西两大区。东区即中原地区，最早从黄铜、锡青铜起步，在前2000年以后已最先跨入青铜时代，到前1300年进入鼎盛时期，制造出成批精美绝伦的大型青铜容器。西部即河套以西甘肃及其邻近地区，包括新疆境内、天山山脉西部尼勒克县奴拉赛冶

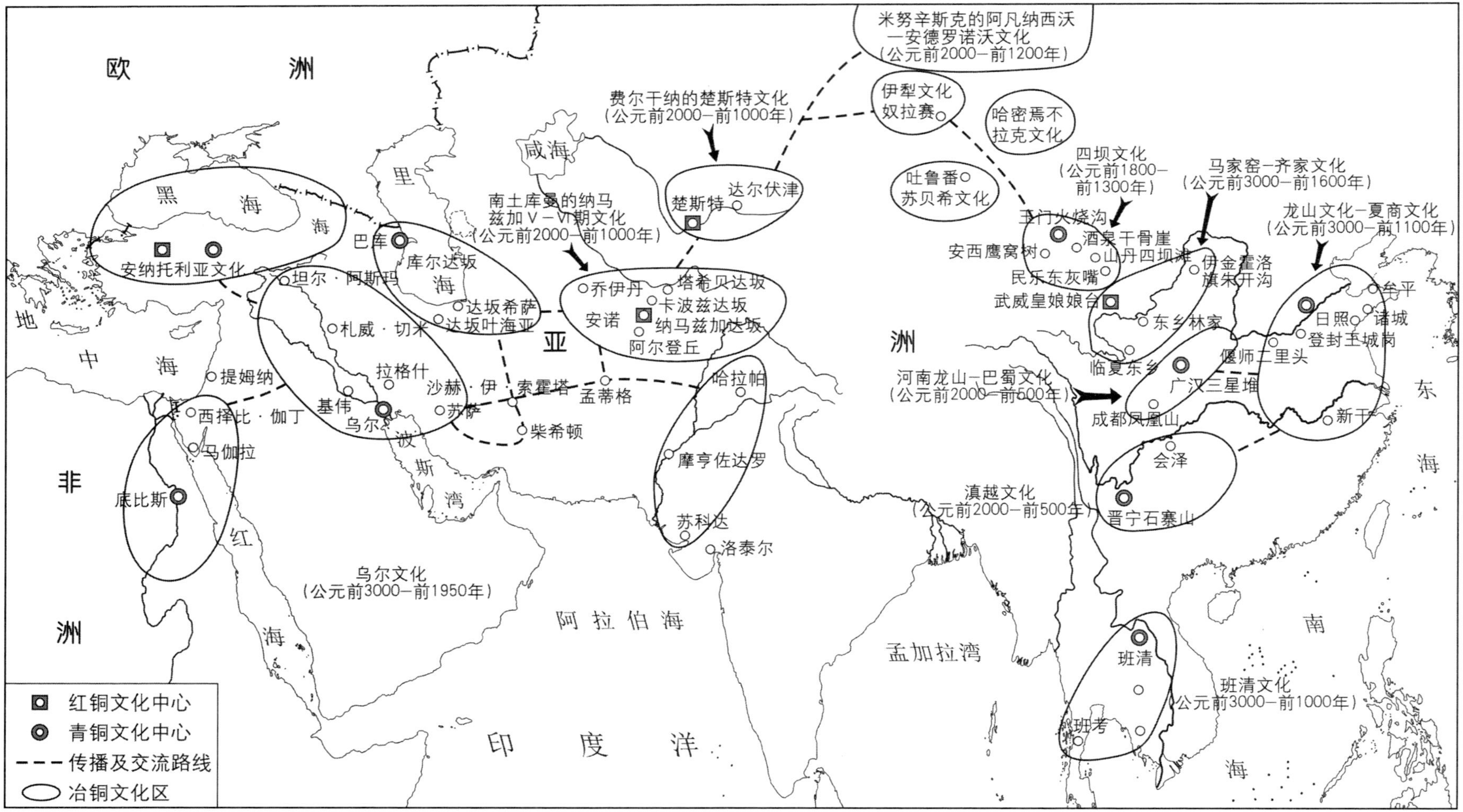

东亚、中亚与西亚早期冶铜业分布地点示意图

铜遗址在内，最早从红铜、砷铜开始，直到前1500年以后才首先在甘肃西部地区掌握锡青铜的冶炼工艺，它的技术信息是否来自中原或北方的某一冶铜中心，抑或曾与中亚地区的铜合金文化有过信息交流，目前尚未有可供链接的中间环节提供足够的材料。后来的田野发掘只知道在新疆东部罗布泊的小河墓地出土的锡耳环是当地最早的纯锡制品，年代约在前1600年前后，与四坝文化约略同时。泰列柯特以为前2000年金属冶炼技术经高加索或伊朗传入中国的说法难以找到与之呼应的事实。从目前考古发掘取得的证据看来，如果仅仅限于说中国西部的冶金技术来自葱岭以西地区，也仍嫌缺少立论的依据。退一步说，欧亚草原如果和中国西部在冶金技术上有过交流，那么这个开端恐怕最早也要推迟到前1000年以后才有可能。唯有马文化才能在广阔的欧亚草原上担负起传递不同民族之间各种信息的重任。

第二节　彩陶文化的多元起源

在很长时期中，横贯亚洲衔接欧亚草原的通路在鄂毕河上游和阿尔泰山地区折而向西，亚洲的西部和东部被帕米尔高原切割成两个几乎不相连续的部分。黄河中下游的古文明和两河流域的巴比伦文明的联系经受了漫长的蹉跎岁月。考古学家曾经通过19世纪以来在欧亚大陆广泛发掘到的彩陶文化探索亚洲西部与东部之间文明的早期联系。

欧洲考古学家在发掘了巴比伦的彩陶文化以后，又在意大利西西里岛、希腊北部乞洛尼亚、多瑙河下游的科科特尼、东欧的格拉齐亚、乌克兰的特里波利等遗址中见到了类似的彩陶。当1921年中国地质调查所在河南省渑池县仰韶村初次取得了新石器时代晚期的大量石器、骨器和粗陶、彩陶以后，发掘者瑞典学者安特生（J. G. Anderson）匆匆地将遗址的年代定在前2500年，认为："巴比伦在前3500年已经有了彩陶，中国彩陶比它晚得多，因此一定是从西方传来，而不是由东方传去的。"①

仰韶出土的许多红黑相间的彩绘陶器和螺纹、三角纹、几何纹等多种图案，在外观上和欧亚大陆其他地区彩陶相似，使得安特生的论点得到发掘波斯古都苏萨的法国特·摩根、发现中亚安诺遗址的美国庞拜莱的支持。1914年斯坦因第三次中亚探险时，在伊朗东部锡斯坦取得的陶器曾被认为与仰韶彩陶最为相似。但随后，安特生在甘肃、

① J. G. 安特生：《中华远古之文化》(Johan Gunnar Andersson, *An early Chinese Culture*)，《地质汇报》(Bulletin of the Geological Survey of China)1923年第5号第1册。

青海对彩陶文化的继续发现，却越来越显出他的关于彩陶文化通过新疆南北部山间谷道东传的理论具有难以弥补的年代序列上的缺陷。他的这一论点早在1924年便遭到了瑞典汉学家高本汉的驳斥。

此后，对仰韶文化及其各个分支文化的研究显示河南彩陶文化是一个向四方辐射的源头，它的年代在前4500年。陕西省西安半坡村是一处经保护起来供人参观的保存良好的仰韶文化遗址，它的年代经C_{14}测定，是前4115±110年至前3635±105年，比之英国不列颠博物馆霍布生（Hobson）鉴定的伊朗东部锡斯坦的彩陶（属前2500—前2000年）要早上1000～2000年，与伊兰文化中的彩陶（前4000—前3000年）属于同一时期。中国河南彩陶和伊朗彩陶在宏观上具有共同特征，仍被西方人士认为双方可能有一个共同的起源。英国的威廉·沃森（William Watson）认为："中国中部仰韶新石器文化的陶器与前4000年后期伊朗中部达坂·锡亚尔克所使用的陶器非常相似，双方可能有一个共同的起源。仰韶彩陶正是从伊朗高原传播出来的陶器装饰传统所能达到的东部极限。"[①]

伊朗北部也曾见到中国所独有的鼎、鬲类三足陶器，但相似之处十分微弱，只能看作是曾经出现在那里的移民文化的遗存，或者人类在创造过程中对思维曾经闪耀过数理火花的一种记录。这种记录，显示了生活在不同地域的不同种族的人在思维活动中出现的共性。就像苏美尔人发明一年12个月的太阴历，也未曾对远方的中国人制订同样的历法有过什么启示一样。

达姆甘出土的前4000年的陶器

① 《剑桥伊朗史》(*The Cambridge History of Iran*)，第3卷第4章《伊朗与中国》。

瑞典学者阿尔纳（Arne）赞同安特生的彩陶文化西来说，以为仰韶村与秦王寨的彩陶，论胎质之薄，只有苏萨Ⅰ期彩陶约略可比；论陶器的成分，氧化铁含量高达20%，与安诺Ⅱ期陶器相似；论纹饰，与苏萨Ⅰ、Ⅱ期类同，尤其和塔克·缪辛酷肖[①]。阿尔纳还特意提出了一种南方印度—日耳曼民族自西方迁入中国华北地区的理论。关于中国文明起源问题，由仰韶彩陶文化及以后陆续在中国北方所发现的彩陶文化引起的对中华远古文化的探讨，在第二次世界大战前的学术界曾引起很大的争论，使得19世纪末英国的特林·德·拉科帕里的巴克族移民说和巴尔的苏美尔人东迁说一时大有再度复活之势。拉科帕里在1894年发表的《中国文明西方起源论》（The Western Origin of Chinese Civilization）中系统地发挥了他关于中国古史是两河流域古史翻版的主张。他的立论根据是，中国古代所称的“百姓”（人民）就是巴比伦的巴克族，百姓即“巴克”（Bak）的音译。炎帝神农氏是巴比伦古史上的萨贡（Sargoon），黄帝有熊氏的“有熊”译自苏撒王纳洪特（Kudur Nakhunte）。此说一出，在当时竟成了对中国古史茫无所知的西方学术界十分流行的时髦学说。日本白河次郎、国府种德写作《中国文明发达史》（1899年）也起而接踵，将中国文明的源头嫁接于巴比伦的移民。就在这1899年，商代的甲骨文开始再现于人世，说者又起而附会它起源于西亚的闪语，主张闪米特文字是巴比伦、埃及、雅利安、希伯来、阿拉伯等东方文字的源头，以为“鸟”、“人”、“山”、“水”等字，甲骨文与闪米特文相似，和安特生《甘肃考古记》中定作辛店期彩陶花纹中的鸟、人相似。实则甲骨文中的“鸟”、“兽”都呈侧式，两足鸟仅见其一，四足兽只有两足。炎黄后代的中原先民在自己世居的土地上创造凝结而成的文明，在三四千年前，尚无可能将6000公里以外的发达文明加以吸收与仿效。

远古时代在黄渭平原和两河流域各自制作彩陶的民族，即使有过微弱的文化交往，但人种迁徙的事实却无论如何也得不到古人类骨骼发现的证实。彩陶文化的发明权是中国的黄渭居民和美索不达米亚、伊朗高原的先民各自在特定的环境中独立进行的一种创造，那些微弱的联系即使存在过，也一定是发生在他们各自的彩陶文化出现许久以后的年代里的事了。

---

① 阿尔纳（T. J. Arne）：《河南石器时代之着色陶器》，《古生物志》1925年丁种第1号第2册。

第三节　马文化从库班草原走向中国

马是六畜中一种较晚被人类驯养的动物，以往认为人类驾驭马匹的历史大约只有3000多年。但是后来的考古发现将这段历史又上推了3000年，发现了养马的起源地正好在欧亚大陆的欧洲一侧。在乌克兰的铜器时代遗址史莱特尼史托克（Srednistog）曾经出土过一批又一批的马骨，对这些马的牙齿被嚼子造成的磨损程度的研究足以证明这是一些家养供人驾驭的马。遗址的冶铜文化出现在前4300—前3500年，几乎与两河流域的历史相差无几，由此可以推算出人类成为马的骑手至少也有6000年之久了。

史莱特尼史托克文化的德莱芙卡（Dereivka）遗址是在1960年才发现的，后来在1983年又有了重要发现，在废弃的垃圾堆中出土了2412件马骨，是可以确认的动物骨骼总数的61.2%，至少可以代表52匹马，估计有1.5万磅肉。德莱芙卡遗址位于基辅以南250公里第聂伯河的西岸，遗址出土的大量动物骨头，有马、牛、绵羊、山羊和猪。这些动物给当地居民提供肉食和皮毛，组成了德莱芙卡的畜牧业。独具特色的则是马的饲养，使该地区留下迄今为止最早的马文化遗存。当地居民使用磨制石器从事农耕。从马嚼子的对比研究知道，那里驯养马匹最早的用途是供坐骑，年代比车轮的使用还早500年。

可以长途跋涉和快速奔跑的马是人类在发明机动车以前最理想的运输工具。通过驯养和使用马匹，人们可以畜养更多的牲口，加快货物的流动，使遥远的未知地的资源成为触手可及的财富，同时也使得人类缘于对土地、水源和其他各种资源的不知满足的追求，展开了历史上最早的军备竞赛。

库班草原的马文化从滋生到壮大，经历了2000年。欧洲的东部和亚洲的西部首先成为马文化向西、东两个不同方向辐射的地区。进入前2世纪，亚洲西部的文明中心由于接受了马文化而产生了巨大的变化。伊朗虽早到前3000年已经驯养马匹，但在以后的2000年中并无长足的进展。在欧亚草原的广袤土地上，马文化最初为游牧民族所接受。中国北方要到前1500年以后才豢养马匹，从此以后，黄河中游的东亚文明才有可能联络到更加遥远的西部地区。

东亚和西亚最初的文化联系是由那些分布在天山以北、西伯利亚南部和里海东部的部族以接力赛的方式进行的。直到商文化进入西伯利亚远及伏尔加河上游的塞伊玛地区以后，里海南部的文明世界才逐渐通过中亚细亚的草原牧民和中国天山地区有了信息往还。前1000年以后，中亚细亚社会经历了一场巨大的变化，推动这里的居民奔向大规模豢养马匹，进入骑马文化的新时期。这使中亚细亚逐渐成为沟通亚洲东西部的桥梁。中国的周文化也跟着骑马文化的信息将自己的势力伸向早先认为不可企及的遥远的西方。

骑马民族在传递东西方文明方面起到的作用是难以估量的。中原地区的华夏民族主动和中亚的骑马民族接应的，是前12世纪在陕西中部的周原兴起的周民族。周民族的祖先是一个名叫姜嫄的妇女。姜就是羌民族，姜嫄是一名羌族少女，后来和姬姓的周族联姻，周民族因此有了羌族的血缘。姬周的统治者在前1046年联合西部各部族击败殷王帝辛建立周王朝以前，早已和河西地区的羌人有联盟关系，一向重视马的驯养和繁衍。根据埋在前3世纪古墓中的一部古书《穆天子传》所述，在前12世纪，建立周王朝的武王（前1056—前1043年在位）的曾祖父大王古公亶父很早便和中国西部的游牧部族缔结盟约，将他的一名侍卫长季绰派到葱岭东边产玉的地区，并将宗室的女儿许配给他为妻，让他代表周王室管理这块地方，好控制贵重玉石的开采，将他们源源不断地输送到中原。而古公亶父早已使用马匹作为坐骑，往来于潼关内外了。3000年前周人靠骑马驾车将一批陕西人移居到了新疆的叶尔羌一带，向昆仑山北麓著名的和田玉的产地进行移民，在那里建立起一个名叫赤乌氏的国家。赤乌（Tcheou）的陕西话读音和“周”的发音很相近，赤乌氏也就是周人和羌人在叶尔羌、和田建立的国家了。《穆天子传》还描述了周穆王姬满（前977—前922年在位）曾经率领人马从洛阳到赤乌氏那里去巡视，挑选了大量的上等玉版和数以万计的玉料装车运走的情景。

过了几个世纪，在前6世纪由齐人编写的《山海经·大荒西经》中，赤乌氏之国变成了西周之国。那里有发达的农耕生活，居民也和周宗室一样姓姬。这个西周国正是出产和田玉的地方。古时候中国人把这种品质最优良的玉称作昆山之玉，是因为它们出产在雄伟的昆仑山脉。昆山之玉出在和田和叶尔羌之间，大约在前2000年以后就被运进内地了。中国古人以玉比德，代表王者，是属于有地位的人的佩饰，可以分成七等或五等。选玉最重要的标准是质地，其次才是色彩。中国境内在前6000年已经开始用玉作为身份的象征。北方辽宁的红山文化、南方长江下游的良渚文化都有发达的玉文化。20世纪30年代在河南安阳开始发掘商代晚期都城殷墟，取得数千件精美玉器。据科学检测，这些为商王室使用的上等玉石几乎全是和田玉。过去英国学者从1874年的史托利茨格起到后来的李约瑟，法国学者沙畹与美国东方学家劳费尔，全都认为汉代以前中国内地并不产玉，要到汉武帝派张骞通西域后昆仑山的软玉才传到中国内地。但事实是，前1300年，昆山之玉的开采已经很可观，并且和内地建立了贸易关系。打那时起，葱岭东侧的这块玉石产地就已属于中原王朝了。

前7世纪，连最东边紧靠大海的齐国也都知道了“玉起于禺氏之边山”。《管子》这部古书将8000里外的禺氏和8000里外的昆仑之虚（墟）相提并论，指出那里是周王朝获得白璧和彩色宝石的产地。运输和田玉的玉石之路，东起成周的都城洛阳，向北经过山西省中部的勾注山，再转向西边的河套地区，然后取道库鲁克塔格南缘，沿昆仑山北麓直通和田玉的产地，总共的确有8000里（4000公里）之遥。这条运输玉石到内地的路，不但遥远崎岖，而且也很凶险，沿途尽是沙漠和险峻的关隘，还要提防出没其间的游牧民族的袭击。但是有了这条路，中国人终于在帕米尔高原的东侧找到了像塔什库尔干、瓦罕谷、乌鲁克恰提和纳伦河上游的纳伦山口等一系列可以通行的山隘，从此中国人走进了亚洲西部文明的中心区。由前6世纪的《山海经·大荒西经》可知，他们的地理知识已将他们带入两河流域的沃民国（巴比伦）。《山海经·海外西经》更列有在沃民国以北的白氏国（Perse），和更北的肃慎国（Scythia）。这个肃慎国绝非黑龙江下游的肃慎，只是前5世纪的地理学家借用了古已有之的一个北方边远民族的译名。恰好是这个译名，一下子将在黑海北岸和里海之间过着骑马的游牧生活的斯基泰人圈入了中国人的视野。中国最初记述的欧亚草原上最杰出的骑马民族斯基泰牧民，在时间上和希腊历史之父希罗多德的论述不相上下，同样古老。

第四节　中华文明向西的传播者：西周国

一、《山海经》中的西周国和轩辕国

西周建立以后，中国内地的丝织品生产有了很大的发展，丝线、丝布、绫锦、纨绮等丝织品不仅运销亚洲各地区，而且远销到欧洲。3000年前一批关中人跟着周王朝的宗室移居到了西域（现新疆）的叶尔羌一带，在那里一边垦殖，一边开采和田玉。不用说，许多丝织品也经过他们运往葱岭以西的文明国家。在波斯诗人费尔杜西的编年史诗《帝王纪》中，季绰被译作季夏（Jamshid），季绰的后代在那里世代相传。《山海经·大荒西经》称这里是西周之国，说他们是后稷弟弟的儿子叔均的后代，姬姓，在葱岭的东边种田食谷，传播农艺；又说那个地方有赤国妻氏，有双山。赤国妻氏，也就是《穆天子传》里周穆王到过并从那里运走和田玉的赤乌氏的国家。“赤乌”两个字拼起来正好是陕西话里的“周”，赤乌氏无非是周代宗室女的后代了。这一批陕西移

民到达这里以后，便世代相传，繁衍生息，将这里经营成华夏族最西边的前哨。

《山海经·大荒西经》中还有一个在西部地区极远之处的轩辕国，说是在“江山之南”，居民以江山以南的地方为聚居地，因此人口就繁衍起来了。后出的《海外西经》对轩辕国的位置说得比较清楚，说是在“穷山之际”，又说在女子国的北面。这里的“穷山”也就是《大荒西经》中“江山”的音转，位置在帕米尔高原的南部，正好在克什米尔境内的女子国的北面。

葱岭东边从莎车、叶城往东，连同皮山、墨玉、和田、于阗等几个县都产玉。皮山有座密尔岱山，更是著名的玉山，半山以上全是洁白无瑕的玉，《山海经·海内西经》干脆将这里合称作西胡白玉山了。《海内西经》写成于前4世纪下半叶，要比《大荒西经》晚200多年，那时，和田玉的生产又有了新的变化，已经不属于西周国管辖了。《海内西经》描述流沙出钟山（祁连山、冷龙岭）后西行又南行，将河套以西的腾格里沙漠直到塔克拉玛干沙漠全都囊括在内了，并且进一步指出西胡白玉山在大夏的东面，白玉山早就归属西胡；这时的大夏人（吐火罗人）还没有进入阿富汗，居住在疏勒到库车、焉耆一带，所以出产和田玉的白玉山正好位于它的东南。《海内西经》还指出白玉山的西南是苍梧，苍梧的意思是“苍山”，就是葱岭。时代变了，在葱岭以东因此再不见有西周国，但在早先的西周国的西边，仍有一个早在《大荒西经》中就已出现过的轩辕国，他们也是华夏族移民在葱岭以东建立的国家。

二、伊朗化的中国译名

据成书时间与《海内西经》差不多的《海外西经》记载，轩辕国在“穷山”的山脚边，“女子国”的北边。“穷山”不过是写作《海外西经》的长江流域的楚人对“葱山”“葱岭”的不同译写。在轩辕国南面的女子国，是印度史诗中很有点名气的苏伐剌拏瞿呾罗国，那里是西北印度史瓦特河流域的产金国，玄奘在《大唐西域记》中也提到过。根据地理位置判断，轩辕国只能是在新疆西南部葱岭东西交通要道所在的塔什库尔干。在前4世纪，这处周围广达2000里的地方确实是华夏民族在新疆建立的最西的一个前哨了。

《海外西经》指称轩辕国，“其不寿者八百岁”，这句话的意思是说轩辕国立国至少有800年了。从前4世纪上溯800年，正好和前12世纪季绰率领一批人马西迁的时间符合。轩辕国本是黄帝的氏族，黄帝据说也姓姬，和周的宗室同姓。总之，黄河中游姬姓家族的后裔也有在南疆的穷山之际建国的，他们的历史也不比西周国晚多少。轩辕国的居民在那里凭着一座天然的轩辕之丘作为北面的屏障，阻挡着北方游牧民族的侵扰，过着平静的农牧生活。他们崇拜的图腾（族徽）是“人面蛇身，尾交首上”，证实他们来自黄河中上游的华夏族世居之地。轩辕之丘的遗迹在塔什库尔干以北十多公里的一座石方堡，当地塔吉克人把它叫作公主堡，传说是古时候一位中国公主在这里立国时留下的遗迹。赴印求法的高僧玄奘在643年归国时到过塔什库尔干，拜见了当地的朅盘陀国国王。国王自称是汉日天种，是华夏族与信仰日神密特拉的伊朗语民族混血儿的后裔。玄奘在《大唐西域记》卷十二中记录朅盘陀的开国传说，说当年波斯国王从中国娶了一位公主，归国时经过这里，遇上兵乱，东西交通断绝，便把公主留在一座孤立的山峰上，派人守卫。每天中午，有一丈夫从日轮中乘马下来相会。三个月后，战乱平息，波斯国王派人迎接公主回国，不料公主已经怀孕。臣僚们大为困惑，不得已就在石峰上建立宫城，将公主立为女王。公主后来生下一子，才华出众，威服周围各国。由于他的母亲是“汉土之人”，父为“天日之种”，因此公主之子自称“天日之种”。据玄奘观察，这地方王族的面貌和中国一样，也戴首饰方冠，只是穿的是胡服，和当地人一般无二，全是由于他们是中国公主的后裔。史书中也同样认为，新疆境内，只有于阗一地的人“貌不甚胡”。不难明白，之所以如此，全因3000年前这里已经有了大批内地的移民。塔什库尔干的建国传说，无非显示当地开国时已信奉波斯日神，这种文化影响大约可以上推到波斯阿赫美尼德王朝的大流士一世时期，当时波斯帝国的领土西起希腊半岛，东抵锡尔河，东南到达印度河，北面濒临黑海，亚洲西部和欧洲之间的交通线全在帝国的控制之下。波斯帝国首先叩响了中华帝国的大门，葱岭地区不再是东西交通的阻碍，反而成了两个大国共同的门扉了。

塔什库尔干公主堡遗迹

居住在中国西部边疆以外的伊朗语系民族，在2500多年前与吐兰地区和西域（中国新疆）境内各民族就有交往。前5世纪在费尔瓦丁神的颂辞中有了Cini这样的国家，以后古波斯语中称呼中国用Činistan，Činastān。Cini正是很早移居到新疆南部和田、皮山、叶尔羌、塔什库尔干的周朝宗室的自称，玄奘按音译叫“支那”，意译是“汉”，指中国人的居住区。他们是姬姓的后代，也可以说是周人的后裔，而且在陕西方言中“周”跟“姬”的音读很相近，也就是“周”国或“姬”国的对音。法国学者鲍蒂埃、伯希和认为这是“秦”的对音，以为在秦始皇统一六国前，西域（包括新疆和其西邻国家）人就以秦人称呼中原人了，可是对照葱岭东部地区周人移民的历史发展便完全说不通了，因为这个自季绰以来由赤乌氏、西周国、轩辕国（黄帝轩辕氏也是姬姓）展开的系统跟泾水流域的秦人毫无关系，他们是前12世纪以来周人的后代。秦人非子是周孝王的牧马官，受封在秦邑，是前9世纪的事，比周人立国要晚三个世纪。前3世纪形成的印度史诗《摩诃婆罗多》第二部《大会篇》中有这个Cīnas的国家，位置在波地婆以西，吐火罗、达罗陀以东。吐火罗以大雪山北的昆都士为活动的中心，吐火罗以东的达罗陀，玄奘《大唐西域记》译作达丽罗，是由塔什库尔干到克什米尔的必经之地，因此Cīnas一定是在中国新疆境内的皮山、莎车到塔什库尔干一带。汉代由皮山通往克什米尔的一条大道正好在这里通过，这一记事同样符合朅盘陀的开国传说。

费尔杜西《帝王纪》中有一则吐兰国王的女儿下嫁波斯王子肖伍希的记录。据说在居鲁士登位以前，吐兰国王将“姬国”与和田作为陪奁封给了肖伍希夫妇，他们从此居住在和田东北的宫城里，过着安逸的生活。这则故事比朅盘陀的开国传说又进了一步，把和田弄成了波斯王子的封邑，但由此可以知道，“姬国”在和田国邻近地区，当时和田国都在于阗，所以“姬国”也就是墨玉、皮山、叶城一带，轩辕国当然还在它们的西边。但是对波斯人或印度人来说，这地方已经够远，所以弄不清有和田、姬国、轩辕国之分了。由于这里的居民多数不是他们东边的月支人或羌人，又与他们西边和北边的吐火罗人有别，于是波斯人将这一地区统统归入了Čini，Čīna，Cīnas的范围。在前3世纪以前，这一地区通行的语言是东伊朗语。经过马其顿的亚历山大东征以后，塞人大举南迁，形势变化，后来才流行西北印度方言，成为一种和田—塞语。

第五节 《山海经》中的美索不达米亚

一、《山海经》中的西亚地理

当东亚处于商周时代的青铜文化盛期时，亚洲西部的文明中心却正在进行一场由骑马文化和使用铁器的游牧民席卷这一地区掀起的大变革。这一次变革的浪潮由此向西波及地中海地区，向东逐渐波及黄河流域的东亚地区。东亚和西亚在新的机遇中扩大了彼此的地理知识和人文视野。前7世纪在欧亚草原上发动的民族大迁徙更进一步加速了在全亚洲范围内展开的文化信息的脉动。《山海经》这一部比之希罗多德的《历史》更早一些的典籍便是这一时代的产物。

现在传承下来的《山海经》是一部经刘向、刘歆父子在前1世纪最后编定的集子，由十八篇山川地理集成。根据书中内容和编纂时代的不同，可以分成年代最古的《大荒经》四篇和《海内经》一篇（前6世纪中叶以后完成），年代稍晚，在前4世纪后半叶写作的《海内经》四篇和《海外经》四篇，以及于前3世纪下半叶秦始皇统一全国前后才成书的《五臧山经》五篇[1]。

《大荒经》四篇和独立成篇的《海内经》出于齐人的手笔。《大荒经》至迟在前6世纪末就已经写成，和《大荒经》相配的《海内经》一篇成书约略比《大荒经》早些，可能在前600年左右。书中最早用四海的观念界定华夏国家，分成东海、南海、西海、北海四个海区，华夏从黄河流域拓展到长江流域的楚、越，是春秋中期才形成的观念。《海内经》一篇涉及的地理范围比《大荒经》各篇要小得多，但已描述了东到朝鲜半岛和日本列岛，西至甘肃东部鸟山（鸟鼠山），西南到巴国，北面抵达河北北部和内蒙古的幽都之山（阴山）、钉灵（丁零）之国，是个以齐人和东周王朝为中心的海内世界。《大荒经》叙述的世界，已在以宗周（洛阳）为主体，距离在3000里以外的“荒”野。按照当时五服的观念，每500里算一个等级，2000里以内属于甸服、侯服、宾服；南方的蛮族属要服，也和宗周同样属于农耕文化；西北的戎狄属于游牧文化，因此列入荒服之外。《大荒西经》在寿麻国之后最早记述了灵山十巫的故事，可算是最早传到中国的佛教信息。灵山在印度摩揭陀国国都王舍城东北，今天的比哈尔西南，是佛陀在灵鹫峰讲经的地方。佛陀左右有十大弟子，于是出现了灵山十巫的说法。十巫的

① 沈福伟：《说〈山海经〉是中国第一部地理志结集》，《周秦汉唐文化研究》第2辑，三秦出版社2003年版。

“巫”，也就是楚人最早翻译的“佛”（Buddha），这个名词比佛教北传新疆，被吐火罗人和波斯人译作“佛”还要早得多。因此可以断定《大荒经》在佛陀（前623—前543年）在世时业已成书，“巫”是最早译成中文的“佛”。

《大荒西经》描述的最远的地理在美索不达米亚的沃民国。沃民国被描述成一处物产富饶，民众丰衣足食、歌舞升平的乐土，是远离中国的另一个文明大国。这个地方在比《大荒经》晚了一个多世纪的《海外经》四篇中有了确切的地理位置。《海外经》四篇是由中国南方的楚人执笔的书，它从西南方转向东南方展开它的地理记述，将《海外南经》排在最前面；然后列出《海外西经》，自西南方转向西北方；再是《海外北经》，由西北方转向东北方；最后才是《海外东经》，从东南方转向东北方。《海外经》各篇经文有相当的篇幅是对《大荒经》的注释和拓展，可贵之处在于根据当时实际知识作了补充和整理，因此《海外经》尽管比《大荒经》《海内经》都要晚出，但是叙述的地域范围最为广阔，四篇经文已将东起西太平洋，南至中南半岛，西抵两河流域，北到大戈壁和贝加尔湖的亚洲网罗在内，是一篇名副其实的亚洲地理志。

《海外西经》第一次对西亚地理作了描述。《大荒西经》中将美索不达米亚称作“沃之野”，是一大片肥沃土地。《海外西经》对沃之野加以定位，称作“诸夭之野”，通作“诸沃之野”，这里就是美索不达米亚南部的苏美尔。从那里往北是龙鱼陵居，其实是那座建造在由夯土垒成的坡基上的古代世界中最华丽最有名的巴比伦城。在龙鱼陵居的北边，就是白氏国，即中国文献中最早记载的波斯国。波斯人在前7世纪由北方南下，进入伊朗北部。居鲁士二世登位后，创建了阿赫美尼德王朝的波斯帝国，以帕萨尔加德（Pasargadae）作为国都，后来更攻占巴比伦，征服吕地亚。在他前529年去世前，帝国已将东疆拓展到印度河流域，设置了帝国的第20个行省。这样就使建立在塔什库尔干的轩辕国能够和远在中国云贵高原以东的楚国建立文化与贸易的联系。现在通行的《山海经》版本将“白氏”改作“白民”，是完全没有依据的。这些地方围绕着幼发拉底河、底格里斯河和伊朗高原，在居鲁士二世时代已经并入了波斯帝国。

按照《海外西经》，在白氏国的北面是肃慎国，那里有雒棠树，逢上好年头会长出木皮来供人做衣服。在肃慎的北面是长股国。《大荒北经》只说大荒中有一座不咸山，那里有肃慎氏之国，有一种长着四个翅膀的飞蛭。这个肃慎民族早先居住在河套以北地区，后一直在向西游移，曾被周武王称作他的北邻，并向周武王、成王、康王屡次进贡。据《逸周书·王会》，东北地区的肃慎，应称“稷慎”，是个处在原始社会的渔猎民族，或者是东迁的肃慎民族的支系[①]。与这个“稷慎”不同，生活在里海边的肃慎是骑马民族斯基泰（Skyth，Scythia，或译“西叙亚”），他们得名于一位赋有天资的国王Scolotoi。这些人一边放牧，一边追逐黄金，到处奔波，是活跃在欧亚草原上的大商贩。他们的商业活动联结了西起黑海、里海，东至天山、昆仑山地区许多操东伊朗语的牧民，波斯人对他们统统以塞伽（Saca）人相称。那个地方出产棉花，雒棠树是亚洲棉的一种叫法。用棉花可以织成御寒的棉布。后来不明真相的欧洲人根据传闻编撰了地生羊的故事，以为白花花的棉花是从地下长出来的白羊。因为欧洲人早先认为，只有羊毛才是做衣服最好的原料。出现在中国一些古书中的渠廋，应该是这个肃慎民族的另一种译音。所以在《山海经》中，相当于波斯帝国建立的前后，远在东亚的中国，无论是北方的齐国还是南方的楚国，都或先或后地感知到了在万里以外美索不达米亚的西亚文明中心。

二、巴比伦城和悬圃传说

那些曾经到过新巴比伦王国伟大都城巴比伦城的远方来客，将这座城市的辉煌景象传扬四方。前3世纪，这座城市被战火所毁，化为废墟，19世纪后半叶才被发掘，人们重新见到修建在幼发拉底河东西两岸，周长达11英里的古城遗址。曾经建造了富丽宫殿、悬空花园和巴别大塔的巴比伦文化也曾传入中国，但在文献中却要晚到在前2世纪初的《淮南子·地形训》里才留下踪迹。昆仑山在那时仍是跨越葱岭的东西方贸易所必经，在中国人的心目中依然充满着令人神往的仙国的风韵。《淮南子》描述昆仑山的疏圃中有黄水，喝了能叫人不死。从昆仑之丘再向上走一倍的路，就是凉风之山，登上之后便可不死。从那里再往上走一倍的路，就到了悬圃，一到那里便可以使风唤雨，驾驭自然，随心所欲了。从悬圃再往上去一倍的路，便可登天。上天是太帝所居，一到那里，人便成了神仙。这些后来为道教所吸收的西方仙化之境的思想，最初其实是来自西亚美索不达米亚的一种地理知识。从疏圃到悬圃，以向上登山的方式表现出来，实则是对由此越过昆仑山向西直至伊朗高原的登高路程所作的一种诗意或充满巫术意味的复述。

有关悬圃的传说传递了来自巴比伦城的信息。新巴比伦王国在那波帕拉萨尔（前625—前605年在位）和尼布甲尼撒二世（前602—前562年在位）时进行了工程浩大的建设。城墙是建有许多城楼的双层建筑，每座城门以巴比伦人崇奉的神祇命名。经

① 详见沈福伟：《中国与欧洲文明》，山西教育出版社2019年版，第38—41页。

过发掘的双层城堡有一座美轮美奂的伊什塔尔门，呈献给母神伊什塔尔。城内宫室邻接，庭院、长廊曲折迂回，有许多仿效亚述古都尼尼微的辛那赫里布的套房。城内高地上有三座供尼布甲尼撒居住的宫殿，其中一座有五个宫。宫殿东北角有悬空花园，因构筑巧妙被列入古代世界七大奇迹之一。

尼布甲尼撒二世为取悦他从米地亚娶来的新王妃阿米蒂斯，在卫城的东北隅修筑了一座别具一格的花园，好为这位来自山国的王妃消除怀恋家乡风光的愁闷。据前1世纪希腊的狄奥多拉斯和史特拉波描述，整个花园呈方形，每边长120米，上面修筑了多层阳台式的建筑，每层阳台由砖柱支撑，最高的一层柱子竟达23米。各层柱子交叉建造，互不遮挡。上面覆盖巨大的石块，铺上芦草和沥青，再铺两层熟砖，覆以铅板，铺上泥土，好种植大树，又不渗漏水分。设计师更巧妙地建造了一根空心柱子，从底层直通顶部，柱中安有唧筒，可以抽吸幼发拉底河的河水灌溉花园。花园一经建成便名扬四方。巴比伦城的宫室都用彩色琉璃砖瓦装饰，一派富丽堂皇的豪华气势。宫殿内壁和卫城大门（伊什塔尔大门）的墙面也都用彩色琉璃砖砌成，上有狮子、公牛和蛟龙等象征神灵的动物浮雕。狮子代表阿达德神，蛟龙是巴比伦城主神马尔杜克神的象征。

巴比伦城中的五十座神庙蔚为壮观，在人们心中具有通神的威力。城中心的马尔杜克神庙，殿堂星罗棋布，天井中有一座高耸入云的巴别大塔，坐落在91米见方的坛座上。这坛座被称作“恩蒂梅那基”，意思是“天堂和人类神庙的起点”。坛座通过三层石梯建造了高达90米的六层大塔。塔顶用蓝色琉璃砖修筑了一座神坛，在阳光下显得光怪陆离，十分神奇，被巴比伦人视作通向天国的圣地。

巴比伦城宏伟神奇的建筑群，特别是悬空花园和巴别大塔，在黄河流域的居民中衍生而为通往悬圃和帝座的传说。巴比伦文化的成就，在异方远国之人看来早已超出了这座古城建筑物的实用价值，而赋予人们的精神世界以一种超越现世的神圣与精妙的感觉。因而建筑物虽在后世的战争中荡然无存，但人们寄托其中的那种对永久享受美好生活的期望却久久未能消失，以一种宗教的感染力在几百年后的西汉时代还被传诵不已。流传在黄渭平原上的悬圃传说并非仿效巴比伦传说中的仙山[①]，巴比伦的仙山是亚美尼亚高原的阿拉拉特山，它和昆仑山相去何啻天壤。

① 苏雪林：《昆仑之谜》，1945年发表，参见百万书库网（http://www.millionbook.com）。

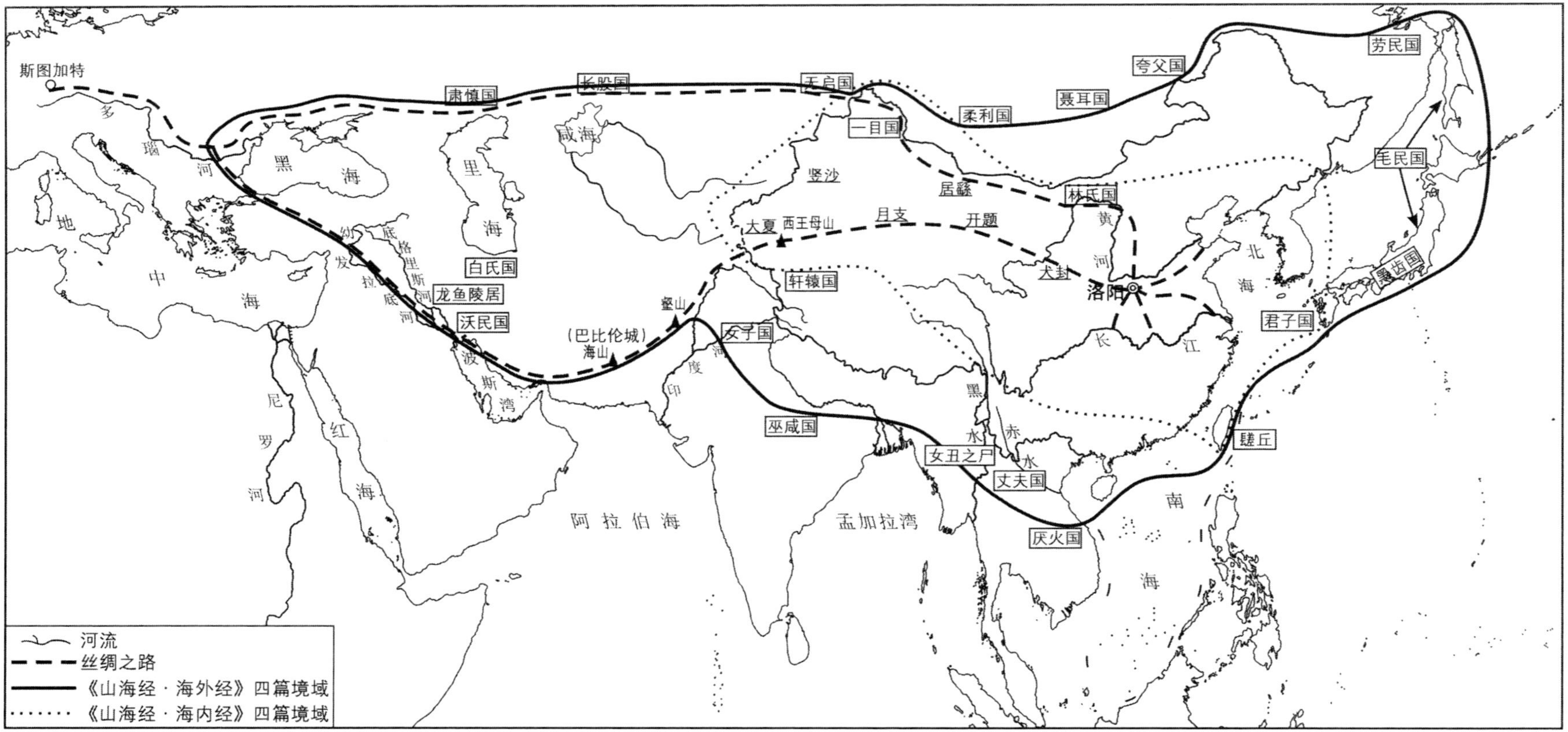

前4世纪的丝绸之路示意图

三、沃民国和求仙思想的东渐

春秋时代，北方游牧民族不断迁徙，分布在天山以南的吐火罗人是昆仑山脉东西商货的传递者。中国内地和伊朗之间的各种信息通过他们而互动。季绰西封葱岭，季夏流亡中印边境，在中国和伊朗语系各族中都留下了最古老的传说。

中国移民建立的西周之国是古公亶父所封并由季绰统领的华夏国家，在疏勒附近。轩辕之国的所在，在比《山海经·大荒经》晚出的《海外西经》中说得很具体："轩辕之国在穷山（葱岭）之际，其不寿者八百岁。在女子国（苏伐剌拏瞿呾罗）北。人面蛇身，尾交首上。穷山在其北，不敢西射，畏轩辕之丘。在轩辕国北。其丘方，四蛇相绕。"

《海外西经》没有西周之国，但对轩辕国的方位考察周详，说它位于穷山之侧，女子国之北。在它的北面还有一座足以抵御附近操持弓箭的游牧民的土堡——轩辕之丘。这就明确了帕米尔高原东侧的华夏族居地在塔什库尔干。塔什库尔干位于慕士塔格山岭西南，城北有叶尔羌河东流。作为一处聚居地，正当江、山之南，属一片可供农耕的平地。这里就是2世纪希腊地理学家托勒密《地理志》中记载的中西交通大道必经的石塔。现在塔什库尔干以北十多公里有石方堡，大约相当于古时的轩辕之丘。塔什库尔干以南，习称塞勒库勒（Sarikul）平原，向南延伸到明铁盖山口西南克什米尔边境的坎巨提。《海外西经》中轩辕之国所在的穷山正是《穆天子传》中的春山。《穆天子传》中穆王到过的昆仑之丘实是《山海经》中的轩辕之丘。轩辕国以南的女子国，十分明白，正是印度史诗《摩诃婆罗多》中的女国（Strirajya），即《新唐书》中位于拉达克以东，出产黄金的苏伐剌拏瞿呾罗。"人面蛇身，尾交首上"是轩辕国的族徽。新疆境内中古墓葬中出土许多伏羲、女娲以蛇身交尾图像，此风大约由来已久，反映了西迁的华夏族对祖先的崇拜和寻根意识。

中华文明在前6世纪植根轩辕之国，和伊朗语系各族杂处，在东海之滨的华夏文明和西方文明古国间构筑了通渠，开辟了坦途。由此西去，便登上帕米尔高原通往阿富汗的瓦罕山谷之路；由此而南，出明铁盖山口，可进入克什米尔的罕萨河谷，指向印度。然而轩辕国并非当初中国人所知的最西之处。《山海经·大荒西经》着意刻画的是一个叫沃民国的地方：

> 西有王母之山、壑山、海山。有沃民之国，沃民是处。沃之野，凤鸟之

卵是食，甘露是饮。凡其所欲，其味尽存。爰有甘华、璇瑰、甘柤、瑶碧、白木、白柳、视肉、琅玕、白丹、青丹，多银铁。鸾鸟自歌，凤鸟自舞，爰有百兽，相群是处，是谓沃之野。

西王母之山在祁连山西。壑山在《大荒西经》中另有叙述："有巫山者。有壑山者。有金门之山，有人名曰黄姖之尸。"和西王母之山连称的壑山，当不是和巫山连称的系列山脉中同名的一山。而海山在《山海经》中则仅此一见。

马尔杜克神和蛟龙西鲁什
（巴比伦印章）

《海外西经》将沃民国称作诸沃之野，排在有四蛇相绕的轩辕之丘的西北。经文说：

诸沃之野，鸾鸟自歌，凤鸟自舞。皇卵，民食之；甘露，民饮之，所欲自从也。百兽相与群居。在四蛇北。其人两手操卵食之，两鸟居前导之。

沃民国在西王母山往西很远的地方，中间要穿越兴都库什和库赫鲁德两大山脉，一直通向美索不达米亚的沃野。当地居民食用的凤鸟卵是鸵鸟蛋，很容易使人想起汉代大书特书的安息大鸟卵。沃民国人饮用的甘露是各种含有甘露蜜醇可充饮料的植物，含有天赐饮食的意思。地中海东岸的甘露树（Fraxinus ornus）于波斯人已有幸与闻。后代中国文献对伊朗甘露也有称述，明代称作达郎古宾（tarangubin）便从波斯语音译。

沃民国盛产甘华、甘柤。在帕拉维语古经《创世纪》中列举的香花经人工栽培的有玫瑰、水仙、茉莉、野蔷薇、郁金香、柯罗辛、露儿树、牛眼菊、番红花、毛茛、紫罗兰等；甘果（mivak）有枣、桃金娘、葡萄、榅桲、苹果、香橼、石榴、桃、无花果、胡桃、杏仁；畜牧产品有视肉（肉类）、三骓（良种马）；奇石有璇瑰（红肉髓）、瑶碧（青金石、绿松石）、琅玕（绿柱石），以及白柳、白木、白丹、青丹。

沃民国的一个特征是“其人两手操卵食之，两鸟居前导之”。鸟形人和大鸟的图像是乌拉尔图和亚述的民族标记，在前8世纪即已出现。刻有乌拉尔图楔形文字的碑铭上早有这类图像。前650年的鸟形有翼人也见于尼姆罗特遗址。大约在前6世纪，见于古老的《山海经·海内经》，已有鸟民国，是个“有人焉鸟首”的地方，位于中国西部，是塞人的一支。就塞人艺术来说，在新疆的阿勒泰鹿石、巩乃斯河谷早有波斯式样的对兽铜环、承兽铜盘出土。天山阿拉沟出土承兽铜盘上的野兽具有双翼，同样富有西亚色彩，此种器件早在前6世纪立国的阿赫美尼德王朝就已流行。鸟民国可能是中国内地对新疆西部以翼兽艺术为标志的塞人的一种早期称谓。这个氏族的徽记和亚述有共同之处。后来人首鸟身的图像又出现在汉代。西汉昭、宣之间（前86—前49年）的洛阳卜千秋墓，墓门内上额壁画就是人首鸟身像，象征着死者灵魂的超升[①]。江苏沛县栖山墓中出土东汉初期画像石，在西王母旁更有鸟首人身、人首蛇身、人首马身的图像，明显受到美索不达米亚精灵崇拜图像艺术的启示，所传递的是一种来自西亚的新文化。

亚述艺术中的神灵在新巴比伦雕刻中转成人和动物复合图像的侧面浮雕，后来经过波斯人的传递进入中国北方。前612年，迦勒底人联合米地亚人推翻了统治当地的亚述帝国，重建巴比伦，开创新巴比伦文化。亚述艺术中人首有翼兽的神秘精灵也成了祈求仙化的迦勒底人的文化财富，接着又被新兴的波斯帝国所接受。之后波斯帝国和马其顿帝国先后向东方扩展，在欧亚大陆的草原民族中引起振波，推动着这种艺术逐渐进入中国内地。

带翼人像最早出现在苏美尔艺术中。在尼姆鲁德的亚述王那西尔帕二世（前883—前859年在位）王宫门前便有伸展四翼（二翼向上，二翼向下）的神人浮雕，后

① 洛阳博物馆：《洛阳西汉卜千秋墓壁画墓发掘简报》，《文物》1977年第6期。

来在波斯阿赫美尼德王朝的居鲁士在帕萨尔加德兴建的宫廷墙壁浮雕残垣上再度出现。生有上下伸展的四翼人像，头戴仙冠，四翼形象几乎与亚述王宫门前浮雕如出一辙。汉代重现在黄河中下游的这类翼兽和人兽复合图像一定有一个较早的起源，可能早在前6世纪末的春秋晚期便已在盛产丝绢的东方大国齐国落脚。作为这种艺术传导媒介的则是介于齐、晋之间，在战国时期与齐、赵相邻的中山国。在河北省西部太行山区立国的鲜虞，前492年改名中山，是来自套内的白狄所立。坐落在河北平山县的中山王陵曾出土错银有翼铜神兽二，错金银神兽二，以及错金银背驮兽面单銎犀等动物铸件[①]，是这种由西而东传递的翼兽艺术在亚洲东部的余波。所谓神兽，就是西亚所产的狮。这种艺术所表露的神灵思想的来源便是当时被黄河下游的中国人视作西极的美索不达米亚。

求仙思想不但表现在对带翼神灵的崇拜上，而且更在于对长生不死和永葆青春的药物的追求。中国神话有善射英雄后羿向西王母请不死之药的故事，把追求长生的灵丹妙药的来源指向西方的神秘之国。巴比伦史诗《吉尔伽美什》中也有一个故事，叙述神奇的统治者吉尔伽美什有一次遇到神牛，把它杀了，于是激怒了主管动、植物和人类繁殖的众神之母伊什塔尔，伊什塔尔要他将功赎罪。吉尔伽美什便出发去寻求不死之药。他渡过了死水，将得到的一种可以恢复青春的药草献给了伊什塔尔。另一部巴比伦传说《埃塔纳》讲述牧民埃塔纳因羊群患不孕症，而跨上大鹰，藉鹰翼之力飞向上天去摘取生育的药草，以便重返地面。柏林博物馆收藏的前2500—前2000年的阿卡德圆柱形石章的画面便反映了这一故事。这一传说和艺术图像可能流传东方。1974—1975年发掘的秦都一号宫殿遗址，出土兽身人骑大鸟画像砖，大鸟衔圆珠作奔跑之势，形状亦与鸵鸟相类。长生与不老，是自远古以来人类所追求的永恒的主题。在巴比伦时代，美索不达米亚人尚不知东方有中国，中国人却早已向西方世界寻求财富和可以永远享受的幸福，以拓展自身的知识领域。对不死之药的追求，从一个侧面反映出中国和亚洲西部的关系在精神生活领域占到如何重要的地位。

汉代编成的《神农本草经》将许多药物说成具有“久服轻身不老”“久服通神明”，甚至“神仙不死”的功效。炼丹术士从春秋、战国之际已在探索和天之四时、地之四极、人之四肢相应的药之四神，这药之四神就是“白金（银）、朱砂、黑铅、水银”（《道枢·参同契上篇》）。春秋时代以来，中国在炼铁、炼银技术上大有进展，也知

① 河北省文物管理处：《河北省平山县战国时期中山国墓葬发掘简报》，《文物》1979年第1期；《河北省出土文物选集》，文物出版社1980年版，图181。

道西方的沃民国多银、铁。此时中国正步入铁器时代，由炼铜而获得的炼铅、炼银知识也在与日俱增。炼银与炼铅相关。铅的熔化温度仅327℃，而熔炼孔雀石、蓝铜矿和黄铜矿这三种常见的铜矿物所需的温度是1200℃左右，因此有人认为人类炼铅早于炼铜。铅矿中常杂有含银矿物，由炼铅而得知炼银是很自然的事。《管子·地数》篇对找银矿的知识已有总结，说是“上有铅者，其下有银”。前6世纪的中国对炼银已有相当的经验，其知识来源虽很难直接说是巴比伦或古波斯，但一定与西亚有关。

丹经中认为药之四神各有四像，铅居北方壬癸之水位，为玄武，属阴；铅中有银，是阴中见阳，银居西方庚辛金位，为白虎，属阳。《大丹记》因此说：“银从铅中出，离北方母胎，归西方庚辛金，兑卦，谓之白虎也。”根据铅的化学变化，从“一变而化胡粉”可推测最早来自西亚的“胡粉”是一种含银铅粉。由此约略可知，中国早期的铅银冶炼实与西亚古文明有过联系。

中国人的求仙思想不但表现在对来自西方的灵丹妙药的追求，而且也表现在常以一种仙鸟的纹饰作为装饰手法。春秋晚期在北方青铜纹饰中大量出现的鸟兽图像，有一种值得注意的鸵鸟纹，更为中国北方和美索不达米亚的经济往来提供了例证。1987年太原金胜村发现春秋时代车马坑大墓，按所出器物推测，墓主为卿、上大夫级，可能是死于前475年的赵鞅（简子）的墓葬。墓中出土的文物有鼎、豆、壶、盘、匜等礼器多件，造型优美，制作精巧。其中两件高柄小方壶，形制、纹饰尤其别致，上有盝顶形盖，壶身溜肩、瘦腹、平底，有上粗下细的长柄，下接喇叭形圈足。盖顶方块内有二虺龙，自颈至底遍饰菱形交接图纹。柄部图像，《发掘简报》以为自上而下饰有三层鸟、凤纹。说者以为是战国中、晚期才出现的鹤纹[①]，与辉县琉璃阁、万荣庙前村出土器物纹饰相似。这三层图像其实是十分逼真的鸵鸟歌舞图，显示老、中、少三代鸵鸟欢欣之像。上层鸵鸟引颈高鸣，项下有卷毛，尾部高扬，如马尾；中层鸵鸟，身体较瘦，项下无毛，尾部细尖而上扬，与上层图像作反向行走状；下层鸵鸟两两相对，伏地鸣叫，形体幼小。这一纹饰或者就是《山海经·大荒西经》中代表祥瑞的五采鸟，“有五采鸟三名：一曰皇鸟，一曰鸾鸟，一曰凤鸟”。鸾鸟，实即鸵鸟最古的称谓。

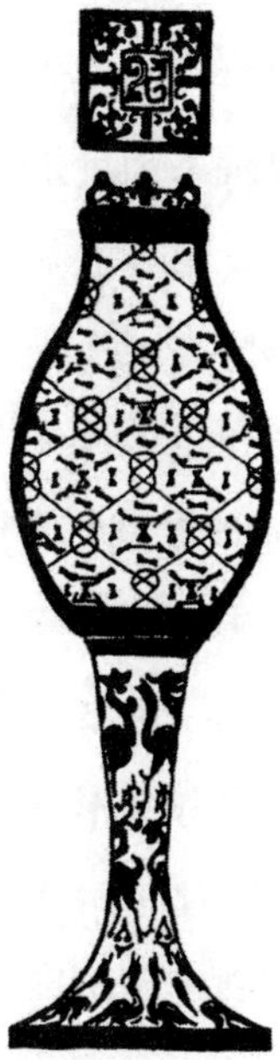
春秋高柄小方壶
（鸵鸟纹）

① 渠川福：《太原金胜村大墓年代的推定》，《文物》1989年第9期。

这类图像与北方早先在商、周时期已经出现的以鹰隼或锦鸡为写实特征的玄鸟图像毫无共同之处，与南方凤鸟亦无类似的地方。至于鹤纹，则以喙长、尾坠为特征，与高柄小方壶上的鸟纹大相径庭。高足方壶上的图形与埃及萨卡拉出土的前2000年浮雕上的灰鹤也不相类。埃及古代灰鹤嘴部长而尖，尾部丰满而下坠，图像应属自成一系，别有来源。参照同墓出土的传自域外的蜻蜓眼穿孔料球，和鸟盖瓠壶、虎扼鹰带銎戈，以及鸟尊中大约出自北方狄（翟）族的十分细密的羽状纹饰，鸵鸟纹显示了比之中国北方动物纹更为确切的西亚因素。

鸵鸟在《史记》《汉书》中被称为大鸟、马爵、大雀，其译名来自古波斯。马爵的“马”一词双关，在波斯语中是“大”。“马爵”一词在波斯语中是“大鸟”。早期译“雀”，是因形似。3世纪末，郭义恭《广志》已译作驼鸟：“安息国贡大雀，雁身驼蹄，苍色，举头高七八尺，张翅丈余，食大麦，其卵如瓮，其名驼鸟。”（《本草纲目》卷四十九引）直到12世纪，《岭外代答》才译作“骆驼鹤”，明代又称“驼鸡”。后世译名无论以鹤还是以鸡相称，都杂有“驼”字，概出自波斯语ushturmurgh中的tur，或阿拉伯语tier al-djamal中的tier，意思都是鸵鸟。

在巴比伦流行的圆柱形石印章中，有许多狩猎题材的浮雕，其中新巴比伦王国时期“逃避猎人的鸵鸟”印，形象逼真。画面中，一只展翅耸尾快步奔跑的鸵鸟正在回首窥视身后的猎人，前方约小一半的图像是另一只奔跑的鸵鸟，形象与正面图像相仿。太原金胜村墓高足小方壶上的鸟纹，是一种以粗线条简化的同类图像，其来源一定是巴比伦的浮雕鸵鸟。传播的工具则是易于传递的石质印章。

曾在亚洲东部和伊朗之间广阔草原上流行的鹰头兽动物纹饰和艺术图像，是斯基泰民族的传统艺术。进入长城一带以后，鹰头兽失去了原来的图腾意义，受到中原文化的挤压，未能发育成熟，在青铜器上一变而成鸟类图像与器身、器盖上的野兽图像分别铸造的复合体。太原金胜村春秋末期墓与平山战国中期中山王陵出土的青铜器，可以算作具有典型意义的实例，它们同样蕴含着来自伊朗的艺术因子。

第三章
中国和伊朗文化交流（上）

第一节　汉代以前的伊朗和中国

一、古史中的伊朗北道

波斯帝国建立后，将伊朗和邻近地区归入西亚文明的范围之内，大大加速了西亚社会的分化与进步。波斯人属于印欧语系部族。在人类步入文明社会的初期，操印欧语言的部族已散居在西起欧罗巴，东抵欧亚草原的广袤土地上。前18世纪，古巴比伦王国的第六任国王汉谟拉比（前1792—前1750年在位）去世后，帝国处于分崩离析的境地，游牧在里海以东草原上的操印欧语的雅利安人开始了大迁徙。他们结合成两大集团，东支从锡尔河和阿姆河南下，一部分进入葱岭以东地区，另一部分则一直进至五河流域；西支向西和西南方迁徙到里海以南伊朗高原的周边地区，成为伊朗人的先祖。他们与赫梯人、弗里基亚人、斯基泰人、亚美尼亚人和希腊人等印欧语系的西支民族同样属于印欧语系。随后在欧亚草原上掀起的游牧民的迁徙浪潮，是由斯基泰人在前8世纪展开的。这些剽悍的骑马民族驱迫着另一群骑马的牧民西梅里安人从里海东岸向南转入高加索山区，从而对两河流域的亚述王国构成新的威胁。

前1000年前后从北方进入伊朗高原的雅利安人分成米地亚人和波斯人两大族群。他们依靠发达的青铜文明，先后建立了米地亚王国和波斯王国。希罗多德记述米地亚人在伊朗西北部的库迪斯坦立国时，六个部族推选迪奥凯斯（前727—前675年在位）当了国王，选中了埃克巴坦那（今哈马丹）作国都。后来它的疆域从亚美尼亚山区拓展到南临波斯湾，西面抵达哈里斯河。前7世纪中叶，米地亚一度成为斯基泰的属地，在前625年才重新独立。前612年，米地亚联合迦勒底攻陷尼尼微，征服了亚述帝国；前590年，吞并了乌尔米耶湖南面的玛纳国，接下来串通南下的斯基泰人，灭了乌拉尔图，随即进军哈利斯河，与吕地亚人鏖战五年，到前585年双方才缔结和约。

米地亚人接受了当地的文化遗产，并加以发扬光大。他们吸收了亚述、新巴比伦、伊兰等农耕民族的工艺和斯基泰艺术，在伊朗西部创造了以狮身人首有翼兽和马、羊、鹿等动物纹为主题的卢利斯坦青铜文化，成为一种自前15世纪至前7世纪由多种风格合成的多元文化。他们又于前12世纪至前11世纪在里海南部厄尔布尔士山地成就了以黄金工艺著称的马尔利克文化。1961年在57座马尔利克竖穴石室墓中出土了大量金器、铜器和陶器，以及以动物、怪兽、圣树为纹饰的黄金高足杯和金碗，在工艺上将平面、浮雕和立体的圆雕合成一体，加上线刻的精雕细工，体现了极其完美的制造工艺。另一座吉威耶遗址发现于1947年，在库尔迪斯坦的萨吉兹以东的吉威耶村出土了大批黄金、象牙工艺品，是前9世纪至前7世纪对早先在这一地区的金属制造工艺的继承。米地亚人的建筑至今仍有残存的遗迹可见，有火神庙、圆柱大厅、正方形平面单门的小庙。而在希罗多德的记述里，埃克巴坦那的城墙共有七层，从外往里，前五层是彩色的，最后二层包银又披金，华丽程度不在巴比伦城之下。后来米地亚式四方形布局、配有回廊和穹顶的建筑理念被波斯人所继承。

伊朗南部滋生过伊兰（Elam）文化的法尔斯（Fars，Pars），原本因中亚移入的波斯人定居在这里而得名。波斯人是一群养马的部族，他们曾附属于米地亚。后来波斯人阿赫美尼德（约前700—前650年在位）统治了十大波斯部族，正式称王，其后裔先后臣服于亚述和米地亚。再后来冈比西斯一世（前590—前559年在位）娶了米地亚国王阿斯杜亚克司（前584—前549年在位）的女儿玛达尼，生了居鲁士二世。居鲁士二世在前558年登上王位后，利用米地亚和新巴比伦产生的冲突，于前553年吞并了米地亚王国，创建了阿赫美尼德王朝的波斯帝国，定都法尔斯的帕萨尔加德。王朝继承了米地亚的物质文明和制度，把埃克巴坦那作为他的夏都。居鲁士的领土拓展到巴比伦和小亚细亚。他尊重各地的民族习俗，继续保持着各地的多元文化，成为巴比伦宗教领袖歌颂的“马尔杜克神宠幸的国王”。居鲁士随后在前545至前539年间征服了中亚的巴克特里亚，控制了玛尔吉亚那和索格地亚那，在锡尔河畔建立了居鲁士城（今乌腊提尤别），势力到了河中地区。随后居鲁士二世在与中亚的玛塞革泰人的战争中死去。他的继承者冈比西斯二世（前529—前522年在位）征服了埃及，领土扩展到欧洲的色雷斯。最后在大流士一世（前521—前486年在位）时，波斯成了一个地跨亚、欧、非三洲的帝国。但长达43年的希波战争（前492—前449年）却使波斯帝国耗尽了财力。

大流士一世在制订的贝希斯顿铭文中记录了26个行省。大流士将他的国都迁到了法尔斯北面的苏萨（Susa），从那里修建了经过里海西南底格里斯河上游直达小亚细亚西端萨迪斯的驿道，又从巴比伦城修了连接埃克巴坦那、巴克特里亚到犍陀罗的大道。在长达数千公里的广阔原野上，每隔25公里设置驿站，备有马匹和客栈，方便商旅和政府公事，于是经过阿姆河和它西南的捷詹河、木尔加布河的谷口也连带着成了商旅必经的大道。《山海经·大荒西经》因此出现了“有大泽之长山。有白氏之国”。语言虽然过分简约，但也能推知这里的大泽与长山明显是指通往白氏国的必经之地。与在中国北方的大泽不同，邻近白氏国的大泽是伊朗西北部的乌尔米耶湖，与此湖相接的长山无疑是厄尔布尔士山脉了。从北边过来的商旅只有越过这座山脉才能进入伊朗高原。那时的白氏国正是波斯国，无论是居鲁士二世的国都帕萨尔加德，还是大流士一世的国都苏萨，都建造了庄丽的宫殿、圣火坛和圣火神殿。大流士和他的后继者还在帕萨尔加德南面营造祭神和举行盛大典礼的新都波斯帕利斯（Persepolis），现在经过发掘，仍可见到昔日的光华，当年薛西斯在百柱厅上接见外方使节的庄严场景似乎历历在目。

在《大荒西经》中，还记有一个天民之国：“西北海之外，赤水西，有天民之国，食谷，使四鸟。”这里的西海正是里海，天民国的位置正好在里海的那一头，要到那个地方一定要经过赤水，也就是阿姆河，那个天民国还在它的西边。天民国的人吃粮食，使用四鸟的徽记，其实是指波斯人信奉的阿胡拉·马兹达神。在波斯帕利斯遗址中见到的马兹达神，是左右展开四翼的神像，四鸟的徽记可能就是根据这个形象设计的。这条路指出由阿姆河向西，可以通达里海西南的农产区大不里斯坦（Tabaristan），“大不里”译出了“天民国”的“天”；但尤其重要的是，指出了白氏国信奉的天神最初发迹的地方在乌尔米耶湖东南岸的希兹（al-Shiz）。天民国的得名来自这个国家所信奉的天神阿胡拉·马兹达。这一宗教的创立者是来自希兹的查拉图斯特拉（前628—前551年，希腊语称琐罗亚斯德，Zoroast），他在前6世纪初受到天神阿胡拉·马兹达的启示，成为先知，开始传教，这时还是米地亚王国统治时期。后来这一宗教被大流士一世定作国教，才昌盛起来。天民国也就是米地亚人发迹的地方，也可以指它的国都所在的埃克巴坦那。天民国的称号，至少在前553年米地亚王国灭亡以前就已经传到了东方的齐国，所以在《大荒西经》中记下了这个国家。同一部经中还有白氏国，当然是在波斯替代米地亚兴起后才有的事。所以这里讲到的无论是天民国还是白氏国，都是对伊朗北道的一种表述。自东而西，经过里海南岸伊朗北部的主要通途就是这一条大道了。由这两条材料，足以进一步确定《大荒西经》的写作至少不会晚于前500年，应该在波斯王居鲁士二世到大流士一世登位之初便定稿了。

二、古史中的伊朗南道

波斯帝国统治的国土在前6世纪末超过400万平方公里，占有了西亚大部分的农耕地区，西南部与阿拉伯半岛的闪族游牧部族相邻，北部与欧亚大草原中的印欧语游牧民族相邻。在伊朗境内，有南北两条大道横越而过，其中的伊朗北道联结了地中海文明和帕米尔高原西侧的文明中心，地处黄河和长江的东亚文明多半要仰赖伊朗北道才能和西亚的文明地区建立联系。在里海以东，中外商旅既可以通过中亚的河中地区从捷詹河进入伊朗，也可以由塔什库尔干向西取道瓦罕谷越过帕米尔高原，经巴克特里亚接上伊朗北道。在帕米尔高原以西，人们还可以取道兴都库什山南面的库纳尔河谷地进入迦毕试地区，然后绕过卢特沙漠，穿越库赫鲁德山脉，通过克尔曼，往西到达波斯帕利斯和苏萨。这就是伊朗南道。但这条路有好几段是崎岖难行的山间小路，不适合长途运输。在亚历山大东征和大批塞人从中亚的河中地区南下以前，这条路一直没有成为重要的商路。

尽管如此，《大荒西经》还是对它作了如实的描述，因为它毕竟是从帕米尔高原通往美索不达米亚南部海陆交通枢纽的一条捷径。文中说：

> 西有王母之山、壑山、海山。有沃民之国，沃民是处。

对这个要经过三座大山才能通达的沃民国，《大荒西经》作了详细的描述，指出它是个文明国家所在的地方。《大荒西经》里提到了西王母，然而没有具体记述西王母山在哪里。倒是在晚出的《西山经》中，在叙述“昆仑之丘”之后，出现了西王母山——玉山。郭璞注《山海经》，很自然地由这个王母山所在的“昆仑之丘”联想到一定还有一处“海外昆仑之虚”，因此《大荒西经》中的西王母山只能是广义的昆仑山脉。按《西山经》推测，西王母山的主峰在昆仑虚以北葱岭东侧，海拔7719米的公格尔山或可相当。所以这条路的起点在塔里木盆地南缘的昆仑山沿线的居住中心。

在昆仑山脉以西的嶅山，是兴都库什（Hindu Kush）山脉的另一译名。Kush是波斯语中的山，译成嶅山。兴都库什山脉沿帕米尔西向蜿蜒1200多公里，贯穿阿富汗全境。翻越兴都库什山，进入伊朗高原，在锡斯坦哈蒙湖上有科·伊·胡瓦贾（Kūh-i-Khwāja）神山。伊朗传说中光明山落入海中，升起了一个名叫胡瓦贾的神，所以有了海山的说法。在海山以西的诸沃之野，已经在波斯湾最西的顶头，那就只能是底格里斯河和幼发拉底河之间的美索不达米亚了。

马其顿的亚历山大大帝在前334年侵入亚洲，拉开东征的帷幕。前331年，亚历山大的军队穿越叙利亚，攻占了波斯帝国的腹地美索不达米亚，然后挥师北上，占领埃克巴坦那，进逼里海南岸的赫尔康尼亚。越过帕提亚之后，他并未直取巴克特里亚，而是从阿里亚（Aria）南下，在阿富汗境内自北而南兜了一个大圈子，由德拉吉亚那（Drangiana）沿着赫尔曼德河向东北方转入阿拉科西亚（Arachosia），然后越过阿姆河，进攻巴克特里亚和粟特地区，后来再南下进攻印度。亚历山大在亚洲西部的进军路线，意在从北、中、南三个方向掐住通过葱岭往西的商路的咽喉，采取的办法是先南后中，最后才是北路，实际上正好显现了当时商贸最盛的地方。正是分别由中亚和巴克特里亚两个方向集结货物的伊朗北道才是最繁荣的通途。伊朗南道在那时只能算是处于形成时期，经济价值有待进一步开发。直到亚历山大班师，大军穿越克尔曼西进，同时他的部将尼亚科斯率领船队在波斯湾中进行自东向西的航行之后，伊朗南道的作用才慢慢地凸显出来。

三、初显名声的米地亚衣料

自骑马民族米地亚在伊朗高原建国以后，欧亚大草原的民族势力开始有了新的变化，早先在这一地区叱咤风云的斯基泰民族在里海南部遇上了竞争的对手。前1000年以后，在西亚和南土库曼地区进入铁器时代的同时，欧洲也展开了早期铁器时代第一期的哈尔希塔特文化。原本使用青铜器的斯基泰民族也改用了造价低廉、更加轻便和锋利的铁器，逐渐茁壮成长为一个强大的草原民族。

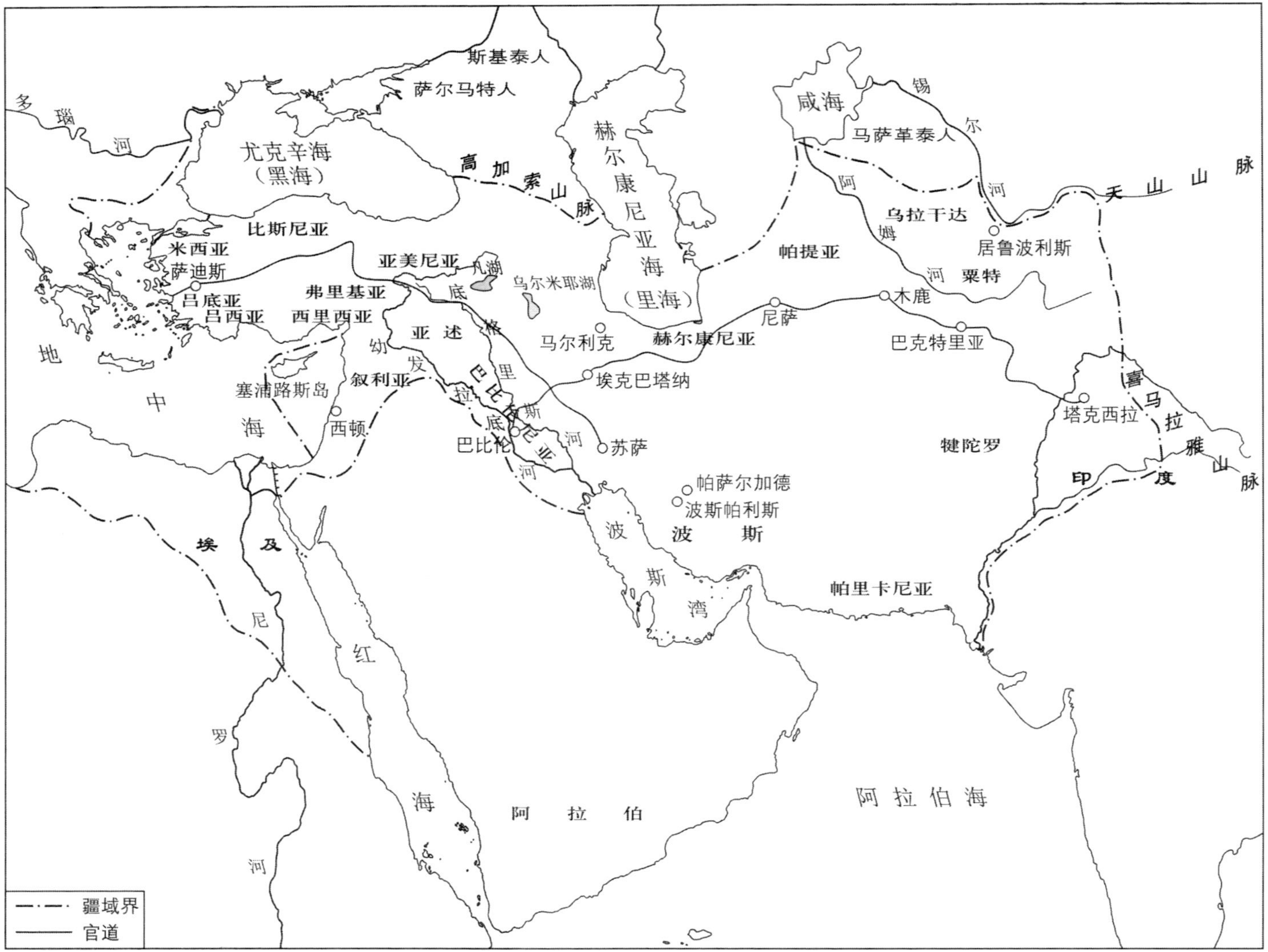

公元前500年的波斯阿赫美尼德王朝疆域示意图

斯基泰民族在哈尔希塔特文化和欧亚草原之间充当着骑马的中介商，以及武器和黄金饰品等工艺文化的传递者的重要角色。丹麦出土的哈尔希塔特时代的双环形兽角把头青铜双刃剑，俄罗斯出土的环状把头青铜剑，与中国北方在商代晚期和周代流行的青铜柳叶剑具有相似之处，足以说明他们之间曾经有过工艺和设计思想的沟通。哈尔希塔特文化的这类青铜剑有双环柄首、半叶形护手，或环形柄首、椭圆护手，都和当地传统产品不同，明显受到中国北方流行剑样式的影响。中国的环状把头剑一直通行到汉朝，双环形柄首青铜剑直到前3世纪居住在黑海北岸的萨尔马提人还在使用。北京昌平区马池口镇白浮村出土的西周时代的蕈首（或兽首）缕孔筒柄短剑，后来出现在俄国米努辛斯克盆地和苏莱密沃村，成为銎柄式柱脊剑的祖型，是经过塔加尔文化第一期（前7世纪 —前4世纪）的媒介，后来在西传期间更进一步成为各类锐利的铁兵器的原型。斯基泰民族在传扬中国北方地区的兵器方面起过重要的作用。

斯基泰民族更是古代独步世界的中国丝绢贸易的有力传媒。中国驯养和利用家蚕（Bombyx mori）有6000年历史，那时的妇女已知用桑叶喂蚕，改良蚕的品种，缫丝纺织。家蚕是鳞翅目蚕蛾科（Bombycidae）昆虫中的一种，它们吃桑叶，吐细丝，作茧自缚。养蚕的农妇在蚕蛾尚未咬破茧子以前，从茧子中抽出极细的丝，经过湅制，清除占蚕丝总量3/10的丝胶，取出占蚕丝总量7/10的丝素，纺纱织帛。这种透明而不溶于水的丝素叫熟丝，没有清除丝胶的叫生丝。帛是丝织工艺的初级产品，没有花纹，后世叫绢。现在能见到的这类最早的丝织品，是在新石器时代晚期的遗址中发现的。在黄河流域有河南郑州青台的遗址中发现的丝绢，属于前3500年的产品。1926年在山西夏县西阴村仰韶文化遗址发现过半个被切割过的蚕茧（长15.2毫米，幅广7.1毫米），后来在山西芮城县又发现过陶蚕蛹，足见中国养蚕历史之久。在长江下游的太湖南岸，1958年在浙江湖州钱山漾的良渚文化遗址中发掘出丝线一团、丝带一团、绢一片，除了绢片都已炭化。遗址距今有5400年。绢片断面显示三角形已分离，表面丝胶脱落，表明是经热水处理后才缫取的，绢片的经纬密度达到了每平方厘米48根。在前1500年的商代，有了平纹、斜纹的联合组织，有了斜纹显花的绮，用丝帛做衣服已推广到不少地方。前1000年，黄河中下游地区的河南和山东首先织出了高级的采锦，社会上开始流行用彩色丝线在锦缎上刺绣，高档的丝织品愈来愈多，有绫锦、罗纨和绮、縠，于是人们的穿着越加华美且色彩缤纷。用这类织物装饰的房屋、生活用品和出行用的车马仪仗，凭借它们的光华，使人间变得美轮美奂。中国人创造的这一人间绝技，首先经由成年累月奔驰在草原、绿洲间和穿越丛林的牧民传到他们所经之地，然后流向欧洲。

由草原牧民和神奇的丝线所传送、散发的文明信息的振波，现在已经由地下发掘物加以证实，可以一下子从亚洲的东海之滨横越亚洲，经过中国的新疆和里海地区，沿着黑海和多瑙河溯流而上，到达德国南部的黑森林。斯基泰人将中国丝绢输送到黑海沿岸的希腊城邦，于是刚进入铁器时代的欧洲人很快就用上了中国丝绢。20世纪70年代在德国西南部巴登—符腾堡州（Baden-Wurttemburg）发掘荷米歇尔（Hohmichele）6号墓，出土过一批地中海和希腊的器物，判断是一座前6世纪中叶的古墓。墓中还找到了一件当地制作的羊毛衫，羊毛和装饰图案中都交织了中国家蚕丝。比这晚几十年，在前6世纪晚期，邻近斯图加特的霍克道夫—埃伯丁根（Hochdorf-Eberdingen）的一座古墓也出土了丝毛混纺的纺织品。这些发现说明，在那样远古的时候人们就已知道丝毛混纺有助于增加羊毛织物的韧性，可以加固织物，更能使原本是粗呢的毛料具备色彩和花纹。

哈密出土棕榈色条纹毛布长衣

丝毛混纺的秘诀是来自西域（中国新疆），还是希腊人的发现，从新疆出土的丝毛混纺织物就可找到答案。新疆哈密五堡镇出土过3200年前的干尸，身上裹着精美的毛织物，其中有用色丝织成彩色条纹的丝毛混纺物，可见很早以前中国北方织工已经发明了丝毛混纺技术。丝绢原本比较适合气候温暖的南方地区用作衣料，但在寒冷的北方，人们发现用丝毛混纺足以增强毛料的牢度，这样便更加适宜生活在北方寒冷地区的人穿着。这是丝绢之所以在亚寒带地区也能像在比较温暖的地区畅销的一大奥秘。因此从前1200年起，丝绢便逐渐成为草原牧民所注目的贸易商品了。600年以后，从亚洲到欧洲，丝绢之所以会在斯基泰、米地亚和希腊三大民族之间成为走俏的商货，就是由于这些地方的织工可以利用从中国千里迢迢运去的优质丝线重新织成适合当地需求的产品。

蚕丝的另外一项初级产品，是提取蚕茧的短纤维做成的丝絮。丝絮俗称丝绵，填入夹层内，充作被子或作铺垫物，其暖和的程度不亚于毛皮，而轻巧、柔和、洁净程度则远胜毛皮。同样的工艺也可用于制作御寒的衣料，古人称有夹里的衣裳叫袷或複，里面可以加丝絮。古人御寒多穿裘，裘是毛皮，往往兽毛翻在外面，所以外面要加一件袖子略短于皮衣的罩衫，讲究的要用丝服。《礼记》称国君有事穿白狐皮服，外面再套一件锦衣。战士穿的袍服里面可以加上丝绵，平民用新丝绵裁制的长袍襁。穿在外面长不过膝的短上衣叫襦，是一种绵夹衣。这些服装都得用丝绵或丝织物。欧亚草原上的骑马民族最常穿的外衣是比袍短一些而袖口较宽的“左衽之袍”（颜师古注《急就篇》）。汉人的衣服是上衣下裳，穿着“右衽之袍”，游牧民族的服装是上褶下裤，多穿左衽的短袍，这种短袍叫褶。前5世纪传到欧洲，希腊人叫作amorgiam。希腊喜剧家阿里斯托芬在前411年写作的《吕西斯特拉斯》中提到了这种服装，说是用amorgis的绢裁制的上衣，称作amorgiam，有人以为是指中国的丝织品。但这个名词很像是从“马褶”转译过去的一种骑马的装束，用料可以是毛料，也可以是丝织或麻织品，大概是一种丝织的披风。

西亚和地中海东部地区原本也有会吐丝的蚕蛾，像鳞翅目天蚕蛾科（Saturniidae）中的柞蚕（Antheraea pernyi）、原产印度的蓖麻蚕（Philosamia cynthiaricini），还有枯叶蛾科（Lasiocampidae）中的叙利亚野蚕（Pachypasa otus），用这些野蚕吐的丝也能纺织，但完全是在粗放的状态中进行的，纺织的丝布也很粗厚，没有家蚕丝纺织出的丝绸的光泽。希腊人比较熟知的科斯丝绸，在亚里士多德的《动物志》中有一段说明，据说是爱琴海的科斯岛上一位名叫潘菲勒的妇女首先从一种长角的幼虫变成的茧子中抽出丝线，然后纺织，所以这是一种柞蚕丝，不是中国的丝帛。科斯岛算得上是希腊世界的蚕丝加工中心了，再加上在它东边的米地亚，以及远到中国北方新疆一带直到黄河中下游的丝绢生产中心，连成了一条从东方到西方可以贯通的丝绸生产和运销的大动脉。

前6世纪，由于斯基泰人对中国丝织品所起的传媒作用，远到黑海、地中海世界的广大地区全被这种由神奇的手艺制作出来的产品划入了它的运销圈中，连多瑙河畔的蛮族也都用上了丝毛混纺的新产品，从此在亚寒带地区，蚕丝和毛料便难分难解了。米地亚的兴起，对这种原先由斯基泰人独占的丝绢贸易是一大挑战，因此斯基泰人一度征服了米地亚。直到前625年，米地亚才重获独立。此后，米地亚也开展了本国的丝绢加工业，前6世纪以后名重一时的米地亚衣料也是中国丝绢在那里经过加工后的产品。这些产品随后便在希腊世界流行起来。在前5世纪的雕刻和陶器的彩绘人像中，可以见到希腊人所穿的衣服居然十分细薄，甚至达到了透明的程度。这些雕像有前438—前431年帕特农神庙的命运女神、埃里契西翁的加里亚迪（Karyatid）像等一批前5世纪雕刻家的作品，雕像穿着透明的长袍（chiton），袍子质料柔软，用丝线缝制，所以衣褶典雅，仪态万方。比这更早一些，属于前530至前510年用大理石雕刻的雅可波利斯的科莱（Kore）女神像，胸部也披着异常轻薄的细绢，可以看出并非野蚕丝所能织成。在希腊绘画中，丝质衣料也是十分时尚的题材。在前5世纪雅典成批制作的红花陶壶上，仕女们常穿着细薄的衣料，用料既非亚麻，也不是野蚕丝。前4世纪中叶出品的狄奥尼索斯和彭贝陶壶上，两个青年的丝服显得光耀夺目，一看就知道这是一种无比华贵的时尚产品，因此十分引人注目。

如果雕像和画作还只能引起人们的注意和推测，那么地下出土的实物就更有说服力了。20世纪在雅典西北发掘的陶工区的墓葬中，有一座雅典富豪阿尔西比亚斯（Alcibiades）家族的墓葬，从中找到六件丝织品，和一束可以分成三股的丝线。经鉴定，这些丝织品是中国家蚕丝所织，时间在前430—前400年之间，相当于中国战国时代初期，发生在伯罗奔尼撒战争（前431—前404年）前后，离波斯王大流士一世发动波希战争已有半个世纪之久了。

前5世纪正当中国春秋（前770—前476年）、战国（前476—前221年）两个大变动的时代交替之际，随着社会需求的大幅增长，丝织业正呈现出突飞猛进的势头，产品之多，产量之大，都属前所未有。上自冠冕、衣裳，下至丝履（鞋子）、裙袜、丝袋与供室内陈设的各种帐幔、褥垫，以及配备车马使用的铺垫、旌旗，应有尽有。齐纨、鲁缟、卫锦、荆绮，都是名闻东亚的产品。东方的齐国更是丝绸大国，著名的丝绸之路在前6世纪从齐都临淄起始，向北经任丘，转入山西勾注山，再西出大同，通过大西北，沿着天山西进，经里海、黑海直指多瑙河的源头，到达现在法国和德国交界的地方。在临淄和斯图加特相隔10000公里的辽阔原野上，依靠丝绸这种当时世界工艺界的顶级产品，不同文明之间的联系悄悄地建立了。新兴的波斯帝国不愿丝绢这样的大宗贸易落入北方的游牧民族的手中，于是时而东出捷占河去堵截马萨革泰人，时而千里迢迢赶到色雷斯去驱迫那里的蛮族。帝国的新都波斯帕利斯成了在亚洲西部以丝织品装点的一座别出心裁的都城。在那个时候，除了在中国周王朝都城所在的洛阳以及战国七雄的七个都城以外，还能在哪里见到如此繁华的城市？难怪马其顿的亚历山大占领波斯帕利斯后，为宫室里拥有如此众多的绫锦罗绮而惊叹不已，以至怒火中烧，最后点燃大火，毁了这一代名都，只留下几根残垣断壁了。

四、蜻蜓眼玻璃珠的出土

中国自制玻璃工艺大约开始于前9世纪左右，玻璃成分含有大量硅酸盐和铅钡，属于铅钡玻璃，和西方埃及、腓尼基、伊朗钠钙或钾玻璃不同。铅玻璃的制造也以西亚为最早。亚述古都尼尼微遗址中出土的前7世纪的楔文板上有铅玻璃的配方[①]，但出土的铅玻璃极为零星。春秋、战国以来，西方玻璃陆续通过北方草原民族输入中原地区。属于春秋末期的少量钠钙玻璃和数量较多的蜻蜓眼玻璃珠就是由伊朗高原和地中海东岸的玻璃制造中心运进的。

春秋、战国玻璃中最多的是玻璃珠，在800多件玻璃器中占了700多件。玻璃珠中多数是风格别致、引人注目的蜻蜓眼式圆珠。这类玻璃珠常见的可分大小两类，大的直径约2厘米，多数偏扁，中有穿孔。珠身外饰凸起的蜻蜓眼式的花纹，上有四五道蓝白相间的圆圈纹，也有间以黄色圈纹的，有的还有小白点或蓝点相联结成的菱形纹饰穿插其间。小珠直径1厘米左右，纹饰与大珠相仿。

于阗出土玻璃珠

① 福布斯：《古代技术》（R. J. Forbes, *Studies in Ancient Technology*），第5卷，莱顿1957年版，第131—135页。

蜻蜓眼纹饰不见于商周玉石器纹饰，春秋时代中国自制铅钡玻璃珠中也没有这类花纹。这种蜻蜓眼（或称叠嵌眼圈）珠在埃及很早就有。前1400至前1350年的埃及出土物中，已有蜻蜓眼式的玻璃珠项链。伊朗高原制造玻璃的历史也略早于中国。20世纪60年代，日本东京大学伊拉克伊朗遗址调查团先后两次在伊朗吉兰州东部的泰拉门地区进行发掘，在帕提亚和萨珊时代的墓葬群中找到了许多珍贵的玻璃器，明确了伊朗高原玻璃制造的历史进程。前1000年，伊朗高原在美索不达米亚的影响下开始生产玻璃珠饰，出土物中有大小相间色泽美丽的蜻蜓眼式玻璃珠项链。这类蜻蜓眼式玻璃珠的生产在前5世纪至前3世纪阿赫美尼德王朝时代长盛不衰，在前6世纪已经流入中国黄河中游和长江的中上游。出土于河南固始春秋末期侯古堆M1的蜻蜓眼玻璃珠，河南辉县琉璃阁战国墓葬中吴王夫差铜剑格上嵌的玻璃三块，湖北江陵望山M1战国楚墓越王勾践铜剑格上所嵌的蓝玻璃，山西太原金胜村赵鞅（简子）墓春秋末战国初蜻蜓眼式透明玻璃球，是最早流入中国的这类伊朗或西亚玻璃。这些玻璃都是经由北方草原民族流入中国的。河南固始在春秋末曾是狄族南侵进入黄河下游的一处边界，在这里出土蜻蜓眼玻璃珠殊非偶然。这一发现揭开了研究西亚玻璃进入中国内地的序幕。

和黄河、长江中下游发现伊朗玻璃的时间相仿，云南江川李家山M22号春秋末、战国初的墓葬中也出土了来自西亚的浅绿色透明六棱柱形玻璃珠。同一墓葬中还出土了西亚出产的蚀花肉红石髓珠。该墓经C_{14}测定的年代是距今2500±105年。发掘者认为，玻璃珠是由埃及和西亚输入阿富汗和印度，然后再由印度经缅甸输入云南的[①]。但也有可能，来自西亚的玻璃珠是经由新疆、甘肃、青海直至四川、云南西部的游牧民族传送的。这些起自东北，沿长城而西，经青海东部转向川、藏地区分布的牧民，充当着中原文化区由北向西邻接地带的文化传播者，构成了边地半月形文化传播带[②]。

各地出土的战国早期的蜻蜓眼玻璃珠有：

山东临淄郎家庄M1出土料珠9枚（《考古学报》1977年第1期第79页，图版七，3左，图一〇）。

山东曲阜鲁国故城M52出土蜻蜓眼料珠19枚，属战国早、中期（《曲阜鲁国故城》，齐鲁书社1982年版，第178、226、227页，图版一一二）。

湖北随县曾侯乙墓出土料珠73枚（《随县曾侯乙墓》，文物出版社1980年版，图一〇七）。

---

① 张增祺：《战国至西汉时期滇池区域发现的西亚文物》，《思想战线》1982年第2期。

② 童恩正：《试论我国从东北至西南的边地半月形文化传播带》，《文物与考古论集》，文物出版社1987年版。

山西长治分水岭M270出土春秋晚期或战国早期小蜻蜓眼料珠1枚（《考古学报》1974年第2期第81页）。

河南洛阳中州路M2717出土战国初期蜻蜓眼料珠2枚（《洛阳中州路》，科学出版社1959年版，第115页）。

各地出土的战国中、晚期的蜻蜓眼玻璃珠有：

湖南湘乡牛形山M1出土料管1件、玻璃珠5件，属战国中期（《文物资料丛刊》第3辑第105页，第111页图四一）。

湖南资兴旧市楚墓出土战国中、晚期的蜻蜓眼玻璃珠1件（《考古学报》1983年第1期第115、116页）。

甘肃平凉庙庄M6、M7、M1出土战国晚期玻璃珠16枚（《考古与文物》1982年第5期第23页）。

甘肃张家川马家塬M6大型墓葬出土7件战国中晚期的蜻蜓眼玻璃珠，有古波斯式，也有中国式新月形眼纹的复合蜻蜓眼玻璃珠（《文物》2009年第10期30页）。

广东肇庆北岭松山M1出土战国晚期玻璃珠1件（《文物》1974年第11期第76页）。

四川青川M13出土战国晚期玻璃珠1枚（《文物》1982年第1期第12页）。

重庆市巴南区冬笋坝M5、M10、M49出土战国末蓝色玻璃管2枚、玻璃珠2枚（《考古通讯》1958年第1期第11页，《考古学报》1958年第2期第93页）。

重庆市南岸区马鞍山M2出土玻璃珠2枚（《文物》1982年第7期图版叁·7）。

湖南长沙市黑石头M5出土战国末玻璃剑首1件、玻璃珠1枚（《考古学报》1957年第4期第47页）。

湖南长沙市近郊楚墓出土战国料珠2枚（《长沙发掘报告》，科学出版社1957年版，第66页）。

色彩鲜丽的蜻蜓眼玻璃珠、玻璃管出现在春秋晚期，而以战国时代最多，地点见于山东、山西、河南、湖北、湖南、广东、甘肃、四川、云南。它们从原产地西亚流入中国的路线大致有以下四条：一是自伊朗经中亚，通过新疆、甘肃，进入山西、河南、山东；二是经由甘肃、四川进入云南；三是由山西、河南流入湖北、湖南、广东；四是自西亚经阿富汗、印度、缅甸，运抵云南。四条路线中，自伊朗、中亚、新疆、河套而入山西、河南、湖北的一条是主要的传递路线。蜻蜓眼玻璃珠在山东的出土，揭示战国时代丝绸之路起点的齐国同时也是起自伊朗和东地中海的西方玻璃珠反向输出的终端。丝绢西运和玻璃东传，成为春秋、战国时代在中国和伊朗之间逐渐形成的丝绸之路最主要的图像。

第二节　汉代流行的安息文化

一、安息国和中华文明

秦汉时代中国和伊朗的联系是通过立国于里海东南的帕提亚（Parthia）实现的。帕提亚自前248年建国，到3世纪初灭亡，在西亚和中国之间充当了文化联系的马首。

帕提亚在汉代译称安息，源于它的建国者阿尔萨克（Arsak）。比汉代更早，在秦代，还有一个迄今未被译解的名字应引起注意。王嘉《拾遗记》中追述，秦始皇元年（前246年），西域骞霄国贡一有才华的画家烈裔，他能口含丹青，漱地成画，作成魑魅、诡怪群物的图像，这些图像大约即是西亚的人物和神灵。此人又善指画，画地长百丈，而可以笔直如绳墨。地图也是这位画家的拿手绝活，在方寸之内，可以画出四渎、五岳、列国。烈裔还是刻玉能手，善治印章、雕刻。这些技能几乎完全是伊朗古代文化中最基本的门类。中国古代的地图绘制技术大约早在前3世纪就已和伊朗有过交流。中国的石刻印章技师也在同时或更早的时候和伊朗的同行有过切磋。烈裔所绘龙凤，据说骞翥若飞，非常富有写实的意味，画风和画题都和两河流域及伊朗高原的传统艺术有承袭关系。巴比伦城伊尔塔什门上著名的怪兽蛟龙，后来再见于山东的画像石上，只是添加了一对飞翼和头上飘向身后的绶带，加上鸵鸟等西亚的禽类动物，这些形象便成了中国古代画坛上最初盛传的龙凤图像的来源。

西域画家烈裔来华传艺，无疑是中国和西亚艺术交流中的盛举。但烈裔一名，显然并非画家的真实姓名。这个名字应是里海南部伊朗古城赖依（Rayy）的最早译名。画家通过骞霄国到咸阳，骞霄国像是波斯历史中由北方的斯基泰人组建的国家。秦代画家本无留下姓名的，地位等于画工。只有这位伊朗画家由于技能出众、题材和表现手法颇为新奇而引起注意，在《拾遗记》中留下了籍贯。

前119年，汉武帝派张骞第二次出使西域。到达乌孙后，张骞向中亚、西亚、南亚分别派遣使节和骆驼商队。副使的队伍开赴安息。由于塞伽人正大批动迁，安息为确保汉使的顺利抵达，特派2万名骑兵在东部边界木鹿（今马里）迎候，经数千里护送，将汉使送抵国都番兜城（Parthava）。番兜城在今沙赫鲁德附近，希腊人称赫康托姆菲勒斯（Hekatompylos），意思是“百门城”。汉使返国，安息也派使节随团东去，到达长安。安息使者的礼物中，最吸引汉代宫廷注意的是大鸟（鸵鸟）卵和眩人（巫师、魔术师）。鸵鸟卵在汉代宫廷中被当作西方仙国的一种象征。眩人，极可能是琐罗亚斯德教擅长巫术的祭司[①]。安息眩人的到来，对于追求神仙生活的汉武帝刘彻来说无疑是一件旷古未有的瑞祥之事。

二、石雕艺术

由于经商的缘故，安息人从水陆两路移居国外的极多，他们将阿胡拉·马兹达神的信仰带到中国境内是极为自然的。这对于推动中国人将祈求仙药、仙境的对象转向西方具有十分重要的意义。汉初，西王母传说已明显带有伊朗色彩。《史记·大宛列传》特意指出，安息国“俗贵女子，女子所言，而丈夫乃决正”。西王母与不死之药的联系，以及西王母地望从河西走廊的西端推向中亚乃至更为遥远的西亚，是战国和秦汉时代波斯人或安息人由太阳崇拜而转向丰收女神阿那希崇拜的一种微妙的反映。阿那希（Anāhit）为春与水源的女神，又是牛群和羊群的保护神。她保护少女，象征着永恒的生命与丰收的欢乐[②]。东汉时代，特别在印度佛教进入中国内地乃至东方海滨以后，中国许多表现西王母形象的石刻都是安息艺术的翻版，如山东嘉祥武梁祠石刻、山东沂南画像石墓、江苏沛县栖山画像石。江苏沛县栖山的画像石出土于东汉初期墓中，当时佛教尚未进入中国内地，而这些画像石中已经有了西王母和四翼人、人首蛇身、马首人身、鸟首人身、人首马身的图像。西王母和美索不达米亚艺术图像联成一体，是伊朗古代最早崇奉善恶二神的宗教信仰在中国北方流传的佐证。其中鸟首人身的神像积淀于中国民间两千年的习俗之中，成为人死十多天后必须供奉眚神的祭物。

伊朗石刻图像中的宗教信息也随着安息人进入中国内地，在黄河流域找到了新的土壤。这些图像中最引人注目的是狮和麟。狮子产于西亚、非洲。在亚述和波斯，人狮相斗是英雄气概和神灵观念的表现。前3000年苏萨印章上有狮子与牛，象征着日与月，此后狮子便被当作太阳崇拜的一个符号而不断出现。苏美尔的石刻印章和木琴的贝壳镶嵌画中，狮子是一种流行的题材，常和神仙、帝王的形象糅合在一起。狮雕艺术在亚述已发展到十分完美的地步，同一时期的赫梯人和腓尼基人也都受到了它的影

---

① 参见唐人张鷟《朝野佥载》卷三关于河南府立德坊及南市西坊祆庙中，由胡人充任祆主所使用的巫术。这种巫术称作下祆神，由祆主以刀刺腹，不久，即告平复。

② 波普主编：《波斯艺术综览》（A. U. Pope，*A Survey of Persian Art*），第1卷，牛津大学1938年版，第203—205页。

响。在尼姆鲁德遗址和尼尼微王宫浮雕中都有狮雕的杰作。作于前800年的胡尔西巴德青铜狮，刻画了一头匍匐在地、凶相毕露、准备扑向猎物的雄狮。同样的艺术形象又出现在几个世纪之后，是发掘于苏萨的前5世纪的波斯青铜伏狮像（今藏巴黎卢浮宫）。到了东汉时代，这些狮子形象竟成了中国石刻狮子图像的蓝本。最初比较容易传递的是波斯流行的装有兽座的角杯。这种角杯到前5世纪阿赫美尼德王朝时，在杯底折而向前伸展的部位用兽身加以装饰，角杯制作也都模仿亚述的花边，底座兽形带有伏地的前肢，或作鹰头兽，或作羚羊，或作狮子，大多以金银制作，雍容华贵，非同凡俗，和原来的角杯已有很大不同，可以称之为樽。安息王朝的工艺师接受了在黑海北岸古希腊人建立的博斯波尔王国制作的角杯形象，将角杯的底部由平直作成圆弧形。1949年在土库曼的古城尼萨遗址的安息王宫库房中发现了一批前2世纪的象牙角杯，共约60多件，长度在50厘米左右，其中有格里芬（鹰头飞狮）等图像[①]。这种安息式角杯上的狮子图像流传到汉代，是中国工艺师可以仔细观摩、加以仿做的狮子图像的楷模。最早传递这类图像的是北方草原民族。1977年河北平山县中山王陵出土的错银双翼铜神兽、错金银神兽，正可视作伊朗狮雕艺术在东亚的初露头角。1968年在河北满城县陵山刘胜墓的出土物中，有被发掘者称为鎏金虎座形饰具[②]，高5.2厘米，长7.9厘米，也是西亚狮形角杯座托的仿作。伏狮的前半部与安纳托利亚雕刻和波斯、安息狮形角杯的形制相似，狮背另有一山字形托架，或者是一件灯座。

狮子作为西亚的异兽，在1世纪确已作为贡礼进入洛阳宫苑。《后汉书》和《东观汉记》中都有章帝章和元年（87年）、和帝永元十三年（101年）安息使者进献狮子、条支大鸟的记录。公元87年，安息“遣使献狮子、符拔（豹，gav-u-palang）。符拔形似麟而无角”。安息狮、豹都被洛阳皇家苑囿作为西域瑞兽珍禽加以驯养。101年“安息王满屈复献狮子及条支大鸟，时谓之安息雀”。狮子和符拔、安息雀（鸵鸟）都是伊朗最富特色的礼品。

2世纪中叶在山东出现的石狮，是安息艺术和古代波斯用神兽看守宫室风习东传的一种变异形象。建于汉桓帝建和元年（147年）的山东嘉祥县武氏祠，在晚清时期发现石阙一对。石阙前有一对左右相对的石狮，狮身长约150厘米，瞪眼舞爪，形态生动。与同时代石人相比，石狮手法纯熟，原因恐怕还在这类石狮的圆雕早有借鉴之故。现

① 法卢金：《中亚考古》（G. Frumkin, *Archaeology in Soviet Central Asia*），莱顿大学出版社1970年版，第150页。

② 《河北省出土文物选集》，文物出版社1980年版，图238。

存洛阳古代艺术馆的一对东汉石雕辟邪，1954年出土于洛水北岸。辟邪肩后有贴伏的双翼，雕刻技法圆熟，已成陵墓守护神。

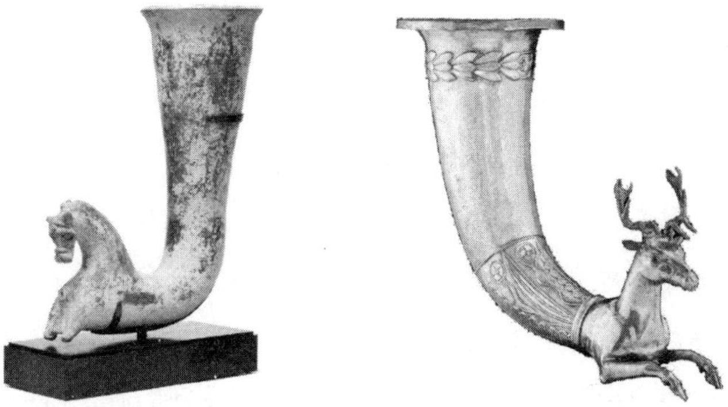

安息银角杯

四川雅安有益州太守高颐墓，建于汉献帝建安十四年（209年），墓前石狮姿态雄壮，四足奔腾，尾部高耸，躯体刻镂细致，前胸两旁的鬣毛按安息式样分两层展开，每层有粗放而尖端呈弧形上扬的四支卷毛。由于第二层卷毛的雕刻部位已在颈部后面、腹部前端，所以常被认作带有飞翼。这种表现鬣毛的雕刻手法可以追溯到接受了亚述艺术的赫梯作品中，例如前730年的辛吉利带翼狮身人面像（存伊斯坦布尔博物馆）和马腊什金制公牛座托银角杯（藏不列颠博物馆）的动物形象。3世纪初在东汉献帝时建造的铜雀台，也出土有伏地的石狮（藏日本大仓集古馆），头部形象与山东、四川的石狮类同，但鬣毛已变成遍布颈部的圆卷状，成为后世石狮圆雕艺术中富有中国风味的式样了。中国从安息引进圆雕石狮艺术以后，在不足一个世纪的短时期中便将伊朗式样加以吸收、改造，融合于中国的民族艺术之中，从而显示了中国艺术的强大生命力。

在汉代，麟成为艺术图像，也和对安息文化的吸收难以分开。麟自春秋时代以来屡见史书记载，传说孔丘生前已有麟出现。前481年鲁哀公西狩获麟，对这种珍奇动物感到好奇，于是去请教孔丘。麟这种动物或者指波斯语palang，是豹子。西亚、非洲出产豹子，在艺术图像中很早便有了，但在中国北方却很少见。豹的出现，被认为是“王者至仁”的显示，是百年一遇的大好事。但往后，人们对这种动物逐渐有了认识，于是获麟的记载也屡见史书，并作为盛世加以附会。汉武帝时有麟、凤数现，并非不切实际的想象与迷信，但麟这种动物的含义或有变化，在南方也被当作“四不像”的麋类动物。班固《西都赋》中描绘长安西郊上林苑中有“九真之麟”，出自越南半岛北部九真郡。《京房易传》(《左传正义》引)以为麟是“麇身狼额，马蹄牛尾，有五采，腹下黄”，还是多半像豹子。自东汉起，麟始有一角的说法，并且还有“麒麟”之称。这种有角的怪兽也出自安息艺术。作为写实的动物形象，这时的麟已非春秋时代的麟，而是来自非洲的长颈鹿了。非洲索马里、埃塞俄比亚的长颈鹿在罗马东方贸易盛期经过波斯人的导引进入中国，于是才有“麒麟”这个复合名词的使用。波斯语中对长颈鹿称作shotor gāv-u-palang，意思是“如牛豹的骆驼”，“麒麟”二字正是波斯语中的牛豹(gāv-u-palang)。于是，麒麟之为有角的动物是千真万确的了。

江苏徐州贾旺的东汉画像石中，有被考古学家称为麒麟的图像。清晰的画面上，刻绘了九头神态各异的长颈鹿，有的反首回顾，有的停止凝视，都是躯高颈长、似鹿非鹿、头上生有肉角的动物[①]。1952年在徐州茅村汉墓发现的画像石中也有长颈鹿的画面[②]。许慎在《说文解字》中解释“麟”为“马身，肉角，牛尾”，但他并不了解由麟到麒麟已经发生了变化。此后，艺术图像中的麒麟都成了有角之兽，或一角，或双角，已非最初的豹子，而与非洲长颈鹿结下不解之缘了。

三、魔术与杂技

来自安息的还有魔术与杂技。前118年张骞归国时，犁轩眩人也随同安息使者到了长安。眩人(幻人)以魔术著闻，《汉书》中的犛轩、犁靬亦即《史记》中的犁轩(黎轩)，《史记》介绍它的位置：“其(安息)西则条支，北有奄蔡、黎轩。”《汉书》则说，伊朗南部的乌弋山离“西与犁靬、条支接”。这犁轩是位于两河流域以塞琉西(Seleucia)为都城的国家。犁轩原是马其顿亚历山大帝国的音译，后来帝国分裂，两河流域与波斯的政治形势有了新的变化。犁轩魔术家便来自两河流域南部的塞琉西。唐代杜佑《通典·边防九》说：“前汉武帝时，遣使至安息。安息献犁靬幻人二，皆蹙眉峭鼻，乱发拳鬓，长四尺五寸。”这些来自古巴比伦的魔术与杂技演员擅长吞刀吐火、植瓜种树、屠人截马的特技。张衡《西京赋》中描述都会之盛，有角力竞技、假面歌舞、化装表演、马戏驯兽，其中的“怪兽陆梁，大雀踆踆”，恐非驯狮与鸵鸟莫属；“吞刀吐火，云雾杳冥，画地成川，流渭通泾”，“百马同辔，骋足并驰”，也都是安息或西亚魔术表演的节目。

---

① 王黎琳：《论徐州汉画像石》，《文物》1980年第2期，图14。

② 江苏文物管理委员会：《江苏徐州汉画像石》(考古学专刊乙种第十号)，科学出版社1959年版，图版8。原题《群兽率舞》。

四、安息乐器

在汉代西域乐器中，安息乐器属于美索不达米亚系统。在胡空侯传入内地以前，中国已有一种仿制西亚式样的空侯。空侯后来又写作坎侯、箜篌，大约是从吐火罗语中借用的名词，是早期的竖琴（harfe，harp）。古代两河流域的苏美尔人是最早使用空侯的民族，前3000年已创制弓形竖琴，并有立式（直立）和卧式（平放）两种式样。在巴比伦时期的前1850年以后，又出现了各种式样的角形竖琴[①]。卧式竖琴最先被中国接受。汉代的词典《释名》解释箜篌这种乐器是空国的贵族所使用的，所以叫空侯。空国大约系甘菩遮（Kamboja）的异译，是位于印度西北的一个古国，中国可能是经由这个地方引入这种乐器的。这种空侯是可以平放的卧式（横式）弓形箜篌。最早出现在美索不达米亚的竖琴发现于前2800年乌鲁克（Uruk）四期的泥板中，那是一种三弦的竖箜篌。在乌尔（Ur）一期，发展成卧式而具有11～15弦的弓形箜篌。卧箜篌在前2世纪后的印度石刻中也可见到，并且传入了缅甸。早期的卧箜篌在前1世纪已和钟、磬等中国民族乐器相并列，受到汉武帝的重视，是经过乐师侯调改进的一种类似瑟的小型弦乐器。但到东汉时这种乐器仍只用于皇室郊庙，不为民间所知。桓谭《新论》中有这样的妙论：“鄙人谓狐为狸，以瑟为箜篌，此非徒不知狐与瑟，乃不知狸与箜篌也。”

且末出土木竖箜篌（残件）

① 锡比尔·马库斯：《乐器大全》（Sibyl Marcuse, *Musical instruments, A Comprehensive Dictionary*），纽约1964年版，第229页。史坦莱·萨迪主编：《新编音乐与音乐家辞典》（Stanley Sadie, ed. *The New Grove Dictionary of Music and Musician*），麦克米伦1980年版，第8卷，第191页；第12卷，第196—198页。

汉灵帝刘宏（168—189年在位）喜爱的胡空侯是一种大型立式角形竖琴，演奏时竖抱于怀中，通过双手用指弹拨，和卧箜篌的拨弹法不同。这种箜篌又称擘箜篌，“擘”是个音义两佳的外来语，既译出了“指弹”之意，传达了竖箜篌的演奏姿势，又传递了伊兰语中这种上下抚弄的竖琴所用的名称van。在库尔·伊·菲勒（Kūl-i-Fir ‘awn）的伊兰浮雕中，就见有演奏手鼓和竖琴的三名乐师。以后在前626年的阿苏尔巴尼帕浮雕（现藏不列颠博物馆）中，也有苏萨乐师与歌女的图像，11名乐师中就有八名竖琴手，其中一名就是竖箜篌的演奏者。竖箜篌的音箱置于下部，与音箱在上部的七弦竖琴（琼克，chang）不一样。亚述和新巴比伦时期已出现了大型的角形竖琴，无论立式还是卧式，都具有8~22弦，立式用指弹，卧式用拨弹[①]。亚述角形竖琴由波斯阿赫美尼德王朝继承，东传安息，成为欧亚草原民族喜爱的乐器。公元前5世纪至前4世纪，东部阿尔泰保存最好的一处男女合葬墓中，女主人大约是部落首领的妻子，同时又是个能歌善舞者，墓室中有一把竖琴型的多弦乐器和一只单面鼓。经鉴定，墓主是阿尔泰地区的塞人。阿尔泰古墓葬中的这一发现提醒我们，竖箜篌最初是由北方草原民族塞人和匈奴传入中原的。1996年在新疆南部且末的扎滚鲁克村出土过三件箜篌，按形制属于卧式角形箜篌，最早的一件在前4世纪的墓葬中出土，后二件出土的墓葬已是前2世纪，相当于西汉时期了。前1世纪中叶，汉宣帝（前74—前48年在位）赐给匈奴呼韩邪单于的乐器中有箜篌，这种箜篌是汉人制作的卧箜篌，和竽、瑟一同进入了天山以北的大草原。竖箜篌自伊朗传入天山以南的时间大约也在同一时期[②]。

现有考古图像中也有这类竖箜篌。1972年在甘肃嘉峪关市以东20公里戈壁滩上发掘的东汉晚期砖墓，三号墓前室西壁画像砖中有奏乐图两幅，每砖有乐师二人，一砖分别弹琵琶、吹竖笛，一砖分别抚琴、弹竖箜篌。图像出土时竖箜篌比较清晰，曾送往日本展出。这是现存最早的竖箜篌图像，比大同云冈石窟第七洞的箜篌要早得多。云岗第七洞开凿于后秦（384—417年），在西凉吕光（386—399年在位）征龟兹前后。日本音乐史家林谦三不相信汉灵帝的胡箜篌是竖箜篌，以为竖箜篌是传入中国的凤首箜篌，对“胡箜篌”竟无法解释[③]。东汉画像砖的发现，完全推倒了竖箜篌是吕光将龟

① 法尔玛：《苏美尔和亚述的乐器》（H. G. Fàrmer, *The Musical Instruments of the Sumerians and Assyrians*），伦敦1953年版。法尔玛以为琼克的音箱在上，擘（van）的音箱在下，见波普主编：《波斯艺术综览》第6卷第2784页注④。

② 认为中国的箜篌是波斯琼克（chang）的发展，以为在400年左右从土耳其斯坦（中亚细亚）传入中国的说法，无论在式样上还是在时间上都缺少依据。参见史坦莱·萨迪主编：《新编音乐与音乐家辞典》，麦克米伦1980年版，第8卷，第193页。

③ 林谦三：《东亚乐器考》，音乐出版社1962年版，第225页。

兹乐引入中原时传进的揣测。

角形的竖箜篌曾在中国长期流传。胡箜篌是东汉时代在内地最早的正式名称。

胡箜篌之外，另一种在汉代流行内地的伊朗乐器是四弦曲项琵琶。琵琶一词来源说法虽多，但比较明显的还是波斯语中的Barbāt。古波斯的Barbāt是折曲的短颈琵琶，属于柳特（lute），最早起源于美索不达米亚，后来成为波斯的柏尔布德（琵琶前身）。但3世纪中叶萨珊波斯沙普尔一世（240—270年在位）时的琵琶只有两根弦，琴身放长，音箱和音柄用整块木板制作，音域宽广，声调洪亮。汉代初入中国，仅译其音，《释名》写作“批把”，《风俗通》写成“枇杷”，晋代以后才改成“琵琶”。这是一种马上拨弹乐器。刘熙《释名》根据印度梵语中“拨弦”（bharbhu）的读音，解释这种乐器演奏时“推手前曰批，引手却曰把，象其鼓时，因以为名也”。琵琶而有四弦，恐怕是初传龟兹后加以改进而成，所以北朝时习称龟兹琵琶。这种四弦的曲项琵琶在汉代已遍布北方黄河流域。不但东汉灵帝时进入宫廷音乐，而且在山东滨海地区也都流行，嘉祥武氏祠和两城山石阙中都有弹琵琶的乐舞画像砖。

龟兹琵琶的历史十分复杂，是在采用四弦的长颈琵琶的影响下才出现的一种中伊合璧式弦乐器。它的前身是一种长颈琵琶坦布尔（tanbūr）。在巴黎卢浮宫收藏的苏萨膏泥雕塑中，有前8世纪的长颈琵琶坦布尔[①]。后来的几个世纪中，经过欧亚草原民族的传递，坦布尔在中国北方边塞流行，习称秦琵琶，或秦汉子。唐代杜佑《通典》卷一四四介绍这种古乐器时已觉困惑，怀疑是由北方一种带柄的名叫“弦鼗”的小鼓变化而成。其实这是一种音箱在下部，上部则由长柄构造的长颈琵琶。既然类似弦鼗，则是用皮面的共鸣箱的弦乐器，大约经过汉人的改进，便变成了四弦十二柱木面的秦琵琶。前2世纪末，乌孙公主嫁昆弥，带去的嫁妆中就有这种乐器，称为秦琵琶，早在前3世纪就有了。晋代傅玄《琵琶赋序》称述它命名的理由：“以方语目之，故云琵琶，取其易传于外国也。”由于西域各地早用琵琶一名称呼弦乐器，所以也用了琵琶一名。而琵琶正是波斯语对弦乐器柏尔布德的汉译名称。不过秦琵琶却是一种在西亚已经出现过的棒状直颈琵琶。因此，秦琵琶（秦汉子）也不能认作是中国的传统乐器，而是由中国人改进了的波斯长颈琵琶。

秦汉时代流行北方的秦琵琶（秦汉子）和四弦曲项琵琶都源出波斯，是经中国人加以改进、增至四弦的波斯琵琶。前者类似坦布尔，后者则与柏尔布德有亲缘关系，连所用的“琵琶”这个词也借自早在战国与秦汉之际就在新疆通用的波斯弦乐器的

① 《波斯调查团专刊》（*Mémoires de la Délégation en Perse*），1900年第1卷，图版8。

名称。

汉代传入中国内地的胡乐器，除箜篌、琵琶（四弦、秦汉子）外，还有大、小筚篥，都传自伊朗，属于伊朗系吹奏乐器。

筚篥，在汉代称悲篥。《通典》卷一四四说："筚篥本名悲篥，出于胡中，其声悲。"最初由伊朗经中亚传入龟兹，为龟兹国所用的一种簧管乐器，《乐府杂录》描绘它"有类于笳也"。形状似管，有九孔，竖吹可以发音。唐代干脆称作笳管，编入卤簿。内地仿制的筚篥用竹管截制。这种乐器"卷芦为头，截竹为管，出于胡地，制法角音，九孔漏声，五音咸备"（《太平御览》卷五八四）。悲篥一名在波斯语中借用号角 būrū，因安息古乐中未见用笛，所以这类管笛习称 nāy-i-siyāh。东汉时内地已有悲篥，山东孝堂山石刻有屈足跪吹悲篥图像，后有四人挽鼓车，一人坐车上击鼓。民间已有将东汉明帝所制军乐短箫铙歌改为悲篥和鼓曲的，也是一种吹奏乐器和打击乐器的合奏。

秦末汉初，以箫、笳为主的鼓吹乐首先从河套地区传入内地，成为重要的军乐。鼓吹乐使用乐器有鼓、铙、箫、笳四种，笳是一种主乐器。刘瓛定军礼说："鼓吹未知其始也。汉班壹雄朔野而有之矣。鸣笳以和箫声，非八音也。"[①]西汉孝惠、高后时，班壹在河套楼烦故地因经营畜牧而致富，是北方边疆的首富，于是出入弋猎，旌旗鼓吹，威仪胜于帝王。鼓吹曲中使用的笳，就是北方游牧民族所用的胡笳。汉有胡笳曲，"不记所出本末。笳者，胡人卷芦叶吹之，以作乐也，故谓曰胡笳"（《太平御览》卷五八一）。胡笳又称吹鞭，是匈奴、楼烦牧马人的马鞭，以羊角为管，芦为头。有大笳（大箛）、小笳（小箛）两种，晋《先蚕仪注》称："车驾住，吹小箛，发大箛，即笳也。"笳自入内地便是军乐和仪仗中的主乐器。笳在古波斯是一种号角类吹奏乐器，称 karnā，起源于亚述的 qarnu，亦称 karranāy。东汉末蔡邕女文姬被匈奴掳往左贤王部伍，对马上乐的笳曲加以改编，有十八拍。东汉时《胡笳调》《胡笳录》各一卷，专门编集胡笳曲。东汉时作为军乐的鼓吹乐，只有边将、万人将军才能配备。皇室仪仗和宴乐中采用的鼓吹，称黄门鼓吹，人数多至145人。成都出土东汉画像砖中有一队六骑的鼓吹图像。1952年成都东乡青杠坡3号东汉墓出土画像砖，有两排六骑的乐队，其中五人奏乐，前排居中一骑击鼓，右侧一骑吹排箫；后排中间一骑吹笳，左侧一骑击铙，右侧一骑吹排箫。画像砖表现了胡笳列入军乐的场景。

胡角也是汉代传自伊朗的乐器。鼓和角组成了西汉时另一类军乐横吹乐的主乐器。

① 郭茂倩：《乐府诗集》卷一六《鼓吹曲辞》序引。

晋代崔豹《古今注》称："横吹，胡乐也。博望侯张骞入西域，传其法于西京，唯得《摩诃兜勒》一曲。李延年因胡曲更进新声二十八解，乘舆以为武乐，后汉以给边将军。和帝时，万人将军得用之。"郑樵编纂《通志》，在《乐略》中干脆说："角之制始于胡，中国所用鼓角，盖习胡角而为也。"打破了古代黄帝时创制号角的传说。摩诃、兜勒，分别指波斯的天神摩诃与雨神提希勒，代表丰收与胜利，故《摩诃兜勒》的乐曲用于节庆[①]。《摩诃兜勒》曲可能就是安息的军乐。这乐曲到了长安，使李延年的乐思大为奋进，配制了28套军乐，在边塞编入万人将军的乐队中。这种角又称长鸣角。角长五尺，形如竹筒，本细，末稍大。可用竹木或皮制成。《宋书·乐志》介绍西戎有长可二尺的铜角，形如牛角，"书记所不载，或云出羌胡，以惊中国马"。曹操征乌桓，因军士思乡，将长鸣角减为中鸣，"其声尤悲，以应胡笳"（《太平御览》乐部卷三十二）。胡角是与笳相近的伊朗乐器būrū。在费尔杜西的史书《帝王纪》中，曼纽契尔（Manūchihr）被推举为角的创制者，这种角的历史当时已有3000年。西汉时，角乐成为鼓吹乐以外的另一类军乐横吹的主题曲。《通志·乐略》中列鼓角横吹十五曲，另有胡角十曲，其中《黄鹄吟》《陇头吟》《折杨柳》《望行人》曲名全同，可见鼓角横吹是李延年等人据胡角原曲改编的配乐。这种横吹乐经西北羌人的传递，再经宫廷作曲家的改编，成为一种中西合璧的军乐，比汉初来自北方鄂尔多斯草原的鼓吹乐更加具有伊朗古乐的风采了。

五、家具与织物

东汉时期的家具与衣饰，有许多来自安息。汉灵帝所爱好的胡服、胡饭、胡帐、胡床、胡座、胡空侯、胡笛、胡舞大多传自伊朗，或经由伊朗、中亚进入中国。

东汉时传入的榻，在波斯语中作takht，具有"王座""软椅""床"等字义。属于西亚的一种高级座椅，也可供休憩之用。初入中原便受到上层集团的爱好，所以迅速进入宫廷。三国曹魏时期，这种罕见的坐椅也是帝王将相的用具。《三国志》裴松之注引《曹瞒传》，记述211年曹操率大军自潼关北渡黄河，突遭马超偷袭，"公将过河，前队适渡，超等奄至，公犹坐胡床不起。张郃等见事急，共引公入船"。胡床是榻的俗称。曹操在军中曾用胡床，以供休息。后来魏文帝曹丕出猎时也使用过胡床。《三国志·魏书·苏则传》记曹丕行猎，"槎桎拔，失鹿，帝大怒，踞胡床拔刀，悉收督吏，将斩之"。这种胡床轻巧舒适，便于携带，在野外旅行或行军时也广为使用。

① 沈福伟：《中西文化交流史》，上海人民出版社2017年版，第71页。

“榻”的名称保留了波斯原名。中国内地惯于席地而坐，或流行在床上双足双屈的坐法。使用波斯卧榻，可以下垂双腿，双足着地，踞榻而坐。现藏巴黎卢浮宫博物馆的阿赫美尼德王朝的圆柱印章上有这种波斯卧榻的图像，图像从侧面显示四足，足部刻成上下各两层的螺旋体，中间是上粗下细的圆柱体。后来这种木工家具图像成为中式家具的基本图形流传下来。榻上铺上软垫，可以坐卧。

阿赫美尼德王朝的榻

木制的榻在东汉时仍极少见，属于一种难得的雅座。东汉时陈蕃出任乐安太守，对高洁之士周璆特别敬重，“特为置一榻，去则悬之”（《后汉书·陈蕃传》）。比较简陋的是板榻、木榻，上面不再铺席[①]。《释名》卷六称：“长狭而卑曰榻，言其榻然近地也。”汉代有一人独坐的独榻，还有两人共坐的合榻，长度最多80多厘米。南北朝时期，榻的长度已扩展到2米以上。西安北周安伽墓出土石榻长228厘米，宽103厘米，高117厘米，由11块青石构成。到南北朝时，胡床使用越加普遍，而且一变而成一种折叠椅，从而有了交足椅的名称。

“图拉真纪功柱”上的平顶、尖顶军帐浮雕

① 《北堂书钞》卷一三三引谢承《后汉书》；《三国志·魏书·管宁传》裴松之注引《高士传》。

洛阳北魏画像石平顶帐

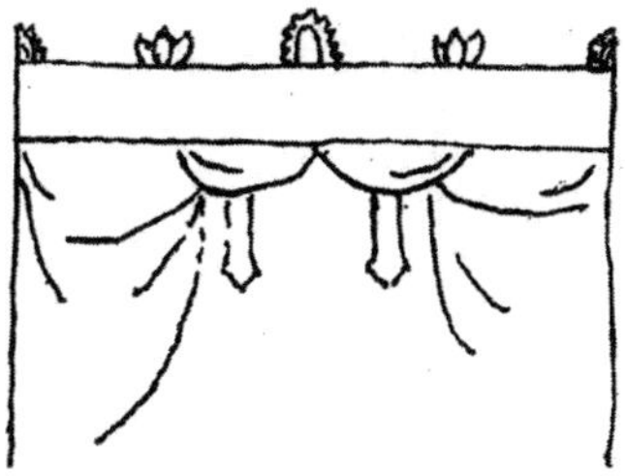

北齐高润墓壁画平顶帐

有顶的胡帐来自西亚。《释名》：“帐，张也，张施于床上也。”先秦时代原来只有帐、幕、幄、帏。1975年山东长清岗辛战国墓出土铜构帐架，设想的复原方案是四坡顶长方形帐架[①]。广义的帐，原指有顶的帷幕。中国古代军帐多作圆顶或尖顶的斗帐，平顶的军帐来源于西亚。罗马皇帝图拉真在113年建成的纪功柱上有图拉真率军与达契亚人作战的浮雕图像，图中有三张军帐，两张都作坡顶房屋式样，形制较小，较大的军帐则呈平顶覆斗形[②]。到东汉时代，因灵帝特别喜爱胡帐，平顶的军帐便推广开来。这种新颖的平顶帐已经发现于北魏考古材料中。1949年以前洛阳出土北魏画像石，有方形平顶帐，帐顶四周包身莲花、葵叶，四周垂饰用中国式样[③]。1975年河北磁县高润墓出土北齐武平七年（576年）壁画，上有方形平顶帐，帐顶周缘同样饰有莲花、葵叶[④]。到唐代，由于建筑风格和陈设的变迁，帷帐不再是宫室殿堂的重要陈设，因此随葬墓中不再见到帐构之类，平顶帐也只是施张在床上的小帐了。

东汉时代，来自波斯的还有胡帐中必不可少的毾㲪（takhtdar）。毾㲪是一种毛织的铺垫，用于马鞍、座席、卧床。汉灵帝爱好的胡物中有胡帐，胡帐中使用毾㲪。东汉马融曾上奏告发马贤的侈靡，说“马贤于军中帐内施毾㲪，士卒飘于风雪”（《太平御览》卷七〇八）。波斯毾㲪经月支（月氏）、匈奴流入中国，为数可观。东汉初年，光武帝也曾在马鞍上施毾㲪。《东观汉记》说：“景丹率众至广阿，光武出城外，按马坐毡毾㲪上，设酒肉。”（《太平御览》卷七〇八）毾㲪从名称到功用都具有波斯风习。东汉服虔《通俗文》对这种毛织物的解释是：“名毾㲪者，施大床之前，小榻之上，所

① 山东省博物馆等：《山东长清岗辛战国墓》，《考古》1980年第4期。

② 菲利波·科里诺：《文明的纪念碑：罗马》（Filppo Coarelli, *Monuments of Civilization: Rome*），伦敦1979年版，第120页。

③ 王子云：《中国古代石刻画选集》，图版五（6），中国古典艺术出版社1957年版。

④ 汤池：《北齐高润墓壁画简介》，《考古》1979年第3期。

以登而上床也。”服虔的这一说明在译名语源方面固然有附会之处，但指出毾㲪是铺盖在榻上的毛织物，确已指明了它的实际用途。刘熙《释名》因此按服虔照本抄袭。3世纪张揖《埤苍》对毾㲪的注释是“毛席也”，也是毛织铺垫的意思。

六、安息纹饰

有图案的毛毯，最早见于库尔塞巴特的亚述石刻，现藏巴黎卢浮宫博物馆。阿里安曾在《亚历山大远征记》中描述波斯王居鲁士的坟墓中使用巴比伦的挂毯。此后，在中亚细亚的月氏贵霜王朝和印度北部也都流行使用毛织的铺垫、挂毯。随着这些波斯织物进入中国内地，安息时代流行的纹饰也逐渐渗入中国的工艺装饰。

楼兰出土汉代菱格忍冬纹绮(前1世纪—1世纪)

西汉对鸟卷草纹绮

在多变的几何纹以外，许多植物纹饰以其富有异国情调的特点引起中国工匠特别的注意，十二瓣的蔷薇纹、中间夹有葡萄叶的忍冬纹是其中的佼佼者。还有希腊式样的花纹，如桂冠纹、爵床属纹（acanthus）与卷草纹（anthemion），也是安息常见的纹样。忍冬纹在萨珊王朝时期发展成十分流行的纹饰，同样也在中国西部地区深入民间。在鲁利斯坦，忍冬纹实际上由棕榈纹演变而来。莲花与忍冬常被当作太阳与月亮更迭交叉，象征着主管命运的天国的统治者①。阿赫美尼德的阿尔塔薛西斯在苏萨建造宫殿，曾用三瓣莲花作为墙面釉砖的纹饰，并列的莲花呈直线展开，美观而又雄伟②。莲花作为太阳的象征，在近东和中东由来已久。乌尔王陵金器中就以莲花为纹饰③，后来又用于碗、杯之类的器皿。莲花被当作太阳，见于波斯帕利斯和苏萨宫殿的牛头柱，柱础正是莲花座④。东汉时代，山东嘉祥武氏祠祥瑞图中，石刻“浪井”也以莲花作主题，图中七瓣莲花下部，左右两侧各有三瓣莲花，尤其和安息式样相仿。安息东部是忍冬、莲花与卷草纹饰的一大传导中心，这些纹饰通过中亚进入中国内地，在石刻艺术、膏泥、木雕、毛织和丝织图案中组成了别具一格的艺术风格，对极其丰富多彩的汉代工艺美术起到了添枝加叶的作用。

长沙马王堆汉墓出土的对鸟纹绮是一件十分完美的中伊合璧的艺术品。图案以极为自由的宽边菱形图样作为四方连续的构架，菱形边线内织以中国传统的回文图案。整个图像以对舞的双鸟和两两相对的两组卷草图像呈条形间隔展开。双鸟对舞，舞姿十分优美，采取了斯基泰和波斯艺术中常见的绕首回望式样。鸟首有卷草组成的飘绶，与身子并行。图像所具备的飘绶、菱形方格和成对的飞翼出现在前2世纪的汉墓，证实了这三种在萨珊波斯时代的流行图样实际上早已通行于安息时代⑤。

汉代丝织上的几何形纹以双菱纹最为流行，在大菱形两旁角端通常另有两个小菱形。这类式样起源于波斯王室喜用的标记，以表示马匹或其他有角动物，借以显示身份与等级。一经进入中国，便纯粹成为一种装饰纹样而风靡一时。河南出土汉代用于墓室的空心砖上也有这类图案⑥。

---

① 波普主编：《波斯艺术综览》（A. U. Pope, *A Survey of Persian Art*），第6卷，第2687页；第1卷，图87；第7卷，图114，图117A。

② 波普主编：《波斯艺术综览》（A. U. Pope, *A Survey of Persian Art*），第2卷，第867页，图304。

③ 吴莱：《苏美尔艺术》（C. L. Woolley, *The Development of Sumerian Art*），格林伍德出版社1981年版，图32。

④ 波普主编：《波斯艺术综览》（A. U. Pope, *A Survey of Persian Art*），第7卷，图101，图102。

⑤ 波普主编：《波斯艺术综览》（A. U. Pope, *A Survey of Persian Art*），第6卷，第2691页。

⑥ 河南省文化局文物工作队：《河南出土空心砖拓片集》，人民美术出版社1963年版，图45，图73。

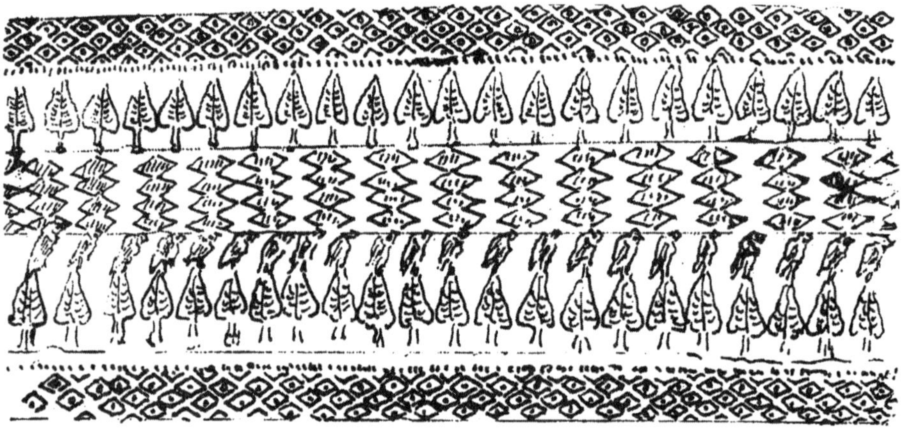

洛阳浅井头西汉壁画后壁山墙砖雪杉纹

马王堆汉绮中的对鸟当系鸾鸟或舞鹤，作为写实的原本的，也可能是伊朗的鸵鸟（骆驼鹤）。图像所表现的简直可以说就是《山海经》中“鸾鸟自歌”的沃民国的景象。菱形方格条形展开的另一组卷草图像，有类似萨珊时代的忍冬纹绮的图样[①]，更有盛开的莲花、石榴与葡萄叶，全自鲁利斯坦青铜器和波斯传统图样衍化而成。两两相对成四方形格子的卷草纹，起源于鲁利斯坦三叉式石榴纹，到萨珊时代而趋于成熟。汉代丝织物中的这类图像为安息纹样提供了实例。

除上述四种纹饰外，还有一种以波斯六瓣蔷薇纹为基本式样而加以变化的式样，即在四瓣对称花纹的下部两侧再加上花瓣的图式，也是汉代流行的纹饰。

雪杉纹，是汉代河南流行于墓葬空心砖上的一种纹饰。同样的纹饰早见于卢浮宫博物馆收藏的巴比伦萨贡王宫石刻森林浮雕，相当于前1800年。波斯阿赫美尼德王朝的波斯帕利斯王宫浮雕也使用了这种纹饰。洛阳浅井头西汉壁画墓，时间在成帝至王莽间（前33—6年），后壁山墙砖饰采用雪杉作为上下两层装饰图案，中间以四排堆叠的菱形和立鸟为主体，形成庄严肃穆的气氛，造意手法和精神境界完全受到伊朗模式的熏陶。同样的以雪杉成双组合装饰的方块还出现在山东济宁师专昭帝至王莽时期的西汉墓群中[②]。1984年出土于洛阳伊川白元乡王庄村西汉墓中的空心砖也有成对的雪杉纹样[③]。

① 波普主编：《波斯艺术综览》(A. U. Pope, *A Survey of Persian Art*)，第7卷，图201C，图202C，图199A。

② 济宁市博物馆：《山东济宁师专西汉墓群清理简报》，《文物》1992年第9期。

③ 李献奇，杨海钦：《洛阳又发现一批西汉空心画像砖》，《文物》1993年第5期，第19页。

洛阳伊川白元乡西汉墓空心砖雪杉纹

汉代纹饰中的柿蒂纹，以两两相对四向展开的鸡心联花为基本图式，实际上是成双成对的莲子纹饰，应改称对莲纹，富有匀称、恬淡的意趣，可以追溯到伊朗文化。莲花纹在西周时代开始采入青铜器。2012年，陕西宝鸡石鼓山的一座西周墓葬M3出土了精美酒器户卣甲、户卣乙[①]。发掘者称，器盖两侧有对称双耳，牛角状，耳上部阴刻牛首纹、锯齿纹。锯齿纹实际上是五叉莲花纹。同墓出土户彝，耳部也有相同的莲瓣纹饰。马王堆汉绮在花样展示中早就采用了这类花纹，后来又成为汉代铜镜常用的蒂形纹饰。1992年，安徽天长三角圩西汉中期桓平墓出土的双层银扣漆奁盖正中也有这

① 石鼓山考古队：《陕西宝鸡石鼓山西周墓葬群发掘简报》，《文物》2013年第2期，彩图32页；线画33、34页。

样的对莲四蒂形纹[1]。这种纹饰脱胎于前1000年卢利斯坦铜器的莲花、石榴相间纹。较铜镜为早，对莲纹亦见于洛阳西汉墓和陕西绥德东汉墓石刻。1992年，洛阳南郊浅井头西汉壁画墓出土蒂形铜饰一件，形制简朴[2]。1956年，绥德快华岭板佛寺内门楼和台阶上发现的汉墓石刻（现藏陕西省博物馆）有非常美观的对莲纹，尖叶下部左右内卷式的花纹和整个图像的排列与卢利斯坦纹饰如出一辙，但又体现了中国文化中成双成对的幸福观念，是莲纹在中国表现出的新样式。石刻中还有波斯、希腊式样的卷草纹。卷草纹也见于绥德汉墓出土的石刻门框上，门框刻有独角之马和具有细长双翼的瞪羚，上部边饰是希腊风格的卷草。瞪羚具有细长的双角，体形瘦削，翅翼亦细长，全系波斯式样，和乌克苏斯出土金银器中的一件波斯金质饮器柄饰上的瞪羚类同（现藏巴黎卢浮宫博物馆），不同的是，乌克苏斯的瞪羚翅翼丰满，雕刻更加细致。

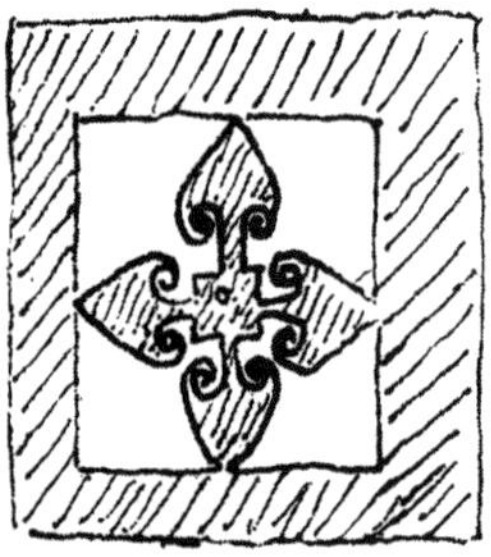

陕西绥德快华岭板佛寺汉墓出土石门柿蒂纹

卢利斯坦纹饰
(上)卢利斯坦有嘴铜壶纹饰(前2000—前1000年)
(中)萨珊朝团花纹:泰西封宫墙纹饰
(下)萨珊朝团花纹:金属盘纹饰

陕西绥德东汉墓出土石刻门框飞翼瞪羚卷草纹

① 杨德标等:《安徽天长县三角圩战国西汉墓出土文物》,《文物》1993年第9期，图版叁之3。
② 吕劲松:《洛阳浅井头西汉壁画墓发掘简报》,《文物》1993年第5期，第9页。

古波斯都城波斯帕利斯宫殿石刻上，早期用七瓣莲花作浮雕，采取凹凸手法，称作凸瓣纹。采用这类手法捶揲而成的金银盘、碗称作 phialē（希腊文），拉丁文叫 phiala。这类产品于前3世纪在中国沿海地区流传。山东淄博西辛在2004年出土的银碗是目前所知年代最早的两件[①]。西汉时代流传到广州的，有南越王墓出土的银碗。在云南晋宁有仿造的凸瓣纹铜碗。

2012年陕西宝鸡石鼓山西周墓出土户卣甲

2012年陕西宝鸡石鼓山西周墓出土户卣乙

户彝莲花纹

户彝

在中国东南沿海制作的漆器中，凸瓣纹逐渐简化成荸荠或茨菇形，可称代表作的有2012年在江苏盱眙大云山江都王陵二号墓出土的漆奁、漆盘图样，其中M2叠压在M1底层。出土物有第一代江都王刘非“廿五年五月甲”（前129年）铭文，推测墓主是江都王后[②]。2006年江苏徐州后山发掘的西汉墓也出土了同一类型的鎏金铜饰，同时出土新

① 山东省文物考古研究所等：《山东青州西辛战国墓发掘简报》，《文物》2014年第9期，第24页图四六、四七。

② 南京博物院等：《江苏盱眙大云山江都王陵二号墓发掘简报》，《文物》2013年第1期，第35页图一八。

莽时期的“大泉五十”，图形已大为简化，并具有地方色彩了。到8世纪的中唐时期，这类纹饰逐渐演化成两两相对的团花纹，中央呈四瓣花的团花。1992年洛阳北郊邙山南麓中唐颍川陈氏墓出土的塔式陶罐，其腹部纹饰显示已经完成了中原化的艺术历程[①]。

波斯帕利斯古宫莲花纹浮雕

广州象岗南越王赵昧墓凸瓣纹银碗

前1900年亚述制作的凸瓣纹银碗

现在中国考古界习惯将这类纹饰称作柿蒂纹，是缺少根据的称谓。

葡萄在前汉时代引种于内地，成为酿酒的新原料，由此在社会上引起振波，远远越出了饮食文化的领域，而在工艺美术上成为一种引人注目的纹饰，普及到丝织、毛织、铜镜和石刻图像中。葡萄原产伊朗，经由中亚细亚费尔干纳传入中国。葡萄在伊

① 洛阳市文物工作队：《洛阳北郊唐颍川陈氏墓发掘简报》，《文物》1999年第2期，第46页。

朗是丰收的象征，东伊朗流行收获葡萄时举行盛宴庆祝，在印章和各种纹饰上广泛采用葡萄形象。在中国，首先在织锦中使用葡萄纹饰。汉初已有葡萄锦（蒲桃锦）。《西京杂记》说，尉佗将南越的鲛鱼、荔枝献给刘邦，刘邦回赠蒲桃锦四匹。汉武帝时，霍光的妻子也曾将蒲桃锦24匹赠给淳于衍。这种蒲桃锦是汉代极为华贵的织锦，且题材富有西域风味，更使中国的锦绮外销通行无阻。新疆民丰、和田先后出土各种葡萄纹饰的锦、绣、绮、罽。民丰出土东汉时期的菱纹绮、鸟兽葡萄纹绮，尼雅遗址出土的东汉毛罽和纹绮，都有葡萄纹样。其中一件是夫妻合葬棺中出土的黄色鸟兽葡萄纹绮女上衣，是内地织造的；另一件绿地人兽葡萄纹罽，有卷发高鼻的塞人或吐火罗人采摘葡萄景象，是当地产品。

洛阳北郊唐代颍川陈氏墓塔式陶罐莲子纹饰

汉代海兽葡萄鉴

河南宜阳飞马空心砖

河南汉墓飞马空心砖

叙利亚巴尔米拉双菱四兽纹绮

葡萄纹在汉代铜镜制做中形成一代新风。著名的有海兽葡萄镜、海马葡萄镜，为数甚多，自宋代以来，金石家、考古家多有著录。海兽、卷草、对莲（莲子）、葡萄是汉代铜镜采自域外题材的四大纹样。自《宣和博古图》（铜镜113件）、《西清古鉴》（铜镜93件）、《西清续鉴》（铜镜200件）、《宁寿鉴古》（铜镜101件）、《金石索》（铜镜174件）以来，复经罗振玉、陈介祺、刘体智、梁上椿各家著录，数以千计。20世纪50年代以后，河南洛阳、陕西、湖南、浙江、安徽又陆续出土许多汉镜。葡萄与海兽在两汉镜鉴中占有一定比例，这类铜镜制作精良，图案繁缛，是汉镜中的上乘之作。《西清古鉴》著录的汉海马葡萄鉴，径九寸六分，内层作有翼的飞马和海兽，外层更有飞禽，以结枝葡萄和石榴点缀。《宁寿鉴古》中的汉海兽葡萄鉴，径三寸四分，内圈列海兽四，外轮以鸟雀相配，环绕结枝葡萄和石榴，卷草为边。另一件海马葡萄鉴，内圈铸有六头姿态不同的海兽，或立或伏或耸，中以三匹有翼飞马相隔，空间填满结枝葡萄；外轮铸有四头海兽、两匹飞马，中间杂以鸾凤、孔雀，再配以葡萄纹饰。这类铜镜都以兽首作镜纽，所以在铜镜分类中称为兽首镜。兽首镜最突出的主题有四：海兽、翼马、葡萄、石榴，都由伊朗引入。之所以称海兽，是因其来自海外。这类域外的野兽实际全系艺术化的狮豹形象。洛阳出土的东汉铜镜便有翼狮图像①。翼马是翼兽中的一种。波斯古代以翼牛、翼狮、翼羊的图式最多，翼马是汉代工匠对西方骑马民族文化的一种加工与再创造，在波斯的成分外，当有中亚大宛、康居的因素在内。传递的媒介是居住于中国北方的匈奴部落各族。内蒙古扎赉诺尔出土的长方形圆角铜牌饰就有展翅奔驰的飞马图像②。值得注意的是，线条优美的飞马图像在画像砖与铜镜之外，又见于汉代用于墓室的空心砖刻纹。河南洛阳等地出土的这类空心砖图像中便有形象动人的飞马。例如，1991年出土于宜阳县的西汉空心砖，图像是翼马左向守护牛角树，三马三树相间③。

汉代中国和安息在装饰工艺上的交流频繁而深广，双方关系之深，情分之切，甚至使人产生东自长江中游、西至两河流域和地中海东部的广大地区属于同一工艺世界的感觉。

---

① 洛阳博物馆：《洛阳出土铜镜》，文物出版社1988年版，图五七。

② 内蒙古文物工作队：《内蒙古扎赉诺尔古墓群发掘简报》，《考古》1961年第12期。

③ 李献奇，杨海钦：《洛阳又发现一批西汉空心砖》，《文物》1993年第5期，第23页；《河南出土空心砖拓片集》，人民美术出版社1963年版，图30，图31。

七、龙的变异

东汉中期开始出现的神兽镜，花纹以东王公、西王母神像和龙、虎、狮等兽形为主要题材，纹样属浮雕式。自105年四川广汉郡工官开铸环状乳神兽镜起，到建安年间(196—220年)，又出现了重列式神兽镜、同向式神兽镜、对置式神兽镜。三国孙吴更铸造了同心式神兽镜。神兽采取对置，也有伊朗与西亚艺术的影响在内。这类神兽镜在中国北方的一个特点是龙纹的狮形化，或者说龙、狮合一化。汉代纹绮已出现的狮纹，有叙利亚巴尔米拉出土的双菱四兽纹绮[①]，四兽其实是形态相仿、分成上下两组相向的四狮。在这件1世纪的织物中，两两相对的狮子张牙舞爪，头上垂有鬣毛，尾巴上扬，四足奔腾。更值得注意的是，巴尔米拉的瑞兽纹绮在菱格中成对的瑞兽身呈狮形，头部则是生有双角的龙，是狮化的龙。这种龙与汉代西安瓦当、茂陵空心砖、长沙马王堆帛画上的龙最重要的差别在于龙体较之狮身更加细长而多折曲。龙首如鬣毛的双角上扬，而肥壮的尾几乎和图像中的狮无甚差别。绥德王得元墓石刻门框、榆林古城滩南梁村出土石刻门扇、绥德快华岭板佛寺汉墓石刻门扇[②]、绥德义合镇M1石刻门扇上的翼龙全是狮形走兽，头顶有绶带演变成的波状角，都属1世纪的遗物。龙的狮化开始于1世纪东汉与安息加速交往之际，首先出现在北方交通要道附近是不足为怪的，它真实地反映了这种文化渗透的印迹。

龙在中国是四方之神中的水物，属于阴兽；狮在伊朗是太阳的化身，象征君权。它们各自在本民族的意识中起着崇高的指导作用。狮龙结合代表了东周以来阴阳交合的观念。中国传统的龙与来自伊朗的异兽狮结合，是一种文化上的融合与反馈。中国人将两种不同的异质文化加以调和，在艺术上逐渐减少差别，增强共性。其成功的例子并不在汉镜上，而在杂技与再现这种表演艺术的画像砖雕上。最突出的一例见于山东沂南东汉画像砖上的龙戏。图像上龙表演的舞蹈组成杂技中的一个节目，龙自鼻以上有双角，身躯肥壮，有四足，通体呈菱形方格，项下有贴身的短翼，细长的尾部有双头，是一头首上长角、尾端卷扬、具有飞翼的狮子。此龙的头部，经仔细观察可以

---

① 普菲斯特：《巴尔米拉出土织物》(R. Pfister, *Textiles de Palmyre*)，巴黎1934年版，第43—44页。

② 绥德快华岭板佛寺汉墓出土石刻门扇（1956年出土，《陕北东汉画像石刻选集》，文物出版社1959年版，图57，图58），与绥德后思家沟快华岭汉墓出土石刻门扇（1951年出土，《陕北东汉画像石刻选集》，文物出版社1959年版，图34，图35）的龙虎图像，因出土年代不同，原书有错配。原书图34的虎像门扇应与图58的龙像门扇相配，原书图57的虎像门扇应与图35的龙像门扇相配。

辨认出是山东、江苏出土东汉画像砖中最常见的鹿车中的鹿，其实是马的写真，只是在耸起的双耳之前又戏剧化地添上了两支牡鹿的长角。可见，在很少见到狮子的真实形象的山东，人们所能表现的狮、龙也只能是马和传说中的神兽麒麟了。龙是中国传统的图腾文化的遗存，早在6000年前的河南濮阳西水坡古墓葬中就已经出现蚌壳堆积的龙虎图像，而狮子与多半是长颈鹿的麒麟全是伊朗的形象。

陕西绥德汉代王得元墓石刻门框翼龙

山东沂南汉画像砖龙戏

西安汉城遗址青龙瓦当

由亚述、波斯翼兽艺术所传导的上天成仙、灵魂升华的思想，大约在前7世纪就已在黄河上游西戎民族活动地区有了传承关系。1978年出土于陕西宝鸡杨家沟大公庙窖藏的一组春秋前期的秦公镈上，可以看到自钮至脊侧有九条飞龙，脊上有五条飞龙和凤鸟，这是翼兽艺术由西亚东传的早期标本，它出现在崇神祭祖的钟鼓之上应该并非偶然。至晚在前4世纪，在中国龙文化故乡的黄河中下游地区，这类带翼的龙就伴随有灵魂升天的信仰。这种有翼龙可以在古代迦勒底文化中找到亲缘关系。迦勒底的龙有四足，身上有鳞，且有双翼。翼龙在古代称应龙，被认为始于秦，盛于汉。陕西西安汉城遗址出土秦汉之际的瓦当，上有鸟翼、麟躯、长颈、鸟喙、鳄或鲵足、鱼尾、鳍脊的龙，具有黄河上游地区龙图腾的独特风格。翼紧贴前胸，与躯体并行向背部施展，具有波斯阿赫美尼德王朝翼狮的表现手法。比秦瓦当时间更早一个多世纪，1977年在河北平山县三汲乡（战国中期中山国首都）出土一件属于中山国王室的刻铭铜方壶，壶身通长62厘米，四边突出的柄饰作鱼尾形飞翼的龙，龙有二足，翼则耸于背部。以鱼尾分叉表示左右分列的双翼，是早期北方狄族统治下的华北平原对伊朗翼兽的一种图案化的勾勒。在同一时期的羌蜀文化中，有1992年四川茂县南新乡牟托村出土的大量青铜器和玉石器，在属于I式的铜纽钟图案中也有类似的有翼爬龙，但展开翼没有鱼尾分叉[①]。河北定县三盘山在1965年出土的一件错金铜车伞铤，长26.5厘米，伞铤圆柱

① 茂县羌族博物馆：《四川茂县牟托一号石棺墓及陪葬坑清理简报》，《文物》1994年第3期，第16页，图二二；第17页，图二三。

式展开的图像中有飞马、飞龙，属于西汉早期翼化的龙图像。这类翼龙以不同的式样在汉代各地展开。四川芦县王晖墓石棺画像石中的翼龙图形单纯，体型瘦长，头上有自口部向后伸展的两条绶带[①]。陕西绥德属于东汉永元十二年（100年）的王得元墓画像石上的翼龙则施展双翅，头有两羊角，一如常见于波斯的瞪羚，有四足、长尾。绥德快华岭板佛寺石刻门扇上浮雕的翼龙则形象动人，刀法纯熟。翼龙头上有伊朗式绶带，可以断作属西汉时代。绥德后思家沟快华岭汉墓出土石刻门扇二，图像都是上部为相对的凤鸟，下部左虎右龙，龙首有绶带，而未见角，身有飞翼。在河南唐河、南阳英庄、南阳东关、山东两城山出土的东汉画像石上出现的翼龙，头部绶带都已具有蜷曲的长角形象，表明翼龙艺术风格已完全中国化了，只是龙身上的飞翼却凝固下来，明显地刻上了伊朗格调。

这种有翼的龙，到南北朝和唐朝又演变成胡天信仰中具有火焰形伸展的飞翼的形象。江苏丹阳胡桥宝石南朝砖画墓东壁羽人戏龙砖画画面上的龙，有四撮火焰式飞翼[②]。在北方，自5世纪起，壁画与石刻中的龙大都具有火焰式飞翼。吉林集安五盔坟四号、五号墓属高句丽洞沟墓群，壁画中多处显示的飞龙都有这一类型的翅膀[③]。在初唐时期的莫高窟329窟龛顶壁画双飞天形象中，也可看到身骑火翼的飞龙图像。陕西三原李寿墓石椁上的龙纹，陕西乾县永泰公主墓墓盖上的龙纹，都有这种伊朗天神观念中的火翼，而龙身又明显地具有高足的狮形，集翼化的龙与狮化的龙于一身。

河北定州汉墓错金铜车伞铤飞龙

四川芦县王晖墓石棺画像石翼龙

① 常任侠编：《汉代绘画选集》，朝花美术出版社1955年版，图三三。

② 故宫博物院藏陶质龙虎纹井栏上，右龙左虎，龙身也有四撮火焰形飞翼，刻镂精细，定为汉代，可能略早。图见刘志雄、杨静荣：《龙与中国文化》，人民出版社1992年版，图版29。

③ 吉林省博物馆：《吉林集安五盔坟四号和五号古墓清理略记》，《考古》1964年第2期；吉林省文物工作队：《吉林集安五盔坟四号墓》，《考古学报》1984年第1期。

陕西乾县唐永泰公主墓墓盖龙纹

河南南阳英庄东汉画像石应龙

第三节　萨珊波斯和中国

一、使节和商旅

萨珊波斯兴起后，替代安息统一了伊朗和美索不达米亚，大力宣扬波斯文化，商旅络绎往来。但亚洲西部局势动荡，萨珊国王沙普尔二世（309—379年在位）西向东罗马征讨频繁，东又与贵霜帝国发生冲突。贵霜灭亡后，沙普尔二世又卷入与哌哒的争战中。哌哒击败卑路斯一世（457—484年在位），获得赔款和土地。哌哒的势力在5世纪末、6世纪初深入新疆西部于阗。此时中国西部的割据政权也不断向西扩展。立国于甘肃的后凉（386—403年）的势力及于龟兹（新疆库车）。北魏政权通过哌哒与波斯建立了邦交。自455年到522年间，到达中国平城（大同）和洛阳的波斯使节共有10次。

1964年，河北定县（今定州）城内东北隅华塔塔基发现41枚波斯萨珊银币，有一枚伊斯提泽德二世（438—457年在位）的银币，边缘压印一行哌哒文字的铭文[①]，显示波斯银币曾经哌哒人之手流入中国北方内地。

北魏太武帝太延元年（435年），粟特国使者来华，北魏政权在翌年派出六个代表团前往西域。此后，因于阗一道的畅通，波斯使者接连东来：

文成帝太安元年（455年）冬十月，波斯、疏勒国并遣使朝贡。

① 夏鼐：《河北定县塔基舍利函中波斯萨珊朝银币》，《考古》1966年第5期，第269—270页，图版陆3。

文成帝和平二年（461年）八月，波斯国遣使朝献。

献文帝天安元年（466年）三月，高丽、波斯、于阗、阿袭诸国遣使朝献。

献文帝皇兴二年（468年）四月，于阗、波斯国各遣使朝献。

孝文帝承明元年（476年）春二月，蠕蠕、高丽、库莫奚、波斯诸国并遣使朝贡。

宣武帝正始四年（507年）冬十月，哌哒、波斯、朅盘陀等诸国并遣使朝献。

孝明帝熙平二年（517年）春四月，高丽、波斯、疏勒、哌哒诸国并遣使朝献。

孝明帝神龟元年（518年）闰七月，波斯、疏勒、乌苌、龟兹诸国并遣使朝献。

孝明帝正光二年（521年）闰五月，居密、波斯国并遣使朝贡。

孝明帝正光三年（522年）秋七月，波斯、不汉、龟兹诸国遣使朝贡[①]。

波斯十次使团，前五次到达北魏首都平城；494年北魏迁都洛阳，后五次波斯使团便奔赴洛阳。

哌哒兴起以后，波斯的使者自宿利城（塞琉西—泰西封）起程，通过于阗，东赴凉州（甘肃武威），进入河套后，过灵武、绥德，出河套，南线自离石，经太原，北上大同；北线经偏关或保德，渡黄河，抵达大同。第一次使团由波斯王伊斯提泽德二世派遣，接下来四次都由卑路斯一世派遣。大同北魏遗址中出土有西亚风格的银碗和高足鎏金铜杯[②]，大同西郊北魏封和突墓出土萨珊银盘及高足银杯[③]，大同南郊张女坟北魏墓葬中出土波斯玻璃碗和鎏金刻花银碗[④]，这些都是北魏前期建都平城时与波斯建立经济、文化关系的实物证据。

哌哒极盛时期，北魏迁都洛阳，波斯使团便由宿利城东赴洛阳。530年（梁中大通二年），波斯使团更与建都建康（南京）的梁政权直接建交，使者大约通过临洮，经四川，沿长江东下。这是萨珊朝第十九位国王卡瓦德一世（488—531年在位）时和中国北朝与南朝都有建交关系的一段历史。《北史》卷九十七将遣使洛阳的波斯国王的名字译作居和多。《梁书》卷五十四则说“中大通二年，遣使献佛牙”。卡瓦德显然有意联络中国南方与北方的政治势力，以与称霸中亚的哌哒人一决雄雌。

西魏时期，波斯王库思老一世（531—579年在位）遣使长安，在废帝二年（553年）抵达。曼苏地在《黄金草原与宝石矿》一书中也说，此时有中国使者到达王庭。

隋代，好大喜功、穷极奢侈的炀帝（604—618年在位）盼望着一个万国来朝的盛

① 以上见《魏书》卷五至卷九。

② 北京大学历史系：《三国宋元考古》（上）讲义，1973年，第107页。

③ 马玉基：《大同市小站村花圪塔台北魏墓清理简报》，《文物》1983年第8期。

④ 山西省考古研究所等：《大同南郊北魏墓群发掘简报》，《文物》1992年第8期。

世，派出云骑尉李昱出使波斯。李昱归国，带来了波斯王库思老二世（590—628年在位）报聘的使者。610年（大业六年），炀帝在东都洛阳大会诸蕃酋长。正月十五，在端门街（皇城端门外大街）盛陈百戏，戏场周围五千步，参加演出的有18000人，声闻数十里，通宵欢庆，所费万户。各国使团、侨民都被允许到丰都市（洛阳东市）交易，受到免费款待。波斯使团一定也在其中[①]。

唐初，萨珊波斯面临灭亡，波斯末王伊嗣俟（伊斯提泽德三世，634—651年在位）在贞观十二年（638年）派使者没似半到中国。贞观二十一年（647年）使者又献活褥蛇。这种动物像鼠，色正青，长九寸，能捕穴鼠。翌年，波斯使者频频抵达长安，谋求取得唐朝支援，以对抗阿拉伯人。不久，伊嗣俟在和阿拉伯人的战争中死去。伊嗣俟的儿子卑路斯流亡吐火罗，654年曾向长安遣使告急。唐高宗以为鞭长莫及，没有给以军事援助。不久，吐火罗又遭到阿拉伯军队侵扰。龙朔元年（661年），唐朝派陇州南由县令王名远到中亚各地分置州县，在662年正式册封卑路斯于锡斯坦的疾陵城（Zaranj），为波斯都督府的驻地。此后，波斯使者不断到达长安。《册府元龟》卷九七〇记：乾封二年（667年）十月，波斯国献方物。咸亨二年（671年）五月，吐火罗、波斯、康国、罽宾国的使者同时到达长安。

咸亨四年（673年），波斯王卑路斯兵败，流亡长安，授右武卫将军。他的儿子泥涅斯也随之入朝作质子。《册府元龟》卷九九九记：咸亨五年（674年）十二月辛卯，波斯王卑路斯来朝。不久，卑路斯客死长安。

泥涅斯继承父亲遗志，希望能召集旧部恢复故土。唐朝支持泥涅斯的行动，在调露元年（679年）派裴行俭率军护送泥涅斯归国为王。裴行俭只到了中亚细亚的碎叶镇，另行派人送泥涅斯到锡斯坦。泥涅斯于是客居吐火罗达20年，复国的计划终因大势已去、部落离散而难以实现。《册府元龟》卷九七〇记述中宗神龙二年（706年）七月波斯国、林邑国并遣使贡献，大致可以推测是泥涅斯所遣使节，或者是来自波斯故土的商旅。这时泥涅斯虽聚集了部众数千人，然而难以抵挡阿拉伯人的势力。于是在景龙二年（708年）三月，泥涅斯又回到长安，唐朝授以左威卫将军。不久，泥涅斯也像卑路斯一样客死长安。萨珊王族至此才告绝嗣。

开元、天宝以来，波斯的地方豪绅，特别是萨珊王室支系的陀拔斯单，仍在里海南岸保持独立，以Isbahbadhs（Spādhapati）的名义继续和中国往来[②]，于是中国史籍中

① 司马光：《资治通鉴》卷一八一《炀皇帝上之下》。

② 参见波普主编：《波斯艺术综览》（A. U. Pope, *A Survey of Persian Art*），第6卷，第2673页。

仍有波斯国使团来华的记录。开元五年习阿薛般国王使团便是波斯王族的使节。这些来华使团常以波斯国名义，或以波斯王子的身份，或以波斯首领的头衔，率领商业代表团来华朝献、贸易，因此，波斯虽早已并入阿拉伯哈里发帝国，但它的使团却不绝于档册。下列使团，都以《册府元龟》记载为据（所记卷数即《册府元龟》卷数）：

开元五年（717年）六月，习阿薛般国王安杀遣使朝贡。（卷九七一）

开元七年（719年）正月，波斯国遣使贡石。

二月，波斯国遣使献方物。

七月，波斯国遣使朝贡。（卷九七一）

开元十年（722年）三月庚戌，波斯国王勃善活（Farrukh，712—722年在位）遣使献表，乞授一员汉官，许之。（卷九九九）

十月，波斯国遣使献狮子。（卷九七一）

开元十三年（725年）七月戊申，波斯首领穆沙诺来朝，授折冲，留宿卫。（卷九七五）

开元十五年（727年）二月，罗和异国（Rishahr）大城主郎将波斯阿拔来朝[①]，赐帛百匹，放还蕃。因遣阿拔赍诏宣慰于佛誓国王（苏门答腊室利佛逝国王）。仍赐锦袍钿带及薄寒马一匹。（卷九七五）

开元十八年（730年）正月，波斯王子继忽娑来朝，献香药、犀牛等。波斯国王（Farrukhān，724—731年在位）遣使来朝贺正。（卷九七一）

十一月甲子，波斯首领穆沙诺来朝，献方物。授折冲，留宿卫。（卷九七五）

开元二十年（732年）九月，波斯王（Datburjmihr，731—740年在位）遣首领潘那密与大德僧及烈朝贡。（卷九七一）

开元二十五年（737年）正月，波斯王子继忽娑来朝。（卷九七一）

天宝三载（744年）闰二月，封陀拔萨惮（陀拔斯单，Tabaristān）国王阿鲁施多（Khurshid，741—762年在位）为恭化王。唐朝因陀拔斯单保持独立，不受大食制约，以封王加强邦交。（卷九六五）

天宝四载（745年）三月，波斯遣使献方物。（卷九七一）

天宝五载（746年）三月，陀拔斯单国王遣使来朝，献马四十匹。（卷九七一）

七月，波斯遣呼慈国（Keis）大城主李波达仆献犀牛及象各一。（卷九七一）

① 罗和异位于波斯南部布希尔半岛南端。据古代摩西（Moses of Chorene）记述，这里是波斯湾最佳的珍珠贸易集散地。

闰十月，陀拔斯单国王忽鲁汗遣使献千年枣。（卷九七一）

天宝六载（747年）二月，封陀拔斯单国王忽鲁汗为归信王，罗利支国王伊思俱习为义宁王，岐兰国王卢薛为义宾王，涅蒲国王谢没为奉顺王，渤达国王摩俱澁思为守义王，都盘国王谋思健摩诃延为顺德王，阿没国王俱般胡没为恭信王，沙兰国卑略斯威为顺礼王。（卷九六五）

四月，波斯遣使献玛瑙床。

五月，波斯国王遣使献豹四。（卷九七一）

天宝九载（750年）四月，波斯献火毛绣舞筵、长毛绣舞筵、无孔真珠。（卷九七一）

天宝十载（751年）九月，波斯苏利悉单国（Shulistan）遣使朝贡。（卷九七一）

天宝十四载（755年）三月丁卯，陀拔国遣其王子自会罗来朝，授右武卫员外中郎将，赐紫袍、金带、鱼袋七事，留宿卫。（卷九七五）

乾元二年（759年）八月，波斯进物使李摩日夜等来朝。（卷九七一、卷九七六）

宝应元年（762年）六月，波斯遣使朝贡。

九月，波斯遣使朝贡。（卷九七二）

大历六年（771年）九月，波斯国遣使献真珠、琥珀等。（卷九七二）

长庆四年（824年）九月丙午朔，丁未，波斯大商李苏沙进沉香亭子材。（《旧唐书·敬宗本纪》）

萨珊波斯在651年被阿拉伯灭亡，波斯王族以卑路斯为首投奔长安，之后直到771年，各地保持独立或半独立的波斯首领仍以波斯的名义率领使团奔波于伊朗与长安之间。这些使团多数属于贸易代表团，在中国声誉卓著，深受各界欢迎。波斯商人足迹遍及各地，长安、洛阳之外，西北的武威、张掖，东南的扬州、广州、豫章（南昌），也都时常见到波斯胡人。长安西市有波斯邸，为客商聚集的邸店，兼有交易与货栈的功能。扬州有波斯店，广州有波斯村。波斯人以他们的识见、财富统驭了香药、珠宝贸易。在当时的中国人心目中，波斯人是以智慧（识宝）和阔绰（富裕）见长的国际商人。唐人李商隐《杂纂》卷上“不相称”条中，列有“穷波斯，病医人，瘦人相扑，肥大新妇，先生不识字，屠家念经，社长乘凉轿，老翁入娼家”，以为波斯无一人贫穷。长安城中的胡店、胡姬，其中就有波斯店、波斯姬，是首都最吸引各方人士的景象。

二、萨珊钱币的出土

萨珊钱币曾被广泛使用于常年熙来攘往的丝绸之路各地。20世纪以来，在西起新疆库车、东至河北定州的中国北方，以及与波斯建立海上贸易关系的广东地区，陆续出土了36批萨珊银币，总数达1195枚以上。1915年吐鲁番阿斯塔那古墓和高昌古城首先发现7世纪时的萨珊银币4枚，其中2枚未能确定具体时期，另外2枚系霍尔木兹四世（579—590年在位）和库思老二世（590—628年在位）时铸币[①]。20世纪50年代以后，在丝绸之路沿线的13个市、县中续有发现，吐鲁番、陕州、太原、西宁、定州、西安、洛阳、铜川、固原等地都曾出土年代不同的萨珊银币。1988年，在山西天镇县发现49枚萨珊银币窖藏，其中39枚属于卑路斯时期制币。天镇是北魏都城平城的京畿地区，当时丝绸之路的东端，所以通用萨珊银币。广东英德、曲江、遂溪自1960年后也先后出土三批萨珊银币，共32枚。各地发现的萨珊银币，以1956年西宁城内城隍庙街出土的卑路斯铸币76枚（原来过百，后有散失），1959年新疆乌恰山地区发现的库思老一世和库思老二世式样阿拉伯币947枚，1964年河北定州北魏塔基出土的伊斯提泽德二世和卑路斯银币41枚最为可观。

萨珊波斯的银币单位均为德拉克麦（drachma）。华尔克根据2000枚萨珊银币得到平均重量是3.906克[②]。在中国吐鲁番高昌故城中发现的银币中，属于沙普尔二世的有重4.2克的，而固原隋墓发现的卑路斯银币仅重3.3克。

中国发现的萨珊银币，其中786枚铸于沙普尔二世至伊斯提泽德三世的三百年中，分属十二个国王铸造。据夏鼐的研究，数量如下[③]：

沙普尔二世（Shapur Ⅱ，309—379年在位）14枚；

阿尔达希尔二世（Ardashir Ⅱ，379—383年在位）14枚；

沙普尔三世（Shapur Ⅲ，383—388年在位）7枚；

伊斯提泽德二世（Yazdegerd Ⅱ，438—457年在位）9枚；

卑路斯（Peroz，457—484年在位）136枚；

卡瓦德一世（Kavadh I，488—531年在位）1枚；

---

① 斯坦因：《亚洲腹地》（A. Stein, *Innermost Asia*），伦敦1928年版，第993—994页。

② 华尔克：《阿拉伯、萨珊钱币目录》（J. Walker, *Catalogue of the Arab- Sassanian Coins*），伦敦1941年版，第47页。

③ 夏鼐：《综述中国出土的波斯萨珊朝银币》，《考古学报》1974年第1期；《夏鼐文集》下册，社会科学文献出版社，2000年版；遂溪县博物馆：《广东遂溪县发现南朝窖藏金银器》，《考古》1986年第3期。

詹马斯波（Jamasp，496—498/499年在位）1枚；

库思老一世（Chosroes I，531—579年在位）5枚；

霍尔木兹四世（Hormizd Ⅳ，579—590年在位）1枚；

库思老二世（Chosroes Ⅱ，590—628年在位）593枚；

布伦女王（Boran，630—631年在位）2枚；

伊斯提泽德三世（Yazdegerd Ⅲ，634—651年在位）3枚。

另有“库思老二世样式”阿拉伯银币282枚（其中281枚发现于新疆乌恰山中），是阿拉伯伍麦叶王朝时期波斯各地所仿制的库思老二世样式银币，直径2.3厘米，较1955年西安唐墓出土的库思老二世银币（重4.1克，直径3.25厘米）要小，重量仅1.8克。伍麦叶王朝时陀拔斯单仍保持独立，在711—761年间铸造“半德拉克麦”，花纹仿库思老二世样式，重量仅当半数，直径也大为缩小。阿拔斯王朝兴起后，陀拔斯单虽被消灭，但当地仍继续铸造这种轻币，直至812年才告停止。也有将旧时德拉克麦加以剪裁在当地流通的。1928年在库车苏巴什发现的便是这种剪边银币。此外，在中国各地出土的还有仿萨珊朝式的1枚（西安），未鉴定的120枚（其中第16批内的有97枚），锈损未能鉴定的6枚，总数1196枚。辽宁朝阳博物馆在2006年发掘一座石筑墓葬，出土2枚萨珊银币，确认为卑路斯王所铸A式银币，系东北地区首次发现[①]。

萨珊王朝历任国王，以库思老一世、库思老二世铸币最多。库思老一世铸币地点多达82处。该王曾联合西突厥破灭哌哒（白匈奴），势力向东扩展到阿姆河。库思老一世的银币已发现于西至地中海沿岸，东南至印度河流域，南抵阿拉伯半岛腹地，北达高加索山区的广大地区；他的银币还在西安附近的铜川和洛阳附近的陕州出土，这是两国使者和商旅往来的见证。库思老一世的孙子库思老二世也曾西侵叙利亚和利凡特，直抵埃及，贸易兴旺，铸造的货币数量极多，铸币地点达120处之多。阿拉伯伍麦叶王朝在波斯境内所铸银币都流行“库思老二世样式”。这种钱币曾在新疆乌恰山、吐鲁番各地发现，在西安附近亦多次出土，它的出土对于描述隋唐时代由新疆北道经河西走廊进入长安的丝绸之路具有重要的意义。

萨珊银币自巴赫兰五世（420—438年在位）开始在背面加上铸造地点，以后所铸银币也都遵行此式。摩根统计的铸币地点共有255处[②]。中国出土的萨珊银币，凡在伊

---

① 朝阳博物馆：《辽宁朝阳博物馆收藏的波斯萨珊王朝银币》，《文物》2013年第7期，第72—74页。

② 德·摩根：《东方钱币学手册》（J. de Morgan, *Manuel de Numismatique Orientale*），巴黎1936年版，第297—299页。

斯提泽德二世以后的都有铸币地点的简写字母，铸币地点都在波斯冬都泰西封以东的各省，分属米地亚、呼罗珊、法尔斯、库息斯坦、锡斯坦和克尔曼等省区，都是中国与波斯商旅往来十分频繁的地区。这些地方铸造的货币沿着丝绸之路流入中国是十分自然的事。

在中国出土的萨珊银币，有作为贮藏物暂时贮存起来的大宗货币，如新疆乌恰山的一批和西宁发现的窖藏货币；也有作为墓葬的随葬物埋入地下的，如吐鲁番发现的高昌古墓中，死者口内常放置一枚货币，有的是“开元通宝”，有的是拜占廷金币或仿制品，而以萨珊银币为最多。这种风俗在中国自古已有。在先秦时代死者口中含贝，到秦汉时代改为铜钱。吐鲁番因地处与波斯贸易的前沿，较多使用萨珊银币，因而死者口中也常改含萨珊银币。在中国内地，萨珊银币还有用作金银珠宝装饰品的，有的出土银币钻有一个或多个小孔，就是用来缀在衣料或帽子上作为饰品的。此外，佛教寺庙舍利塔中出土的萨珊银币，是被信徒们用来作为施舍物，以修“功德”而被埋入地下的。长安唐塔出土的7枚银币，被装在一个大银盒中，和骨灰同置于一瓷钵中。铜川隋塔出土的银币3枚和舍利3枚、隋五铢钱27枚，以及金、银、玉环等一起放在涂金铜盒内，被封入石函。定州北魏塔基出土的41枚银币和249枚铜币、金银饰物、琉璃瓶、钵，以及珍珠、珊瑚珠、玛瑙、料珠等同置于一石函中。这种作为珍宝奉献于佛的习俗来自印度。今日印度贾拉拉巴德和巴基斯坦旁遮普的佛教舍利塔基中发现的舍利函中也有珠宝与货币、舍利子同埋的，其中也有萨珊银币。

三、伊朗玻璃器

3世纪以后，萨珊玻璃器，特别是一些富有实用价值的食具开始输入中国。萨珊玻璃器以它特有的圆形突出球面装饰和球面磨饰，在东方别树一帜，中国也成为它的销售市场。20世纪60年代，日本东京大学伊拉克、伊朗遗迹调查团先后两次对伊朗吉兰州东部的泰拉门遗址进行发掘，从帕提亚—萨珊时期的墓葬中获得了一批珍贵的玻璃器。

伊朗高原是古代世界中很早拥有自己的玻璃制造业的地区。前1000年前后，在美索不达米亚的影响下，伊朗从事玻璃珠饰的制造。1世纪开始，伊朗在罗马玻璃的影响下开始生产吹制玻璃器皿。萨珊时期，伊朗玻璃制造业欣欣向荣，3—7世纪是伊朗高原玻璃业极为兴旺的时期，产品有玻璃珠饰和纺轮，并能制作精美的高级玻璃器皿，产品行销世界各地。玻璃碗、玻璃瓶是这个时期大量生产的主要器皿。与萨珊朝流行的联珠纹一致，玻璃制作也在浑朴的造型中采用连续的圆圈作为纹饰。萨珊玻璃在器形和纹饰上自有它独特的风格。它精湛的磨琢工艺继承了罗马玻璃工艺的长处，发展了冷加工的磨琢工艺，在玻璃碗上磨琢凹形球面或突起的凹球面，自然地形成许多个凹透镜，从这些凹球面可以看到后壁数十个细微的圆圈纹，从而在视觉上呈现出一幅光怪陆离的图像。萨珊玻璃在罗马玻璃衰落之后崛起于伊朗高原，为伊斯兰早期玻璃业的兴起奠定了基础。它的产品风靡世界，西至地中海，东抵朝鲜、日本，都曾是它的市场。

萨珊玻璃碗在西晋墓葬中已有出土，历东晋、南北朝至隋唐时期，都有不同的发现，它们都可以在伊朗高原吉兰州的出土物中找到相似的器物。

伊朗吉兰州的出土物中，包括玻璃碗、瓶、盘及数量可观的玻璃珠饰和纺轮。玻璃碗都有圆圈形纹饰，可分为四型[①]：

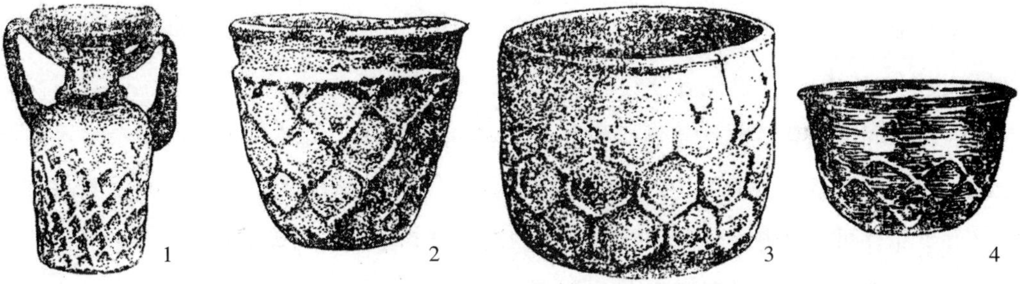

叙利亚、伊朗出土古玻璃器

1. 叙利亚出土(4—5世纪)；2、3. 伊朗出土(5—7、8—9世纪)；4. 河北景县封氏墓群出土玻璃杯(约5世纪)

一型，为凹球面磨饰玻璃碗。在伊朗高原出土最多，流行时间最长。始行于1世纪的帕提亚王朝晚期，极盛于萨珊王朝，衰落于伊斯兰早期，即8世纪。据日本学者深井晋司统计，出土有100多件。碗的器形可以在同期陶器中见到，是圜底球腹，碗腹用砂轮磨出成排的圆形纹饰，饰面呈凹球面，底部常磨成一个较大的凹球面，近底部一排的圆形饰多在七个左右。碗的大小不一，但以口径10—11厘米的中型碗数量最多。根据碗口的不同，又可细分为三式。Ⅰ式，口微敛，又可分为薄壁和厚壁两种，薄壁通常不超过0.25厘米。Ⅱ式，侈口，斜直壁，多是厚壁。Ⅲ式，口外侈，颈部明显，壁薄易碎。

二型，为突起的圆形凹球面装饰碗。器形为圜底球腹，敛口，圈足表现为一个直

① 深井晋司，高桥敏：《波斯玻璃》，淡交社1973年。

径较大的突起圆形凹球面，腹部有一排或两排突出的圆形凹球面装饰，每排约七个左右。玻璃色泽多为淡绿色和淡褐色，口径在10厘米上下，碗壁厚实，腹部圆饰系成形冷却后磨琢。二型碗数量少于一型碗，约始于3世纪，流行于4—5世纪。

三型，为同心圆装饰碗。是二型碗的变体，在圆形凹球面装饰周围刻出一圈凹槽，形成同心圆。腹部在同心圆纹饰外，常磨出一些辅助条纹。这一类型的碗壁都很厚实。流行于4—5世纪。

四型，为乳突装饰碗。通常是无模吹制成形的薄壁碗。侈口，颈微收，腹部和底部有乳状突起装饰，圜底。哈桑尼·马哈拉（Hassani Mahale）7号墓出土了一件完整的乳突装饰玻璃碗，最大腹径处有九个类矩形乳钉，下腹部有十个细长的龙骨突起，底部有十个小乳突围成一圈，代替圈足。四型碗的制作工艺与前三型碗不同，前三型装饰纹样都由砂轮磨琢而成，四型碗装饰纹样是在玻璃炉前趁热粘贴或钳夹成型。四型碗流行时间较早，1—5世纪的墓葬都有出土，而以帕提亚王朝晚期最盛。

在中国出土的伊朗玻璃碗，时间不早于萨珊朝，自西晋至北周的墓葬中见有以下几件：

（1）河北景县北魏祖氏墓网纹玻璃杯。1948年在河北景县封氏墓群中出土。杯形如碗，广口、敛腹、平底，色泽青绿，通高6.7厘米，口径10.3厘米，足径4.6厘米，腹壁下半部有网格纹突起。藏中国国家博物馆。据鉴定，属钾玻璃制品。

（2）北京西晋华芳墓玻璃碗。1965年北京市文物工作队发掘时，把残片误认为料盘。1985年9月才由中国社会科学院技术室复原成功。这件玻璃碗圜底、球腹，颈部微收，侈口。高7.2厘米，口径10.7厘米。腹部有十个椭圆形乳钉列成一排，一般高出碗壁5毫米，长径10～15毫米，短径5～11毫米。底部有七对突起的乳钉，排列成椭圆形，形成圈足。华芳碗通体呈淡绿色透明，含有大小不一的气泡和条纹，透明度较差。碗壁较薄，为1～2毫米，最薄处在口沿部分。腹部乳钉有明显的水平条纹，与器身玻璃条纹呈明显的复合现象。采用无模自由吹制成型，腹部乳钉是趁热粘贴，底部对刺是在炉边趁热用小钳子挑夹而成。这件玻璃碗属于吉兰州玻璃碗中的四型。

（3）大同南郊张女坟北魏墓磨花玻璃碗。1988年在大同张女坟M107出土完整玻璃碗一件，淡绿色透明，有小气泡。口微侈，圆唇，肩部有两道阴沿纹形成的宽沿，球腹，圜底。腹部外壁用冷加工法磨出四排内凹的竖式椭圆形纹饰，底部由六个相切的凹圆纹饰组成。口径10.3厘米，腹径11.4厘米，高7.5厘米①。这件玻璃碗由无模自由

① 山西省考古研究所，大同市博物馆：《大同南郊北魏墓群发掘简报》，《文物》1992年第8期。

吹制成型，纹饰在成形冷却后经砂轮打磨而成。

类似大同南郊北魏玻璃碗的制造物曾大量发现于伊朗吉兰州3—7世纪的墓葬中，大同玻璃碗出土墓葬群，形成于398年拓跋珪由盛乐迁都平城以后，下限在迁都洛阳以后的6世纪初[①]。出土玻璃碗是5世纪吉兰州产品。

镇江句容六朝墓出土的一件完整玻璃碗也属同样的纹饰与工艺。这件玻璃碗在1985年出土，侈口、球腹、圜底，颈微敛，碗腹有六排凹球面圆饰相互错列，形成龟甲形纹饰，采用冷加工磨琢工艺。句容玻璃碗纹饰与日本正仓院收藏的白琉璃碗相似，同样是萨珊制品，时代亦应在4—5世纪。

1978年在湖北鄂城五里墩M121西晋墓出土玻璃碗残片，残片为淡黄绿色，透明度好，有小气泡。推测是球腹、圜底玻璃碗。碗颈部微收，侈口，口径10.5厘米，壁厚2毫米左右，腹部有两条阴弦纹和三排椭圆形稍内凹的纹饰，靠近底部的一排有八个椭圆磨花，上两排磨花数目不清。底部也有一个直径较大的圆形内凹纹饰，可以见出磨痕。经中国社会科学院考古研究所化验，残片属钠钙玻璃[②]。

尉犁出土玻璃杯

这类萨珊磨花玻璃碗通过北魏流入日本。日本檀原千冢126号墓（4世纪末）也出土了器形、纹饰、工艺相同的磨花玻璃碗。千冢126号墓碗的口沿和大同南郊北魏墓玻

① 大同南郊墓葬以永平元年（508年）元淑墓为最迟，见大同市博物馆：《大同东郊北魏元淑墓》，《文物》1989年第8期。

② 建筑材料研究院等：《中国早期玻璃器检验报告》，《考古学报》1984年第4期。

璃碗一样，由火烧成圆唇。和此不同的是，鄂城碗的碗口沿业已磨平。大同碗和千家126号碗都属伊朗一型Ⅲ式薄壁碗。

萨珊磨花玻璃碗是玻璃器皿中的杰作，也是富有实用价值的珍贵的食具，因而不仅在中国北方深受统治阶级上层集团的喜爱，而且沿着长江行销中国南方，时间之早，还在萨珊波斯使者抵达北魏都城以前。

（4）新疆楼兰出土玻璃碗及同类玻璃残片。20世纪初，英人斯坦因在楼兰L. K.遗址的5—6世纪墓葬中发掘了一件浅绿色透明玻璃碗，平底侈口，腹部有三排凹球面的圆饰，靠近底部的圆饰为七个。碗高5.6厘米，口径6.7厘米，底径2.4厘米。斯坦因又采集了一批圆形磨花玻璃残片①。20世纪50年代以后，新疆博物馆和新疆考古研究所也收集了不少萨珊玻璃残片，其中有和田买里克阿瓦提遗址的菱形磨饰玻璃残片。

楼兰碗的纹饰与制作工艺和日本正仓院收藏的一件被定为4—7世纪的淡褐色透明玻璃碗相同，和朝鲜庆州皇南洞98号新罗墓葬出土的5—6世纪的玻璃碗类似。庆州碗腹部有六排椭圆形凹球面磨饰②，与楼兰碗同属一型Ⅱ式。

（5）北周李贤墓出土玻璃碗及巴楚突纹玻璃残片。1983年秋，宁夏博物馆在固原发掘北周李贤夫妇合葬墓，出土一件完整的萨珊风格玻璃碗。玻璃为淡黄绿色，含有很小的气泡，但分布均匀，透明度良好。碗内壁光洁无锈，外壁主要在下腹部和底部有金黄色的风化层。口沿有水平磨痕。碗壁厚约4毫米，口径9.5厘米，高8厘米，腹深6.8厘米，下腹最大径9.8厘米。外壁突起的圆形纹饰有两排，上圈6个，下圈8个，有的呈长椭圆，有的呈扁椭圆。圆饰呈凹球面突起，上下错落不齐。底部圈足由突起凹球面构成。玻璃碗重245.6克，比重2.46克／厘米^3。经X荧光法无损检测，显示不含铅钡，属钠钙玻璃③。

李贤墓玻璃碗气泡小，透明度好，显示玻璃原料较纯，含铁低，熔制温度较高。碗腹突起的圆形纹饰与碗壁浑然一体，是由于一次成型，采用了冷加工的磨琢工艺。碗壁厚薄不匀，外壁磨痕明显。磨琢后的碗通体经过抛光，但有些部位不易被抛光，仍见有磨痕。李贤墓出土玻璃碗与吉兰州出土物相比，属于二型，是件厚壁、经过精工制作的有模吹制成型的玻璃碗。这种类型的伊朗玻璃碗在中国的完整出土，李贤墓

① 斯坦因：《亚洲腹地》（A. Stein, *Innermost Asia*），伦敦1928年版，第190页，第199页，第212页，第220页，第224页，第756页，第760页。

② 韩国国立中央博物馆：《新罗双坟庆州98号古坟》，汉城1975年。

③ 韩兆民：《宁夏固原北周李贤夫妇墓发掘简报》，《文物》1985年第11期；安家瑶：《北周李贤墓出土的玻璃碗》，《考古》1986年第2期。

属首次。

和李贤墓玻璃碗的色泽、工艺和装饰手法相同的玻璃，有新疆博物馆在巴楚脱库孜萨来遗址佛寺中采集的两块淡黄色稍泛绿色的突纹玻璃残片，根据遗址年代定为4—5世纪。较大的一块残片，长约6厘米，宽约4厘米，厚约3～4毫米，是玻璃器腹残片，上有两个突起的圆形饰，其一直径约3.5厘米，呈凹球面，其二直径约0.7厘米，饰面平坦。圆饰高出器壁约3毫米。较小的一块残片，长约4厘米，宽约3厘米，与较大的残片属同一器的腹部。上面有两个突起的小圆纹饰，直径6～7毫米。两块玻璃残片透明度良好，外壁基本光洁，但可看出曲率不一，有高有低，外壁经过打磨和抛光[①]。

在日本，与李贤墓玻璃碗相同的，有冲之岛的突纹玻璃残片，在福冈县宗像神社冲之岛8号祭祀遗址出土[②]。残片有两块，为同属一件玻璃容器腹部的淡绿色透明玻璃，内含气泡，壁厚3毫米，外壁有一个突起的凹球面圆饰，高出外壁3～5毫米，与李贤墓玻璃碗纹饰相同，时间定为5—6世纪。同属伊朗吉兰州二型玻璃碗。

中国、朝鲜和日本出土的5—7世纪的玻璃碗及残片，经检测，都属钠钙玻璃，并非本地制造。这类玻璃器的形制、纹饰又都见于同时期伊朗的陶器和石器。圆形或椭圆形凹球面纹饰早在帕提亚时期的陶器上便常见，突起的凹球面装饰也流行于帕提亚和萨珊时期玛瑙、水晶制作的印章和指环上，因此这类玻璃碗的主产地便是伊朗高原。

中国出土的萨珊玻璃器，在上述几种类型的玻璃碗以外，还有伊朗吉兰州3—7世纪中生产的细颈香水瓶，在河南洛阳关林M118唐墓出土。这种玻璃瓶翠绿透明，外附很厚的金黄色风化层，细颈，球腹，微凹底。在20世纪初洛阳墓葬中已有出土，现存加拿大安大略皇家博物馆。洛阳细颈瓶可以在吉兰州出土的细颈瓶中找到它的原型[③]。洛阳关林细颈瓶的残片，经化学分析，属于钠钙玻璃，镁和钾的含量较高，与萨珊玻璃接近，当属吉兰州产品。

西安何家村8世纪前后窖藏中发现的凸圈纹玻璃杯[④]也是一件萨珊玻璃器。玻璃杯平底侈口，无色透明，稍泛黄绿色。口沿下有一条阳弦纹，腹部有八组纵三环纹，属吹制成形，圆形纹饰是用热玻璃条缠成的。玻璃杯与日本正仓院保存的7世纪蓝色圆形

① 安家瑶：《北周李贤墓出土的玻璃碗》，《考古》1986年第2期。

② 《宗像冲之岛》，宗像大社复兴期成会1978年；由水常雄：《东洋的玻璃器》，三彩社1977年版，第101页。

③ 深井晋司，高桥敏：《波斯玻璃》，淡交社1973年版，图34。

④ 陕西省博物馆：《西安南郊何家村发现唐代窖藏文物》，《文物》1972年第1期。

纹饰高柄杯相似[①]，当是萨珊朝制品。

输入中国的早期伊斯兰玻璃器，大部分也是伊朗产品。伊斯兰玻璃继承了罗马和萨珊玻璃的工艺，在器形和纹饰上广泛吸收了波斯传统产品的优点，到9世纪逐步形成别具一格的新颖风格。它生产的刻花玻璃瓶、直桶杯、侈口把杯和玻璃盘都曾行销中国北方，在长城附近和关中地区多有出土。主要出土物有：

（1）石榴纹黄玻璃盘。1987年在陕西扶风县城以北10公里法门镇发掘法门寺唐塔地宫时发现大批珍贵文物。地宫封闭于唐僖宗乾符元年（874年），遗物是唐代皇室遗留的奉献物。出土玻璃器20件，其中玻璃盘13件，多属早期伊斯兰时期玻璃器，为9世纪上半叶制品。据地宫石刻献物账，玻璃器大多是僖宗李儇所供奉。这批玻璃器大致都不出9世纪，或者是阿拔斯王朝定都萨马拉时期（838—883年）的产品。石榴纹黄玻璃盘，敞口，折沿，圆唇，浅腹，直壁，平底，内壁黄色，花纹涂黑，口沿外缘饰有一周联弧纹，腹壁饰两周弦纹，底部绘有石榴纹饰。底外壁有铁棒痕。盘高2.7厘米，外径14.1厘米，腹深2.4厘米。盘的纹饰是在黄底上采用平涂笔法的黑色石榴花苞，形成强烈对比，风格接近在萨马拉出土的具有中国风采的9世纪白地青绿花叶纹碗[②]。同样作风的装饰手法在9—10世纪曾流行于两河流域和伊朗。法门寺塔地宫出土的黄玻璃盘就是双方在玻璃制造业中交流技艺的实物。这批玻璃器对早期伊斯兰美术具有重要的研究价值。

（2）十字团花纹蓝玻璃盘。法门寺塔地宫出土的这件珍贵文物，敞口，折沿，双唇，腹壁斜收，平底，内底心如同黄玻璃盘凸起，底外壁亦有铁棒痕。内底图案正中花心为方格纹，方格内刻虚实相间的小斜方格纹，从中心方格向四方伸展出半圆带尖花瓣，以缠枝和葡萄叶纹烘托出居中的十字形花。盘高2.3厘米，口径20.2厘米，底径17厘米。这种十字形团花可以上溯到前5000年早期埃里陀（Eridu）彩陶平盘图案，后期则可在瓦仑儿亚的15世纪早期西班牙—摩尔式金色闪光釉盘的纹样中见到演变的痕迹[③]。

（3）刻花蓝玻璃盘。法门寺塔地宫出土刻花蓝玻璃碗有四瓣花纹、八瓣花纹和刻花描金盘各一件，镌刻技艺成熟，线条流畅自然，是传世的早期伊斯兰玻璃器中不可多得的上乘之作。这些花纹均为大约4世纪中叶沙普尔二世时期凯希（Kish）I号宫殿

① 正仓院事务所编：《正仓院的宝物》，朝日新闻社1965年版，第84页。

② 莱斯：《伊斯兰艺术》（David Talbot Rice, *Islamic Art*），牛津大学1975年版，图32。

③ 莱斯：《伊斯兰艺术》（David Talbot Rice, *Islamic Art*），牛津大学1975年版，图154。

所采用的装饰款式。凯希宫殿所用的是灰泥泥墁。

（4）刻花玻璃瓶。刻花和磨花相仿，同样用冷加工方法，差别在于刻花用的砂轮直径较小，形成的图案线条较细较深，常呈平面或凹面。河北定州北宋五号塔基曾出土20件玻璃器皿，经X荧光分析，其中8件系进口的伊斯兰玻璃[①]。一件刻花玻璃瓶泛淡蓝色透明玻璃，表面光洁，颈粗短，折肩，桶形腹，平底。颈部、腹部和底部刻有几何形花纹，属10世纪伊斯兰世界流行款式。同类花瓶还出土于安徽无为舍利塔基，建造年代是1036年[②]。另有两件出土的玻璃瓶，形制与刻花玻璃瓶相同，透明度较高，一件壁较厚，约0.3～0.5厘米，一件壁薄，约0.1厘米。浙江瑞安慧光塔出土一件与定州五号塔基刻花玻璃瓶纹饰相仿的玻璃瓶，瓶颈较长，呈扁平侈口，埋藏年代为1034年[③]。德黑兰考古博物馆收藏的纳沙布尔出土的10世纪水瓶，形制与瑞安玻璃瓶一致，刻花与定州玻璃瓶完全属同一风格。定州玻璃瓶年代早，器形大，经X荧光分析，是钠钙玻璃，属伊朗产品。

（5）深蓝细颈玻璃瓶。定州五号塔基出土深蓝色透明玻璃瓶，呈长球形腹，圜底，不能竖放，颈部有旋转的纹路，爆口，系无模自由吹制成型。在伊朗东部纳沙布尔遗址，曾多次发现9—10世纪的同类产品，细颈，折肩，腹部细长，圜底[④]。定州细颈瓶经X荧光分析是钠钙玻璃，含一定量的钾。这种瓶子是装香水或香药用的，平时置于囊中。伊斯兰世界所用的灌注大食蔷薇水的玻璃瓶就是这种细颈玻璃瓶，在宋代曾屡见记载。

（6）直桶杯。定州五号塔基出土两件直桶杯。一件蓝色透明，上腹部有白色风光层，桶形直壁，平底，口沿部烧口成圆唇。另一件无色透明，器形、工艺均与前一件相同，但杯较小。同样的直桶杯在伊朗科尔干9—10世纪的遗址中有发现，但定州直桶杯没有刻花，玻璃成分经X荧光分析确定是钠钙玻璃，含有一定量的钾。

（7）绿色把杯。辽宁朝阳姑营子辽代耿延毅墓出土一件深绿色透明把杯[⑤]，器型属伊斯兰世界所独有。口部粗直，微鼓，肩部突出，腹部扁形下收，圈足。口与肩部之间有一扁圆把手，把的上端有一上翘的短柱。这种把端上翘的柱形器见于9—11世纪

① 河北定县博物馆：《河北定县发现两座宋代塔基》，《文物》1972年第8期。

② 《出土文物展览简介·无为宋塔出土的文物》，《文物》1972年第1期。

③ 浙江省博物馆：《浙江瑞安北宋慧光塔出土文物》，《文物》1973年第1期。

④ 乌斯：《纽瓦克博物馆藏古玻璃》（Susan H.Auth, *Ancient Glass at the Newark Museum*），新泽西1976年版，第166页；安家瑶：《中国的早期玻璃器皿》，《考古学报》1984年第4期。

⑤ 朝阳地区博物馆：《辽宁朝阳姑营子辽耿氏墓发掘报告》，《考古学集刊》第3集，中国社会科学出版社1983年版。

西亚伊斯兰世界的玻璃器、金属器和陶瓷器。同类玻璃杯曾出土于伊朗科尔干遗址。日本正仓院藏白琉璃瓶，把的上端也有短柱，因此被确定为伊斯兰玻璃。

（8）金盏鸟形玻璃瓶。辽宁朝阳北塔天宫在1988年出土鸟形金盏玻璃瓶一件[①]，器形完整，圈足，卵形腹，细颈，口似鸟首，上安子母口式金盖，柄上的短柱似鸟尾。瓶通高16厘米，腹径8.5厘米。瓶内立一长颈弧腹小瓶。该瓶形制奇特，通体呈淡绿色，轻薄透明，是伊朗玻璃珍品。北塔地宫题记有辽兴宗重熙十二年（1043年）重修字样，玻璃器是11世纪初期制品。

（9）乳钉纹黄色玻璃盘。朝阳姑营子耿延毅墓出土物中的黄色玻璃盘，器形普通，叠沿外卷，腹壁陡直，但腹壁有凹凸的乳钉纹。发掘报告称这种纹饰是凹凸均匀的编织纹，酷似柳条筐箩纹样，是国产玻璃中所未见的，应是伊斯兰时期伊朗产品。

伊朗玻璃器自3—11世纪行销中国，在北方尤其常见。伊朗玻璃对中国西晋至北宋年间玻璃工业的兴起具有重大的催化作用，在生产技术、工艺水平和地域分布方面都表现出强烈的影响。

中国早期玻璃制造吸收了罗马玻璃工艺的特点。从北魏起，玻璃器皿的制造普遍采用无模吹制法，其中也有伊朗玻璃制造系统的技术因素。隋代从铅钡玻璃转向含氧化铅60%的高铅玻璃，正是为了更好地适应无模吹制。隋代政府利用何国（Koshania）移民后裔何稠的广博知识，成功制造名为“绿瓷”、“与真不异”的绿玻璃器皿。何稠在开皇初年官居都督，升任御府监、太府丞，是个精通波斯工艺的能工巧匠，在仿制波斯锦和重建玻璃业成功后官封员外散骑侍郎。出土的五批十三件国产玻璃器皿，其中十二件就是绿玻璃，只有一件是蓝色小杯。它的样本就是真品的伊朗玻璃器。何稠的伯父何妥任国子祭酒，是个中亚人士。何稠的祖父自国外移居成都，在武陵王纪门下管理财务致富，号称西州大贾。通过何稠，伊朗工艺与中国传统玻璃技术合成一体，开始了北方玻璃业的新纪元。

萨珊玻璃技术和原料配制法推动了中国北方钠钙玻璃的生产。由于使用了铁棒技术，中国玻璃制造步入一个效法西亚玻璃制造工艺的阶段。最有代表性的器皿见于西安郊区隋代李静训墓出土的八件完整的玻璃器[②]，其中四件（蓝色小杯、绿色小杯、无颈瓶、绿扁瓶）底部有采用铁棒技术留下的疤痕，两件玻璃小杯（高2.4厘米，口径2.8厘米）与无颈瓶，经X荧光分析为钠钙玻璃。相似器形的玻璃小杯已见于隋代姬威

① 朝阳北塔考古勘察队：《辽宁朝阳北塔天宫地宫清理简报》，《文物》1992年第7期。

② 中国社会科学院考古研究所：《唐长安城郊隋唐墓》，文物出版社1980年版，第22—23页。

墓，也常见于隋代瓷杯，与伊朗口径在10厘米以上的玻璃杯的器形差别很大，是中国自制的钠钙玻璃。无颈瓶多气泡和杂质，原料中含铁量偏高，比进口的钠钙玻璃要差，底部铁棒疤痕深凹，反映出技术的不熟练。玻璃质量不稳定，原因是熔制钠钙玻璃的技术不纯熟，铁棒技术也属初次应用[①]。这两项技术在唐宋时代的玻璃制造中已较多地被使用。扶风法门寺塔地宫出土茶托，铁棒遗痕明显，工艺技术已渐臻成熟。

伊朗玻璃制造技术通过中亚在新疆立足，使10—14世纪新疆有了当地生产的钠钙玻璃。这种钠钙玻璃熔制质量粗糙，没有纹饰，氧化硅和氧化钠的含量较低，氧化钾、氧化镁和氧化铝的含量高于伊朗的钠钙玻璃，推测是利用新疆普遍易得的土硝做助熔剂而生产的[②]。新疆乌鲁木齐市博物馆收集的玻璃残片，有若羌瓦石峡遗址的发掘品[③]，和田叶城锡提牙遗址出土的淡绿色玻璃残片，伊犁元代阿力麻里古城遗址的绿色玻璃残片，喀什木尔吞木遗址的暗黄色半透明玻璃残片，均属于宋元时期，都是钠钙玻璃，外貌和成分也都相似。新疆在宋元时期的玻璃制造明显地受到中亚和伊朗同行的影响。

四、工艺与美术的交流

萨珊波斯的工艺继承了安息时代以来的某些希腊、罗马风格，而更以波斯民族工艺为特长，在金银器、玻璃器、陶器、石膏、石雕、铜器、珠宝首饰、织物等领域取得辉煌的成就。在萨珊波斯统治的东部地区，古代巴克特里亚的希腊技艺继续在新的背景下求取生存，这使得萨珊波斯的工艺和美术长期接受了希腊、罗马格调的表现方式。而在5世纪30年代末，萨珊波斯与南下吐火罗的哌哒人发生冲突，从此双方展开了一个多世纪的战争。萨珊波斯在它的东部边境的工艺制造上留下了许多哌哒的烙印，并向中国扩散。

1. 金银器

最早的萨珊金银器是作为珍贵的礼品被送往北魏都城平城（今山西大同）的。398—493年间，北魏在这里建都，波斯的使者也活跃在北方的这一通都大邑。1970年，大同南郊墓葬出土了一件海兽纹八曲银洗（长杯），口径23.8厘米，高4.5厘米。银洗呈八曲椭圆形，底部镂刻海兽纹，是萨珊产品[④]。同一处窖藏出土三件鎏金高足铜杯和一件鎏金银碗，萨珊波斯与希腊、哌哒风貌互相掺和，可能是在阿富汗或萨珊东

① 安家瑶：《中国的早期玻璃器皿》，《考古学报》1984年第4期。

② 安家瑶：《中国的早期玻璃器皿》，《考古学报》1984年第4期。

③ 张福康等：《中国古琉璃的研究》，《硅酸盐学报》第11卷第1期。

④ 孙培良：《略谈大同市南郊出土的几件银器和铜器》，《文物》1977年第9期。

部制作的。银碗形制是安息时代便有的圜底碗[1]，侈口，颈微束，碗腹有四组忍冬纹与爵床植物纹饰组成的图案，将器壁等分为四，中间各有一两道圆弧组成的圆环，环内捶雕的人物头像是男子的侧面，鼻高额宽，波状发，前后修剪匀称，戴圆形瓜皮小帽，头发外露。这种碗也曾由哌哒统治时期的撒马尔罕制作，被收藏在圣彼得堡的埃尔米塔什博物馆。只是人物所戴帽子足以覆盖整个头部，与大同银碗上人物的帽子仅压在头顶中央略有不同。因此还不足以论定大同此碗是哌哒制品[2]。

萨珊朝阿那希女神银壶

北周银壶与罗马银壶
(左)李贤墓银壶　(右)罗马银壶

1988年冬，大同南郊张女坟北魏墓群又出土了一件形制相仿的鎏金刻花银碗[3]。银碗同样侈口，口沿以下微敛，圆腹，圜底，口沿下及上腹边缘均饰有细小的联珠纹，碗腹以爵床属叶纹将全碗等分为四，当中有一双弦圆环，内有一形态相仿的男子侧面像，男子深目高鼻，长发垂肩。此碗口径10.2厘米，高4.6厘米。同墓出土的刻凹圆纹的玻璃碗是萨珊制品。银碗所用爵床纹在萨珊时期被广泛采作银器、料器和石刻的纹饰。著名的塔克·伊·波斯坦岩窟石雕也曾将这类花纹作为主要纹饰，是富有王家气度的装饰手法。银碗中的免冠男像，或者就是塔克·伊·波斯坦所供奉的萨珊王卑路斯。

年代稍晚于大同银碗的萨珊银器，有1981年大同所出北魏景明二年（501年）封

① 波普主编：《波斯艺术综览》（A. U. Pope，*A Survey of Persian Art*），第7卷，图137。

② 孙机：《固原北魏漆棺画研究》，《文物》1989年第9期。

③ 山西省考古研究所，大同市博物馆：《大同市郊北魏墓群发掘简报》，《文物》1992年第8期。

和突墓的银盘[①]，1983年宁夏固原南郊北周李贤夫妇墓出土的鎏金银壶[②]，风格相仿，都有希腊罗马风，同时又具有明显的萨珊艺术特征。广东遂溪窖藏银碗，为花口圈足碗，相当于南朝时物[③]。封和突墓银盘属于4世纪下半叶至5世纪末的制品，鎏金银壶约为5—6世纪之交的产品。李贤墓银壶通高37.5厘米，是具有鸭嘴状流的长颈瓶，上腹细长，下腹圆鼓，最大腹径12.8厘米，单把高圈足座，座高8厘米。这种采用喇叭形圈足的鸭嘴单把长颈壶兴起于1世纪的罗马帝国，4—5世纪时再度复兴，出现了带节的并以联珠纹装饰的高圈足银器，5—7世纪曾流行于中亚，见于乌兹别克的巴拉雷克节别壁画。6—7世纪以后，中国也出现了这种形制的银杯。李贤墓银壶腹部三组图画，都像萨珊同类银壶所表现的内容，属于奉献给丰收女神阿那希的图像。这类银壶的一个突出标志是：壶颈腹相接处，壶腹与高圈足座相接处，以及足座下部，分别焊铸数目不等的高浮雕联珠纹。李贤墓银壶的这些联珠，上部是13个，下部是11个，底部是20个。圣彼得堡埃尔米塔什博物馆收藏的这类银壶共五件，其中三件被定为萨珊制品，两件属于“萨珊后”制品。李贤墓银壶形制与其中的两件相仿。因李贤墓银壶壶柄上部饰有一高鼻戴哌哒式小帽的人物头像，因而有认为该壶为哌哒统治区制作的。但李贤墓银壶的萨珊特征明显，人物像类似中亚式样，有可能是萨珊东部制作的，是以适应外销的需要而采用的一种款式。

2. 角杯

波斯式样的角杯原名来通（Rayton），6—7世纪时流行于北齐、隋、唐统治下的中国北方。美国波士顿艺术博物馆收藏的安阳出土北齐画像石上，一群人在葡萄荫下聚集饮酒，为首者高举牛首角杯，此杯或为银质，或为瓷制，形制与加拿大多伦多安大略博物馆收藏的白瓷牛首杯相仿，杯上并有波斯风格的忍冬纹。北齐画像石上的饮酒者均戴鲜卑式毡帽，举杯的方式是以牛首对饮者，杯口向上。这类角杯为后期角杯的演化。与白瓷牛首杯相同的白瓷狮首杯（不列颠博物馆藏），特点是杯口呈八曲侈口，与波斯原型已大不一样。但这类牛首角杯，与美国克利夫兰艺术博物馆收藏的牛首银角杯形制极为相似。银角杯长14.2厘米，与1970年西安南郊何家村唐代窖藏出土的玛瑙兽首角杯尺寸相近。何家村玛瑙兽首杯，长15.5厘米，高6.5厘米，以酱红地缠橙黄夹乳白色缟带的玛瑙琢成。上口近圆形，下部兽首如牛，而头上有两只弯曲的羚羊角。

① 夏鼐：《北魏封和突墓出土萨珊银盘考》，《文物》1983年第8期。

② 吴焯：《北周李贤墓出土鎏金银壶考》，《文物》1987年第5期。

③ 陈雪爱：《广东遂溪县发现南朝窖藏金银器》，《考古》1986年第3期。

兽首口鼻部装有笼嘴状的金帽，卸下后可见内部有流，酒可自流中泄出。通体光亮晶莹，为中国的孤品。角杯上部呈扁长形施展，杯口与兽首的牛角端处于同一平面。克利夫兰艺术博物馆收藏的银角杯，形制与上述角杯相仿，只是银角杯口缘更有一圈萨珊式联珠纹饰，牛首并有翼形鬣毛，鬣毛上部则有奔驰的瘤牛、羚羊等神兽。西安何家村玛瑙兽首杯应是一件窖藏主收藏已久的艺术珍品，制作年代当在6世纪左右。

唐代白瓷狮首杯
（不列颠博物馆藏）

银角杯
（美国克利夫兰艺术博物馆藏）

7世纪末，波斯角杯在中国已渐被三彩把杯所替代。代表作有西安南郊唐墓出土的三彩象首杯。象首利用上卷的鼻制作把柄，杯形仍有角杯体制，但下端已无泄水孔。把杯也自西方移植，可图像雕镂全系中国唐风[①]。宝鸡石鼓山西周墓在2012年发掘的M1墓中，出土西周早期的亚共庚父丁尊一件，右腹外有半圆形鋬，饰圆雕牛首纹。1995年河南登封告成春秋墓出土物中有铜把手杯。洛阳苗湾和湖北十堰市郧阳区李徽墓出土的三彩龙首杯，更加具有中国式把杯的形貌。李徽葬于嗣圣元年（684年）。这类兽首把杯的出现，显示了波斯式样的角杯最后已在中国内地社会中消失。

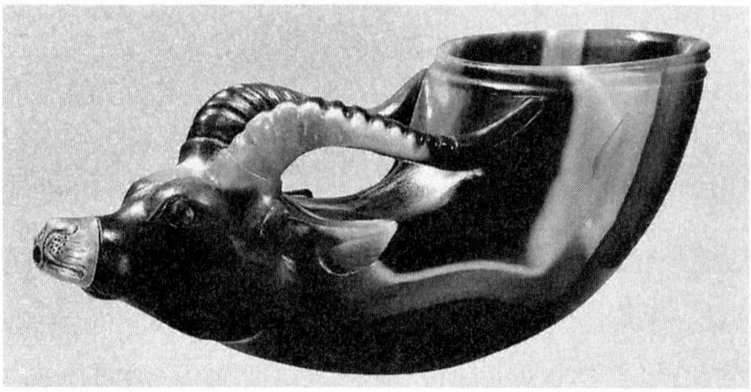

唐代玛瑙兽首杯（西安何家村出土）

① 陕西省博物馆编：《陕西省博物馆》，文物出版社1983年版，图87。

3. 绘画

在六朝、隋唐时期，萨珊艺术是除罗马、印度之外对中国艺术风格具有重大影响的外来艺术。来自伊朗东部的一些画师首先进入新疆，在3—4世纪的米兰壁画中留下了他们创作的色彩鲜明、具有线形白描手法的波斯画风。后来这种画风在6—8世纪的新疆石窟壁画中又再显身手，构成了龟兹艺术的基本格调。拜城克孜尔千佛洞中的画师洞、海马洞都是6—7世纪的作品，库木吐拉骑士洞壁画是7—8世纪之作，克孜尔千佛洞中的摩耶洞骑士壁画则已晚到8世纪上半叶，画题虽是印度佛教故事，但画风与骑士服式则全属伊朗色彩。克孜尔千佛洞的穹隆天井（藻井）采用菱形鳞状交叠图案画出人物、动物、树木，在新疆风行于6—7世纪的石窟艺术中。

萨珊朝忍冬纹

（上）丝织品　（下左）银壶盖　（下右）塔克·伊·布斯坦石刻

吐鲁番哈拉和卓高昌故址的摩尼教寺院壁画都属萨珊式白描线画，色调也以白色为主，自然有当地画家的参与，在7—8世纪时主宰着天山南麓东部地区的绘画艺术。其中最有价值的有20世纪初发现的表现摩尼和其随从高僧的壁画（今藏柏林印度艺术博物馆），同一时期在吐鲁番柏孜克里克千佛洞发现的表现摩尼教施主的壁画（今藏柏林印度艺术博物馆），以及在柏孜克里克第17窟发现的三干树摩尼教壁画，在高昌故址出土的表现摩尼教男女选民（僧侣）的丝画，绘有摩尼教徒进行忏悔、末日审判的摩尼教经书残叶的细画和在摩尼教寺院旗幡上的各种绘画，都有浓重的伊朗画风。20世纪初出土于此地的摩尼教经书扉页上有摩尼教乐师和忍冬、卷草花饰，乐师服装全为萨珊束腰袍裤。在一页摩尼教抄本上，左边绘有二帧神像，其一穿着伊朗式大翻领服，右边的说中古波斯语，据翻译是：“这些高贵的施主，还有那些我没有提到名字的施主，愿他们的身体和灵魂共生，愿他们从本经中得获应得的功德。阿门！”

南北朝忍冬花纹

1. 云冈石窟第9窟前室北壁浮雕（484—489年）
2. 云冈石窟第10窟前室北壁浮雕（484—488年）
3. 云冈石窟第12窟前室北壁浮雕（5世纪末）
4. 东魏天平二年（535年）石灰岩三尊佛立像（日本藤井有邻馆藏）
5. 河南南阳贾家冲画像砖墓忍冬花纹砖（萧梁）
6. 河南南阳贾家冲画像砖墓忍冬花纹砖（萧梁）

4. 联珠纹饰

萨珊波斯流行的联珠式鸟兽图样或联珠纹，于5世纪末进入中国内地，6—7世纪风行一时，至9世纪中叶尚有其余绪。联珠纹作为装饰图样可以上溯到前800年胡尔西巴德的萨贡王宫小厅堂壁画。壁画有上下两行长翅膀的人物组成，底边用联珠纹作边饰，在图形的上部有两道圆拱门，最外边的一圈也用同样的联珠作装饰①。但联珠纹作为太阳崇拜的象征而普遍流行则要到萨珊时期了。在中国新疆和甘肃，联珠纹见于壁画、雕塑、陶瓷、丝织品中，同时也在6—7世纪内地的金银器、玻璃器中作为新颖的纹饰而被采用。克孜尔千佛洞壁画中有联珠纹图像，以联珠绶带立鸟为最典型。在雕

① 尼阿玛特·伊斯梅尔·阿拉姆：《中东艺术史·古代》，朱威烈、郭黎译，上海人民美术出版社1985年版，第207页，图196。

塑艺术中，例如克孜尔麒麟窟佛像的座身是石雕的联珠纹麒麟。在甘肃，联珠纹也用于敦煌420窟西壁菩萨塑像裙上的纹饰和敦煌220窟东壁维摩变中的帷屏装饰。陕西三原县双盛村李和墓（582年）石棺盖上的浅雕也使用了这种波斯纹饰。在石鞋和装饰艺术上，经过中国工匠的巧妙演化，萨珊式样的忍冬、卷草纹饰已融合成中国民族式样。北魏时期的桃形饰是忍冬纹的一种变种。到了明代，忍冬纹有了一个新的名字叫鸡心，浙江绍兴收藏的永乐青花鸡心碗内侧以鸡心忍冬纹连环展开，同一地方收藏的青花瓷盘上的花纹也是忍冬的变异①。

在金银器制作中，联珠纹与卷草纹都被当作外来的新颖风格而进入艺术意象。西安何家村出土的仕女狩猎纹八瓣银杯就采用联珠唇，喇叭形八棱圈足，足沿也饰以一周联珠。西安何家村出土的掐丝团花金杯则将联珠变为腹部四朵蔷薇团花边缘的小金珠②，可说是中国工匠吸收联珠纹后的一种新创造。

9世纪，中国工匠制作的银器（小到银箸）也用联珠为饰。扶风法门寺塔地宫出土鎏金四出花纹银箸一双，箸上段錾饰四出团花，鱼子纹地，以弦纹和联珠纹为栏界，纹饰鎏金。同一地点出土的两件玻璃杯腹壁外鼓，壁面装饰以菱纹为中心的五组花纹，各组之间以两竖行联珠纹相隔，是国产玻璃杯采用联珠纹的实例。

联珠纹金银饰物长期为中国上层社会人士所爱好，因而不断输入内地。1987年宁夏固原隋代骠骑将军史射勿墓中出土鎏金桃形饰，外沿便以联珠纹为饰，中央镶嵌贝饰、宝石、绿玻璃，正是这类输入物。同墓出土条形镶嵌珍珠与玻璃珠铜饰，残长9厘米，条饰一边亦是流行的联珠纹，中心嵌有圆形白色珍珠，另一边为菱形与椭圆形相间，嵌有玻璃珠。1981年，洛阳伊川水寨唐墓出土高足银杯一件，腹部卷草纹，底部锻印联珠纹一圈，亦是萨珊式器。埋入年代较晚的萨珊式银执壶，有1975年在内蒙古敖汉旗北部早期辽墓中出土的一件带柄银扁执壶，底部外缘有联珠一周。

与以上这些伊朗式金银器饰同时输入中国的还有镶宝金戒指。这类环状镶宝戒指在固原隋代史射勿墓中有出土，最大径2.9厘米，镶嵌物已不存，重30.2克。同类戒指早见于河北赞皇东魏李希宗墓、固原北周李贤夫妇墓，为中国北方民间时兴的一种装饰品。

安史之乱以后，中国制造的金银器开始摆脱过去仿照萨珊式八棱带柄杯、高足杯、带柄扁执壶和多瓣椭圆盘的式样，而改用传统的碗、盘、盒、壶的样子，同时在花纹

① 王佐才，杨小农：《介绍三件明代青花瓷器》，《文物》1993年第12期，图版捌。

② 韩伟：《从饮茶风尚看法门寺等地出土的唐代金银茶具》，《文物》1988年第10期，图一八。

中大量运用引进的卷草、忍冬、爵床属纹饰[①]；在器形的型式上，将喇叭式圈足、带柄饰件等来自伊朗和西亚的艺术特征融合其中。

西安何家村出土唐代掐丝团花金杯

鎏金联珠桃形饰（陕西固原隋代史射勿墓出土）

联珠莲花条形铜饰（陕西固原隋代史射勿墓出土）

五、民俗和竞技

伊朗和中亚的商人、移民成群结队进入中国北方内地，开始对当地社会习俗、宗教信仰进行渗透，在5世纪末北魏拓跋政权迁都洛阳后步入新的时期，使中国北方人在对人世和来世的观念上，除佛教、道教教义以外，更有胡天信仰关于善恶、光明与黑暗的内容。墓葬制度的变化，反映出文化面貌的变革。西北地区，在北魏早期便已流行斜坡墓道，并有过洞、天井的土洞墓。宁夏固原彭阳新集北魏墓是较早的一座[②]，后为北朝沿袭，如河北赞皇东魏李希宗墓[③]、宁夏固原北周李贤夫妇墓。隋、唐时期，以西安为中心的地区普遍流行长墓道、多天井的土洞墓。

5世纪开始出现在北方墓葬中的镇墓兽是伊朗和西亚地区翼兽艺术与文化传统的流

① 平山县西生沟1964年出土唐代葵花式宝相花纹铜镜，用四面不同的团花装饰，纹饰为葡萄、莲花、爵床纹，设计精巧，为唐式铜镜中的精品。《河北省出土文物选集》，文物出版社1980年版，图331。

② 宁夏固原博物馆：《彭阳新集北魏墓》，《文物》1988年第9期。

③ 石家庄地区文化局文物发掘组：《河北赞皇东魏李希宗墓》，《考古》1977年第6期。

传。这类镇墓兽陶俑与其他陶俑一起合葬，往往出现在一些出身陇西，或有中亚血统、胡天信仰和深染胡风的高层人士的墓葬中，以洛阳为中心向北方各地辐射，流风所及东被冀、鲁。镇墓兽在6—7世纪中常见于黄河中下游地区，到8世纪20年代，即唐玄宗开元年间方退出社会。这一段时间也正是萨珊波斯通使洛阳，及其王室后裔流亡长安的时期，因此这一风气的出现也与波斯文化的东进关系至深。

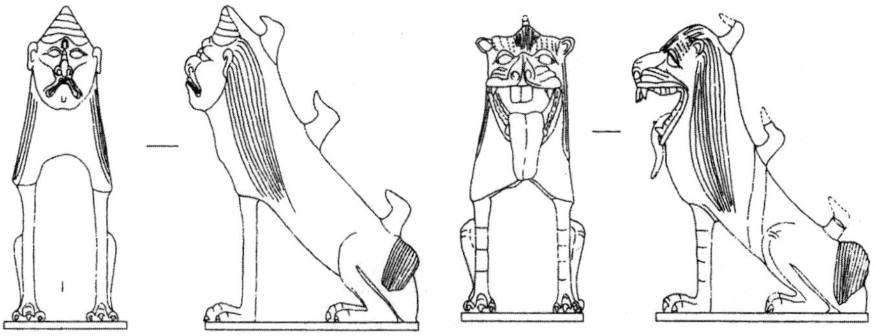

河南偃师前杜楼北魏石棺墓出土镇墓兽

在以关中为代表的西部地区的西晋、十六国时期墓葬中，镇墓兽和武士俑还很少见。北朝陶俑一般包括两件镇墓兽，两件镇墓武士俑。北朝晚期以后，镇墓兽多作匍匐状。太安五年（459年）陕县令韦君墓出土镇墓兽两件，类同于西晋以后四足行走状、背脊长刺翘伸的形状，呈现俯首蹲踞状态。而在中国东部地区，北魏以后的镇墓兽通常是一件人面、一件狮面，作蹲坐状。

东部地区早期陶镇墓兽为形制简朴的人面兽身蹲坐式俑。河北曲阳嘉峪村在1964年发现北魏营州刺史韩贿的妻子高氏墓。这座墓于孝明帝正光五年（524年）建造。墓主属于皇亲国戚，墓主妹妹是孝文帝的文昭皇后，侄女即宣武帝的皇后，因此该墓颇具规模。墓中有随葬陶武士俑、陶胡俑、陶女俑和两件陶镇墓兽。镇墓兽制作朴素而圆钝，均作蹲坐式样，背部呈一斜线，背上均有三簇火焰式卷毛。一件兽形，张口欲噬，高28厘米；一件人面，头戴尖顶胡帽，须发成簇，前肢作五指状，高27.5厘米[①]。这种镇墓兽深受洛阳胡风的影响。

2005年在河南洛阳偃师前杜楼发掘的北魏石棺墓是一座6世纪20年代的非宗亲贵族墓。墓内发现两件镇墓兽，一件人面兽身，戴尖顶胡帽，背部有三道蓝彩脊刺，通

① 河北省博物馆、文物管理处：《河北曲阳发现北魏墓》，《考古》1972年第5期，图版拾壹，图1，图2。

高26.3厘米；另一件狮面兽身，张口吐舌，面目狰狞，背上有三道脊刺，舌涂红彩，背部及脊刺施蓝彩，通高24.2厘米。墓室东西宽3.80米，南北长3.7米，属四方形①。

同一作风的镇墓兽，以更为圆钝的表现手法出现在山西太原南郊北齐壁画墓中。该墓在1987年出土镇墓兽两件，形制质朴。一件人面，头戴尖顶兜鍪，络腮胡须卷曲；另一件狮首蹄足。两件通高33.5厘米②，表现出浓厚的伊朗文化气息。

山西太原南郊北齐壁画墓镇墓兽

镇墓兽在山东出现的历史同样悠久。据1973年山东寿光李二村贾思伯墓出土的墓志及《魏书》《北史》本传，贾思伯（468—525年）历任兖州刺史、凉州刺史、太常兼度支尚书、殿中尚书等职，并任侍读，讲杜氏《春秋》于显阳前殿。孝昌元年死于洛阳，同年归葬青州。贾思伯墓出土陶镇墓兽一件，兽面高鼻瞪眼，头长独角，一如瘤牛，背上火焰形竖毛，既高又尖，蹲坐在底板上，高23.6厘米。墓志说贾氏“齐郡益都县钓台里人也。其先乃武威之冠族”。贾思伯出身陇西，卒于洛阳，归葬山东，因此山东墓葬中出现镇墓兽。

与贾思伯相仿，出身陇西、归葬山东的墓主的墓葬，还有临淄（今淄博市临淄区）大武乡窝托村南黄山北麓的崔氏墓葬群，是北魏官僚崔鸿及其族人的墓地。崔鸿曾修北魏高祖、世宗起居注，撰作《十六国春秋》。他的长子崔混，字元子（三号墓），墓中出土有陶镇墓兽一件，人首兽身蹲坐，背有三撮火焰形短鬣毛上竖，尾上翘，高仅21.2厘米③。崔混（505—538年）于天平年间反对北魏政权，被他叔父崔鹍所杀。

① 洛阳市第二文物工作队：《偃师前杜楼北魏石棺墓发掘简报》，《文物》2006年第12期。
② 渠川福：《太原南郊北齐壁画墓》，《文物》1990年第12期。
③ 山东省文物考古研究所：《临淄北朝崔氏墓》，《考古学报》1984年第2期，图版贰壹，图2。

山东寿光北魏贾思伯墓镇墓兽

放置镇墓兽不仅是传扬京都文化的行为，也显示墓主曾位居北魏或其后北朝京官、贵戚。在河北河间南冬村1972年发现的东魏墓和山西太原西南郊沙沟村1980年发现的隋代斛律彻墓的镇墓兽，都是卒于洛阳的高官后来归葬家乡时置于墓中的。墓志载斛律金、斛律明月、斛律武都、斛律彻四代历仕北齐、北周与隋朝，世袭王公。所出镇墓兽，一件人面，高40.9厘米；一件兽面，高39厘米。人面镇墓兽戴尖顶胡帽。引人注意的是，两件镇墓兽身上的鬣毛具有更显明的双支火舌的装饰手法，形成火焰的状貌。这和原本朔州敕勒人的斛律氏的宗教信仰应有关系。突厥事火，信奉胡天，而斛律氏历代显贵。曾祖斛律金受封咸阳忠武王，死后受赐假黄钺。祖斛律明月官齐左丞相，受封咸阳嗣王，周赠使持节、上柱国、恒朔赵安燕云六州刺史、崇国公。父斛律武都尚义宁公主，除驸马都尉、特进、开府仪同三司，任西兖、梁、东兖三州刺史，太子太保，周赠使持节、怀平郡三州刺史。斛律彻本人在隋代蒙除使持节仪同大将军，袭崇国公①。不难见出，此类火焰形背光的镇墓兽实出于胡天信仰，是一种波斯文化的表露。

2005年，陕西潼关税村发现一座隋代高等级壁画墓（墓志已被盗），墓室平面近圆形，南北长5.72米，东西宽5.94米，墓室四壁壁画已脱落，保存有内层顶面壁画。随葬有大批武士俑、骑马俑、立俑、劳作俑和动物俑。出土两件镇墓兽，一件狮形，顶生双角，背有三脊刺，通高30厘米；一件人面兽身，通高32厘米。两件均通体绘红，黑色彩绘面部，身体局部贴金②。

① 朱华，畅红霞：《太原隋斛律彻墓清理简报》，《文物》1992年第10期。

② 刘呆运等：《陕西潼关税村隋代壁画墓发掘简报》，《文物》2008年第5期。

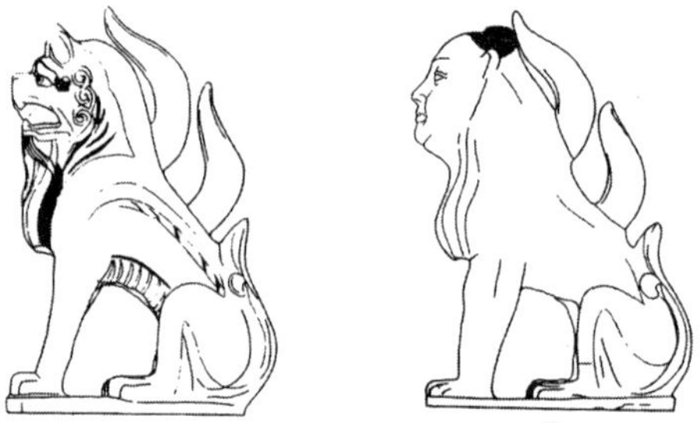

1　　2

陕西潼关税村隋代壁画墓镇墓兽

入唐以后，京师长安、洛阳仍然在墓葬中安置镇墓兽。洛阳偃师和西安曾多次出土镇墓兽，形制也由初唐（高祖至高宗）时期沿袭隋代之风，发展到盛唐（武后至中宗或玄宗开元初期）时期讲求修饰，体积加倍。

洛阳偃师在1988年发掘唐代光州定城县令柳凯夫妇墓，出土镇墓兽大小各两件。大的两件通高51厘米，一件人面，一件兽面；小的两件，人面的通高31.5厘米，兽面的通高32厘米。大小形制相仿。大型兽面镇墓兽头顶有叉形双角，肩侧有半月形双翼，背有锯齿状鬣，蹄足，作蹲坐式。前胸以红、绿色绘卷曲胸毛，双翼绘红色卷草纹，眉及胸部涂金。大型人面镇墓兽二目圆睁，隆鼻阔口，招风大耳，头顶生一螺形黑色尖角，肩两侧有半月形翼，背有锯齿状鬣，蹲踞。墨描眉毛、眼睛，耳、鼻、口涂红，胸毛以红绿两色彩绘[①]。柳凯墓志称，柳凯在武德九年（626年）死于县邸，贞观廿三年（649年）夫人裴氏亡故，在麟德元年（664年）合葬于偃师亳邑邙山之南。墓葬中镇墓兽和其他陶俑大致可以分出两套，可见随葬品都是初葬时放置的，属于洛阳地区的初唐墓葬[②]。镇墓兽形制的翼化与凶兽形象都是唐代的特征。

与柳凯墓陶镇墓兽同一类型的，还有偃师杏园唐墓中李嗣本墓和李延祯墓出土的两套镇墓兽各两件。李嗣本，陇西成纪人，上元二年（675年）终于宁州录事参军任上，景龙三年（709年）与夫人范阳卢氏合葬。李延祯是李嗣本之子，终于垂拱二年（686年），景龙三年（709年）与夫人合葬[③]。镇墓兽代表了武后至中宗时期的规制，但形体已大为增高。李嗣本墓的人面兽身镇墓兽通高75厘米，兽面镇墓兽通高75.4厘米。李嗣本官职不高，而镇墓兽及随葬文官俑、武士俑形体高大，文官俑通高87.2厘米以上，武士俑通高93厘米。唐代镇墓兽规制远较北魏、北齐、北周和隋代为盛。

① 李献奇：《河南偃师唐柳凯墓》，《文物》1992年第12期，图版捌，图4。

② 徐殿魁：《洛阳地区隋唐墓的分期》，《考古学报》1989年第3期。

③ 徐殿魁：《河南偃师杏园村的六座纪年唐墓》，《考古》1986年第5期。

河南偃师杏园唐代李嗣本墓镇墓兽

西安地区唐墓镇墓兽形制也和洛阳偃师相仿，到玄宗开元（713—741年）年间尺寸更大。西安东郊红旗电机厂唐墓出土镇墓兽两件，造型与开元十一年（723年）鲜于庭诲墓出土的镇墓兽类似[①]，通高95厘米。

在山西太原金胜村唐代壁画墓中也曾出土唐高宗时期的镇墓兽[②]。

甘肃庆城唐代穆泰墓陶镇墓兽

在镇墓兽的发源地陇西，唐玄宗时期的镇墓兽形制也增高到一米以上。2001年在甘肃庆城县发现的唐前期墓葬游击将军穆泰（660—730年）墓中出土两件镇墓兽。墓

① 中国社会科学院考古研究所：《唐长安城郊隋唐墓》，文物出版社1980年版。

② 山西省文物管理委员会：《太原南郊金胜村唐墓》，《考古》1959年第9期；山西省考古研究所，太原市文管会：《太原金胜村337号唐代壁画墓》，《文物》1990年第12期。

室边长均不过4米见方，但镇墓兽一件人面兽身，头顶有螺旋形尖角，通高102厘米；另一件作雄狮状，头顶及两侧有7枝火焰形脊刺（或称鬃毛），通高97厘米。据研究，在唐代镇墓兽形制中属第四等级，为四五品官吏所用①。

墓葬中放置镇墓兽，源出汉代墓葬以方相氏镇墓的习俗②。使用具有伊朗格调的守卫宫殿神庙的神兽形象随葬，以保护死者坟墓的安宁，是5世纪以来北方信仰祆教的两京官员所倡导的风气，同时把神兽作为权力与财富的象征。此风传自陇西。陕西唐高宗乾陵墓道中列有鸵鸟，也是波斯风余韵。镇墓兽陶俑则是异域文化背景下的产物，以长安、洛阳为主，波及山西太原，山东淄博、寿光，以及河北河间等地。因开元间禁止民间岁祀胡天，波斯王室后裔在长安没落，于是此风便不见于天宝年间了。

中国北方墓葬中出现的镇墓兽陶俑不同于南方帝王陵墓前的大型石雕镇墓神道。在长江流域，伊朗式样或希腊式风格的石雕艺术以一种更为宏壮的气势和传递形式凝聚在南朝各代帝王陵寝之前。现存南朝陵墓以圆雕的石麒麟、天禄、石狮环列王陵墓道，分布在江苏南京和丹阳周围。南京附近的有25处，丹阳周围亦有10处左右。南京宋武帝刘裕（420—422年在位）陵前石麒麟，梁萧秀墓前石狮，齐武帝萧赜(482—493年在位)景安陵前神兽，陈文帝陈蒨（559—566年在位）陵前麒麟、天禄，丹阳梁武帝萧衍（502—549年在位）陵前石麒麟，均属一时杰作。石兽胁下都有贴伏胸后的飞翼，式样已非伊朗或亚述石雕翼兽中的多层鳞状飞翼，而是中国传统式样的波形、浮云纹和鱼鳞钩形。石兽雕刻技法已远比东汉雅安高颐墓前飞翼石兽纯熟，而飞翼尚有东汉余韵。现在江苏南部的南朝石兽艺术大约由西亚经四川顺江传递，同时在5世纪和6世纪初又受到来自海上的印度佛教艺术的激励，成为长江流域一种新颖的圆雕艺术。

唐代流行的马球运动，名为打毬（球），又称击鞠，源自古代伊朗的“波罗毬”竞技运动。“波罗”在中古波斯语中的意思是棍棒，波罗毬就是棒毬。“毬”字也来自波斯语中的gui。参与这种毬戏的人以棒击毬，习称打毬，和汉魏以来用脚踢的蹴鞠（足球）不同，所以又称击鞠。打毬的人都骑马，以鞠杖争击波罗毬，以先击中网囊的获胜，称作头筹，得筹则以龟兹部鼓乐唱好，以示庆贺。

伊朗的波罗毬曾西传君士坦丁堡，东则经中亚传入中国、印度、高丽、日本，成

① 王春等：《甘肃庆城唐代游击将军穆泰墓》，《文物》2008年第3期；齐东方：《试论西安地区唐代墓葬的等级制度》，《纪念北大考古专业三十周年论文集》，文物出版社1990年版。

② 洛阳市第二文物工作队：《洛阳偃师县新莽壁画墓清理简报》，《文物》1992年第12期。

为亚洲人共同爱好的一种毬类运动。封演《封氏闻见记》说，唐太宗时，因西蕃（河西）人善于打毬，皇帝亲自提倡，叫宫人学习。在升仙楼街坊上也有西蕃人打毬，献媚于太宗。中宗、玄宗都深好波罗毬戏，于是波罗毬成为宫廷中流行的娱乐项目。此外，权贵们也都在长安府邸修筑毬场。景云年间，吐蕃派使者到长安迎金城公主，中宗在梨园亭子安排打毬。当时玄宗李隆基是临淄王，在毬场上大显身手，使吐蕃的毬将无能为力。玄宗即位后，斗鸡击毬是诸王常事。上好击毬，由此风俗相尚。驸马武崇训、杨慎交都修筑毬场，甚至洒油以求平滑。玄宗以后，文武百官都以击毬为时尚。穆宗（820—824年在位）、敬宗（825年在位）都沉溺毬戏，宣宗（846—859年在位）、僖宗（873—888年在位）也是打毬能手。长安宫城中有毬场，宫城北的毬场亭就是中宗时安排球赛的梨园亭子。大明宫东内院龙首池南面也有毬场。到文宗太和八年（834年），龙首池也被填平做了毬场。现在西安已发现宫中修筑毬场的奠基石铭。各王府邸宅都有毬场，甚至普遍到大街上也进行毬戏。唐代进士及第之后，照例在慈恩寺题名，并在曲江关宴。不过新进士最能引起轰动的是在月灯阁举行的打毬盛会的表现，看棚鳞次栉比，他们可以和左右神策军中的好手相较量。毬戏已成为长安和各地风行的一项强身运动。西安近郊章怀太子墓壁画以及敦煌壁画中都有毬戏场景和执毬杖侍奉的随从图像。

马毬融马术与竞技、娱乐于一身，具有极强的生命力。唐代宫人也有打马毬的，可见马毬已成一项男女均宜的体育运动。宋、金时代，北方马毬运动不衰，以至元明。1983年在山西襄汾县曲里村金末元初的墓葬中发现有表现马毬的砖雕。该墓砖雕共78块，在东壁须弥座上嵌有6块马毬、马戏砖雕。马毬砖雕共4块，宽21.5厘米，高25厘米。打毬者头扎软巾，身穿长袍，足蹬马靴，左手执缰，右手持偃月形毬杖，骑马腾跃，并有打背身毬的精彩场景。明人则有四骑争毬的打马毬图，都是马毬运动的生动场景。

第四节　元代中伊文化交流

1253年秋，旭烈兀奉蒙哥汗的命令西征，进军伊朗，随军率有一批占星术士、医生和大批熟谙火炮、火器的军事技术人员。1256年消灭了伊朗境内的木剌夷人。1258年攻陷巴格达，使国祚已逾600年的哈里发帝国就此灭亡。忽必烈继位后，旭烈兀在伊儿汗的名义下和大都北京保持着宗藩关系，使用汉文的印玺。蒙古境内的驿政制度、分封制度和军事制度以及法律条款都在伊朗和美索不达米亚得到移植。伊儿汗统治集团维持了蒙古百户、千户、万户制的军事统治方式，实行贵族子弟宿卫的“怯薛”制；将蒙古军事统领的分配制度沙余儿合勒（Soyurqal）建立在波斯流行的赋税制度伊克塔（iqtā）之上，以保障军队的给养；照样定期举行各地宗王和贵族共商国是的庆典忽里台，颁赐名为“质孙”的袍服，使伊朗社会的蒙古风大为流行。与此同时，中国和伊儿汗国的关系得到了加强。在忽必烈统治的中国和蒙古本部，波斯语和波斯生活方式开始流行，使双方的交流进入又一个高峰。

一、回回学

为加强国际联系，特别是和亚洲西部大国伊儿汗国的往来，元政府将波斯文列入国家高等学府的课程，正式开设回回学，以培养国际商务和外事活动的合格人才。忽必烈决定仿照蒙古国子学的先例，在至元二十六年（1289年）八月设置回回国子学。《元史·选举一·学校》称：“世祖至元二十六年夏五月，尚书省臣言：‘亦思替非文字宜施于用。今翰林院益福的哈鲁丁能通其字学，乞授以学士之职，凡公卿大夫与富民之子，皆依汉人入学之制，日肄习之。’帝可其奏。是岁八月，始置回回国子学。至仁宗延祐元年（1314年）四月，复置回回国子监，设监官。以其文字便于关防取会数目，令依旧制笃意领教。”回回国子学中讲授的亦思替非文字，原是波斯国家文书中专门用于财务税收的诏书、清算单据、税务文书的文字，具有特定的写法和规则。亦思替非文字出现在萨珊波斯时期。萨珊政府专设称为阿玛尔（amār）的财政税务部，管理全国财务，亦思替非文字便全面推广[①]。这种文字类似缩写符号或象形文字，只表意不表音，当时称作阿玛尔文字（amār dabire）。伊斯兰时期继续被新组建的贡赋部使用。“阿玛尔”这个词被阿拉伯语译作“亦思替非”，意为“财产税务的核算与管理”。掌握亦思替非文字，必须接受专门的训练，它是帕拉维语的一种简化了的特殊文字。在中国新疆出土的摩尼教徒用于纪年的文书中已见使用这种文字[②]。

元代回回学曾由国子学扩充成国子监，学生人数增加，官员也由原设五名添员，其目的在为各部门和各地关卡培养“译史”人员。“译史”即波斯文翻译人员。回回国子学可说是中国在大都北京创设的第一所外国语专门学校，所传习的课程离不了伊斯

① 穆扎法尔·巴赫蒂亚尔：《“亦思替非”考》，《伊朗学在中国论文集》，北京大学出版社1993年版，第44—49页。

② 格希曼：《帕提亚和萨珊朝的波斯艺术》（R. Ghirshman, *Persian Art, the Parian and Sassanian Dynasties*），纽约1962年版，第317—336页。

兰教义、法律，以及商务知识、波斯语法。回回国子学也是培养从事国际事务的专门人才的机构，是中国历史上第一所国际关系学院，训练的人才首先是面向伊朗（伊儿汗国）和通用波斯语的亚洲西部和地中海世界的。

1330年以后，由于涉外事务的紧缩，元政府裁去回回学士，由待制兼管[①]。

二、天文学

在元代，中国天文学面临第四次大改革。天文历法要迈出新的路子，必须借鉴阿拉伯、波斯天文学。旭烈兀西征时，特意将关押在牢中的著名天文学家纳速剌丁·杜西（Nāsir al-dīn al-Ṭūsī, 1201—1274年）解救出来。阿拔斯王朝灭亡后，旭烈兀在1259年正式授命在首都大不里士以西、乌尔米雅湖附近筹建当时世界上设备最完善的马拉格天文台。忽必烈在登汗位以前也很重视天文、星相，网罗回教天文学家。波斯人札马剌丁因此应聘来华。札马剌丁大约就是在1258年不愿参与修建马拉格天文台的Jamālal -Din。忽必烈即汗位以后，召札马剌丁编制万年历，同时为新建的回回天文台添置天文仪器。万年历按照波斯、希腊系统在1267年编成，曾在一定范围内颁布试用。札马剌丁为上都开平的观象台制造了七种仪器，其中六种是天文仪器，一种是当时罕见的地球仪。这些仪器都是纳速剌丁·杜西在马拉格天文台中配制的仪器。札马剌丁制作这些仪器，是在精通波斯天文学的基础上继续交流科学信息而取得的巨大成就。

这七种仪器，元代文书记录的都是波斯语名：

（1）咱秃哈剌吉（Dhātu al-halaqi，多环仪），浑天仪。并非托勒密式，而是赤道系统，但有两个回归圈附在带照准仪的活动赤纬环上。

（2）咱秃朔八台（Dhātu al-shu ‘batai，双股仪），经纬仪。

（3）鲁哈麻亦渺凹只（Rukhāmah-i-mu ‘wajja，春秋分晷影堂），斜纬仪。

（4）鲁哈麻亦木思塔余（Rukhāmah-i-mustawīya，冬夏至晷影堂），平纬仪。

（5）苦来亦撒麻（Kura-i-Samā’），天球仪。

（6）兀速都儿剌不（usṭurlāb），观象仪。

（7）苦来亦阿儿子（Kura-i-arḍ），地球仪。

① 黄溍：《金华黄先生文集》卷八《翰林国史院题名记》，四部丛刊本。

其中六种天文仪器都为黄道系统的观测制作，使用360°制[①]。

地球仪在当时仅见于马拉格和上都。据说前2世纪马罗的克拉特斯制作了最古老的地球仪，但此器早已失传，详情不明。在欧洲最早记录的地球仪是马丁·皮赫姆（Martin Behaim）在1492年制成的一架，现存德国纽伦堡国立博物馆。

札马剌丁带到中国的两种鲁哈麻日晷，也是阿拉伯世界中的先进仪器。当时伊斯兰学者阿布尔·哈桑·阿里（马拉喀什）完成日晷学的巨著《始终归元论》（1229年）还不过40年，精密的日晷便在中国北方出现。札马剌丁和回回司天台在1271年的正式成立实有难分难解的关系。由于札马剌丁引进伊朗天文历法，于是忽必烈决定将早先分设两处的汉儿和回回司天台合并成回回司天台，1274年在大都选择新址加速建成。这项工程显然受到来自伊朗的激励。伊朗的马拉格天文台建成后，纳速剌丁·杜西和他的助手协作，按旭烈兀的规定，在1272年完成了集希腊、波斯、阿拉伯、中国四大体系于一身的《天文表》（al-Zīj），于是元政府在1273年决定成立秘书监，由焦友直、札马剌丁两人管领汉儿和回回两个司天台，不久合并，并在1275年采取措施进行历法改革。

出身西亚的爱薛曾充当元朝派往大不里士使团的通事（翻译官）、副使，也积极参与了历法改革，至少三次奔波于马拉格和大都北京天文台之间。他曾为完成《伊儿汗天文表》出力，在马拉格作过题为《中国的历法》的科学报告[②]。《天文表》中有关中国历法的知识是由他和另一名在纳速剌丁·杜西手下工作的中国学者傅岩卿提供的，《天文表》中录有中国的干支纪年。据拉施特丁的《史集》记载，旭烈兀西征时曾从中国带去一批占星术士和学者。后来忽必烈也派过科学家到马拉格协助工作，其中有个叫傅蛮子（或译傅穆斋，Fuomun-ji）的，纳速剌丁·杜西正是通过他了解中国历法，向他请教推步之术的[③]。傅蛮子是个汉人，后来归国，供职秘书监，名字叫傅岩卿，

① 哈特纳:《札马剌丁的天文仪器:考释及其和马拉格天文台仪器的关系》(W. Hartner, *The Astronomical Instruments of Cha-ma-Lu-Ting, Their Identification, and Their Relations to the Instruments of the Observatory of Maragha*),《伊西思》(ISIS)1950年7月第41卷,第184页。

② 沈福伟:《元代爱薛事迹新论》,《中外关系史论丛》第2辑，世界知识出版社1987年版，第90—109页。

③ 多桑:《蒙古史》(Mouradja d'Ohsson, *Histoire des Mongols Dépuis Tchinguiz-khan Jusqu'à Timour Beyou Tamerlan*)，第3卷，阿姆斯特丹1834—1852年版，第265页；乔治·萨尔顿:《科学史导论》(George Sarton, *Introduction to the History of Science*)，第2卷，巴尔的摩1931年版，第1005页。英国波伊勒在《伊儿汗积尺序言》(J. A. Boyle, *The Mongoi World Empire*，伦敦1977年版）中已指出，多桑注文中原文出处有误，应出自巴纳卡特（Banā Kati）通史中的一段。波斯文原名FWMNǰY，被称作Sīng Sīng（先生)，是位道士。

1294年8月升任秘书少监[①]。

在北京和马拉格之间，双方派遣高级官员和学者进行科学协作，北京按照马拉格的先例筹建新型的天文台。马拉格天文台位于城西山冈上，占地137米×347米，装备有精良的仪器，有些是从巴格达和阿拉木图（伊朗北部）移去的。并有一个藏书40万卷的图书馆。照伊本·夏克尔的说法，这些图书多数由蒙古军从叙利亚、美索不达米亚和波斯搜罗而得。元代秘书监也收藏了许多波斯、阿拉伯文图书，据1273年统计，共有242部，是中国最早的外文图书馆。其中就有欧几里德（译作“兀忽列的”）和托勒密等希腊科学家的著作。秘书监的图书中藏有马拉格的《天文表》，译名《积尺诸家历》。

1276年忽必烈下令设局修历，天文学家王询（1235—1281年）、郭守敬（1231—1316年）负责编制，1281年正月一日起正式颁行，这就是著名的《授时历》。《授时历》是汲取回回历之长，参考伊朗天文新成就而编制出的新历，元、明两代基本上都仰赖于此历。

马拉格的天文学权威、旭烈兀的首相纳速剌丁·杜西精通几何，在世界上首次将三角学脱离几何而设为专门的科学。他在天文计算中广泛运用古希腊以来精熟的球面分割术，使天文计算进一步精确化。郭守敬在爱薛、札马剌丁的影响下，在宋代会圆术的基础上，试图用算弧三角法切割浑圆，从而首次将球面三角法引入中国历法计算之中。但郭守敬在这一新的科学尝试中忽视黄道系统，不像马拉格的同行那样使用360°制，而仍用$365\frac{1}{4}$°的古制，因此他运用的会圆术弧矢公式造成的误差很大。他计算圆周率时也以3的整数入算，因此使周天直径的计算不够精确。尽管如此，他已在球面三角法的应用上超越了他的中国先辈，使中国历法改革迈开了新的一步。

郭守敬为北京天文台设计制造了十三件仪器，这使北京天文台拥有的仪器总数与马拉格天文台不相上下。郭守敬在1276年后陆续制成的玲珑仪、浑仪、浑天象、立运仪、候极仪和简仪令人惊叹不止。但马拉格天文台具有同类的天文仪器，推测郭守敬当年一定从马拉格的同行那里获知最新的技术信息，以为借鉴。郭守敬制造的简仪，从名称上可以知道，是对黄赤道转换仪的简化[②]。黄赤道转换仪由纳速剌丁·杜西仿照12世纪上半叶贾比尔·伊本·阿夫剌的圜仪（Regiemontanus）用两个分度环交接。郭

① 王士点，商企翁：《秘书监志》，卷一〇，至元二十五年四月十九日；卷九，至元三十一年八月二十四日。

② 李约瑟：《中国科学技术史》第6卷，科学出版社1990年版，第473—474页。

守敬根据中国传统应用的赤道坐标系，去掉黄道部件，制成这件简仪。郭守敬的这一成就是吸收伊朗天文仪器的专长，坚持使用更为简便的天方观测方法的创造性的范例。后来赤道坐标系通行世界，它的起点便是北京郭守敬创造的简仪。而简仪在国外的名声，一定是由马拉格的那些杰出的曾经长期与中国科学家合作的同行传播到欧洲去的。

三、中医学

伊朗很早就接受和使用中国药材。对中国医学的整理和研究，是在元代伊儿汗国首相、科学家拉施特丁督促下完成的。

中国药物如肉桂、生姜、大黄、黄连、茯苓、无患子、麝香，久已为伊朗医学界所使用。

肉桂（Cinnamomum loureirii）是原产中国南方的樟科樟属常绿乔木，和木樨科木樨属常绿阔叶乔木的桂树（cassia）本有区别，但古代中国文献如《说文解字》还是统称作桂，以为是“百药之长”。肉桂树皮极香，含挥发油肉桂醛，是名贵香料，出在交州、桂州的“形段小，多脂肉”（《政和证类本草》卷十二引陶弘景）。桂皮有浓嫩、老薄之分，浓嫩的呈卷筒状，老薄的呈板片状，“浓者必嫩，薄者必老”，以浓嫩辛香的为贵，老薄味淡的居次（《政和证类本草》卷十二引陈藏器）。居延汉简记载的桂用于治伤寒[1]，是温肾补火、祛寒止痛的良药，又是名贵香料。古希腊作家从希罗多德到史特拉波都以为肉桂和桂皮产在南阿拉伯的沙比、埃塞俄比亚，其实其中有许多是用一种锡兰肉桂（Cinnamomum zeylanicum）来冒充的桂皮。

中国肉桂很早就进入阿拉伯和埃及市场了。肉桂的阿拉伯语为dārsini，意思是“中国药”“中国桂皮”，借用了波斯帕拉维语名词“中国药”（dar-i-tchini）。罗马人的cinnamomum也来自古波斯语tchinamum。前1世纪本都王国米特拉达梯（前115—前63年在位）在位时，一种含鸦片的软糖药品中已有肉桂。萨珊波斯时期的波斯语将肉桂称作“中国药”（dār-cīnī，dar tchini）或“树皮”（dār-cīn，dar tchin）。4世纪，君迪沙普尔的皇家医学院在治疗眼镜蛇咬伤的片剂中加进24梅提卡勒的中国肉桂配伍使用。信仰祆教的卡瓦德一世配制糖衣药片时，也开有8梅提卡勒的中国肉桂。在9世纪，阿拉伯作家伊本·郭大贝列举的中国南方海港出口货中有“中国药”。阿拉伯人知道肉桂出在中国应晚于波斯海商[2]。在10世纪，波斯药物学家阿布·曼苏尔用新波斯文写成的

① 中国科学院考古研究所：《居延汉简甲编》，科学出版社1959年版，第23页。

② 沈福伟：《中国与非洲》，中华书局1990年版，第119—120页。

《药学纲要》（约970年完成）中有肉桂的正式记录。

差不多同时，阿拉伯地理学家曼苏地在《黄金草原与宝石矿》中将巴格达商店中的25种香料一一开列。他列举的桂皮有al-qirfah（锡兰肉桂）和al-salikhah（中国肉桂），后者是一种细小轻薄的肉桂。Qirfah-kuruwa是泰米尔语中的肉桂，系肉桂的一种赤道品种，它的药用价值在14世纪以前不如中国肉桂。14世纪时，因海运昌盛，交州独立，肉桂栽培技术从苏门答腊巨港的华人那里传入锡兰。僧伽罗人兴建了桂树种植园，于是从东南亚和印度运到西亚的有许多肉桂的代用品，都被称作selikha。设拉子的药剂师宰因・丁（1329—1403年）在1369年完成的《秘方汇编》中引证过希腊医生希波克拉底和叙利亚医生盖伦等用希腊文写作的西方医生运用中国桂皮入药的体验。希波克拉底指出，桂皮可使人终生精力旺盛。盖伦断言，桂皮可以健胃清脑并保持记忆力。迪奥斯科里德认为桂皮可明目、调经，治疗头晕昏厥，恢复嗅觉，制止高烧。7世纪的巴罗士说桂皮可治疗面瘫和肌肉的松弛。鲁夫斯治疗黄疸病时开出有桂皮的处方，剂量是1第拉姆，据说它会增加膀胱的负荷，因此要加上欧洲的细辛。更有人说，它会造成脾脏不适，必须用紫罗兰膏加以缓和。其代用品selikha要用正宗桂皮重量的1.5倍。有时他们还推荐使用荜澄茄、沙地柏或巴比伦柳。据易斯哈格的说法，其代用品是1第拉姆的高良姜，或2第拉姆的沙地柏。

研究波斯手稿的法国东方学家阿里・玛扎海里认为，selikha是叙利亚文，翻译自希腊文cassia（肉桂、桂皮），和这个名词同时使用的还有cinnamomum和伊斯兰世界的darsini（中国药）。selikha和qirfa的品质都低于正宗的中国桂皮。selikha是一些较细小的桂皮或桂枝。qirfa是来自东南亚和锡兰的桂皮，富有丁香花蕾的香味，这个词出于马来文kurupas（树皮）[①]。一直到14世纪，正宗的桂皮在伊斯兰世界都享有很高的声誉，它是优良的药剂、精细的香料和酿酒的香料。阿拉伯药学家伊本・贝塔尔时代已经有好多种selikha。按照伊本・朱泽莱的辨认，他知道的selikha至少有四个品种，最好的一种是淡红色、长而光滑的，黑色的质量最差。马利克・莫扎法尔王子（卒于1294年）在南阿拉伯的药材市场上见到的最佳的桂皮是中国产品，他将中国桂皮定名为darsini。但他也认识到，当时已有许多品种。他说桂皮性热，具有利尿、镇疼和开胃的功能；与芦荟一同下药可以堕胎；又是一种解毒药，可以增强视力；并且是胆囊的消炎剂。用它可医治鼻炎、慢性偏头痛、肾炎和尿潴留。如果用醋调配，可以治好水疱和湿疹。马利克和宰・因丁都非常推崇肉桂的药用价值。

① 阿里・玛扎海里：《丝绸之路》，耿昇译，中华书局1993年版，第475—481页。

姜、桂入药，都作表汗药，用于调味、和香。生姜产于华中、华南，早就畅销西北，古代写作薑。居延汉简中记载有“薑八百五十”（262号）[①]，“薑二升直卌”（1962号）[②]，可见数量、价值在西北均甚可观。新疆出土佉卢文书中有“现奉上一薑，以表思念”[③]的话，说明姜在那里是一种很实用的礼物。新疆的姜，计算单位也是波斯的德拉克麦。有一张胡椒、糖的清单中列举“1德拉克麦薑”[④]。姜作为药物从新疆运到伊朗的时间很久。阿布·曼苏尔已知姜有三种：中国姜、桑给巴尔姜和麦利阿威姜，而以中国姜最好[⑤]。姜在中古波斯语中称šangavīr，新波斯语šankalīl，译自汉语“生姜”，表明这味药材至少在南北朝时已被伊朗医学界所采用。《宋会要·职官》中有海运的高良姜、干姜、生姜，《诸蕃志》“三佛齐”条有中国出口的干良姜，名享西亚。波斯语anqala就是“高良”或“干良”的译音，斯坦格斯《波斯语—英语辞典》说是“一种中国姜”[⑥]，大致没有问题。

大黄（Rheum officinale）是原生中国西部的蓼科多年生高大草本。根状茎粗壮，茎直立。多生在湖北、陕西、四川、云南的山地中。大黄含大黄素、儿茶酸、大黄柯因和大黄酶。中医以根状茎入药，性寒，味苦，能泻火解毒，主治痢疾、便秘、腹胀、黄疸、瘀血、经闭、痈肿，外敷治烫伤。有马蹄大黄、四川大黄、南大黄等别称。并有掌形大黄（Rhuem palmatum，北大黄）、唐古特大黄（Rheum tanguticum，鸡爪大黄）等产在青海、甘肃、四川的专供药用的大黄。中国使用大黄作菜食和药剂的历史至少有2000 ~ 3000年。另外还有一种大黄产在伊朗北部和黑海附近，叫Rheum ribes，中古波斯语rēwās大约指这种伊朗出产的大黄。伊朗最早从陆路通过斯基泰人接受了中国大黄，称作Rayvend。这个名词本来是斯基泰人用来指飞马星座中的γ及β星的，意思是“发光体”。而在辨别正宗的中国大黄的干块时，由于在切口处可看到有围绕中轴的星标系统，所以就称作Rayvend了。

---

① 中国科学院考古研究所：《居延汉简甲编》，科学出版社1959年版，第13页。

② 中国科学院考古研究所：《居延汉简甲编》，科学出版社1959年版，第81页。

③ T. 贝罗：《新疆出土佉卢文残卷译文集》，王广智译，第89页，见《尼雅考古资料》，乌鲁木齐1988年铅印本。

④ T. 贝罗：《新疆出土佉卢文残卷译文集》，王广智译，第181页，见《尼雅考古资料》，乌鲁木齐1988年铅印本。

⑤ 阿肯道夫：《阿布·曼苏尔》（Abdul-Chalig Achundow, *Abu Mansur*），多尔帕特大学1893年版，第76页。

⑥ 斯坦格斯：《波斯语—英语辞典》（F. Steingass, *A Comprehensive Persian-English Dictionary*），伦敦1930年版，第113页。

罗马作家普林尼在《博物志》中提到Rhacoma来自黑海，rha是罗马人对伏尔加河的称呼。Rhacoma在现代叫作Rhapontic，是经过里海运到黑海的中国大黄。斯坦因在新疆发现的汉简中有“大黄”字样①，是大黄西运的证据。普林尼还提到有一种Rhabarbarum，是从陆路运到亚丁湾的大黄，其实也是中国大黄，只是运输路径和品种有别，前者应是北大黄、唐古特大黄，后者则是四川大黄。罗马医生盖伦用大黄治肝病，迪奥斯科里德（约1世纪中叶）和奥雷巴尤斯（约325—400年）都用过大黄治病，巴鲁士则用大黄排除各种炎症，降低热度，治疗肝脾疾病。

自从10世纪阿布·曼苏尔记述中国大黄后，大黄在西亚已是家喻户晓的中国著名土产。阿布·曼苏尔说，大黄有中国产的和呼罗珊（伊朗东部）产的两种，中国产的使用最广。新波斯语称“中国大黄”为rīwand-i-sīnī，后来传到阿拉伯语、突厥语中，都用这个词。

11世纪末，写作《病愈药典》的伊本·朱泽莱认为大黄只有两个品种，中国大黄和呼罗珊大黄，后一种只有兽医使用，又称兽大黄；两者之中，最适合治疗人类疾病的当然是中国大黄了。宰因·丁说：中国大黄经研磨之后，颜色与红花相似。它的粉末则具有水牛肉的外貌，因此而有“肉质大黄”的别称。它的块状物有驴蹄般大小，若大如马蹄，那就最好不过了。

大黄性热，有人又认为它性温。景教徒医生认为它具有3度热和1度干燥，有人又称它具有2度的干和热。大黄粉用醋稀释后可以治愈雀斑。大家公认大黄合剂可治疗胃气和消化不良，还可治疗肾脏、膀胱、子宫、肝脾的疼痛。它可治坐骨神经痛、肺部咯血、哮喘、阴囊炎、呼吸道病、心动过速、肠胃疼痛、痢疾、间歇热、中毒和毒兽咬伤。

1248年伊本·贝塔尔写了《药典》，将大黄分为4个品种：中国大黄、桑给大黄、突厥大黄和黎巴嫩大黄。他将中国大黄视为最上乘之品。他指出，次于中国大黄的是波斯大黄（即呼罗珊大黄或突厥大黄）。黎巴嫩大黄只是兽用大黄。现在黎巴嫩海拔1500米的高地还可见到醋栗大黄，在当地用作泻药。伊本·贝塔尔认为桑给大黄的药力远不如中国大黄或突厥大黄，但治疗痢疾功效特佳。可见这时的大黄已走出国门，在呼罗珊、黎巴嫩移栽、繁衍，在草药市场上占有一席之地。

波斯大黄（呼罗珊大黄）也是一种醋栗大黄，这在波斯最古的10世纪医学著作中

① 沙畹：《斯坦因在新疆沙碛中所获汉文文书》（Édouard Chavannes, *Les Documents Chinois Découverts par Aurel Stein dans les Sables du Turkestan Oriental*），牛津1913年版，第115页。

可以得到证实，作者把大黄描述成一种菜肴。波斯的烹饪书也将大黄当作调味品，配在汤、水果羹和果酱里。18世纪英国人从波斯人那里学会了制造大黄水果羹和果酱。1777年英人彭柏莱将大黄引种在牛津郡，随后便在英国传开了。除了这种醋栗大黄，英国还培养了一种和阿拉伯人的肉质大黄相似的衍生种“维多利亚女王”，用来作果羹和果酱。后来法国、德国和匈牙利也都相继用这种办法制作了大黄补品。他们压榨大黄茎秆，加上糖水，酿成大黄酒。直到今天，伊朗人还像几百年前一样，将食用大黄的叶和芽作为美味佳肴。但中国大黄始终是公认最佳的上品和药用植物。欧洲各国引进的大黄与黎巴嫩、波斯、土耳其、布哈拉和中国的大黄相比，差别极大。1937年出版的《药典》指出，仅在它们的根茎具有淡红颜色和某些类似中国大黄的星斑网络的花纹时，才被允许入药使用。

黄连是最佳的眼药。阿布·曼苏尔已知黄连（māmīrān）的药性。这种被中国医生看作解热消肿药的毛茛属植物，是出产在中国西部的药材。但西方也有黄连。伊本·阿尔·贝塔尔引阿尔·哲菲基的话，认为黄连来自中国，但在西班牙、柏柏尔（北非）和希腊也有出产。元代非洲旅行家伊本·白图泰也注意到中国向西方出口黄连。里海南岸的伊朗吉兰人哈吉·马茂德曾游历中国，他是波斯的大法官和学者，曾和《马可·波罗游记》的刊行者威尼斯人雷慕沙讲起他的经历。雷慕沙在1550年刊行《马可·波罗游记》时，在导言中转述了马茂德的说法，说“出产大黄的肃州（甘肃酒泉）山上，又出一种小根的植物，叫Mambroni Cini（中国黄连），十分珍贵，可用来治疗各种疾病，尤其用来治眼疾。当地人将它浸在玫瑰水中，用石头捣碎研磨，再把它搽在眼上，效果良好”。这位波斯大法官是深知这种中国眼药并善加运用的人士。

顺便一提的是，鍮石（氧化锌）也是优良的眼睛消毒剂，伊朗家庭常备药物中总有这种小瓶的药剂。

茯苓在波斯语中称“中国根”（Čūbi Čīnī,Choobi-Cheenee,Reeshe-i-Čheenee），16世纪时传到伊朗。晋人陶弘景已留意研究茯苓。茯苓在16世纪时被世界广泛注意，是由于中国用来专治梅毒（Morbus americanus）。梅毒俗称美洲病，起源于美洲，哥伦布的水手传染以后将病菌带回欧洲。后来瓦斯加·达·伽马航行印度，又将此病菌传入印度，印度梵语称为佛朗机病。明代中叶，梅毒传入岭表（广东、广西），波及全国，中国人用茯苓治疗此病，疗效甚好。葡萄牙人、印度人、波斯人都以此法治疗梅毒。嘉靖（1522—1666年）时名医汪机著《本草会编》，有专论用茯苓治梅毒的药方。

无患子，阿布·曼苏尔指出产自中国。大小与李相同，内有黑核，坚硬如石。用来炒食，可治各种慢性病。也可用作解毒剂。

麝香是甘肃、陕西、四川等地特产，用于治疗恶疮肿毒、跌打损伤、神志昏迷，在世界上享有盛名。10世纪末波斯文著作《世界境域志》在“阿富汗巴达克山”目下，有麝香从吐蕃（图伯特）输入的记载。图伯特包括甘肃，麝香即从甘肃西运。麝香虽然名贵，但在中世纪的伊斯兰世界是一种常备的消费品，富裕的家庭都使用真正的吐蕃麝香。价格较低的是从海路运到波斯湾和红海的汉地麝香。曼苏地在《黄金草原与宝石矿》中指出，汉地麝香质量比较低劣。萨珊波斯王库思老二世曾和他的臣僚有一篇对话，以为波斯的玫瑰、伊斯法罕的堇菜、科姆的红花、谢尔旺的睡莲和吐蕃的麝香都是使空气发香的香物。自汉代起，麝香就从西藏和印度直接运到伊朗和美索不达米亚了，在那里出售香药的店铺中都可见到麝香和各种掺有杂质的麝香制品，药物学家和药剂师也零售这种中国药物。元代阿拉伯地理家阿布·宰德曾听说撒马尔罕商人贩运麝香，不嫌路程之远，不但跋山涉水远去中国，而且还将此物运往西亚各地。麝香也用作壮阳药，并用作特效的解毒药，甚至在烹饪中用作调味品。埃及的法蒂玛哈里发阿齐兹（975—996年在位）用膳，每年要用掉5囊麝香（约250克）[①]。麝香在西亚和地中海沿岸的穆斯林中备受青睐，上流社会对麝香的追求胜过了龙涎香、甘松茅、樟脑和芦荟，是亚洲各种香料中最受重视和需求最大的香料。在中国以外，波斯也是使用这种药物的国家。直到19世纪，外科医生都用麝香来进行创口消毒和止血。麝香也被用来治疗伤寒、痉挛、百日咳等病症，并医治休克病人[②]。

元代中国和伊朗之间在医药方面有过广泛的交流，不但中国药物用于伊朗药剂，而且中国传统的脉学和病理学也是伊朗医学在吸取希腊、叙利亚、希伯来的科学遗产之外极为注目的新的来源。《史集》的作者、合赞汗的御医拉施特丁特别注重中国的医学成就，于1313年主编了《伊儿汗的中国科学宝藏》。这部中华医典对晋代名医王叔和（210—280年）的《脉经》给予高度评价，介绍了中国医学的脉学、解剖学、胚胎学、妇科学、药物学等多种科目。书中的三幅插图完全采自中国的医书：第一幅图画出八卦，划成二十四等分，和昼夜相配，表示患者体温的升降；第二幅图是内脏解剖图，画有心脏、横膈膜、肝脏和肾脏；第三幅图画出手掌和腕部，图示脉经。解剖图和杨介《存真图》（1113年）相仿。拉施特丁编纂《中华医典》时，一定有中国医生或精通

① 曼苏地：《黄金草原》（al-Masūdi, *Les Prairies d'or*），第1卷，巴黎1865年版，第353页。

② 马扎海里：《中世纪穆斯林的日常生活》（Aly Mazahéri, *La vie Quotidienne des Musulmans au Moyen Age*），巴黎1951年版，第89页。

中医的伊朗医生辅助，才使这部巨典得以完成，并且流传至今。他还翻译了唐代孙思邈的《千金要方》。被中国民间尊为药王的孙思邈，不但在远东享有很高的声誉，而且在元代第一次成为当时西方医学界所熟悉的名字，这就不能不归功于拉施特丁及其同好了。

四、印刷术

雕版印刷在7世纪由中国发明后，首先传入通用中国汉语的朝鲜、日本。在非汉语文化圈中，首先使用这种发明成果的，是使用阿拉伯语、波斯语的伊斯兰国家。

到13世纪，伊斯兰国家虽已使用过印刷技术，但还未印制过整本的书籍。伊儿汗国在蒙古旭烈兀后王统治下与北京的大汗关系密切，承认大汗为宗主国，因此出现财政危机时便仿照中国印制纸钞，以替代金银铸币的流通。

旭烈兀的第五位继承者海合都汗（1291—1295年在位）登位时，充盈的国库已被挥霍殆尽，内乱外祸相继而至，财政赤字扶摇直上。管理财政的伊赛丁·莫扎法尔便考虑仿照元朝发行纸币（交钞）。海合都汗听信宠臣沙特鲁丁的话，向定居在大不里士的中国使者枢密副使孛耳边·孛罗咨询纸币的发兑，孛罗认为可行。海合都汗便在1294年7月23日下令制钞，发行各地。纸币仿照至元通行钞，上首印有汉文“钞”字[①]，四周纹饰都照式刊印。同时印有阿拉伯文的《古兰经》经文和“伊斯兰历693年，世界的君主发行吉祥的钞币，凡涂改或损坏纸钞，满门抄斩”的字样[②]。“钞”字后来成了波斯文中的Čāu。

大不里士在该年9月12日将印就的纸钞正式发行，币额从半个迪尔汉到10个第纳尔不等，与原先通用的阿拉伯银币、金币额相等。各重要省城也设立宝钞局，发行和兑换宝钞。纸币发行后，金银即被宣布禁止流通。如拒绝使用纸钞，立即处死。但纸钞初次发行时，国库并无相应的基金准备，商人害怕货物被抢购一空，对纸币折价使用。不久，农民进城运货都遭拦路抢劫，商货短缺，大不里士商店在一个星期后纷纷关闭歇业。城中居民对莫扎法尔群起而攻之，街上到处都是游民，生产无法继续，供应时告断绝。三个星期后，国内流通几乎陷于全面停滞状态，客观上宣告了纸币的彻

① 现存实物有至元通行钞铜版两种（伍佰文、贰贯），长25.3厘米，宽12.6厘米，河北平山县王坡村1963年出土。首列横排“至元通行钞”，下部有尚书省命令“宣课差发内并行收受，不限年月，诸路通行”，及“伪造者处死”的大字（河北省博物馆：《河北省出土文物选集》，文物出版社1980年版，图414）。

② 爱德华·布朗：《鞑靼统治下的波斯文学史：1265—1502年》（E. G. Browne, *A History of Persian Literature under Tartar Dominion*, 1265—1502），第3卷，剑桥大学1920年版，第37—38页。

底失败。于是当局只得重新恢复金属钱币的使用。纸币的使用前后不足两个月。

伊儿汗应用印刷术发行纸钞，虽然只是昙花一现，但雕版印刷技术却给伊斯兰国家留下深刻的印象，甚至达到了家喻户晓的地步。桂冠诗人巴那卡特在《智慧园·中国人》（1317年）中，对印刷在中国已成一种风习十分赞扬，说中国人为保存有价值的书籍，就叫人写在木板上，校勘后刻板存放。要书的人，可以付款开印，就像铸币厂用印模铸钱。“因此，他们的书不会有任何增删，完全可以凭信。他们的史籍便靠了这个得以流传。”①大不里士的印钞是对印刷术的一种试验，此后，印刷术便被用来印制纸牌和符咒，并加速了这项具有深远意义的技术发明越过地中海进入欧洲，推动了一场空前伟大的文化革命。

五、艺术

中国艺术堪称龙的艺术。在工艺美术上，龙凤花鸟图案变幻奇丽。伊朗自9世纪起仿造中国瓷器和三彩釉陶，已开始吸收中国画风。一幅见于936年的波斯古画，有甲骑具装的战士鏖战张牙舞爪的恶龙的场景，一改过去以勇士与狮战斗的传统画题。巴格达的驱邪门是建于阿拔斯王朝第三十四任哈里发纳斯尔（1180—1225年在位）时代的城门，在拱形的门首有浮雕的龙。1322年不赛因汗所筑法拉明大清真寺，寺门也雕着象征王权的龙。

伊斯兰教教义认为，表现人类和动物是真主独享的特权，否则就是大逆不道。因此伊斯兰教初期没有人物画。先知穆罕默德的画像是9世纪中叶旅行长安的阿拉伯人伊本·瓦哈卜从唐僖宗的皇室收藏物中看到的。穆斯林的宗教画，直到14世纪初才在基督教教会艺术指引下正式出现。而且，这种美术首先见于书籍的插画，于是在众多的细笔画中，也可以见到东方摩尼教的书籍插图艺术的影响。波斯在早期培养伊斯兰教独立的艺术家中所起的先锋作用，和它在合赞汗（1295—1304年在位）以后改奉什叶派伊斯兰教不无关系。巴黎国立图书馆所藏拉施特丁《史集》抄本是在1310—1315年间由大不里士的书法家和画家完成的，《窝阔台接见大使》《大汗蒙哥及其妇人》《拖雷的九个儿子》等插画采用中国画法，表现蒙古人物。大不里士在细笔画的源流上和中国吐鲁番的摩尼教插图画家有着不解之缘。从14世纪起，许多伊朗画家都喜欢以蒙古人的形象为题材，同时动物画也不再是画家的禁区。在花卉、翎毛的领域里，伊朗画

---

① 爱德华·布朗：《鞑靼统治下的波斯文学史：1265—1502年》（E. G. Browne, *A History of Persian Literature under Tartar Dominion*, 1265—1502），第3卷，剑桥大学1920年版，第102—103页，引《智慧园》。

家多半向中国画家借鉴。水墨画也成为伊朗画家的模仿对象，中国式样的荷、萍、芦苇、牡丹、飞雁也都进入伊朗画中。风俗画中的苹果显示平安，仙桃预示长寿，延绵不绝的曲线由太极图衍化而成，画家的灵感都来自中国的同行。

毛织物中毡垫、地毯上的狩猎图及禽兽有许多显示中国化的倾向。龙、凤、麒麟等中国吉祥图样也进入了蒙古人统治下的伊儿汗和以后君临此地的黑羊、白羊王朝。这些图像成了15世纪书籍的封面画。一个出土于布达佩斯附近的波斯头盔是14世纪的战具，上面刻有展翅的对凤，现藏匈牙利国立博物馆[①]。麒麟在15世纪上半叶变成了有火肩的龙马，在1438年的一个抄本封面上就有这样的图像[②]。

15世纪下半叶出现的云纹也是中国的传统式样。在大不里士毛毡中可以见到的一种通用的图像是奔驰的麒麟、回首奔走的狐狸、坐着的瞪羚、猛狮扑杀大角山羊，加上云纹、飞跃的野鸭、盛开的莲花和忍冬。图样是伊朗的设计师充分引用传统题材和中国画风的结晶，它们都见于德国莱比锡艺术博物馆收藏的《果园》（Būstān，1552年）细笔画中[③]。

吐鲁番出土红地狩猎文印花绢

① 波普:《波斯艺术综览》（A. U. Pope, *A Survey of Persian Art*），第6卷，牛津大学1964年版，图853。

② 阿伽·奥格鲁:《十五世纪波斯书籍装帧》（Aga-Oglu, *Persian Bookbindings of the Fifteenth Century*），密歇根大学1935年版，图P1. Ⅷ。

③ 施尔兹:《波斯伊斯兰细画》（W.P. Schulz, *Die Persisch-Islamischei Miniaturmalerei*），莱比锡1914年版，图70。

16世纪以后，在萨法维王朝（1501—1736年）的细笔画中，无论人物还是花鸟，无论色彩的运用还是轮廓的勾勒，中国化的倾向都更加有增无已。伊朗绘画在15—16世纪深受明代画风熏染。特别是伊朗西南的伊斯法罕，在明代永乐、宣德、成化年间都有使者派往北京，档册中写作亦思把罕、亦思弗罕。宣德（1426—1435年）、成化（1465—1487年）画风特盛，中国与伊斯法罕使节、商旅往来尤多，且有华人移居，新兴的伊斯法罕画派于是便极富明代画院的风格。一幅15世纪的伊朗绘画以缠绵悱恻的民间爱情故事“霍斯罗与希玲”为题材，在中国绢上模仿明画手法，上部绘一树一鸟，下部绘有一男一女，身穿伊朗服饰，脸似华人，是一对正在谈情说爱的恋人。画面构思及设色都极富中国色彩，使人难以辨认是伊朗画家所作中国画，还是中国画师描绘的伊朗图景。同样在16世纪的阿塞拜疆，中国式的山石、云彩与衣着、人物也是米尔札·阿里、苏丹·穆罕默德·大不里士等彩笔画家常用的题材。

元代的音乐深受回回乐的感染。旭烈兀西征巴格达，却爱上了当地的音乐家苏菲丁·埃尔玛威创作的伊朗曲子。这位音乐家用波斯语编集了《歌曲集》，撰写了乐理著作《神圣的使命》《论音乐节奏》。元、明时代的回回乐舞中，有些是伊朗古曲。伊朗乐器箜篌在元代发展到二十四弦。在明代继续使用的大乐中也有二十弦箜篌。伊朗的唢呐、扬琴逐渐成为中国民族乐器序列中不可或缺的成员。

第四章
中国和伊朗文化交流（下）

第一节　波斯教徒在中国的传教活动

一、祆教在中国的传播

（一）祆教初传中华

古代波斯人崇奉自然现象，认为大自然中无涯的天际、熊熊山火、狂风暴雨等都是神祇操纵的。他们对光明、对火焰具有狂热情怀，称太阳为“神眼”，以光亮为“神子”，逐渐形成了以光明为善神，而以黑暗为恶神的宇宙观。前6世纪，波斯的琐罗亚斯德根据民间拜火的习俗创立了琐罗亚斯德教。琐罗亚斯德教宣扬善恶二元论，认为火、光明、创造、生命是善端，黑暗、恶浊、灾祸、死亡是恶端。它确认宇宙万物都有永恒不变的自然现象，而且将善与恶之间相互对立的两种本原的斗争看作是宇宙世界的基本原则。但琐罗亚斯德认为恶从善派生而出，善恶本是兄弟，后来却成了仇敌。光明与黑暗、丰裕与灾害、创造与破坏、洁净与恶浊之间的冲突都可以归结为宇宙间善与恶这两种力量的斗争。

琐罗亚斯德将宇宙现象总括为两个原素或两个神。善的原素是光明，创造一切善良、有益于人类的事物，主宰它的最高神是阿胡拉·马兹达（Ahura Mazdā）。恶的原素是黑暗，制造一切丑恶、有害于人类的事物，主宰它的最高神是阿赫里曼（Ahriman）。琐罗亚斯德认为善、恶两种原素的斗争时有胜负，但坚信最后胜利必属于善神，善良终将制服邪恶，这使琐罗亚斯德教具有积极进取的精神。人类由于被创造他们的阿胡拉·马兹达赋予意志的自由，因而随时有跟从邪恶的可能。人的一生同样受到善与恶的牵引。勤于劳动、富于进取的人是崇奉正道、身心廉洁者，他将压制邪恶，受到阿胡拉·马兹达的赞赏，反之，与恶势力相随者，必受阿胡拉·马兹达的惩罚。人在今世与来世都有生命。来世的苦乐取决于今生的善恶。人死后，灵魂脱离肉身，受到神的审问，必经过一条横在地狱上的长桥。善良信士过桥时，展现在面前的是平坦、宽敞的大道，经过之后，便得阿胡拉·马兹达的宠爱，被接纳并安居于乐园之中。在恶徒和有邪念的人面前，桥便细如丝毫，因而人们坠落火狱，被迫充当阿赫里曼的奴隶。功过相等的人，死后灵魂便进入天堂与地狱之间。这座考验人的善恶、功过的桥，便是后来中国佛教轮回故事中奈何桥的原型。

琐罗亚斯德教导信徒爱护水、火、土和空气的洁净，教人膜拜火光，以火为光明的表征，因此俗称拜火教、火教，又名祆教。它鼓励人们辛勤耕作，繁育后代，兴建家宅。他宣称“有房子的胜于没有房子的，有儿女的胜于没有儿女的，有财富的胜于没有财富的”[①]。琐罗亚斯德创教的目的是要“使世界繁荣”，使世界“既无寒风，亦无热风；既无疾病，亦无死亡”[②]。

初传中国时，琐罗亚斯德教被称作“摩诃”。摩诃一开始被解作波斯文“大”的意思，在佛教流行内地之后更被讹做梵文的转译。但最初在汉代，摩诃所代表的是琐罗亚斯德教的天神Māh。这个字与Maha（“大”）很容易混淆。晋人崔豹作《古今注》，解释西汉时代张骞出使中亚细亚，从那里传入胡乐，称为横吹乐，但只得到《摩诃兜勒》一曲。此曲长期被当作印度乐曲，而原名始终未能解读。《摩诃兜勒》在汉代中译

---

① 达曼斯蒂特：《圣阿维斯塔》（J. Darmesteter, *The Zend-Avesta*, *the Vendîdâd*），第1卷，格林伍德1972年版；缪勒：《东方圣书》第4种（F.M. Müller, *The Sacred Books of the East*, Ⅳ），牛津1880年版，第46页。

② 达曼斯蒂特：《圣阿维斯塔》（J. Darmesteter, *The Zend-Avesta*, *the Vendîdâd*），第1卷，格林伍德1972年版；缪勒：《东方圣书》第4种（F.M. Müller, *The Sacred Books of the East*, Ⅳ），牛津1880年版，第12页。

名词中容有不同的语源。这里的摩诃（Māh）为雅利安民族的月神，兜勒（Tishtrya）为雨神，汉语译名只译首尾两音。在琐罗亚斯德教的古经《阿维斯塔》（Avesta）中。摩诃常驾瘤牛所曳月车。在安息时代传说瘤牛生有两翼，代表摩诃神与原生牛[①]。月亮在古代伊朗和美索不达米亚被当作生命的源泉，丰收女神最初也与月亮相关联[②]。公牛（bull）更是作为月神驾驭的动物，或守护月亮树的动物，出现在古老的创世神话中。摩诃和他的公牛组成三位一体之神，其他二神，一是女性的檀伐斯帕（Drvāspā），为早于阿那希（Anāhit）的雅利安民族丰收女神的原型；另一是提希勒（Tishtrya），为送雨的神祇，专司天狗星座。在常年干旱的伊朗高原祈求丰年，唯有仰赖一年一度降雨季节的蓄水。雨季前夕"天狗日"的降临对当年丰收关系重大。象征丰收和雨水的檀伐斯帕和提希勒，与生命之神摩诃相辅相成。直至20世纪，伊朗农民仍常年供奉摩诃与提希勒[③]。

西汉时代名为《摩诃兜勒》的伊朗横吹乐是以胡角、板鼓为主的乐曲。这种乐曲显然是早先信奉琐罗亚斯德教的伊朗农民用以祈求雨水和丰收的节庆乐舞，一经传入中国，因其气势宏伟、鼓舞人心，经过改编而列入汉代军乐。

在前331年马其顿的亚历山大大帝东征以后，琐罗亚斯德教受到希腊统治者的压制，渐告衰败，教徒东迁。待安息兴起，琐罗亚斯德教始有复兴的机遇。汉代西域久已浸染波斯文化，琐罗亚斯德拜火习俗可能流传也早。

1976—1978年在天山东部乌鲁木齐阿拉沟发掘的竖穴木椁墓七座，曾出土拜火祭坛。墓室上部用石封堆。墓室为长方形东西向竖穴，规模较大。沙石下为木椁，入葬者一至二人，仰身直肢，头西脚东，均朝向日出的东方，系崇拜太阳的民族习俗。随葬物有陶器、金银器、铜器、漆器、丝织物、货贝、珍珠、小铁刀、三棱铁镞、羊骨等。各墓出土金器，有螺旋状金串饰物、狮形金箔饰、虎纹圆金牌（实系狮纹圆金牌）[④]等兽纹图案，还有一种见于波斯阿赫美尼德时代的六角花形饰物。铜器中有一件

---

① 达曼斯蒂特：《圣阿维斯塔》（J. Darmesteter, *The Zend-Avesta ,the Vendîdâd*），第2卷，格林伍德1972年版；魏斯特：《帕拉维古籍》（E. W. West, *Pahlavi Textes*），第1卷《创世记》（*The Bundahis, Bahman Yast and Shayâst Lâ-Shâyast*），牛津1880年版，第32页。

② 波普：《波斯艺术综览》（A. U. Pope,*A Survey of Persian Art*），第1卷，牛津大学1964年版，第297页。

③ 阿克曼：《萨珊艺术中的印度—伊朗化题材》（P. Ackerman, *Some Indo-Iranian Motifs in Sāsānian Art*），《印度艺术与文书》（*Indian Art and Letters*）1937年第11卷。

④ 新疆社会科学院考古研究所:《新疆考古三十年》,新疆人民出版社1983年版,第5页,图40。

双兽方座，器底呈喇叭形，座上承方盘，盘中伫立二翼兽[①]。翼兽之间似乎原有火盆可以搁置，现已不见。同类器物在中亚细亚出土多件，被认作塞克文化中拜火教的祭坛[②]。这批墓葬经C_{14}测定约为前3世纪，时间正好和亚历山大东征，中亚受到希腊文化冲击大致同时，推断琐罗亚斯德教沿伊犁河东进，在天山牧区取得进展。据此可以认为，天山附近的游牧民族塞人是早期传导琐罗亚斯德教的媒介。

琐罗亚斯德教立足于中国内地的时间，大约在2世纪中叶的东汉桓帝、灵帝时期。1—2世纪时，原已消沉的琐罗亚斯德教再度复兴，中国便是它传播的一块新地。1956年在陕西北部绥德快华岭板佛寺内发现的汉墓极有可能是内地最早的琐罗亚斯德教徒的坟墓。该墓共有十块石刻。门框石刻有类似博山炉的尖卵形树，树身坐落在半月形坛座上，象征琐罗亚斯德教中代表光明与善良的生命树[③]。生命树又称宇宙树，最早是由月亮树来表述的。月亮树的脂液是不死的生命液，亦即神圣的哈摩（Haoma）。中国关于生命树的知识得自天汉二年（前99年）里海西南伊朗境内的吉兰，在晋代王嘉《拾遗记》中称祈沦国。该书卷五记："天汉二年，渠搜国之西有祈沦之国。其俗醇和，人寿三百岁。有寿木之林，一树千寻，日月为之隐蔽。若经憩此木下，皆不死不病。或有泛海越山来会其国、归怀其叶者，则终身不老。其国人缀草毛为绳，结网为衣。似今之罗纨也。"吉兰有参天大树，可以蔽日月，而庇护人至于不死不病，隐喻伊朗传说中的生命之树。到这吉兰国去采摘生命树叶的可以长寿，永葆青春，吐露了对伊朗古文明的一种仰慕与崇敬。那里用草毛编绳，该是当地出产的亚麻。至于结网而成的衣服，则是羊毛编织而成，因为那里有着丰富的羊毛资源。

绥德快华岭墓主或由于宗教信仰而与伊朗有过联系。墓主并非伊朗人或胡人，似乎是一个汉人，是当地的居民。这可以从同墓出土石刻门扇上的图像加以推断。图像上部为相对的凤鸟，下部则刻有传统的龙虎形象，左面为形态生动的虎，右面是生有飞翼的龙。龙虎、凤鸟都是中国内地传统纹饰与图腾崇拜的物象，但龙而生翼，又显示了西方的色彩。

另一座绥德汉墓出土的石刻门框与上述墓门雕刻不同，图像正中为气宇轩昂的独

---

① 新疆社会科学院考古研究所：《新疆考古三十年》，新疆人民出版社1983年版，第5页，图43。

② A. H. 伯恩施坦姆：《谢米列契和天山历史文化的基本阶段》，《苏联考古学》（Советская Археология）1949年第11期。

③ 陕西省博物馆，陕西省文物管理委员会：《陕北东汉画像石刻选集》，文物出版社1959年版，图55，图56。

角马[1]，上部边饰有忍冬、卷草，具有波斯风格。更有引人注目的瞪羚，躯体细长，并有瘦劲的双翼，形态生动，与乌克苏斯出土阿赫美尼德时期使用的金银饮具柄饰上的带翼羚羊有异曲同工之妙。现藏巴黎卢浮宫博物馆的金杯与现藏柏林博物馆的银杯都采用了与月亮相伴的瞪羚图像，以颂扬生命与活力。羚羊也见于伊兰（Elam）的图像中，在拜火的祭坛旁就有羚羊[2]。绥德汉墓雕刻中的羚羊也必然与火的崇拜相关。至于汉墓门框上的独角马，更是琐罗亚斯德教中的太阳神化身。在阿利安民族的信仰中，出类拔萃的太阳动物是马。马可以有多种姿态。长有飞翼的马也是常见的图像，有时代表十二星辰中的天马星座。河南出土的汉代空心砖（墓砖）中也可以见到线刻的大型飞马，伴随的图像有形体缩小的朱雀与鹤[3]，或作三马三树图像。姿态的优美，线条的舒卷，均非汉代传统图像中的马匹可媲，极富波斯风采。独角动物见于安息时代。绥德汉墓石刻门框上的独角马与有翼羚羊象征琐罗亚斯德信仰中的日与月，上部左端并有枝叶繁茂的多子树，树顶有牛头的鹰，这和伊朗创世神话中鹰筑巢于多子树顶相符，而与中国传统信仰迥异，表明墓主是一位虔诚的琐罗亚斯德信徒。

上述出土地点不详的绥德汉墓石刻，与快华岭板佛寺发现的汉墓石刻都是早期琐罗亚斯德教在中国本部的遗存，是琐罗亚斯德教传播中国的历史上弥足珍贵的遗物。河南出土汉代空心砖中的图像也显示有胡天信仰。在一块矩形砖的上方，刻有形体粗壮、手执尖刃的巫师，形象和唐代记录的“下祆神”的巫术十分相像。左旁有立于柱上的高阙，拱顶落于柱上是琐罗亚斯德庙宇的特征。其下波斯风格的雪杉纹双树或许代表的就是琐罗亚斯德教神话中的多子树与牛角树。

山东嘉祥县东南的武梁石室建成于东汉桓帝建和元年（147年）。在三座石室的画像石中，有姿态各异、为数众多的有翼神人，形成一个波斯式样的天国图景[4]。最值得注意的是前石室第十三石上层的图像。图像自右至左，首列一棵有十五个枝干的多子树，旁有有翼人在摘叶。多子树的左旁有一棵略低于多子树、形如弯曲牛角的牛角树。牛角树的左旁，即在画面正中，有熊熊大火在燃烧，旁有有翼人以手触火。图像左端，在四方形坛座中树立的一块方尖碑左右，各有有翼人在扶持，上空有人首灵鸟飞翔，

① 陕西省博物馆，陕西省文物管理委员会：《陕北东汉画像石刻选集》，文物出版社1959年版，图89。

② 波普：《波斯艺术综览》（A. U. Pope, *A Survey of Persian Art*），第1卷，牛津大学1964年版，第808页，引霍恩·斯坦陀夫（Horn-Steindorff）图版Ⅰ，图1078，图1079，图1080。

③ 河南文化局文物工作队：《河南出土空心砖拓片集》，文物出版社1963年版，图30，图31。

④ 蒋英炬，吴文祺：《武氏祠画像石建筑配置考》，《考古学报》1981年第2期。

加以协助，并有有翼神横升天空，以手扶持方尖碑。此有翼神的双足与画面上其他有翼人的双足不同，作上扬的鸟羽状[①]。画面上的方尖碑显然是一根天柱，扶持者正是天神。在前2000年末的伊兰图像中，天神信仰已具有天体观念，天神的双足一变而成天鸟的双翼，手中的蛇（代表大气）也蜕化成双系罐上的绳索[②]。武梁石室中手扶天柱、双足呈鸟羽状的有翼神，可以断作是琐罗亚斯德教信奉的天神，亦即胡天。胡天神手扶天柱在四方坛座上运转，表示天帝管治日（夏季）月（冬季），保持四季的交接。类似的图像亦见于古波斯[③]。古老的伊朗神话中，对浩瀚无际的太空的崇拜是以一座山来表述的。此山在《阿维斯塔》中称作Ushidhāo，亦称光明山、晨曦山[④]。山下是一深渊在后来的文献中称作伐罗卡桑（Vourukasha）海[⑤]。此山落入海中后，天地巨变，重新升起一个天神，将遭受毁灭的世界加以改造。象征生命的多子树就在这海的正中，牛角树生在它的近旁[⑥]。多子树由天鸟向世界撒子，象征金哈摩（日）。牛角树又称谷卡尔树，象征白哈摩（月）。武梁石室画像石中的这些图像十分完整地表现了琐罗亚斯德教义崇奉太空、日月与圣火的观念。

武梁石室前室第十三石中的天神造物图像将琐罗亚斯德教对多子树、牛角树、生命树的崇拜十分形象地加以表现，这在中国是空前绝后的。在伊朗神话中，天柱是由宇宙树（亦称生命树）所呈柱状展现出来的，其原型就是形似棕榈树的月亮树[⑦]。武梁石室画像石中的天柱将棕榈树与方尖碑式的石柱结合起来，左右扶持的两名有翼神当是日神密特拉（Mithra）和他最佳的伙伴维里斯莱纳（Verethraghna）。密特拉神手执法术无边的金铃。这金铃又称宇宙铃，武梁石室中天柱右方有翼神手中亦执有一类似之

---

① 冯云鹏，冯云鹓：《金石索·石索四》；傅惜华：《汉代画像全集二编》，商务印书馆1950年。

② 卡莱尔：《艺术照片大全》(Museedu Caire, *Encyclopédie Photographique de I'Art*)，第4卷，巴黎1936年，第269—270页。

③ 波普：《波斯艺术综览》（A. U. Pope，*A Survey of Persian Art*），第7卷，牛津大学1964年版，图27A，图28，图29，图30A，图38G，图40，图41A，图41D，图44B，图45A—C。

④ 杰克逊：《琐罗亚斯德教研究》（A. V. W. Jackson, *Zoroastrian Studies*），纽约1928年，第284页。

⑤ 魏斯特：《帕拉维古籍》（E. W. West, *Pahlavi Textes*），第1卷《创世记》（*The Bundahis, Bahman Yast and Shayâst Lâ-Shâyast*）；缪勒：《东方圣书》第5种（F.M. Müller, *The Sacred Books of the East*, V），牛津1880年版，第31页，第43—44页。

⑥ 魏斯特：《帕拉维古籍》（E. W. West, *Pahlavi Textes*），第1卷《创世记》（*The Bundahis, Bahman Yast and Shayâst Lâ-Shâyast*）；缪勒：《东方圣书》第5种（F.M. Müller, *The Sacred Books of the East*, V），牛津1880年版，第31页，第65页，第100页。

⑦ 波普：《波斯艺术综览》（A. U. Pope，*A Survey of Persian Art*），第7卷，牛津大学1964年版，图19A；第2卷，第859页，第880页。

物。同类图像早见于鲁利斯坦文化印章[1]和安息印鉴[2]。武梁石室前室第十三石正中烈火旁的有翼天神或即伊朗印章中在火焰中升空的阿胡拉·马兹达。安息时代伊朗南部钱币的背面也曾见过这类图像[3]。

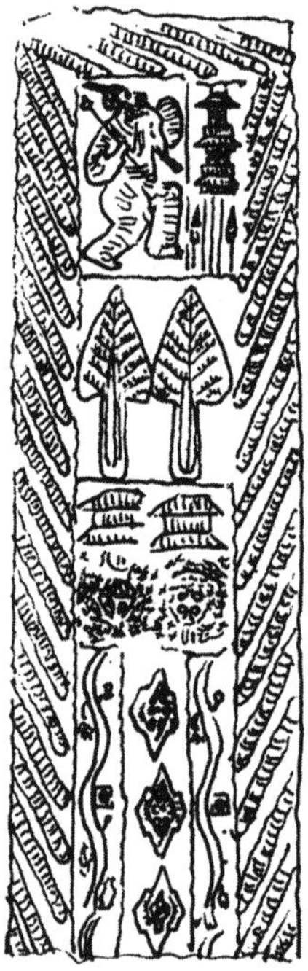

河南出土汉代空心砖巫祝塔松纹

山东嘉祥武梁石室前室第13石胡天图像

① 波普:《波斯艺术综览》(A. U. Pope, *A Survey of Persian Art*),第1卷,牛津大学1964年版,第270页。

② 波普:《波斯艺术综览》(A. U. Pope, *A Survey of Persian Art*),第1卷,牛津大学1964年版,图126B。

③ 波普:《波斯艺术综览》(A. U. Pope, *A Survey of Persian Art*),第7卷,牛津大学1964年版,图126J,图126K。

武梁石室中的各种有翼神人通常以天神供奉之状展开。正中的有翼神显系胡天神阿胡拉·马兹达，左右的有翼神则是日月星辰的化身。阿胡拉·马兹达神像早见于卢利斯坦器物中，千年之后再现于山东。石室第二石画像的顶端三角形画面，正中有端坐的有翼神，左右则有许多兽身人首的有翼人物，完全符合伊朗神话中日神维里斯莱纳有多种化身的传说。有金角的牛，有金耳的白马，有尖角的公羚羊，有卷角的野公羊，以及骆驼，是此神十种化身中最常见的五种形象[①]。

过去被认作希腊罗马神话中爱神的武梁石室画像石上的有翼神，连同石室广泛展开的各种具有伊朗宗教画面的石雕，使我们完全可以将武氏祠前石室确定为中国内地最古老的一座天祠或祆庙。这座天祠像其他祆庙一样也构筑在山顶之上，以便燃起圣火，使远处也能看得见。

同样的天祠或祆庙，早在战国时代就已出现在新疆。《大唐西域记》卷十二记朅盘陀国（塔什库尔干）的开国传说，有波利斯国王（波斯）娶妇汉土，回国经过这里，因战争而交通阻塞，于是将中国公主安顿在危峻的孤峰上，下设守卫，昼夜巡逻。三个月后，战事平息，波斯王派使臣将公主迎归，忽然得知公主已怀身孕。公主的侍儿据实以告，说是“每日正中，有一丈夫从日轮中乘马会此”。使臣正在进退维谷之际，听从了大臣的议论，决定“待罪境外，且推旦夕”。于是在石峰上建筑宫城，立公主为国主。后来产下一男，由母摄政。长大后，“子称尊号，飞行虚空，控驭风云”，于是威震远方。玄奘评论此事：“以其先祖之世，母则汉土之人，父乃日天之种，故其自称汉日天种。”这是暗示朅盘陀立国时即已信奉波斯传说中的日神密特拉了。其时间可能上推到前5世纪。

《大唐西域记》卷一屈支国（库车）也明确记有天祠：“国东境城北天祠前，有大龙池。”这里的天祠创建的年代恐亦不晚于东汉。根据当地传说，该天祠早在龟兹王金花立国以前就有了。

胡天崇拜自安息东进，经新疆库车，东传陕北绥德，而又及河南、山东，至于147年立庙于山东嘉祥。其间详情虽多湮没无闻，但在对遗物的整理与研究之后，早期琐罗亚斯德教在中国的传播过程却也有形迹可觅。

---

① 达曼斯蒂特：《圣阿维斯塔》（J. Darmesteter, *The Zend-Avesta, the Vendîdâd*），第2卷，格林伍德1972年版，第232—238页。

（二）胡天崇拜与祆庙

在汉代，青海道也是接连西域的通道。早有中亚胡人定居蜀之西界。《华阳国志·大同志》记晋泰始十年（274年）汶山白马胡恣纵，发动暴乱，刺史皇甫晏发兵征讨。时值盛夏，部下劝阻暂缓出兵，皇甫晏不以为然，率军西行。有麂入营中，军占以为不祥，皇甫晏仍无反悔。“胡康水子烧香，言军出必败，晏以为沮众，斩之”。汶山在蜀汉西界，已有康居胡人康水子定居。康居人多信佛教或祆教。康水子烧香，意在占卜，这“烧香”极可能是琐罗亚斯德教徒焚烧香木，以通神灵，行使巫术，向皇甫晏传告天神的意志，旨在阻止皇甫晏杀戮汶山白马胡等羌民，反而引起皇甫晏的盛怒，以斩首论处。如若康水子是个佛徒，恐不致引起皇甫晏如此反感。正因他崇信胡天的“邪教”，在琐罗亚斯德教尚未流行的地域就会遭到很大的阻挠。

青海平安窑房东汉墓月神画像砖

20世纪80年代，青海平安窑房墓葬曾出土2—3世纪的画像砖，可以为早期青海境内的胡天崇拜提供一点信息。刊载在《全国出土文物珍品选》上的该墓葬所出“月亮神”画像砖[①]，神像头戴高帽，身穿折襟上衣，腰系长裙，双足外撇，右手向上托举半轮新月，左手下垂提一细颈瓶。左上侧与月亮对称，有一太阳，中有一鸟。神像双肩披有折曲飞扬的帛带，下端左右均有分叉。这一图像是在佛教东传的初期根据佛教图像所构思的胡天神，只有胡天神才与日月崇拜紧密相连。身系长裙，使神像富有女性特征，属于一种由中国西部居民创作的伊朗月神摩诃或胡天图像。玄奘《大唐西域记》中关于朅盘陀国的波斯祖先的传说，和琐罗亚斯德信仰向青海的传递有十分切近

① 文化部文物局：《全国出土文物珍品选（1976—1984）》，文物出版社1987年版，图351，原题“神仙画像砖”。

的关系。平安窑房出土的画像砖还有骑马武士的形象，右手上举莲花，这莲花也在显示武士是日天之种。

琐罗亚斯德教崇拜天空、日、月，祭坛上常年奉祀用各种香木焚烧的圣火，以不灭的神火使祭祀者与神相通。该教的《帕拉维语经文》指示，一个虔诚的信徒“每日应三次到火庙礼拜圣火，这是因为常赴火庙的人，定会获得世间更多的荣华富贵”。由于崇拜圣火，故有拜火教之称。226年，波斯萨珊王朝兴起，以琐罗亚斯德教为国教，奉祀天神，却又不同于中国的天帝、上帝，于是中国以胡天相称。

“胡天”是琐罗亚斯德教在中国最初立教的名称。

4世纪初的十六国时期，在羯人建立的国家境内已见琐罗亚斯德教的正式传扬。《晋书》卷一〇七记述“龙骧孙伏都、刘铢等结羯士三千，伏于胡天”，表明孙伏都、刘铢皈依了羯士所信奉的胡天。胡天也是初次见于文献的琐罗亚斯德教。羯士三千，似乎是羯人，习惯上将他们当作匈奴的别支，但也可能就是唐代中亚细亚的“赭羯”“柘羯”，为撒马尔罕和布哈拉等地粟特人壮士的称谓。此名出自波斯语tehakar。如果如此，那么最先来中国河西传扬胡天的便是这些中亚细亚的胡人了。孙伏都、刘铢可算是第一批史籍有名的汉人信徒。

河西凉州一带兴起的胡天崇拜，在习俗上不同于波斯本土琐罗亚斯德教用香木燃起圣火，而是采取了中国人较易接受的燃灯习俗。《晋书》卷八十六记述前凉张轨之子张寔部下有信奉刘弘宣扬的光明道的：

> 京兆人刘弘者，挟左道，客居天梯第五山，然灯悬镜于山穴中为光明，以惑百姓。受道者千余人，寔左右皆事之。帐下阎沙、牙门赵仰皆弘乡人，弘谓之曰：“天与我神玺，应王凉州。”沙、仰信之，密与寔左右十余人谋杀寔，奉弘为主。寔潜知其谋，收弘杀之。沙等不之知，以其夜害寔。

刘弘宣称“天与我神玺”，即是胡天的天神。晋代民间以光明道称奉琐罗亚斯德教的已大有人在[①]。而“祆庙燃灯”已见于敦煌文献。敦煌卷子S2241有“夫人与君者沿路作福，祆庙燃灯，尚且不坚”；S2474亦称“城东祆灯”。在中国祆灯当与伊朗祆庙中的圣火具有同一内涵。

---

① 饶宗颐：《穆护歌考》，《〈大公报〉在港复刊三十周年纪念文集》下卷，商务印书馆香港分馆1978年版，第733—771页。

5世纪以后，波斯使者和移民络绎东来，于是焉耆国（焉耆）、高昌国（吐鲁番）多信奉琐罗亚斯德教，《北史》卷九七记述新疆境内这些地区业已“俗事天神”。《唐书》所述新疆西部疏勒、于阗都俗信天神，大约也在6—7世纪之际。于阗也有和伊朗一样代表日神的三面神的壁画，这三面神代表青年、中年和老年，亦即科·伊·胡瓦贾（kūh-i-Khvāja）[①]，胡瓦贾亦即《阿维斯塔》中光明山落入海中后重新升起的大神，他着手缔造了新的世界。信奉天神在新疆东部地区已成民间的习俗。突厥民族信奉拜火教，出身突厥血统的北魏宣武灵太后（？—528年）对提倡胡天不遗余力。灵太后与北魏孝明帝元诩（515—528年在位）在华林园设宴招待群臣，王公以下都赋诗相贺。灵太后诗只一句：“化光造物含气贞。”含意已和胡天崇拜中光明清净造化万物的旨意相合。神龟二年（519年），灵太后曾率领夫人、九嫔、公主以下从者数百人登临嵩山，直至山顶，“废诸淫祠，而胡天神不在其列”[②]。灵太后既崇信佛教，于是进而排斥异教，禁止民间立庙设祭，但胡天神却仍得以传扬，且被国家所认可。其用意十分明显，因波斯和中亚康国、安国、何国、米国等商旅、使节和移民大多信奉胡天，为开展对外关系，对于他们的宗教习俗自然只有加以提倡、鼓励，而不能予以禁绝。

北魏洛阳城曾出土两件双翼童子圆雕造像，一件是采集品，据说出于内城南部，双翼残损；一件是发掘品，出自城南太学遗址北朝遗存，保存完好。两件造像都系铜铸，大小相同，为男性裸体，身高不足5厘米，圆颅，头顶蓄发如刘海，面部稍平，双臂前屈，双掌合十，上臂外侧有伸展的双翼，双腿浑圆，跣足。全身无纹饰，仅颈部系一串项链，神态虔诚。背部有两篆书汉字“仙子”。形象为内地佛教造像所无[③]。

这种双翼童子造像，正是北魏迁都洛阳后流行胡天崇拜的遗物。有翼神即代表日、月神。萨珊王冠（见于钱币）上的双翼就是太阳的象征，同样的图像也见于印章中[④]。

在中国，类似的图像还发现于新疆塔克拉玛干沙漠东南缘的米兰遗址的佛寺残基中。1907年初，英人斯坦因在米兰古城距地面约四英尺的墙面上发现彩绘天使壁画七幅。画面上共有七个半身有翼的青年天使。天使头呈长圆形，顶蓄刘海式发型，细眉

① 斯坦因：《亚洲腹地》（A. Stein, *Innermost Asia*），伦敦1928年版，第916页。

② 《魏书·皇后列传》。即此一例，足以说明“唐以前中国有拜胡天制，唯未见有祆祠”（陈垣：《陈垣学术论文集》第1集，中华书局1980年版，第318页）一说之难以成立，更不论山东嘉祥武氏石室了。

③ 段鹏琦：《从北魏通西域说到北魏洛阳城》，《洛阳——丝绸之路的起点》，中州古籍出版社1992年版，第353页。

④ 波普：《波斯艺术综览》（A. U. Pope, *A Survey of Persian Art*），第2卷，牛津大学1964年版，第808页，第878—879页。

大眼，直鼻薄唇。身穿圆领衫，背有硕大的双翼，展翅欲飞。发现壁画的古建筑是一种外方内圆的建筑，被发现者称为窣堵婆（塔），其实是一种波斯式样的方形建筑。斯坦因认为这些壁画的构图和色调近似埃及托勒密和罗马时期墓葬中少女和青年画像的希腊风，身份是基督教中的爱神埃罗斯（Eros），以为在犍陀罗派希腊式佛像中有这种借自埃罗斯的画像，是用来表示乐神犍达婆的一班飞天。这种有翼神像在塔克西拉的古遗址中也有发现。塔克西拉的发掘者约翰·马歇尔在《犍陀罗佛教艺术》中以图21—图25列出这种图像，认为是佛教中的提婆（Deva）天神，应该说是佛教受到波斯影响，或祆教在塔克西拉流传。拜城克孜尔、库车库木土拉、森木塞姆等4—6世纪石窟的窟顶正中壁画中也有有翼的神像。而在内地则尚无此例，只有洛阳的双翼童子像是例外。

米兰出土的有翼天使早已被斯坦因携往伦敦，归不列颠博物馆收藏。现在米兰的同一遗址即古伊循城遗址的佛寺残壁又发现同样内容的壁画一幅，画幅长1.2米，高0.52米，保存完整，色泽鲜艳。画面上有南北并列的两个半身双翼天使。北侧的天使刚勇威猛，属男性；南侧的天使端庄秀美，属女性。天使的头顶有一大朵莲花[①]。这幅壁画的时代应和斯坦因发现的壁画的时代相同。男性的翼神应是胡天崇拜中的日神，女性的翼神则是代表丰收女神的月神。莲花在古波斯是太阳的代表，象征着光明和善良。

古伊循城（米兰）位于东西交通大道上，在若羌县城东北约75公里，也是当今青海至新疆公路通过之处。这里发现的祆教遗物是中亚粟特人或波斯人胡天信仰的遗存。伊循、洛阳双翼童子画像或雕像的发现，将5—6世纪波斯祆教东传的路线十分生动地展示了出来。

北魏以后，东魏、西魏、北周、北齐君主都亲自出马，信奉胡天，参与国家祀典。“后周欲招徕西域，又有拜胡天制，皇帝亲焉。其仪并从夷俗，淫僻不可纪也。”（《隋书·礼仪志二》）北齐后主高纬（565—577年在位）更亲自击鼓跳舞，奉祀胡天，以至于邺中盛行胡天，至7世纪中叶仍未见衰。史载：“（后齐）后主末年，祭非其鬼，至于躬自鼓舞以事胡天。邺中遂多淫祀，兹风至今不绝。”（《隋书·礼仪志二》）由于胡天崇拜，波斯宗教礼仪与歌舞也扎根中土[②]。中国史籍（《魏书》《北史》《梁书》）都称波斯国、滑国（阿富汗昆都士）信奉火神、天神。《周书》卷五十以“火祆

① 舒英：《新疆出土双翼天使壁画》，《中国文物报》1990年1月18日。

② 7世纪初长安盛行的灯轮、灯树、火树也是祆教燃灯习俗的节日化活动。睿宗先天二年（713年）正月十五、十六夜，长安安福门外作灯轮高二十丈，燃五万盏灯，簇之如花树（张鷟：《朝野佥载》卷三）。勒·柯克《火州》（Le Coq, *Chotscho*）中有吐鲁番木尔土克3号窟入口处壁画灯树图，作七重天式宝塔形灯树，背景为撒落的种子，其含意当即祆教的多子树。

神”相称，是按照7世纪起的习惯，以新创的“祆”字来称呼波斯琐罗亚斯德教的天神，以简化“胡天”之名。从此火祆教一名才替代胡天、天祠而通行全国。

“祆”字在674年以后孙强增订顾野王《玉篇》中解释作“阿怜切，胡神也”。但在方言中，更流行的是早先使用的“摩诃”一词。洛阳邙山出土隋大业十一年（615年）翟突娑墓志，语有“君讳突娑，字簿贺比多，并州太原人也。父娑摩诃，大萨宝”。洛阳出土咸亨四年（673年）唐故处士康君墓志，也将摩诃与大萨宝连称：“君讳元敬，字留师，相州安阳人也。原夫吹律命氏，其先肇自康居毕万之后。因从孝文，遂居于邺。祖乐，魏骠骑大将军，又迁徐州诸军事。父仵相，齐九州摩诃大萨宝，寻改授龙骧将军。”在这里“九州摩诃大萨宝”等于“全国祆教大萨宝”。“摩诃”这个波斯天神名字被用于称呼祆教，“摩诃大萨宝”意即“祆教大萨宝”。洛阳出土何摩诃墓志铭，墓主是姑臧何氏之后，调露二年（680年）卒于洛阳，是以摩诃为名的祆教徒。

北周安伽墓石门额祆教祭祀图

萨宝，本是唐代管理祆教的官职。《通典》卷四十记，武德四年（621年），在长安布政坊首置祆祠，并设官管理，视流内，正五品萨宝，从七品萨宝府祆正；视流外，勋品萨宝府祆祝，四品萨宝率府，五品萨宝府史。这些都是唐政府直至开元初专为优待来华祆教徒而保留的官职。《隋书・百官志中》追述北齐官制，在管理外国人士的鸿胪寺下有典客署，“典客署又有京邑萨甫二人，诸州萨甫一人”。从唐故处士康君墓志可以证实，北齐萨甫亦即唐代通用的萨宝的另一译名。6世纪的高昌就有这类官职，称萨簿。吐鲁番文书《高昌永平二年十二月三十日祀部班示为知祠人名及谪罚事》中有萨簿的官名，这一年是550年。隋代则在雍州（长安）设雍州萨保，视从七品。在诸州胡200户以上的萨保，为视正九品。

萨甫、萨保、萨宝都是突厥语队商首领Sanpau或波斯语首领Spādhapati的音译。突厥事火神，所到之处均有祆庙。崇奉火天神的波斯人、康国人等在中国境内定居、经商，便随处设立祆庙，政府也设官保护，承认其首领具有当地的公职，享受一定的特权。宋敏求《长安志》“布政坊胡祆祠”注说：“祠内有萨宝府官，主祠祆神，亦以胡祝充其职。”信徒大抵都是胡人，萨宝府官也以胡人庙祝充任。但初级的神职人员穆护似也有华人充任。颜真卿素喜结交胡人，他的次子颜硕甚至以穆护为小名，该是一名祆教信徒（《唐语林》卷六）。

自北魏以来，河西沙州、凉州以东，祆庙大多集中在京都地区，邺城（河北临漳西南）、长安、洛阳以及河北定州（正定）都有萨宝或大萨宝主持祆庙，召集胡人。地处邺中的安阳曾出土北齐石阙一对，每侧各有戴口罩者手执香炉献祭[①]，正是反映祆教的遗物。唐代西京长安（西安）有祆祠五所，布政坊设置最早，成立于621年；其次有醴泉坊、普宁坊、靖恭坊及崇化坊祆祠。洛阳会节坊、立德坊和南市西坊也有祆祠。

隋代虞弘墓椁壁浮雕之一摹本

隋代虞弘墓椁壁浮雕之二摹本

隋代虞弘墓椁壁浮雕宴饮图

① 史卡里亚：《北齐石阙上的中亚人士》（Gustina Scaglia, *Central Asiansona Northern Ch'i Gate Shrine*），《亚洲剪影》（Artibus Asiae）1958年第1期，图6。

2000年在长安西北郊发现的北周安伽（517—579年）墓，和1999年在山西太原发掘的隋代鱼国人虞弘墓，出土许多有关祆教的浮雕和围屏石榻，为了解这一宗教习俗提供了可贵的资料。安伽墓全长35米，由斜坡墓道、五处天井、五处过洞、砖砌拱形甬道及砖砌穹隆顶墓室组成。五处天井、壁画等设施与北周文帝的儿子宇文通墓规格相当。安伽的父亲安突建曾任眉州刺史，母杜氏是汉人，安伽是有中亚血统的混血儿，任北周大都督，同州萨保。墓室门额刻绘的祆教祭礼图中有人首鹰身神及波斯、粟特装饰的供养人。该墓出土的有三面围屏（共12块）的石榻与1922年河南安阳粟特贵族墓、1982年甘肃天水隋唐墓出土的围屏相似①。太原虞弘墓，墓主虞弘是鱼国人，为北魏领民酋长的孙子，任茹茹国莫贺弗，出使波斯，后在北齐、北周和隋代任官职，直至凉州刺史、仪同三司等职，封爵广兴县开国伯，食邑六百户。墓中出土汉白玉石椁，浮雕图画丰富，多骑马、骑骆驼搏杀狮子，人狮搏斗。椁座四周亦各有两个石狮头坐垫，多为波斯风格。又可见到祆教拜祭的火坛②。

信奉祆教的人士以外籍侨民为主。但随着波斯文化的扩散与商贾的活动，国内各族各界人士信奉该教的也不乏其人。祆教每岁祈福必有庆典，吸引不少当地居民参与，施钱相助。唐人张鷟《朝野佥载》卷三记：

河南府立德坊及南市西坊皆有胡祆神庙。每岁商胡祈福，烹猪羊，琵琶鼓笛，酣歌醉舞。酹神之后，募一胡为祆主，看者施钱并与之。其祆主取一横刀，利同霜雪，吹毛不过，以刀刺腹，刃出于背，仍乱扰肠肚流血。食顷，喷水咒之，平复如故。此盖西域之幻法也。

出自敦煌千佛洞的光启元年（885年）写本沙州、伊州地志残卷记述贞观初伊州祆庙祆主翟槃陀来到长安，表演请祆神的巫术：

火祆庙中有素书，形像无数。有祆主翟槃陀者。高昌未破以前，槃陀因朝至京，即下祆神。因以利刃刺腹，左右通过，出腹外，截弃其余，以发系其本，手执刀两头，高下绞转，说国家所举百事皆顺天心，神灵助，无不征

① 尹申平等：《西安发现的北周安伽墓》，《文物》2001年第1期。

② 张庆捷等：《太原隋代虞弘墓清理简报》，《文物》2001年第1期；山西省考古研究所等：《太原隋虞弘墓》，文物出版社2005年版。

验。神没之后，僵仆而倒，气息奄（奄），七日即平复如旧。有司奏闻，制授游（击）将军。

下祆神的巫术，后世人们在各种迷信活动中相沿不衰，为中国民间巫术的一大来源。对于这种使用巫术的胡天信仰，唐代政府仅在一定范围内加以保护，而禁止民间祈祭。曾规定："两京及碛西诸州火祆，岁再祀，而禁民祈祭。"（《新唐书·百官志一》）由于政府的限制，祆教活动自以来华胡人侨民为限，既不提倡译经，又不能广泛开展传教，因而在汉族居民中难以流布。

（三）会昌以后的祆教

唐武宗在会昌五年（845年）听从道士赵归真的建议罢黜佛教，祸及祆教、景教和摩尼教。《唐大诏令集》卷一一三称："勒大秦、穆护、祆二千余人并令还俗，不杂中华之风。"李德裕《会昌一品集》卷二十录《贺废毁诸寺德音表》也说："其僧尼令隶主客户，大秦、穆护、祆二千余人，并令还俗。"（《新唐书·食货志二》同）2000多名异教徒中就有祆教信徒。

1955年西安西郊土门村出土一方唐代苏谅妻马氏汉文、帕拉维文墓志。墓主马氏，是故波斯王族唐神策军散兵马使苏谅的妻子，卒于咸通十五年（874年）二月。帕拉维文碑文中有"愿其安居阿胡拉·马兹达及天使们所在之美满天国"之语[①]。马氏为祆教徒苏谅之妻，本人当亦虔信该教。墓志为会昌之祸以后祆教信仰仍在各地流行的证物。可知会昌之祸后，祆教亦不得不和其他外来宗教一样自长安、洛阳等黄河中游繁华地区向外转移。北宋时代，在汴梁（开封），山西泽州、潞州、河东，江南扬州、镇江、苏州等地尚有祆庙。

汴梁祆庙有二。一见孟元老《东京梦华录》卷三：

大内西去右掖门，祆庙。

一见张邦基《墨庄漫录》卷四：

东京城北有祆庙。祆神本出西域，盖胡神也，与大秦、穆护同入中国。俗以火神祠之。京师人畏其威灵，甚重之。其庙祝姓史，名世爽，自云家世

① 刘迎胜：《唐苏谅妻马氏汉、巴列维文墓志再研究》，《考古学报》1990年第3期。

> 为祝累代矣。藏先世补受之牒凡三：有曰怀恩者，其牒唐咸通三年（862年）宣武节度使令狐给。令狐者，丞相绹也。有曰温者，周显德三年（956年）端明殿学士权知开封府王所给。王乃朴也。有曰贵者，其牒亦周显德五年枢密使权知开封府王所给。亦朴也。自唐以来，祆神已祀于汴矣，而其祝乃能世继其职，逾二百年，斯亦异矣。……镇江府朱方门之东城上乃有祆神祠，不知何人立也。

开封祆庙庙祝史世爽，其家族自唐代以来世居庙祝，而他的姓亦似史国胡人。

苏州自唐代以来即有祆庙建于城南，与镇江朱方门里祆庙关系至切，都是晚唐后期祆教南移所留。元《至顺镇江志》卷八：

> 火祆庙旧在朱方门里，山冈之上。宋嘉定（1208—1224）中迁于山下，端平（1234—1236年）间毁。

有些地方的关帝庙就是早先的火神庙。山西介休的祆神楼，由于明嘉靖十一年（1532年）朝廷下诏毁淫祠，遂改成“三结义庙”。武威凉州区大云寺迄今有火神殿，两尊铜佛重400公斤，一度失窃，至2003年9月才重归故地。

元代，祆教在中国已告湮灭。但中国的火神崇拜却或多或少地留存在各地民间信仰中。像波斯一样，中国的火神也是战神。元王实甫《西厢记》第七折有“赤腾腾点着祆庙火”，元曲《争报恩》第一折出现“我今夜着他个火烧祆庙”的词句，都是祆庙转为火神庙的例子。明代万历年间臧晋叔编《元曲选》，列目有李直夫《火烧祆庙》一出，仙吕宫与双调各有《祆神急》一出。今存朱庭玉《【仙吕】祆神急》（《朝野新声太平乐府》卷六），只存后人改编的歌词，波斯风格的曲调早已无存，可说是祆教礼乐在中国的残迹。祆教的火神庙最终成了中国的民间信仰，历明清而到20世纪，仍在许多城市、乡村中香火不绝。

二、摩尼教在中国的传播

（一）摩尼和中国北方的摩尼教

在萨珊波斯时代，由波斯人摩尼（216—274年）创立的摩尼教曾对世界各地产生广泛的影响。摩尼出生在帝国政治中心泰西封—塞琉西亚附近的玛第奴

（Mardinu），属于帝国西部地区，受到希腊、罗马文化的熏陶。摩尼在12岁时已萌发创造新宗教的意愿，到24岁时正式开始传教，并航海去印度杜兰（信德）传教，取得成功。萨珊国王沙普尔一世登位后，他回国宣教，用中古波斯文（帕拉维文）写了《沙普拉干》（Sābuhragān）的教义概要，意即“献给沙普尔之书”，见到了国王，并得到信赖。243年4月9日，在沙普尔加冕典礼上，摩尼公开宣讲他创立的二宗三际论，开始了不受地区和国界限制的宣教活动。

摩尼教将明暗二宗当作世界的本原，将光明王国和黑暗王国看作是一开始即已存在的两个相邻的王国。光明王国的最高统治者在中古波斯语中称为查文（Zawān，永恒），汉译明父或大明尊。摩尼自称是继琐罗亚斯德、佛陀、耶稣等圣贤之后的，被大明尊派到世间，以二宗三际说指导人类解脱善恶之争的最后一名使者。二宗指光明和黑暗，善和恶；三际指初际、中际和后际，即过去、现在和未来。他在244年后的十五年中派传教团分头到罗马帝国东方行省和巴勒斯坦、帕提亚等地传教。东方传教团由精通帕提亚语的阿摩（Ammō）率领人数众多的教士组成，前往帕提亚。摩尼生前，他的门徒大约已进入费尔干纳传教。到10世纪时，阿拉伯作家纳迪姆编写《百科书录》，便说摩尼曾亲自到中国传教[①]。

摩尼要毁灭人的肉身而修炼灵魂的教旨，受到穷兵黩武的波斯统治者的忌讳。沙普尔死后，继位的巴赫拉姆一世（273—276年在位）确立祆教为国教，排斥摩尼教，拘捕摩尼，迫害教徒。277年将摩尼钉死在十字架上，并开始对摩尼教徒的大规模驱杀，摩尼的信徒只得纷纷逃离已无立足之地的波斯，涌向东方。在西方，罗马皇帝戴克里先（284—305年在位）也于296年敕令将摩尼僧侣烧死，信众斩首，并没收财产。摩尼教的中心原在巴比伦，由于波斯的摩尼教徒成批东迁，中亚河中地区粟特人信徒的增加，摩尼教中亚教团才成为最强大的一个教团。6世纪末，中亚教团在来自巴比伦的领袖撒特—奥尔米兹领导下以正统（Dēnāwars）自居，宣告与巴比伦总教会决裂。汉文摩尼教残经中将此宗译作“电鄅（那）勿”。直到8世纪初巴比伦法王米尔在位（约710—740年）时，两处教团才重新统一起来。

唐代以前，摩尼教已由中亚教团传入中国内地。晋人荀氏《灵鬼志》记叙：“太元十二年（387年），有道人外国，能吞刀吐火，吐珠玉金银。自说其所受术即白衣，非沙门也。”[②]“白衣”可能是摩尼教在中国内地最早的称谓。从各地发生的农民起义

① 达奇：《百科书录》（B. Dodge, *The Fihrist of al-Nadm*），纽约1970年版，第77页。

② 释道世：《法苑珠林·咒术篇》卷七引《灵鬼志》。

看，有许多是摩尼教信徒与弥勒佛的信徒。比较明显的有以下十起[1]：

450年左右，宋彭城（今徐州）通往外地的水路被“白贼所断”。（《宋书》卷四十六）

490年，沙门司马惠御自言圣王，谋破平原郡。（《魏书》卷七）

499年，幽州王惠定自称明法皇帝。（《魏书》卷八）

506年，秦州屠各王法智反，推州主簿吕苟儿为主，号建明元年。（《北史》卷十七）

506年，泾州人陈瞻也反，建年号圣明。（《魏书》卷五十八）

514年，幽州沙门刘僧绍聚众反，自号净居国明法王。（《魏书》卷八）

524年，五城郡（山西蒲县）山胡冯宜都、贺悦回成反。其以妖妄惑众，假称帝号，服素衣，持白伞白幡，率诸逆众，于云台郊抗拒王师。（《魏书》卷六十九）

610年，春正月，有盗数十人，皆素冠练衣，焚香持华，自称弥勒佛，入自建国门。监门者皆稽首。既而夺卫士杖，将为乱。（《隋书》卷三）

613年，唐县宋子贤，善为幻术。每夜，楼上可见佛形，宋称弥勒出世。入伙者日数百千人，遂潜谋作乱，将为无遮佛会，欲举兵袭击乘舆。（《隋书》卷二十三）

614年，扶风桑门向海明自称弥勒出世，潜谋逆乱。举兵数万，自称皇帝，建元白乌。（《隋书》卷四）

这些起义队伍或多或少受到摩尼教或祆教的影响。他们所用的年号和法号如“圣王”“明法皇帝”“建明”“圣明”“净居国明法王”等，都为汉文摩尼教经籍所常见。起义者崇尚白色，戴素冠，穿素衣，持白伞、白幡，和摩尼教雷同。《摩尼光佛教法仪略》指出摩尼“串以素帔”“其居白座”，都以白为光明、洁净的象征。《仪略》规定前面四个等级的信徒（慕阇、萨波塞、默奚悉德、阿罗缓）都得按例穿戴素色冠服，只有第五级的耨沙喭，即一般信徒，可以“听仍旧服”。勒·柯克在新疆哈拉和卓故址摩尼教寺院中发现壁画残件，图中老翁摩尼及左右侍从全是白衣白冠[2]。吐鲁番出土摩尼教经书的扉页和残页上的教徒都戴白色高冠，穿白衣。弥勒转世也是摩尼教入华以后借助于西晋、后秦所译佛教弥勒佛经籍的宣道手法。摩尼教残片M801就

① 柳存仁：《唐前火祆教和摩尼教在中国之遗痕》，《世界宗教研究》1981年第3期，第36—61页。

② 勒·柯克：《中国新疆的地下宝藏》（A. von Le Coq, *Buried Treasures of Chinese Turkestan*），伦敦1928年版，第58页；克林凯特：《摩尼教美术与书法》（H-J. Klimkeit, *Manichaean Art and Calligraphy*），莱顿1962年版，第44页，图41a，图41b，图42。

将摩尼比作弥勒佛，说他“打开了乐园的大门”[①]。

在唐代以前，摩尼教义无疑已在中国北方特别是陕西、河北、甘肃等地得到传扬。为使传教顺利进行，吸收、依托早先便在中亚细亚和中国流行的佛教，使摩尼教蒙上一层佛学的色彩，是6世纪以来中国北方摩尼教的一个历史特点。吐鲁番发现的粟特文摩尼教残片T. M. 389已提到阿摩在帕提亚便已宣扬“明使的佛性”[②]。摩尼成为佛教中的一个天神，越来越富有佛的气息。在731年，外籍摩尼教徒向唐玄宗介绍摩尼教时，便公然将教祖称作“摩尼光佛”了。

694年，波斯人摩尼师拂多诞向武后献《二宗经》，于是摩尼教正式获准在内地传教。《佛祖统纪》卷三十九：

> 延载元年，波斯国人拂多诞持《二宗经》伪教来朝。

《二宗经》宣扬摩尼教的基本教义二宗三际。摩尼生前除用他家乡的东阿拉美语（古叙利亚语）所写的七部经书外，还有一部用中古波斯语写作、献给波斯王沙普尔的《沙普拉干》。献给中国皇帝的《二宗经》就是根据《沙普拉干》译写的。在20世纪初勒·柯克在吐鲁番发现的摩尼教残片中也有《沙普拉干》的片段，有几片上还标有中古波斯文“二宗／沙普拉干”字样[③]，意思是“献给沙普拉干的二宗经”，也就是被拂多诞献给武后的《二宗经》[④]。

《二宗经》被献给中国君主，此举犹如当年摩尼在波斯王宫中当众开讲《沙普拉干》一样，是实现摩尼在罗马、埃塞俄比亚（非洲）和中国传教的重要的一步。摩尼教因此取得了在中国合法布道的权利。

二十多年后，阿富汗的吐火罗国支汗那王又派精通天文的摩尼高僧大慕阇来长安，期望在长安建立摩尼寺。《册府元龟》卷九七一记这事于开元七年（719年）：

---

① 艾斯曼逊：《摩尼教文献》（J.P. Asmussen, *Manichaean Literature*），纽约1975年版，第63页。

② 林悟殊：《摩尼教及其东渐》，中华书局1987年版，第43页。

③ 林悟殊：《摩尼教及其东渐》，中华书局1987年版，第195页引麦肯西：《摩尼的沙普拉干》（D.N. Mackenzie，*Mani's Sābuhragān*），伦敦大学《亚非学院院刊》（BSOAS）1979年第42卷，第3页；1980年第43卷，第2页。

④ 刘南强：《宋代反摩尼教的指控》（Samuel N. C. Lieu, *Polemics against Manichaeism as a Subversive Cult in Sung China*），《约翰·里兹大学丛刊》（Bulletin of the John Rylands University Library），1979年第2期，第157页。

六月，大食国、吐火罗国、康国、南天竺国并遣使朝贡，其吐火罗国支汗那王帝赊上表献解天文人大慕阇。其人智慧幽深，问无不知。伏乞天恩唤取慕阇，亲问臣等事意及诸教法，知其人有如此之艺能，望请令其供奉，并置一法堂，依本教供养。

据明人何乔远的《闽书》载，大慕阇在唐高宗时已行教中国。《闽书》卷七：

慕阇当唐高宗朝行教中国。至武则天时，慕阇高弟密乌没斯拂多诞复入见。群僧妒谮，互相击难。则天悦其说，留使课经。

摩尼教行教内地，曾传译经典，因此还有一些残经传世。《摩尼光佛教法仪略》是奉诏编写的一部教法提要，卷首署有“开元十九年六月八日（731年7月16日）大德拂多诞奉诏集贤院译”。这是20世纪初在敦煌发现的三部汉文摩尼教残经中的一部，由Stein3969和Pelliot3884合成。另有今藏北京图书馆的《摩尼教残经一》（1911年罗振玉定名为《波斯教残经》[①]），和现存伦敦不列颠博物馆，约成于8世纪下半叶，佛化程度极深的《下部赞》。摩尼生前用东阿拉美语所著七部经典和中古波斯文所著《沙普拉干》曾先后译成拉丁文、希腊文、柯柏特文、亚美尼亚文、帕提亚文、突厥文、粟特文、汉文、大夏文、回鹘文、阿拉伯文等多种文字。《下部赞》是由粟特文译成汉文的经典。

为迎合唐朝统治集团，《摩尼光佛教法仪略》的编者引证佛典，公然以佛教一宗自居。《仪略》引萧齐沙门释昙景译《摩诃摩耶经》：“佛灭度后一千三百年，袈裟变白，不受染色。”暗示摩尼教为佛陀后裔所传。又引证东晋天竺佛陀跋陀罗译《观佛三昧海经》：“摩尼光佛出世时，常施光明，以作佛事。”

出于同一目的，《摩尼光佛教法仪略》的编者还依附道教，公然宣扬老子化胡，声称释迦、老子与摩尼三圣同一。它引证道经《老子化胡经》云：“我乘自然光明道气，飞入西挪玉界苏邻国（Sūristān）中，示为太子。舍家入道，号曰摩尼。转大法轮，说经戒律定慧等法，乃至三际及二宗门。”将老子化身入苏邻国（巴比伦）作为道教与摩尼教合流的依据。《仪略》又说：“虚应灵圣，觉观究竟，故号摩尼光佛。光明所以彻内外，大慧所以极人天，无上所以位高尊，医王所以布法药。则老君托孕，

① 刊于《国学丛刊》1911年第2册，罗振玉整理。

大阳流其晶；释迦受胎，日轮叶其象。资灵本本，三圣亦何殊？成性存存，一贯皆悟道。”《仪略》的这些新渗入的教义为前此所未有，是摩尼教进一步中国化的证据。

摩尼教虽想依托佛、道，涉足于中国社会，但却受到佛教的卫道士的攻击，翌年即遭禁断。《通典》卷四十有一条禁令：

开元二十年七月敕，末摩尼法本是邪见，妄称佛教，诳惑黎元，宜严加禁断。以其西胡等既是乡法，当身自行，不须科罪者。

禁令明白规定，中亚粟特人和波斯人中信奉摩尼教的，仍可保持原来习俗，但中国人却不准奉行摩尼。《仪略》写成之后，或有摩尼寺立于长安，但不一年而禁止华人参拜，仅供外商、外侨祭祀，以外事活动场所看待，其例概同于祆教。禁令祆教之前，唐代统治者即视蓄意附会佛、道的摩尼教为邪教。

在武后与玄宗时期，前来中国传教的拂多诞和慕阇都是摩尼僧。《摩尼光佛教法仪略》有“五级仪”，介绍摩尼僧有五个等级：

第一，十二慕阇（中古波斯语mozak），译云承法教道者。

第二，七十二萨波塞（中古波斯语ispasag），译云侍法者，亦云拂多诞（中古波斯语aftadan）。

第三，三百六十默奚悉德（中古波斯语mahistag），译云法堂主（中古波斯语mānsārār，帕提亚语mānsargar）。

第四，阿罗缓（中古波斯语ardawan），译云一切纯善人。

第五，耨沙喭（帕提亚语nīyōšagān），译云一切净信听者①。

中古波斯文和帕提亚文是东方摩尼教徒的基本用语，属中亚教会通用语言，因此也是经籍中所用术语的原始语言。慕阇十二人，是中亚摩尼教团所拥有的最高神职人员人数。据《闽书》，唐高宗时，位居高位的摩尼教慕阇便已到中国行教，但中国当局当时所注意的恐怕也只是慕阇的天文、星象知识，而不是他的教义。于是在719年

① 摩尼僧五个等级的中古波斯文名称，依吐鲁番发现的中古波斯文摩尼教残经M36，分别是hmwc'g（或hmucg），'spsg，mhystg，xrwhxw'n，nywš'g。见鲍伊思：《中古波斯语与帕提亚语摩尼教字汇》（Mary Boyce, *A Word-List of Manichaean Middle Persian and Parthian*），莱顿1977年版，第45页，第22页，第57页，第99页，第65页。

时又有支汗那国所派的天文学家大慕阇。这位“大慕阇”，可能是位于十二慕阇之上的最高者。这次慕阇通过献技来说服玄宗准许其传教，并在长安建立“法堂”。法堂规模小于寺宇。《仪略》规定摩尼寺必有五堂：经图堂一，斋讲堂一，礼忏堂一，教授堂一，病僧堂一。“右置五堂，法众共居，精修善业。不得别立私室厨库。”所以757年去世的韦述所撰《两京新记》中，长安不见摩尼寺。但这法堂到了732年却被禁止对中国人开放，只限原来信奉摩尼教的外籍人士出入。陈垣说“当时既未许其布教，自不许其建置法堂。摩尼之有法堂，自大历三年始”[①]，未见妥善。

从唐高宗时慕阇来华，到732年摩尼法堂被禁止华人出入参拜，不过半个世纪，摩尼教在内地的传布似乎长期仅限于京师一带。

8世纪下半叶，由于得到北方新兴的回鹘民族统治集团的支持，摩尼教在内地获得了新的宣教阵地而大有进展。与唐军夹击史朝义而引兵洛阳的登里可汗在763年3月班师回国时，从洛阳请去了睿息等四名摩尼高僧，设教于回鹘。到大历三年（768年）长安才有专为回鹘而修建的摩尼寺，赐额大云光明之寺，是为信奉摩尼的回鹘人所建的寺。三年后，因回鹘商人遍布长江流域，又在沿江各地修建摩尼寺。807年，摩尼教又在洛阳、太原建寺宣教。元和（806—820年）年间，摩尼寺在内地至少已有八所，遍布长安、洛阳、太原、江陵、扬州、绍兴、南昌等地。841年回鹘失国后，便有会昌三年（843年）二月下令解除回鹘冠带、废除摩尼寺、放逐摩尼教徒之举。两年以后更有会昌灭佛，连同穆护（摩尼）被迫还俗，规定这些宗教“不杂中华之风”，不准改头换面继续传教。

然而在民间颇有基础的摩尼教却改称“明教”，仍在流传。河南、山西的摩尼教徒不久又在活动。后梁贞明六年（920年），陈州摩尼教徒推毋乙当天子，起而作乱。摩尼教在后唐、后晋时继续秘密活动，堂中供奉踞坐的魔王，以佛为其洗足。此后佛教便以摩尼为“魔王”。10世纪起，内地的摩尼教只得由河南向长江流域秘密传播，到宋代时流行于闽浙民间，即以明教相称。

（二）摩尼教和闽浙文化

福建的福州、泉州是摩尼教在北方失势后转入南方得以建立基业的早期据点。明代何乔远《闽书》卷七《方域志》“泉州府晋江县”条记述晋江县（今晋江市）华表山南麓有元代的草庵，奉祀摩尼佛，指出“其教曰明，衣尚白，朝拜日，夕拜月”。追述摩尼教流布于福建的过程是：“会昌中汰僧，明教在汰中。有呼禄法师（中古波

① 陈垣：《摩尼教入中国考》，《陈垣学术论文集》（一），中华书局1980年版，第340页。

斯语Xrwhxw'n）者，来入福唐（今福清），授侣三山（今福州），游方泉郡（今泉州），卒葬郡北山下。”文中的呼禄法师是中古波斯语的“传教师”[1]，来自中亚细亚或巴比伦。

南方的摩尼教起初以福州为大本营。《佛祖统纪》卷四十八引《夷坚志》：“吃菜事魔，三山尤炽。为首者紫帽宽衫，妇人黑冠白服，称为明教会。……其修持者，正午一食，裸尸以葬，以七时作礼，盖黄巾之遗习也。”福州有摩尼教经典，天禧三年（1019年）以“明使摩尼经”的名义被采入道藏四千五百六十五卷中[2]。

泉州早在南唐就有摩尼师传教。南唐徐铉《稽神录》卷三：

> 清源（泉州）人杨某，为本郡防遏营副将。有大第在西郭，侵晨趋府未归。家人方食，忽有一鹅负纸钱自门而入，径诣西郭房中。家人云：“此鹅自神祠中来耶？”令其奴逐之。奴入房，但见一双髻白髯老翁，家人莫不惊走。某归闻之，怒持杖击之。鬼出没四隅，变化倏忽，杖莫能中。某益怒，曰：“食讫当复来击杀之。”鬼乃折腰而前口诺。杨有女二，长女入厨切肉具食，肉落砧，辄失去。女执刀白父曰：“砧下露一大黑毛手。”曰：“请斫。”女走，气殆绝，因而成疾。次女于大瓮中取盐，有一猴自瓮突出，上女之背，女走至堂前，复失之，亦成疾。乃召巫立坛治之，鬼亦立坛作法，愈盛于巫，巫不能制，亦惧而去。顷之，二女及妻皆卒。后有善作魔法者，名曰明教，请为持经。一宿，鬼乃唾骂某而去，因而遂绝。某其年亦卒。

明教法师以善作魔法闻名，可能是宋代明教又被目为魔教的一大原因，并非完全因为佛教为诋毁摩尼教而故意以“魔”易“摩”。

泉州北门外北山下在20世纪40年代发现摩尼教墓碑两块，显示北山下有摩尼教徒墓地。宋代朱熹有“明灵自安宅，牲酒告恭虔”的诗句（《与诸同僚谒奠北山过白岩小憩》），“明灵”即指明教法师之灵。泉州涂门外也曾发现“管领江南诸路明教秦教”的墓碑石刻[3]。

---

① 刘南强：《宋代反摩尼教的指控》（Samuel N. C. Lieu, *Polemics against Manichaeism as a Subversive Cult in Sung China*），《约翰·里兹大学丛刊》（Bulletin of the John Rylands University Library），1979年第2期，第157页；林悟殊：《摩尼教及其东渐》，中华书局1987年版，第124页。

② 张君房：《云笈七签序》，《陈垣学术论文集》（一），中华书局1980年版，第358页。

③ 庄为玑：《泉州摩尼教初探》，《世界宗教研究》1983年第3期，第77—82页。

泉州南门外华表山背的草庵又名青草庵，初建于11世纪初。天圣二年（1024年）考取进士的曾公亮曾与草庵僧侣交游。《曾氏族谱》中载有曾公亮在浙江宁波当官时与草庵摩尼僧定诸的往来信件，有赠诗一绝："四明山去剌桐城，往还都无一月程。日日焚香遥顶礼，岁时其待出郊迎。"注："草堂僧定诸，晋江人，博通内外经典，归隐于青草庵。"[①]20世纪50年代，吴文良在泉州南门外二十公里的晋江县罗山乡苏内村（宋代仁教里）的华表山麓找到了草庵遗址[②]。中厅有摩尼浮雕像一座，无冠，发披肩上，下巴有两缕长须，背有弧光十多条。上角有铭刻，左上刻："兴化路罗山境姚兴祖奉舍石室一院，祈荐先君正卿姚汝坚三十三宴，妣郭氏五九太孺，继母黄十三娘，先兄姚月涧，四学世生界者。"右上刻："谢店市信士陈真泽立寺，喜舍本师圣像，祈荐考妣早生佛地者，至元五年戌月四日记。"现存草庵是元代泉兴信徒陈、姚两人修建。前此遗迹已荡无所存。草庵之南只有废寺一处，前有古桧二株，两人可以合围，《泉州宗教石刻》说是唐时所植。草庵寺前20米处曾在1979年掘出外壁刻有"明教会"的黑釉瓷碗一件。同一类型的瓷碗残件又见于晋江磁灶大树威宋代窑址出土的"明"字碗上，为草庵建于宋代又多提供了一件物证[③]。草庵附近的前港，原是通海的古港，现已成为陆地。草庵位于唐代自泉州至南港（今安海港）的大道附近，为集市之所。泉州摩尼教寺院草庵是中国现存最早的摩尼教遗迹，大约由福州自海路传入，所以草庵建于古港附近。草庵是北宋早期佛教寺院化的南方摩尼寺的代表。附近有元代摩崖石刻："劝念清净光明，大力智慧，无上至真，摩尼光佛。"四者代表摩尼教对光明、智慧、威力和永恒的信仰，以摩尼光佛为光明王国的统治者，相当于汉文摩尼教经中的明父或大明尊，为《仪略》所宣扬的"四寂法身"[④]。

摩尼教从福建向浙江扩散，要通过民间传教团体设立的明教斋堂。温州继福州成为南方摩尼教的传教中心。北宋徽宗（1100—1126年在位）尊奉道教，京城（开封）佛寺被废弃的不少，摩尼教亦依附道教而得以发扬。13世纪的思想家黄震曾从四明崇寿宫住持张希声手中得到《衡鉴集》，明确福州、温州都有摩尼经典流传：

① 庄为玑：《泉州摩尼教初探》，引《武城曾氏族谱·曾公亮传》（抄本），《世界宗教研究》1983年第3期，第77—82页。

② 吴文良：《泉州宗教石刻》，科学出版社1957年版，第44—45页，图107。

③ 黄世春：《福建晋江草庵发现"明教会"黑釉碗》，《海交史研究》1985年第1期。

④ 1989年、1990年连续在福建莆田县涵江区找到摩尼教残碑，经辨认，全碑刻的是"清净光明，大力智慧，无上至真，摩尼光佛"，与草庵摩崖石刻内容相同。

希声复缄示所谓《衡鉴集》，载我宋大中祥符九年（1016年）、天禧三年（1019年）两尝敕福州，政和七年（1117年）及宣和二年（1120年）两尝自礼部牒温州，皆宣取摩尼经颁入《道藏》，其文尤悉[①]。

摩尼教在民间秘密团体中颇有号召力，白莲、白云等佛教宗派亦常与之合流而难以辨别。《佛祖统纪》卷五十四引有宗鉴《释门正统》对摩尼教的评论："今摩尼尚扇于三山，而白莲、白云处处有习之者。大抵不事荤酒，故易于裕足；而不杀物命，故近于为善。愚民无知，皆乐趋之，故其党不劝而自盛。"三山（福州）的摩尼如此，温州的明教更遍于各村。政和四年（1114年），明教在温州所设斋堂已有四十余处，并且私建无名额堂。宣和二年（1120年）十一月四日臣僚的奏章中更明白提到：

温州等处狂悖之人，自称明教，号为行者。今来明教行者，各于所居乡村建立屋宇，号为斋堂，如温州共有四十余处，并是私建无名额佛堂。每年正月内，取历中密日（星期日——引者），聚集侍者、听者、姑婆、斋姊等人，建设道场，鼓煽愚民，男女夜聚晓散。（《宋会要辑稿·刑法》）

政府虽明令禁止，但摩尼教俭朴、互助、友爱的结社思想仍像野火春风一样迅速传开。12世纪初庄季裕《鸡肋编》卷上以事魔食菜教相称，记述他们的结社互济：

事魔食菜，法禁甚严。有犯者，家人虽不知情，亦流于远方，以财产半给告人，余皆没官。而近时事者益众，云自福建流至温州，遂及二浙。睦州方腊之乱，其徒处处相煽而起。闻其法：断荤酒，不事神佛祖先，不会宾客。死则裸葬。……又始投其党，有甚贫者，众率财以助，积微以至于小康矣。凡出入经过，虽不识，党人皆馆谷焉。人物用之无间，谓为一家，故有无碍被之说，以是诱惑其众。

这些民间秘密结社性质的"事魔"具有平分财产、贫富平等的思想，在教理上已带有6世纪以来在伊朗、伊拉克流行的马兹德教的色彩。马兹德教的创立者是波斯人马兹德，约在487年生于纳沙布尔，提倡新二元论。他的学说也认为宇宙间存在光明与黑

① 黄震：《慈溪黄氏日抄分类》卷八六《崇寿宫记》。

暗之争，但与琐罗亚斯德教、摩尼教不同，主张人类生而平等，金钱应该共享。马兹德断定金钱多半是人类争战与离异的原因，因此金钱也应如水、火、草、木，人人得而共享。马兹德教徒虽在533年遭到屠杀，但马兹德的主张却在伊斯兰教兴起以后继续得到人们的拥护。伊本·海克尔说，直到8世纪中叶伍麦叶王朝终止时，克尔曼各地的村民还都是马兹德教的信徒。

塔巴里对马兹德教有这样的评论："马兹德和他的信徒，宣称他们抑富助贫，取多济寡，倡导人们不应占有多余的金钱、妇女、商货。于是市井流氓乘机而起，与马兹德的信徒并肩作战，参加马兹德教徒的活动。人民遭浩劫，而马兹德教却日益扩展，甚至强入私宅，奸淫掳掠，无所不为。不久，闹得父子反目，财产受到劫夺。"又说："马兹德以金钱、妇女的平等作为该教的主张，以为必须如此，才算做到了安拉所倡导的善行，才会得到安拉的酬报。马兹德认为，他的教派虽不是秉承安拉的使命，却是一种善良的行为，因为安拉旨在使人类平等。"[①]奥斯曼哈里发（644—656年在位）时，阿布·宰理从伊拉克和也门的马兹德教派吸收了贫富均等的思想，他认为有钱而不用于主持公道，死后头、额和全身必受火烧。于是引得穷人起而攻击富者。而阿布·宰理廉洁而侠义，在民间深受爱戴，对伊斯兰教中的苏菲派很有影响。福建的摩尼教早期寺院曾依附佛教，而民间极为炽盛的结社活动显然是由于那种均贫富、和衷共济的教规深得人心。流入浙江温州的明教行者在各地建立斋堂，甚至私建无名额堂，不事神佛，"但拜日月，以为真佛"[②]的"事魔"，当中有许多马兹德教的成分和阿布·宰理的苏菲派教义在内。

10世纪以来，福州、泉州各地外商出入，伊斯兰教徒驻足其地，也是福建沿海流行摩尼教，并进一步杂有马兹德教派思想的重要原因。伊本·纳迪姆《百科书录》就曾说过："摩尼教中的许多领袖，表面上虽改宗伊斯兰教，实际仍然崇奉摩尼，伍麦叶王朝末代哈里发穆尔旺（744—749年在位）的老师便是其中之一。"福州、泉州乃至温州流行摩尼教或事魔的斋堂，正是宋代与阿拉伯世界发展海上贸易所带来的文化影响。摩尼师呼禄法师最先赴闽，传扬北方正宗摩尼教。但此后，在东南沿海，许多乡村中出现了以明教自称的斋堂和无名佛堂，直到1120年，即方腊在浙西发动起义的一年，这些民间的信徒仍恪守摩尼教以密日（星期日）建设道场、夜聚晓散的活

① 塔巴里：《先知和国王编年史》(al-Tabarī，*Ta'rīkh al-Rusul wal-Mulūk:The Annals of the Prophets and Kings*)，德琼耶（de Goeje）英译本，莱顿1879—1901年版，第2卷，第88页；阿赫默德·艾敏：《阿拉伯文化的黎明时期》，纳忠译，商务印书馆1958年，第111页。

② 庄绰：《鸡肋编》卷上，商务印刷馆1935年版，第10页。

动方式。该年冬季，方腊聚众在浙西淳安起义，影响达于三路十八州军，温州永嘉的“大翁”俞道安、台州仙居的吕师囊亦都在摩尼教的旗号下起而响应。于是统治者便以“诸路事魔聚众烧香等人”相呼（《宋会要辑稿·刑法》），下令焚毁《二宗经》以外一切传习经文。此后数十年间，“事魔食菜”便成了官府对摩尼教及其支派的专称。经文遭到禁毁之后，摩尼教的活动方式更灵活多变。民间秘密结社的白衣宗教已逐渐脱离早先摩尼教的教规，以白衣善友为名聚集结社，渐有均贫富、结帮集资的宗旨，与西亚马兹德教派聚众起事、共同对付豪绅富室的做法极类似。活动方式也比较自由，由密日结聚变成平居暇日公为结集。

政府对这种民间结社以左道、邪教相视加以禁断，而信者依然日众，到12世纪末，干脆以道民的面目出现，假借佛道托附生存。庆元四年（1198年）九月十三日，臣僚上言道民便是吃菜事魔的流变：

> 浙右有所谓道民，实吃菜事魔之流，而窃自托于佛老，以掩物议。既非僧道，又非童行，辄于编户之外别为一族。奸淫污秽甚于常人，而以屏妻孥、断荤酒为戒法。贪冒货贿甚于常人，而以建祠庙、修桥梁为功行。一乡一聚，各有魁宿。平居暇日，公为结集，曰烧香，曰燃灯，曰设斋，曰诵经，千百为群，倏聚忽散，撰造事端，兴动工役，夤缘名色，敛率民财，陵驾善良，横行村疃。间有斗讼，则合谋并力，共出金钱，厚赂胥吏，必胜乃已。每遇营造，阴相部勒，啸呼所及，跨县连州，工匠役徒，悉出其党，什器资粮，随即备具。人徒见其一切办事之可喜，而不知张皇声势之可虑也。及今不图，后将若何！乞行下浙西诸郡，今后百姓不得妄立名色，自称道民，结集徒党。（《宋会要辑稿·刑法》）

道民于浙江各地的兴起，是摩尼教在民间普遍流传的表现。此时浙江的摩尼教流派甚多，实已远胜福建。

浙江的寺院式摩尼教大多依托道教，受到官府保护，所以民间摩尼教在南宋后期多以道民自称。四明（宁波）有崇寿宫，曾由宋代思想家黄震写作《崇寿宫记》，其历史大约可上溯到北宋初期。南宋绍兴十八年（1148年），泉州石刀山麓的摩尼寺建成，由僧人吉祥募资供奉摩尼像，号曰摩尼寺。温州的摩尼寺潜光院可能早在南宋末便已出现，另一座选真寺则大约略晚于泉州石刀山的摩尼寺。

据元代文人陈高（1315—1367年）《不系舟渔集》卷十二《竹西楼记》载，温州平阳炎亭，三面负山，东临大海，有潜光院。“潜光院者，明教浮图之宇也。明教之始，相传以为自苏邻国流入中土，瓯越人多奉之。其徒斋戒持律颇严谨，日一食，昼夜七时，咏膜拜。”陈高于至正十一年（1351年）七月望日作记时，潜光院住持是石心上人，而创建此院的是石心之师德山。据此推测，大约在13世纪末就已有潜光院了。

温州苍南县括下乡下汤村在1989年出土了孔克表所作《选真寺记》的碑刻。碑文较之民国十四年（1925年）刊行的《平阳县志·神教志》所录更为翔实。碑文说，平阳郭南行百十里，有鹏山，是彭氏世居之处，立寺“曰选真寺，为苏邻国之教者宅焉，盖彭氏之先所建也”。碑文原有彭君如山奋谓其侄德玉曰“寺，吾祖创也”的话，为《平阳县志》录文所脱[①]。碑文作者孔克表（约1314—1386年）与陈高一样都是平阳人。《选真寺记》虽不写明写作年月，但从碑文内容可知为彭如山先祖所立，年代当比潜光院为早。

在温州建立选真寺、潜光院等依托佛道的摩尼寺的是来自漳州、泉州的移民。瓯海区川沙《周氏族谱》说：“乾道（1165—1173年）间，吾温遭洪水患，所余黎民靡有孑遗。奉诏徙福民实其都。”于是这些来自福建的摩尼教徒在山清水秀的地方创建了选真寺、潜光院等摩尼寺院。

元代至元（1264—1294年）到皇庆（1312—1313年）间，摩尼教寺院和景教一样受到政府保护，政府明令放任传教。泉州石刀山、华表山的摩尼寺、草庵寺在大德（1297—1307年）年间均经修复。在至元五年姚兴祖奉舍石室，陈真泽喜舍圣像之前[②]，已有人在今草庵寺遗址附近结草为庵，于是名为草庵寺。现在遗址内还存有覆盖摩尼佛石像的庙殿。1954年泉州通淮门外津头浦发现汉字石碑一块，两行53字：

> 管领江南诸路明教、秦教等，也里可温、马里失里门、阿必思八古、马里哈昔牙。皇庆二年，岁在癸丑，八月十五日，帖迷答扫马等泣血谨志。

首句系古叙利亚语的汉译，意思是“献给江南诸路明教（摩尼教）、秦教（景教）的

① 周梦江：《从苍南摩尼寺的发现谈温州摩尼教》，《海交史研究》1990年第2期。

② 吴文良原著，吴幼雄增订：《泉州宗教石刻》（增订本），科学出版社2005年，第443页。

管领者，最尊敬的基督教主教马里失里门”[1]。碑文立于1313年。元政府对两浙、江东西盛行的“吃菜事魔，传习妖教”的民间结社概以乱众左道相视，严加禁断。元代对“诸以白衣善友为名聚众结社者，禁之”（《元史·刑法志》），是对两浙、江南民间有组织的摩尼教社团而言的。

明代一开始就因明教上逼国号而“摈其徒，毁其宫”[2]。明律规定：“妄称弥勒佛、白莲社、明尊教、白云宗等会，一应左道乱正之术……煽惑人民，为首者绞，为从者各杖一百，流三千里。”[3]清律遵此以行。福建、浙江摩尼教寺院因而衰废，泉州华表山草庵在明英宗正统（1436—1449年）后受佛教排斥而荒芜。1552年，安海明教徒起而反抗，晋江知县钱楩将草庵作为镇压起义的指挥所，事后并刻石吹嘘其功绩。嘉靖（1507—1566年）后草庵改成龙泉书院。据《闽书》载，明末摩尼教因遭不断打击而不能生存，“今民间习其术者，行符咒，名师氏法，不甚显云”。清代摩尼教在民间已与各种以符咒、坛主为特征的迷信活动相糅合，而难以以独立的面目出现了。

三、佛教徒在中国的传教活动

东汉首都洛阳是佛教进入内地以后弘扬传播的重镇。各国僧侣在2世纪以后陆续来华传教，大月氏、天竺、康居、安息高僧占有重要地位。安息高僧以安清、安玄、昙无谛、安法贤、安法钦最为著名。

汉桓帝（146—168年在位）在宫中立黄老、浮屠之祠，佛教虽有经典，但传译无几，语多托附黄老道学。安清、支谶来华，对佛教经典的翻译不遗余力，佛教才在洛阳等地得到广泛的流传。

安清，字世高，安息高僧，在西域各国来华传教的僧侣中处于承前启后的地位。安清原是安息国王奥斯罗埃斯一世（109—129年在位）之子，因厌倦政事，遂誓志考察各国，研究佛教经藏。148年，安清抵达洛阳，从此终老中国。佛教有较多的信徒，多半仰赖安清与支谶的翻译。安清对教理有精深的领会，又能加以讲解。他本人精通梵典，来华不久又通解汉语，善于译经传教，严浮调《沙弥十慧章句序》说汉代人尊称为安息菩萨：“有菩萨者，出自安息，字世高。”后世又称竺朔佛为天竺菩萨，

① 刘南强：《华南沿海的景教徒和摩尼教徒》，《海交史研究》1987年第2期。

② 何乔远：《闽书》卷七《方域志》。

③ 高攀：《大明律集解附例》卷一一，学生书局1986年版。

支娄迦谶为月支菩萨，法护为天竺菩萨，安清则是首先赢得时人公认的佛学大师。

自148年到171年，安清共译经39部，而道安《经录》只列出35部40卷。安清善于对法，称阿毗昙师，简称毗昙师。毗昙常按法数分列，纲目明晰，文传之外又加以口头讲解，逐条论说，按经典中的事数举七法、五法、十报法、十二因缘、四谛、十四意、九十八结，一一加以梳理。《阿含口解四谛经》《十四意经》《九十八结经》都是安清的讲稿，不只是译经了。在阿毗昙中，特说禅定法数，所译经也以禅数最为完备，对后世禅法的流行影响尤大。汉魏之际，学佛的人都崇尚安清所传大乘禅法，他所译大小《十二门经》《明度五十计较经》《修行道地经》都是禅经。安清译作中的大小《安般守意经》尤其是中华最初流行的教法。念安般即是持息念中十念之一。安般，即出息、入息，与中国道家以呼为出故、吸为纳新相似。道家以导气养性度世而不死，或以食气者寿。东汉末魏伯阳《周易参同契》中的吐故纳新之术似与安清所传禅法类同，成为汉代佛道相互依附的根据。汉魏时代，安般禅法因此而得以盛行。安清在洛阳宣讲佛理，听者云集。《道行经后记》说洛阳城西有菩萨寺，或者就是安清止息的地方。安清的足迹遍及长江的庐山、会稽，又到过岭南的广州。最后死在豫章（南昌）的郏亭庙。佛教在南方的传扬，安清是首开风气的人物。

安清的入门弟子有临淮严浮调（严佛调）、南阳韩林、颍川皮业、会稽陈慧，集大成的则是康居僧侣康僧会。传说安清生前曾封函地下，预言“尊吾道者居士陈慧，传禅经者比丘僧会”。陈慧是华人，僧会是中亚僧侣，当时传布佛教仍难脱离外籍佛僧。

继安清来华传教的有安息优婆塞（居士）安玄。安玄在灵帝末年到洛阳经商，因功封骑都尉。后来信奉佛教，参与法事，学习汉语也大有进展，以宣讲佛典为己任，人称都尉玄。他与临淮严浮调合作，由他口译梵典，严浮调加以笔录，译成《法镜经》。严浮调在安玄启发下出家修道，是早期华僧之一。严浮调受安清与安玄的教诲，专心修佛。世称安侯（安清）、都尉（安玄）、佛调三人传译，号为难继。在当时佛典传译与宣教事业上，安息僧侣的重要性于此可见一斑。

魏晋之际，安息佛教渐衰，祆教作为萨珊波斯的国教大为兴盛。安息佛教僧侣来华传教的，有魏正元（254—255年）年间到洛阳的昙谛，265年来华的安法贤，281年来到中国的安法钦。隋唐之际的佛学大师吉藏则是安息移民之后，以弘扬佛学著称。

在汉晋间传译佛教的大多是来自伊朗世界的佛教徒，他们带来了宣扬光明及西方乐土的伊朗思想，以及借助于中古波斯语和东伊朗语的词语，对中国佛教的形成与成长产生了极为有利的长远效应。法国东方学家保罗·伯希和就曾作过如此的评论：“在二三世纪，以安世高为首的佛教的第一批大翻译家，乃是康居人、大月氏人、波斯人，印度人只是少数几个。所以有些教义，如与无量光明阿弥陀佛及其西方极乐世界相关的佛教理论，都浸透了伊朗思想。大家都知道，一大批佛经是由住在西域的伊朗人精心创作而成的。这就不难使人理解，有些词汇尽管是借自佛教的术语和专名，却是仰赖伊朗语的格调传入的。”伊朗传统思想中代表过去、现在与未来的三际（或三界）以及对乐土的追求，都以特殊的方式与中国的佛教相糅合，而成为它不可分割的组成部分。

四、什叶派伊斯兰教在中国的传播

什叶派是在穆罕默德逝世后，承认穆罕默德的女婿阿里为唯一合法继承人的穆斯林派别，最初由赛尔曼·法里西、阿布·达尔和米格达德·本·阿斯瓦德·辛迪等三人组成。只有他们三人在先知去世时拥护阿里当继承人。“什叶”是阿拉伯语的音译，意即“阿里的同党”。先知的其他战友则因效忠阿布·伯克尔而被大多数什叶派人视为对先知的变节。从此，在伊斯兰教的历史上便出现了主张伊玛目职位属于麦加的古来氏族的逊尼派和只承认伊玛目应当由先知家族成员阿里的后裔来担任的什叶派的分歧和斗争。但什叶派在政治领域里长期遭受挫折，只得将主要精力放在对宗教教义的思考和宣讲上。按照对伊玛目地位的解释，什叶派又分裂成宰德派、伊玛目派和极端派三个派别，并有许多支派。

被阿拉伯人征服的波斯人从一开始便参与了什叶派，以对抗逊尼派的统治。860年以后，由什叶派建立的国家相继在里海、也门、阿拉伯半岛东北部和北非出现。伊玛目派（称十二伊玛目派）成为什叶派中人数最多的教派。伊朗人口的大多数，伊拉克半数以上的人口都是该派的信徒。在阿拔斯哈里发哈伦·拉希德统治时期，什叶派曾经在宫廷中起着显著的作用。哈里发麦蒙一度采用什叶派的绿色服装作为国家服色。945年布韦德人进入巴格达后，什叶派在首都站住脚跟。1055年塞尔柱人进驻巴格达后，什叶派在帝国的心脏地区盛极一时，规范的圣训集《四圣书》便诞生在这一时期。系统的什叶派神学则开始于旭烈兀的宰相、波斯学者纳速剌丁·杜西的《信仰分析》一书的发表。由于元朝和伊儿汗国的特殊关系，什叶派教义在中国得到了广泛的传扬。

1501年兴起的萨法维王朝（1501—1736年）公开承认什叶派的教义，在波斯和美索不达米亚各地建立了什叶派的神学院。16—17世纪也是什叶派神学家多产的时期。元、明时代的中国穆斯林通过元代创办的回回国子学和以后采用波斯文的经堂教育受到了什叶派教义的熏陶。其中居住在帕米尔高原的塔吉克族是什叶派中伊斯马仪教派的信徒，他们崇奉穆罕默德、阿里、法蒂玛、哈桑和侯赛因这五位圣人。

中国穆斯林之有别于其他国家伊斯兰教的是，他们不像逊尼派教徒那样注重《古兰经》经文，而更致力于引用名为《塔夫西尔》的古兰经注释。他们常以什叶派信徒通用的名字如阿里、法蒂玛、哈桑、侯赛因为自己的名字。中国阿訇在讲经时，对阿里（第四位哈里发）的骁勇善战尤其津津乐道。《古兰经》原文虽是阿拉伯文，但中国的伊斯兰经堂用语习惯沿用波斯语词汇。如中国穆斯林以胡达（Khudan）称真主，以诵经礼拜为纳马兹（Namaz）；一日五次祈祷，分别称晨礼为榜不达（Bambād），称午礼为撒申（Pashīn），称晡礼为底格儿（Dīgur），称昏礼为沙姆（Shām），称夕礼为虎甫滩（Khuftan）；以阿訇（Akhund）称教师，对穆斯林呼作木速儿蛮，以别庵伯尔谓先知。这些用词都是波斯语。

波斯什叶派教徒在宋元之际充斥于中国沿海各地，扬州、杭州、宁波、福州、泉州都有他们的踪迹。现存最早的什叶派寺院是1310年在泉州通淮街重修的圣友寺（通称泉州清净寺）。根据阿拉伯文的修寺碑刻，修寺者自称阿里派教徒：

> 本地人士的第一座礼拜寺，便是这座公认最古老、悠久、吉祥的礼拜寺，建于伊斯兰历400年（1009—1010年）的艾苏哈卜大寺（圣友寺）。三百年后，艾哈曼德·伊本·穆罕默德·贾德斯，即设拉子著名的鲁克伯哈只重修此寺，扩建了高悬的穹顶、宽裕的甬道、崇高的寺门和崭新的窗牖，在伊斯兰历711年（1310—1311年）竣工。此举为博取至高无上的真主的喜悦。愿真主宽恕他，宽恕阿里派教徒，宽恕穆罕默德和他的家属。

元末泉州各清净寺相继毁废，而通淮街清净寺却得以留存，也是由于什叶派在泉州的得势。起于1357年（至正十七年）、终于1366年（至正廿六年）的泉州亦思巴奚事件，是由于什叶派的波斯戍军义兵万户赛甫丁、阿迷里丁首先率领部下占据泉州，夺取了原为逊尼派蒲氏家族所控制的泉州外贸大权所致。经过十年反复，最后陈友定在兴化郡穆斯林千户、什叶派信徒金吉的里应外合下，平定了蒲氏家族那兀纳的亦思巴奚军队叛乱。泉州法石乡郭氏的始祖就是元代的波斯人。20世纪惠安白奇乡和泉州法石郭姓子孙祭祖时，所行的投石仪式是朝觐过程中仿效伊斯马仪投石斥退魔鬼的行动。这种仪式可以追溯到神秘主义的苏菲派。

什叶派教义通过苏菲派神秘主义的修道方法在中国的穆斯林中得到传扬，集中反映在中国穆斯林的门宦制度中。在经堂教育和16世纪以来汉文伊斯兰教著述中同样受到广泛的注意和介绍。马复初（1794—1874年）的《道行究竟》、马伯良的《教款捷要》也都反映了什叶派教义。马伯良将马赫迪（救世主）与“至贤”联系在一起，并按十二伊玛目派的观点，认为阿里传至十一位子孙。《教款捷要》阐释伊斯兰教的八大根据时，提出：“知圣人之后，阿布·伯克尔为正道上之伊玛目，为哈里发，其意掌理贵圣之教条，施行法律之轻重，代圣传道，继往开来。伊之后，传至奥玛尔。伊之后，传至奥斯曼。全备于阿里。伊之后，又传至他十一位子孙。凭至圣之言，俱是在正道上为伊玛目。”又说：“此八事乃教门之根原，若知之即为认主独一之人。复生之日立于圣人绿旗之下，得其脱离。”并表示：“世尽之期，其道大如圣，权大如王，仍代理至圣之位也。”

自元明以来，在中国穆斯林中，什叶派的教义、教法随着门宦制度、经堂教育和波斯侨民、外籍信徒的宣扬而得到流传，在现代伊斯兰教汉文著作中有更加全面的反映。

第二节　伊朗人在中国

一、华化的伊朗人

2世纪之后，移居中国内地的伊朗人逐渐增多。早期佛教高僧中出身安息的安清、安玄由于译经传教而名垂青史。

汉代安息侍子到洛阳，随从者也有定居中国的。安同，据说是安清的后裔，出身王族，先祖是移居洛阳的安息王子，经三国、两晋，避乱移居辽东。安同之父安屈，任前燕慕容暐（360—370年在位）政权的殿中郎将。370年前秦苻坚灭前燕，安同因经商辗转跟随拓跋珪，成为北魏开国功臣。在北魏太宗明元帝（409—423年在位）时任右光禄大夫，是个佛教提倡者，在冀州大兴寺塔。死于神麚二年（429年）。安同子侄都身任要职。

北魏时入居甘肃酒泉的有安吐根的曾祖。魏末，安吐根充使柔然，被留在塞北。此后，安吐根暗通北齐高祖高欢，在534年柔然使团到晋阳时，向高欢告密，阻止了柔然的入侵。后来安吐根屡使中原，被柔然识破，只得公开投奔高欢，历事北齐各帝，皇建（560—561年）中加开府，577年北齐灭亡的那年去世。

甘肃姑臧（武威）也是安息移民聚居的地方。唐代安令节的先祖是武威姑臧人，西安出土安令节墓志铭称："先武威姑臧人，出自安息国王子，入侍于汉，因而家焉。历后魏、周、隋，仕于京洛，故今为豳州宜禄人也。"安令节在长安四年（704年）因病终于长安醴泉里的私第，春秋六十。其子如岳、国臣、武臣在神龙元年（705年）将父葬在长安县的龙首原。

南方的广州也有安息移民。唐初高僧吉藏的先祖就是来自南海的交广移民。《唐高僧传》二集卷十一释吉藏传记："释吉藏俗姓安，本安息人也。祖世避仇，移居南海，因遂家于交广之间。后迁金陵，而生藏焉。"幼时见来华传教的印度高僧真谛，取名吉藏。唐军占领长安后，吉藏受到高祖李渊的接见，是唐初佛学界的重要人物。

唐初波斯王伊斯提泽德三世被新兴的大食军队打败身亡，其子卑路斯率领部众流亡长安，意在争取唐朝援助，恢复萨珊王朝。卑路斯和他的儿子泥涅斯都客死长安，他的随从也都成了华化的伊朗人。出身望族的阿罗憾和由唐朝宦官骆奉先抚养成人的李元谅极有可能是卑路斯等波斯王族及其随从留居中国的成员的后裔，因事迹突出，列入正史人物。

洛阳出土《波斯君丘之铭》，清末为端方所藏，《陶斋臧石记》卷二十一录有全文[①]。林宝《元和姓纂》卷五列举波斯姓，波斯君丘墓志铭可称是一个实证。铭文前段记：

大唐故波斯国大酋长、右屯卫将军、上柱国、金城郡开国公

波斯君丘之铭

君讳阿罗憾，族望波斯国人也。显庆（656—661年）年中，高宗天皇大帝以功绩有称，名闻〔西域〕，出使召至来此，即授将军北门〔右〕领使，侍

① 后归日本东京博物馆。

卫驱驰。又充拂林国诸蕃招慰大使，并于拂林西界立碑，峨峨尚在。宣传圣教，实称蕃心。诸国肃清，于今无事。岂不由将军善导者，为功之大矣。又为则天大圣皇后召诸蕃王，建造天枢，及诸军立功，非其一也焉。此则永题麟阁，其于识终。方画云台，没而须录。以景云元年（710年）四月一日，暴憎过隙。春秋九十有五，终于东都之私第也。

阿罗憾既奉使拜占庭，又传扬景教，是7世纪亚洲国际关系中的风云人物。

另一位波斯人李元谅（732—793年），原名骆元光，本姓安，也是安息人后裔。少年时被宦官骆奉先收养，冒姓骆氏。长大后，李元谅体魄魁梧，勇敢多谋，从军充当宿卫，后来升任镇国军节度使。784年奉命与副元帅李晟克复长安。继而讨平李怀光，随副元帅浑瑊与吐蕃会盟平凉，击退了吐蕃的伏兵，得到德宗的嘉奖，加官右金吾卫上将军，又赐姓李氏，改名元谅。

波斯人投奔突厥而后又移居中原的也不乏其人。隋末有名彻、字娲旺的突厥人，在大业十二年（616年）三月十日死于洛阳。出土墓志铭失去铭盖，不见其姓，志文中说墓主是“塞北突厥人”，又说是“侠侄之苗胄，波斯之别族”[①]。另一名具有伊朗血统的突厥将领是安附国（598—680年）。李致远《唐维州刺史安侯神道碑》说“其先出自安息，以国为姓”（《全唐文》卷四三五）。附国祖父乌唤投奔突厥，位居二品的颉利吐发。父亲朏汗在贞观初率领部众五千人移居内地，唐朝设维州（四川茂县），任朏汗为刺史。后升任左卫右监门卫二大将军，封定襄郡公。长子思祇任右玉钤卫将军、北平县公；次子思恭任鲁州刺史，族裔已由西南入东北。

凉州姑臧是安国移民聚居的地方，而安国（布哈拉）人士又多属安息胡人的后裔，因此《隋书·西域传》竟认为“安国，汉时安息国也”。有许多安姓移民具有伊朗血统，是在情理之中。随扬州高僧鉴真东渡日本的安如实恐怕也是移居中亚的伊朗人的后裔[②]。但汉代布哈拉在康居西境，不属安息，该地居民颇多粟特人、塞人，并非伊朗人。

---

① 向达：《唐代长安与西域文明》，三联书店1957年版，第25页。

② 笼统地认为安姓是安息胡人之后，出于安国（昭陵博物馆：《唐安元寿夫妇墓发掘简报》，《文物》1988年第12期），欠妥；认为肃宗时名将李抱玉、李抱真为帕提亚人（安息人），亦欠妥。唐昭陵陪葬陵安元寿墓，在1972年出土墓志，已证实安元寿是安兴贵之子，始于北周时曾祖安弼，《元和姓纂》卷四将北魏安难陀的曾孙当作安兴贵，又以李抱玉为其玄孙，是将安难陀、安兴贵、李抱玉三家合而为一，殊属错误。

供职唐朝的萨珊王族直到9世纪还大有人在。1955年西安市土门村出土的唐苏谅妻马氏墓志，上半是帕拉维文（中古波斯文），下半是直书的汉文。志文简括地将死于咸通十五年（874年）二月廿八日的苏谅妻马氏墓葬经过予以说明[①]。马氏的丈夫苏谅（Sūrēn）出身名门，属安息、萨珊两个王朝伊朗南部的显赫家族，汉代乌弋山离国即为苏谅（或译苏邻）家族所统治。苏谅的萨珊（Sāsān-i-Sūrēn）也是萨珊王族所出氏族，见于萨珊沙普尔一世刻于“琐罗亚斯德的卡巴”上的袄教铭文第29和第31行。马氏是这位任唐朝左神策军散兵马使的苏谅的妻子（帕拉维文作女儿），这就交代了终唐一代，在保卫京师的神策军中一直有许多波斯军人服役，其中相当一部分就是出身王族的武弁，亦即当年卑路斯在长安组织流亡政府的人马。

五代时的华化波斯人，享有美名的是李珣兄妹。唐代波斯人久居中国，大多经商或供职军队。唐末李珣兄妹出生于梓州，自幼受中国教育，汉文知识根基深厚，善文能诗，又精通医药。李珣，字德润，五代何光远《鉴戒录》卷四说他本是蜀中土生波斯，先祖波斯人，在中和元年（881年）随僖宗入蜀。僖宗出奔西蜀，仅有四王及妃嫔数人相从，李珣的先祖当是担任禁卫军的随从人员。李珣自幼苦学，屡称宾贡，所吟诗句往往动人。所著《琼瑶集》，不久佚失。今《全唐诗》卷七六〇辑其诗三首。《全唐诗》卷八九六据《花间集》《尊前集》录其词五十四首（其中《渔父歌》又见卷七六〇）。李珣又善医药，与弟李玹有同样的专长。

李玹，黄休复《茅亭客话》卷二称其四郎，在李氏三兄妹中年纪最小。李玹华化最深，因此举止温雅，颇有节行。以贩卖香药为业，是从事进出口药物、香料的行家。又善弈棋，好摄养。迷于炼制金丹，在致青城南六郎的书信中讨论淮南王炼秋石之法，是个炼丹术士。晚年因耗资炉鼎而贫困，唯道书药囊而已。

李舜弦，李珣之妹，有文才，能诗善画，前蜀后主王衍纳为昭仪，《全唐诗》卷七九七存有她作的《随驾游青城》《蜀宫应制》《钓鱼不得》诗三首。杨慎《词品》考出《花蕊夫人集》中的《鸳鸯瓦上》是舜弦所作。

供职前蜀、后蜀的石处温，出生于万州（今重庆万州区），路振《九国志》卷七称他“本波斯之种”，似乎也是唐末入蜀的波斯人后裔。在前蜀任利州司马。后蜀孟知祥将他升为万州刺史，又移简州刺史，以八十高龄死于蜀中。

宋元时代，波斯人取道海上来华的日益增多，有经商的，有传教的，也有在广

---

① 伊藤义教：《西安出土汉婆合璧墓志婆文语言学的试释》，《考古学报》1964年第2期；夏鼐：《近年中国出土的萨珊朝文物》，《考古》1978年第2期。

州、泉州外国人聚居区（蕃坊）充任教长（蕃长）的。自10世纪起，波斯、阿拉伯城市流行伊斯兰长老（Shaykh al-Islam）制度，长老是管理教民的最高权威，领取政府薪俸，属于伊斯兰教的官方代表，唐宋时代称作蕃长，元代正式音译成摄思廉夏①。宋人朱彧的《萍洲可谈》说广州蕃长“用蕃官为之，巾袍履笏如华人”，在服饰上也已中国化，已符合中国官员的身份。

绍兴元年（1131年），撒那威（今伊朗的塔黑里）人纳只卜·穆兹喜鲁丁从波斯湾航海，定居泉州，建造清真寺，并买田土房屋予众，势力之大一时无二。岳珂《桯史》卷十一径称此人为“尸罗围”，以之比于广州蒲姓阿拉伯富豪。在泉州，从事农副生产、就地居住的波斯穆斯林不在少数②。元代波斯人充当泉州蕃长的，有伊斯法罕人凯马勒丁·阿卜杜拉。1345年伊本·白图泰到达泉州，当地谢赫就是这位伊斯法罕的学者。白图泰还提到卡泽伦人不鲁罕丁在城郊管理一座清真寺，他是海外贸易商对卡泽伦海神阿布·伊斯哈格缴纳祭品的代理人。不鲁罕丁在皇庆（1312—1313年）中到泉州，至正九年（1349年）出任谢赫，重修清真寺，主持教务近60年，享有124岁的高寿。当时清净寺设有宣讲师哈悌卜。大不里士人舍剌甫丁曾在14世纪中叶任寺中哈悌卜，善于默诵全本《古兰经》。泉州清净寺在1983年修葺时，在明善堂发现的墓碑中有两方是大不里士人的，一是罗占丁·本·萨姆森丁·穆罕默德，一是哈申族艾哈默德的儿子鲍汉温丁·奥玛尔。奥玛尔是第十八代教师哈申的后裔，早于第二十一代的穆罕默德。墓碑表明，奥玛尔死于回历764年7月8日。两名大不里士人应都是寺中神职人员。不鲁罕丁的儿子夏敕继承父业，活到110岁。他的后裔夏彦高在明代正德（1506—1521年）年间，夏东升在隆庆元年（1567年），夏日禹在万历三十五年（1607年）相继主持清净寺，开伊斯兰教掌教世袭之风。由此可以窥见不鲁罕丁家族华化之深，与当地华人及波斯侨民相处之善。

元代伊朗人居官的，据史籍可以明确的有赛夷（锡斯坦）人札八儿火者。赛夷是西域部族长，札八儿因以为氏，火者（哈只）是头衔。札八儿跟从成吉思汗。遭汪罕袭击时，成吉思汗率19人逃出重围，札八儿是其中之一。破金国时，札八儿设计夺居庸关。后留守中都（北京），授黄河以北铁门以南天下都达鲁花赤。每战常披重甲冲锋陷阵。曾乘橐驼奋战，众莫能当。死年116岁。他的儿子阿里罕、明里察都身居

---

① 吴鉴：《重修清净寺记》，见何乔远《闽书》卷七。《清净寺记》石刻撰于至正十年（1350年），见陈达生《泉州伊斯兰教石刻》，福建人民出版社1984年版，第9页，图21。

② 《泉州伊斯兰教石刻》中有二块南宋碑石，波斯人曼苏尔·本·葛斯姆的墓碑是其中之一，墓主卒于景炎二年（1277年）。

高位。阿里罕随蒙哥征蜀，任天下质子兵马都元帅，阿里罕子哈只任湖南宣慰使，哈只子养安任陕西行省平章政事。明里察子亦不剌金任陕西行省参知政事（《元史》卷一二〇）。

彻里帖木儿，《元史》卷一四二称阿鲁温氏（Hulwan）。阿鲁温在巴格达与克尔曼沙赫（Kirman Shahhan）之间。彻里帖木儿的祖父随蒙古军屡立战功，成为名门望族。至顺（1330—1333年）时任知行枢密院事，平定云南伯忽的叛乱，升任江浙行省平章政事、御史中丞。

阿鲁温又作阿鲁浑，一名阿鲁浑人哈只哈心，本镇守底格里斯河西岸渡口，后屈从蒙古军，从征立功，与蒙古联姻。长子早亡，次子阿散，有子暗都剌、凯霖，兄弟读书学礼，受华化教育，研习儒学，取字平叔、和叔。后来平叔死于北京。哈只哈心老家在伊朗，居官后仍时派使者往还。至元五年（1339年），哈只哈心以117岁的高龄死于北京。

元代扬州颇多波斯人。20世纪20年代，在扬州南门外挡军楼出土穆斯林墓碑多方，其中有死于伊斯兰历702年3月23日（1302年11月5日，元大德六年）的哈基（Khajii）·阿莱丁；有亡于伊斯兰历708年（1308年6月21日—1309年6月10日，元至大元年至二年）的胡瓦贾·谢希德丁·拉赫曼；有卒于伊斯兰历709年12月2日（1310年5月3日，元至大三年）的胡瓦贾·巴拉德·布里万利·古斯。以胡瓦贾（Khwāja）的波斯字为人名，表示学者、教长、富豪身份。还有在伊斯兰历724年6月初（1324年5月26日至6月4日，元泰定元年）去世的赡思丁·拉希夫拉·巴拉吉，巴拉吉（bālagh）是伊朗北部的一个县，表示死者的祖籍；以及在伊斯兰历724年11月（1324年10月20日—11月19日，元泰定元年）去世的阿伊莎·哈通[①]。

明代仍有伊朗人移居中国。

伊斯法罕，明代译作亦思弗罕，永乐十七年（1419年）遣使向明朝贡豹、狮、西马，“有马哈木者，愿留京师，从其请”（《明史·西域传》）。

脱辛，或即《元史·西北地附录》中的塔八辛，在克尔曼东北的Tabasin。正统十一年（1446年）七月，脱辛地面镇抚回回恪来投奔明朝，命于南京锦衣卫带俸，赐房屋、器皿、衣食、牛羊、钞币等物（《明英宗实录》卷一四三）。

札答哈儿，是法尔斯省的古城伊斯塔哈儿，那儿有萨珊王的行宫，留有许多古建

① 努尔：《扬州伊斯兰教碑文新证》，《海交史研究》1983年第5期。阿莱丁的墓碑背面阴刻二十行文字，第一行和末尾二行为阿拉伯文，中间为波斯文诗歌。

筑和雕塑。景泰五年（1454年）三月，“札答哈儿地面回回剌马丹来归，俱命为头目，隶南京锦衣卫，赐衣服、钞币、房屋、器具”（《明英宗实录》卷二三九）。

还有章迭儿迷失，是改姓章的波斯人。迭儿迷失为波斯语Darwīsh。此人在宪宗成化（1465—1487年）年间任北京锦衣卫指挥使（《明英宗实录》一一九）。

自2至15世纪，伊朗人和伊朗化的中亚人士成批移居中国内地及西北边区，以他们的社会活动和生活方式乃至审美和价值观念影响着中国的社会。他们甚至参与政治生活，对中国统治集团的外交政策和国家安全事务起过一定的作用。

二、元代的波斯军团

元代设立独立的专业炮兵部队，归回回炮手军匠上万户府管理。主管这支部队的有出生于伊朗木发里的回回人阿老瓦丁（阿老丁），还有旭烈人亦思马因。木发里（Moaferin）在迪埃贝克尔城东北，1260年被蒙古军攻克。旭烈即波斯的设拉子。两人在至元八年（1271年）来到北京，按抛石机原理制作大炮，称回回炮。至元十一年（1274年）正式设立炮手总管府。1281年升格为都元帅府，1285年改为万户府，定编置达鲁花赤一员，万户一员，副万户一员，另有令史四人，译史一人，镇抚二员。副万户由阿老瓦丁充任。大德四年（1300年），阿老瓦丁告老后，由儿子富谋只袭副万户，后来又由富谋只之子马哈马沙继承。亦思马因担任回回炮手总管，佩虎符，1274年死后由儿子布伯袭职。布伯在1281年出任镇国上将军回回炮手都元帅，1282年又晋升刑部尚书，以弟亦不剌金为军匠万户府万户，佩元帅虎符。致和元年（1328年）八月，亦不剌金部下军匠被调到北京，和马哈马沙一起造炮。1329年，亦不剌金死，由儿子亚古袭职。

回回炮又称巨石炮，在元朝征服南宋的战争中发挥了巨大的作用，受到元朝统治集团的奖励。而主持这支炮兵部队和制造巨石炮的是两名伊朗军人及其家族。

元代，中国东南沿海驻有波斯军团。在元末的泉州，于1357—1366年发生长达十年的亦思巴奚战乱。亦思巴奚的波斯文是Isbah，通用于阿拉伯文、突厥文中，意思是“特种部队”“民兵”“骑兵”[①]。《元史·顺帝本纪》译称义兵，专指招募的外籍雇佣军。泉州是元代对外贸易的第一大港。至元十九年（1282年），元政府调扬州合必军3000人镇守泉州，是当时设有兵戍列城的鄂州、扬州、隆兴、泉州等四处中的一处。元末，更有湖州戍军调泉驻防。扬、湖戍军大都是波斯人，合必军便是一支波

① 前岛信次：《元末泉州的回教徒》，《东洋文库研究部纪要》1974年第32卷。

斯部队[1]，在穆斯林中多属什叶派，与泉州的地方势力蒲寿庚、那兀纳一系的逊尼派形成对立，在元末统治集团争权夺利的拼死斗争中扮演了重要的角色。

亦思巴奚的动乱由省宪构兵所引发。福州行省平章普化帖木儿和行省的廉访佥事般若帖木儿不合，普化帖木儿派人勾结兴化的三旦八、安童和泉州万户赛甫丁、阿迷里丁所部亦思巴奚兵。至正十七年（1357年）三月，由赛甫丁、阿迷里丁在泉州公开夺取政权。至正十八年（1358年）十二月，普化帖木儿和般若帖木儿两派之间正式发动战争。普化调动赛甫丁、阿迷里丁的亦思巴奚兵进省。不久，赛甫丁、阿迷里丁和三旦八在兴化发生矛盾，三旦八被抓到泉州。至正二十年（1360年），兴化路林德隆、柳伯祥各有背景，互相厮杀，柳伯祥虽被逐走，柳的亲戚陈从仁却将林德隆杀死。陈从仁得到行省长官苫思丁的支持，扩大内战，林、陈两军成为仇敌。事态扩大后，兴化分省右丞苫思丁又在林军与赛、阿两人支持下密谋斩杀陈从仁，赛、阿进军兴化。1361年，陈从仁被苫思丁捕杀，赛、阿亦思巴奚兵又在兴化平息了柳伯顺的势力。亦思巴奚的势力从泉州、福州扩大到兴化，引起继任福州行省平章政事燕只不花的不满。燕只不花决意剪除普化帖木儿的党羽，支持泉州蒲寿庚的后裔那兀纳在1362年2月攻杀阿迷里丁一派。阿迷里丁的部下林珙、扶信只得逃回福州。该年5月，燕只不花下令各路军队围攻赛甫丁，结束了五年（1357—1362年）的赛、阿成军之乱。

那兀纳是掌握外贸、财政大权的逊尼派穆斯林，在泉州起兵逐走阿迷里丁党羽后据地自立，在至正二十四年至二十五年（1364—1365年）三次将兴化（或兴泉）分省的元朝官员赶走。那兀纳组织的亦思巴奚战乱暗中得到燕只不花的支持，与非燕只不花的势力进行多年争战，在兴化、泉州、仙游等地乘机扩张自己的势力，烧杀劫掠，无恶不作。此时福建陈友定势力大振，击败入闽明军，乘机以平定那兀纳、剪除亦思巴奚为己任。元政府只得委他以福建行省参知政事，怂恿他平息战乱。陈友定于1366年奉命讨伐亦思巴奚，五月攻下泉州，生擒那兀纳，平定兴、泉二郡，结束了十年战乱。

---

① 乾隆《泉州府志·军制》。

第三节　科学技术交流

一、养蚕织丝

波斯人大约在前5世纪因接触中国丝织品而知道有中国。绮，这种有花纹的暗花绸可能是最早风靡伊朗地区的丝织物。阿里安的《远征记》说，亚历山大进军巴克特里亚时，有波斯人向他报告，柏萨斯以国王自居，身穿波斯皇家锦袍，自称阿太薛西斯，手中有一大批跟他到达巴克特里亚的波斯军队。皇室锦袍大约也是用从中国运去的丝锦裁制的。希罗多德和色诺芬都提到"米地亚衣料"，拜占庭史家普罗科庇斯解释这种衣料是绢，当时已改称赛里（Serie）了。古代伊朗人仅知亚麻、棉、毛，不能养蚕织丝。西汉以来，大宛既通，中国丝织物便得以成批西运伊朗。丝绸之路在西汉时代以安息为最大的转运站。安息王米特里达梯二世（前124年—前87年在位）对中伊两国的建交十分热诚，他在中国使团到达东部边界木鹿（今马里）时派大军20000骑出迎，经数千里导引，使中国使团和所携丝绢等货物安抵国都。中国丝绢、漆器、铁器在伊朗赢得绝佳的声誉，并成为安息从中获利的复出口货。

安息向中国订购的丝货中有大量的旗帜，用于军队和宫廷礼仪。前54年，罗马军团在克拉苏斯指挥下与安息军队在卡尔雷接战失利，他们被安息军队使用的色彩缤纷、威武异常的丝质军旗所惑，这些丝旗有许多来自中国。1—2世纪时，安息军队已拥有大批丝旗。罗马作家佛罗勒斯、塔西陀提到的安息军旗常常是和龙的纹章一起出现的金光闪闪的旗。安息龙旗，据说是仿自罗马军队使用的龙旗[①]，这种罗马龙旗类似清代的龙旗。不妨推测：安息军队大量使用中国丝旗，连旗帜的式样也多少夹杂了汉代格调。后来这种安息军旗连同宫廷所用幡盖又被萨珊王朝沿袭，在中世纪被东方的突厥人和回鹘人所传承；同时这种三角龙旗又向西传到了北欧诸国[②]。传导这种黄龙旗的源头恐怕还在中国，也许当初就是由中国制造后直接运往安息的。安息的旗帜也常带有流苏，这是阿赫美尼德王朝已经使用过的。中国旗帜中使用这种流苏，虽然形制和安

① 波普：《波斯艺术综览》（A. U. Pope, *A Survey of Persian Art*），第6卷，牛津大学1964年版，第2772页。

② D. 阿克曼：《花毡：文明的镜子》（Phyllis Ackerman, *Tapestry: The Mirror of Civilization*），牛津1933年版，第52—53页。

息不完全相同，但双方之间一定有过交流。军旗，连同军乐、骑兵与武器的相互影响，反映出中伊两国在军队的建制与战术上曾有过广泛的切磋。

尽管安息人经销中国丝织品的历史很久，盛传希腊世界的“米地亚织物”极有可能就是中国丝织物，但要在伊朗就地养蚕织丝，尚有许多技术条件的限制。此外，丝织技术传递的过程也必须由东而西，经过新疆的鄯善、于阗、疏勒才能在伊朗高原立足。于阗大约在1世纪初已由一位下嫁于阗王尉迟舍耶的东国公主传去蚕种，发展了栽桑养蚕业。东国公主是鄯善国的公主，她带去蚕籽，哺育成蚕，开始漂渍绵纩。缫丝织帛的技术最初全由内地迁入新疆的汉人带去。斯坦因在楼兰故址获得的东汉初的丝织物中，有用汉式织法经线起花，图案系安息风格的菱格忍冬纹[①]，有可能是河西人所织。到5世纪时，汉人移民增多，新疆境内的高昌（吐鲁番）、龟兹（库车）、疏勒都能纺织丝绢，并织造高级的丝织品锦，才使中伊丝织技术的交流成为可能。吐鲁番出土北凉承平五年（448年）的文书中，有“丘慈（龟兹）锦”的说法。波斯使者第一次来华时，天山南路的文化城龟兹就已是中国丝织业最西的基地，它自然应成为技术西传的一个前哨。

伊朗民间传说，萨珊波斯的两位使者沿着丝绸之路来到中国，学会了养蚕缫丝。他们小心翼翼地将蚕种安放在竹筒中，把它们带回了伊朗，并以当地生长的墨桑为材料养蚕，获得成功。不久，伊朗人又能纺织罗缎和后来名闻世界的波斯锦。波斯语中的valā，汉译为“越”，其实源出于“幡”。汉语中的幡由精细的罗纱制作，在于阗、龟兹等地佛庙中随处可见。4世纪末法显到于阗，519年比丘惠生经过这里，见到的悬彩幡盖成千上万。波斯使者东来大同、洛阳，于阗是必经之地，有些幡盖在当地加工制作，成为技术西传的一个窗口。吐鲁番阿斯塔那出土十六国时期（4世纪）禽兽纹锦袍残片，也可能是当地产品。当时的新疆人在普遍销售西亚和中亚羊毛、亚麻织物，并且发展毛毯工业的同时，也和外国商人或使团人员交流丝织技术，自有许多方便的有利条件。

波斯语中的nax，汉译为“诺”，是一种双面绒，也指锦缎，源出汉语的“缎”。《隋书·西域传》列举波斯出产越诺布，亦即罗缎、绒布。同书所说的波斯织物锦叠（dīb，锦）、细布（亚麻布），氍毹（毛布、毡毯）、毾㲪（花毡）、护那（guna，麻袋）、檀（古波斯语tanva，中古波斯语tanand，地毯）、金缕织成（zar-bāf，金线织绣毛呢）等都是行销中国的名牌产品。锦叠，是波斯锦，“叠”是个汉译波斯词。斜纹纬锦是一

① 斯坦因：《亚洲腹地》（A. Stein，*Innermost Asia*），伦敦1928年版，第1卷，第256—257页。

种波斯提花织法，可能早在2—3世纪就已经出现，马赛达（Masada）的出土物可以提供实物证据。梁朝普通元年（520年），哌哒人首先将波斯锦作为贡礼送到南京，从此波斯锦便成为中国锦缎的一个竞争对手了。

北朝联珠套环团花绮（吐鲁番阿斯塔那308号墓出土）

隋初何稠曾参照波斯锦制作金绵锦袍。中亚何国人何稠曾随叔入居长安，他的叔父何妥至国子祭酒。何稠善于制造工艺，在隋文帝时任太府丞。“波斯尝献金绵锦袍，组织殊丽。上命稠为之。稠锦既成，逾所献者，上甚悦。”（《隋书·何稠传》）这类纬纹起花的波斯锦在5世纪以来已在中亚流传，吐鲁番文书中称作“波斯锦”“婆斯锦”或“钵斯锦”，其中的“金绵锦袍”是最高端的织物，大约与《魏略》中大秦织物“金缕厨”相近，但不是毛织物，而是丝绵制作的锦袍，上面并加织了金线。这是中国内地织造金锦的起源。

6—7世纪，中伊双方丝织技术和图样纹饰的交流进入了高峰。

古代西亚纺织在平纹组织以外，尤多纬线起花的斜纹组织。伊朗大约在3世纪已从中国引进简单的提花机，纺织斜纹组织的暗花绮对于伊朗来说并非是十分困难的。在仿制中国锦缎时，伊朗人也保留了他们的纬线起花的传统织法。最初仿照中国的平纹组织，后来参照平纹组织加以变化，发展成斜纹组织的织锦①。这种富有伊朗技法的织

① 阿克曼：《波斯纺织技术》（Phyllis Ackerman, *Persian Weaving Techniques*），参见波普《波斯艺术综缆》（A. U. Pope, *A Survey of Persian Art*），第1卷，第702—714页；第5卷，第2182—2184页。

丝工艺，在北朝后期至初唐年间，直接影响了新疆各地的丝织技术，使他们和伊朗的丝织工艺十分一致。1959—1960年，在民丰县尼雅遗址和吐鲁番阿斯塔那村北古墓葬区先后出土汉唐丝织物，有阿斯塔那高昌章和十八年（548年）至唐显庆六年（661年）的绮8件，从织纹和提花方法上看，都是素地起2~3枚经斜纹提花的织物，和汉绮的经畦纹起花大不相同。质地也较汉绮稀薄，不如汉绮致密。平均每平方厘米经50枚，纬30枚，最密的经56枚，纬55枚，最稀的经42枚，纬26枚[①]。图案纹饰除传统的龟背纹、回纹、棋局团花鸟兽纹外，盛行遍地菱形回纹和联珠套环团花纹，在双线中夹联珠式圆环，环内充实动植物图案。这种图案具有明显的伊朗风格。另有一种中伊混合图样的织物，是1966年在吐鲁番阿斯塔那48号墓出土的6世纪的套环贵字纹绮。这件贵字纹绮采用了伊朗东部风格的套环，同时又间以汉文“贵”字，织法也仍是底地平织、经线显花的“汉绮”组织。同类织物还有套环对鸟纹绮。

唐代联珠对马纹锦

新疆出土的北朝至隋唐时期的织锦，无论在图案还是在工艺上都与当地早先已经兴起的棉、毛纺织技艺密切相关。1959年，在巴楚西南脱库孜萨来古城遗址中出土一件北朝时期（6世纪）的织花毛毯，毛毯使用通经断纬的织法，是后来宋代缂丝工艺所用的技术[②]，在织造技术上与伊朗东部的织毯工艺有类似的地方。自北朝后期至盛唐时期，新疆除平纹经锦外，更出现了纬线起花的斜纹重组织的织锦，这种织法仿自波斯

① 武敏：《新疆出土汉—唐丝织品初探》，《文物》1962年第7、8期合刊。

② 新疆博物馆：《丝绸之路上新发现的汉唐织物》，《文物》1972年第3期。

锦的技艺。在纹样上，新疆同样盛行中亚、西亚所习见的方格兽纹锦、化生纹锦、联珠对鸟锦、联珠对兽锦和联珠兽头锦、联珠骑士锦。相邻的珠圈常以散点组成同心圆的团花相连接。每四个珠圈中的空间用花叶四向伸展的图案作装饰。这种图案早见于前3000年推罗（Telloh）的金铃，后来又用于各种伊朗陶纹。斯坦因在吐鲁番阿斯塔那曾获得许多波斯式样的织锦，有联珠熊头纹锦、猪头纹锦。1912年日本大谷光瑞探险队也曾在同一地方发掘花树对鹿锦等异国情调的彩锦。斯坦因和大谷光瑞获得的这些仿效萨珊波斯的花锦都是纬线起花的新织法的实物。斯坦因发掘的织锦有绶带立鸟锦，1960年在332号墓（665年）的出土文物中也有同样的发现。1969年，138号墓又有联珠鸾鸟纹锦。1960年，在325号墓（651年）的出土物中也有猪头纹锦。1969年，138号墓又出土了盛唐时期的联珠猪头纹锦覆面。

联珠圆饰在唐宋时代称球路纹，6世纪中叶至8世纪中叶在中国西北地区曾是流行的纺织图样。这类联珠骑士纹锦、联珠猪头纹锦、联珠鸾鸟纹锦和联珠对马纹锦，都是斜纹纬锦。中国丝织技术西传后，伊朗和中亚最初仍保留传统的纬线显花法，采取了与汉锦经纬关系相反的平纹纬锦织法，后来又有了斜纹的纬锦。斯坦因在罗布淖尔楼兰故址中获得平纹纬锦两件，在阿斯塔那6世纪墓中发掘一件平纹纬锦[①]，这种织法大致在6世纪的新疆已经出现。到了7—8世纪风行斜纹纬锦[②]。隋代，长安的宫廷作坊也曾由何稠监督仿制波斯锦。夹有“胡王”和“贵”等汉字的这类联珠纹锦可以证实出自新疆和河西地区的中国织工之手。吐鲁番出土高昌延昌三十六年（596年）和义和四年（617年）两衣物疏同墓的隋代“贵”字联珠孔雀纹绵便是其中之一。

隋代联珠孔雀“贵”字纹锦

① 维维·锡尔凡：《额济纳河和罗布淖尔出土的丝织物研究》(Vivi Sylwan, *Investigation of Silk from Edsen-Gol and Lop-Nor*)，斯德哥尔摩1949年版，第150页。

② 竺敏：《吐鲁番新发现的古代丝绸》，《考古》1972年第2期。

汉锦中祥禽瑞兽的装饰风格一直流传到北朝，但在同时，由于中亚的媒介，西亚所有的散点遍地连续纹样和复杂多变的植物花纹也在中国工艺中得到了新的发展，促使织锦图案风格为之一变。联珠式珠圈纹的成对成双的动物图案更具有明显的萨珊朝工艺特征，进一步丰富了织锦图样。南宋成都锦院的产品中，仍有这种联珠纹的球路锦。同样，在辽代，联珠纹也有新的发展。1988—1992年，在内蒙古巴林右旗索布日嘎苏木的辽代庆州白塔出土刺绣六件，其中四件均在左右周边及下方作马鞍形（圆角）联珠纹边饰。最大的一件橙色罗地联珠云龙纹绣，以四窠联珠团龙为中心图案，幅宽59厘米，长80厘米，是又一幅富有游牧气息的中伊合璧的织绣精品。另一件红罗地联珠人物绣夹层经袱，以铠马骑士为联珠圈图案，上下各有双层直条联珠带作边，绣以蓝地白珠，已融为辽式装饰风格①。

中国的缂丝工艺起于北宋，以河北定州最负盛名，其织法虽与古代的织成有类同之处，但并非一物。缂丝用通经断纬方法织造，在技艺上与伊朗织法亦有近似的地方。南宋时缂丝艺术向书画化发展，松江的朱克柔成为一时名家。西北的回鹘人在宋代散居甘肃、陕西，也善结金线，织熟锦、熟绫、注丝、线罗等，又以五色线织成袍，称克丝（缂丝）。于此可知，中国缂丝在工艺上自有许多源出伊朗的成分在内。

北宋时代的回鹘民族擅长捻金线技术，能制作成批的金锦。《大金吊伐录》记靖康时开封被围，宋被迫向金馈赠礼金，其中有金锦一百五十匹。到元代，加金织物大为盛行。从波斯引入的称为纳石失的金锦，译称“纳石失”或“纳失失”“纳失思”“纳克实”。波斯织金技艺起源甚早，是在蒙古西征后，从撒马尔罕和波斯各地迁入3000多户回工匠，在弘州（原阳）和荨麻林（内蒙古万全以北）设立纳失失局开始的。元朝统治者喜穿金锦，规定每年重大庆典13次，都要给12000名大臣颁赐金袍（这种庆典举行的宴会称质孙宴），即颁行质孙服（质孙，波斯语御制之意），是规定的法服。《元典章》卷五十八中有关于纳石失的专门记载，并颁布了织造纳石失的条例，是一份难得的中伊金织技术文献。

15—16世纪的伊朗丝织、毛织业中，凤凰、龙、麒麟等中国吉祥如意的图案都一再出现。凤凰图像的豪放程度已足与中国同行媲美。在克尔曼等地的织物中，云纹已发展成设计巧妙的纹饰。同一时期，中国的牡丹、芍药等植物也成为伊朗莲花、忍冬纹和团花纹饰吸收的图案。

① 德新，张汉君，韩仁信：《内蒙古巴林右旗庆州白塔发现辽代佛教文物》，《文物》1994年第12期，图42，图43，图44，封底彩图。

二、金属冶铸

中国进入铁器时代的时间虽不算早，但一开始便是生铁、熟铁并用。西汉时期已出现低硅灰口铁和球墨铸铁，并由块炼铁渗碳钢进而发明了由铸铁（生铁）脱碳的百炼钢，采用生铁炒钢的新工艺。中国所铸铁兵器以锋利著称，骑兵所用长矛和剑都具有作战优势。铸铁脱碳是当时世界上独一无二的先进技术，由汉朝逃亡的士卒教给了大宛、安息的铁工。塔吉克语中铸铁就用"铸"字。安息王朝从中国输入钢铁，罗马博物学家普林尼以"中国铁"（ferrum Sericum）相称。安息东境的木鹿（今马里）是中国钢铁的集散地，安息骑兵所用武器从木鹿运入，就地加工。安息士兵所用刀剑用中国钢铁锻铸，十分犀利，在和罗马作战的过程中发挥着很大的作用。前53年，奥罗息斯将中国铁称作"马尔吉"，表示来自安息东境[①]。差不多同时，罗马史家普鲁塔克将安息骑兵使用的坚实锋利的武器称作"木鹿武器"，而来源地实是中国，其中一部分是经由南印度的鸡罗运去的[②]。波斯语称中国铁有两个词：fulad-i khitayi，ahen-i tchînik。在古代，tchînik或tchêni（中国货）就是指中国特产的铸铁，后来才用这个词称瓷器。直到1516年，契达伊还称炼钢的铸铁是"中国钢"（thuvun-i khitayi）。

伊朗冶铸的优质钢在中国南北朝时就已经闻名中国。《周书》卷五十、《隋书》卷八三都说波斯产镔铁，这"镔"字译自波斯语spaina。

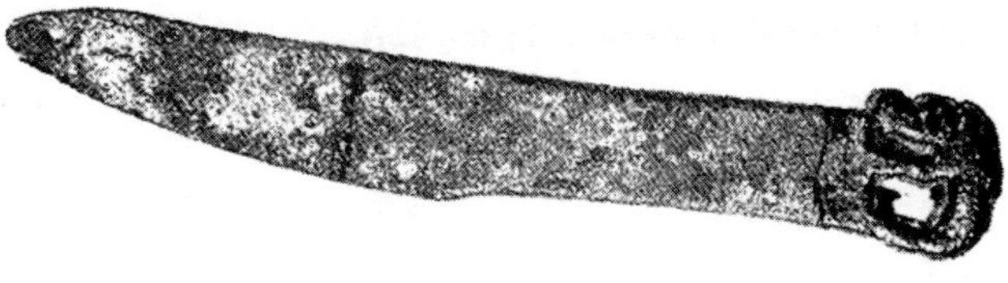

和静出土熊首铜刀

中国人很早就冶炼一种铜镍合金，俗称白铜。3世纪下半叶的《广雅》卷八说白铜又称鋈。鋈是一种含40.4%铜，25.4%锌，31.6%镍，2.6%铁，并有少量银和砷的合金[③]。前1世纪，大夏已根据中国传入的配方制作镍币。安息时代，白铜已进入伊朗。

① 奥罗息斯：《反异教七书》（Paulus Orosius，*The Seven Books of Histories Against the Pagans*），美国天主教大学1964年版，第6卷，第13页。

② 威明顿：《罗马帝国和印度的商业》（E. H. Warmington，*The Commerce between the Roman Empire and India*），德里1974年增订版，第157页以下。

③ 弗莱特于1868年鉴定大夏镍币的成分是：铜77%，镍20%，铁1%，并有钴、锡、锌、硫等成分。参见劳费尔：《中国伊朗编》（B. Laufer，*Sino-Iranica*，*Chinese Contributions to the History of Civilization in Ancient Iran*），芝加哥1919年版。

波斯人采用白铜，名为“中国铜”（khār čīni），阿拉伯语名称也由此借用。波斯人大约在萨珊波斯时就已经知道中国人用这种白铜制作镜子和箭镞，制成的铜镜被认为可以避邪。箭头则涂有毒药，谁中了这种箭谁就会送命。哲理诗人麦阿里（973—1057年）在哲理诗集《鲁祖米亚特》中写道：“背弃友人的人，必须以白铜刺胸。”意思是使他受到应有的惩罚。13世纪的波斯科学家卡兹维尼也兴致勃勃地谈论，用白铜制的矛和渔叉使用起来得心应手。波斯语又有一个词isfīdrjuj，意思是“白铜”，这个词显然比“中国铜”晚出现。迪曼斯基在1325年介绍的“中国铜”是中国出产的一种由黄铜与“黑白色铜”混合冶炼而成的合金，从中国输入的一种变形镜“轩辕镜”就是用这种合金制造的。铜镍合金技术在波斯长期是个谜，它是古代中国的一种特殊的合金技术。

被称作鍮石的铜锌合金黄铜是伊朗和中国共有的一种合金。中国炼制黄铜的时间更早。天然的辉铜矿（Cu_2S）或黄铜矿（$CuFeS_2$）含有硫酸铜。炼制纯铜是汉代冶金的一项成就。1956年西安汉城遗址出土铜锭十枚，含铜量达到99%。《汉书·地理志》记丹阳郡（郡治安徽当涂）出善铜，是含铜极高的矿藏。汉唐之间，黄铜都以鍮石相称。三国时钟会（225—264年）《刍荛论》曾论及鍮石色泽：“夫莠生似禾，鍮石像金。”（《太平御览》卷八一三）鍮石色泽如金，因此有伪金之说。4世纪的《拾遗记》记述：“（石虎）为四时浴室，用鍮石珷玞为堤岸，或以琥珀为瓶杓。”鍮石是含有铅、锌、锡等元素的黄铜矿。汉代铜钱已含有4.11%以下的锌[①]。这种矿石在萨珊朝波斯也已开采。《魏书》《周书》《隋书》都说波斯产鍮石。含铜量高的鍮石到唐代已很难得，于是有用炉甘石（碳酸锌）炼制黄铜的方法。波斯语中的tutia，据波斯炼丹家拉齐说出自中国。《唐书·食货志》明确指出，玄宗时全国有炼铜炉99处，每炉岁铸3300缗，黄铜21200斤。宋代崔昉《外丹本草》所录用炉甘石（菱锌矿$ZnCO_3$）炼鍮石，是含锌的铜合金，“用铜一斤，炉甘石一斤，炼之即成鍮石一斤半”。最晚在唐代，中国人已知提炼锌。元明时代又改用纯度更高的倭铅（锌）与红铜相配，“以炉甘石或倭铅参和，转色为黄铜”[②]。但成色不如波斯，因此称波斯鍮石为真鍮。波斯人用锌制造新的铜合金（黄铜）的时间大约在8—9世纪，伊本·阿尔·法基在902年初次记述克尔曼地方特马温德山的锌矿。此后，中伊双方在鍮石的炼制技术方面有过交流。但阿拉伯人的鍮石大多来源于印度的西北部，初见于托名亚里士多德所著的阿拉伯石谱，时间不比拉齐早多少。印度、阿富汗出产鍮石，在《大唐西域记》中早有记述，说明中国

① 章鸿钊：《石雅》卷下，中央地质调查所1927年版，第340—344页。

② 宋应星：《天工开物》下册《五金·铜》，中华书局1959年影印崇祯十年本。

人至迟在7世纪就已熟知亚洲各地出产鍮石，并已知晓鍮石的化学性能。劳费尔反而将波斯语、阿拉伯语认作中国“鍮”字的语源，这是对两者关系的一种颠倒，而过去一些中国学者也偏向于这一误解。

三、陶瓷贸易与制造

安息王朝建立后，中国和伊朗在陶业技术和陶瓷贸易方面有过广泛的交流。安息式样的陶灯、陶壶曾在中国新疆流行。和田曾出土当地制造的萨珊初期式样的陶角杯。这种式样的角杯与安息式样有所不同，下部弯曲处仍塑有牛羊等动物，上部器身则以模塑人像为特征。这种角杯有圣彼得堡埃米塔什博物馆于1896年入藏的一件，新疆博物馆收藏的1976年在约特干遗址出土的两件。和田角杯和萨珊式陶角杯器身模塑国王和美索不达米亚女神娜娜（波斯女神阿尔美蒂的化身）不同，仅塑男性国王头像，是一种和田化的波斯角杯，属于3—4世纪器物。

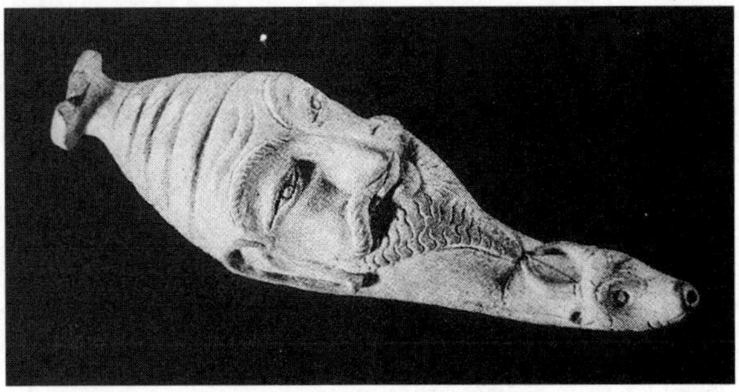

和田出土人首牛头陶角杯

中国汉代开始烧制低温铅釉陶器，色分黄、绿、黑、褐，而以氧化铜为着色剂的铅绿釉陶器最多，由西汉时代的关中推广到东汉时代的河南。西亚、波斯也烧造绿釉陶器。到北魏时期，釉陶复兴，有新的改进，从汉代的单色釉过渡到黄地绿彩或黄、绿、褐三色并用。黄釉扁壶与器身细长的龙柄鸡头壶是深受西亚风格影响的新器皿。堆贴莲瓣、卷草、联珠纹也是在波斯影响下的新的装饰手法。有柄的鸡头壶出现于东晋，北方的铅釉鸡头壶在造型和纹饰上都更接近波斯的装饰手法和实用器皿，器形上具有中东的风格，装饰花纹与堆贴模塑的技艺也都与萨珊波斯有着亲缘关系。莲瓣虽因佛教流行而时兴，但其源头却出于伊朗，常见于同一时期的伊朗浮雕、图样、金银器。洛阳北魏大市遗址在1989年出土一件釉陶碗，系当地制作[①]，但碗腹以白色粉彩绘

① 中国社会科学院考古研究所：《北魏洛阳城内出土的瓷器与釉陶器》，《考古》1991年第12期。

成联珠纹带，带间饰有突起的乳钉，通体涂以酱色釉。河南安阳北齐范粹墓（575年）出土的几件黄釉瓷扁壶，颈肩之间饰有联珠纹，两面模印浮雕胡人乐舞。河南濮阳北齐李云墓出土的两件四系莲瓣缸，山西寿阳北齐库狄回洛墓出土的大小多件黄釉龙柄鸡头壶，山西祁县白圭北齐韩裔墓出土的深绿色铅釉的龙柄鸡头壶，都属北朝釉陶精品。这类釉陶曾成批制作，在北方骑马民族中曾经是流行的式样。

隋瓷纹饰
（左）莲瓣纹 （右）卷叶纹

5—6世纪中国流行北方的瓷扁壶具有双耳，到隋代仍在使用。李静训墓（608年）中也出土过一件白瓷双耳扁壶[①]，这类双耳扁壶的原型是1—3世纪在伊朗高原使用的釉陶双耳扁壶。这种伊朗陶瓷传播的过程显然是十分缓慢的。玻璃制造在隋初濒于绝境，御府监、太府丞何稠从西方获得新的灵感，毅然在玻璃制造中引进绿釉，获得成功，制造的玻璃居然“与真不异”，这真不真的标准便是波斯的制造水准。隋代的绿瓷现在称为青瓷。目前已发现的隋窑都是烧制青瓷的，而釉色呈青色玻璃质（如河南安阳窑），借鉴于伊朗绿玻璃。

萨珊泥墁雕饰（凯希宫1号遗址出土）
（上）八瓣菊 （下）爵床属左右对称

① 中国社会科学院考古研究所：《唐长安城郊隋唐墓》，文物出版社1980年版，第15页。

隋瓷中初见的贴花，有五片叶组成的莲瓣和单片莲瓣，用来装饰壶、罐的肩部和颈部。装饰手法和伊朗凯希宫殿中的泥墁雕饰相似，受到萨珊金银器纹饰的影响。到唐代有新的发展，人们在陶瓷制作中大量使用这种堆贴花装饰技法。故宫博物院收藏的青瓷凤头龙柄壶（河南汲县出土）是其中的佼佼者。壶的器形与萨珊银壶相似，只是多了一只凤头的盖，腹部有联珠圈组成的力士，上下堆贴联珠、莲瓣、卷叶。双龙耳瓶的器形则在李静训墓出土鸡头壶的基础上吸收伊朗胡瓶特点，不用鸡头，用一对龙形双耳作为装饰，形制与西亚在公元初盛行的双耳罐近似，是初唐时兴的一种器物。唐高祖的儿子李凤墓中也出土有这种类型的白瓷双龙耳瓶。

8世纪中叶以后，中国瓷器畅销亚洲各国。越窑青瓷、邢窑白瓷、釉下彩瓷和褐釉青瓷常同时出现在许多亚洲国家的古遗址中。伊朗出土华瓷的地点遍布全国，其中以东北部的马什哈德、纳沙布尔，中西部的赖伊、大不里士、阿德比尔、塔克·伊·苏莱曼、伊斯法罕，南部的苏萨、设拉子、西拉夫、菲鲁札巴德、达姆巴格最为可观。伊朗东部重镇纳沙布尔出土有唐代越窑、长沙窑青瓷，赖伊也发现晚唐越窑青瓷。位于布什尔以北的比比·卡顿（Babi Khatun）毁于977年地震，出土了9—10世纪的白瓷、青瓷和绿釉陶壶。波斯湾古港西拉夫也出土有9—10世纪青瓷。伊朗东南的撒里—达奎纳也有9—10世纪越窑系青瓷，并有始烧于10世纪的青白瓷。经1966—1971年间的发掘①，西拉夫古港出土了8世纪古堡底层地板下的四系绿釉陶坛、五系黑釉陶坛残片，棕绿两色纹饰陶碗残片，青瓷碗、白瓷碗残片和凸纹（刻花）棕色坛、罐残片。虽无完整器皿，但足以证实所属时代在8—9世纪之际，当是中国运往西亚最早的陶瓷。

唐代青瓷凤头龙柄壶

① 大卫·怀特豪斯：《西拉夫的中国石器》（David Whitehouse，*Chinese Stonware from Siraf*：*The Earliest Finds*），《南亚考古》（South Asian Archeology）1973年。

波斯湾东部古港蒂士（Tiz）以北达姆巴格附近的卡拉特·伊·哲姆希特，伊朗内地哲拉夫特（Jiruft）附近的撒里—达奎纳都有华瓷出土①。在蒂士西北沿海的卡拉顿出土了优美的宋瓷片，同出的还有宋钱政和（1111—1118年）通宝一枚②。卡拉特·伊·哲姆希特出土了许多宋代哥窑冰裂纹瓷片③。伊朗考古研究所和不列颠博物馆在西拉夫采集的瓷片有越窑青瓷、邢窑系白瓷。波斯湾各港如巴斯拉、乌波拉、希拉和凯希古都都出土有龙泉窑系瓷片。

波斯湾各地出土棕绿色陶碗残片的地方自北而南有塔尔·莫拉格（Tel Moragh）、沙·阿卜杜拉（Sab' Abduluh）、塔尔·伊·沙布兹（Tal-i-Sabz）、波斯塔纳（Bostanah）、米纳布（Minab）。霍尔木兹则有大批明代青花瓷出土，并有“万福攸同”“大明年造”等款识。

毁于1267年、1268年两次大地震的纳沙布尔，经美国纽约大都会博物馆在1936年、1937年、1939年三次发掘，在9—13世纪的遗址中出土了唐代越窑青瓷盘一件，邢窑白瓷壶一件，长沙窑壶上部，以及广东窑、德化窑白瓷盘、青白瓷和青瓷器多件④。这里曾是最早由陆路向阿拔斯王朝哈里发运送华瓷的伊朗东部重镇。阿布尔·法德尔·贝哈杰在1059年写道：哈里发哈仑·拉希德在位时，呼罗珊的总督阿里·伊本·伊萨曾献给他过去巴格达宫廷中从未见过的20件中国御用瓷器，随之送去的还有2000件日用瓷器⑤。

1934—1935年，波士顿美术馆和宾夕法尼亚大学共同组织考古队，在伊朗中部的赖伊进行两次发掘，出土物中有晚唐越窑青瓷钵残片、青白瓷盘和元代龙泉窑残片。有些

---

① 霍布生：《波斯南部和旁遮普北部的陶器残件》（R. L. Hobson, *Pottery Fragments from Southern Persia and the Norhern Punjāb*），参见斯坦因《印度西北部和伊朗东南部的考古重建》（A. Stein, *Archaeological Reconnaissances in North-Western India and the South-Eastern Iran*），伦敦1937年版，第183页。

② 霍布生：《波斯南部和旁遮普北部的陶器残件》（R. L. Hobson, *Pottery Fragments from Southern Persia and the Norhern Punjāb*），参见斯坦因《印度西北部和伊朗东南部的考古重建》（*A. Stein*, *Archaeological Reconnaissances in North-Western India and the South-Eastern Irān*），伦敦1937年版，第183页。

③ 霍布生：《波斯南部和旁遮普北部的陶器残件》（R. L. Hobson, *Pottery Fragments from Southern Persia and the Norhern Punjāb*），参见斯坦因《印度西北部和伊朗东南部的考古重建》（A. Stein, *Archaeological Reconnaissances in North-Western India and the South-Eastern Irān*），伦敦1937年版，第86页。

④ 韦金生：《纳沙布尔怀古》（C. K. Wikinson, *Life in Early Nishapur*），《大都会博物馆通讯》（Bulletin of the Metropolitan Museum of Art），1950年第60卷。

⑤ 阿布·贝哈杰：《贝哈杰史》（Abū Bayhaqī, *Tārīkh-i Bayhaqī*），德黑兰1889年版，第425页。

出土物分藏巴黎吉美博物馆（唐代菱花形白瓷盆、邢窑白瓷盒）、不列颠博物馆（南宋龙泉窑瓷片）。

伊朗各地博物馆都藏有华瓷，如马什哈德博物馆、大不里士阿塞拜疆博物馆、伊斯法罕博物馆。德黑兰国立考古博物馆收藏尤富，藏品中有呼罗珊出土的南宋、元、明时代龙泉青瓷精品10件。最有名的是萨法维王朝祖先谢赫·伊萨克的家乡阿德比尔神庙，曾珍藏中国陶瓷1600多件，后来一部分移到德黑兰考古博物馆，一部分转存伊斯法罕。现存805件华瓷中，青花618件，白瓷80件，青瓷58件，五彩23件，黄釉16件，酱釉3件，蓝釉7件。青花瓷属14—16世纪遗物。白瓷、彩瓷和青花瓷中有年款的71件，以成化款1件白瓷为最早，多数是弘治、正德、嘉靖、万历款识。在古波斯宫廷档案中发现的萨法维王室致明朝皇帝的17件书信中，有4件明确要求中国运送瓷器。瓷器已成中国与撒马尔罕、伊斯法罕、设拉子贸易线的主要运输货物。

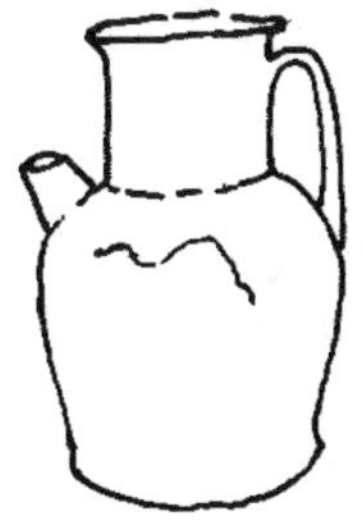

长沙窑粗颈筒腹执壶

纳沙布尔出土陶水壶

巴楚出土铜制灯

纳沙布尔出土带流陶壶

唐代长沙窑釉下彩瓷已广泛采用伊朗和中东式样的器型和纹饰，以求广开国外销路。海棠式杯于1971年出土于西拉夫宫殿遗址，在粗白胎上施有绿斑浅黄釉。长沙窑址也出土有这种伊朗式的海棠杯[①]。这种海棠杯源出西亚，由长沙窑制造后海运西拉

① 周世荣：《石渚长沙窑出土的瓷器及其有关问题的研究》，《中国古代窑址调查发掘报告集》，文物出版社1984年版，第13—14页，图6。

夫。长沙窑常见的粗颈筒腹执壶，腹部有八角形短流，少数尚有两耳，造型和西亚通行的水壶相似，只是多了一个短流和双耳，其型式可追溯到安息时代。1974年，浙江宁波出土长沙窑瓷壶，壶腹有长腹、圆腹、瓜菱形腹、扁圆形腹、扁腹、椭圆形腹等多种样式，大多以伊朗和西亚玻璃器、陶器为蓝本加以创作，其中圆腹执壶就和伊朗喀尔干出土的9世纪玻璃把杯相似。石渚长沙窑出土带流瓷灯，完全仿效伊朗陶灯式样。中国在汉唐间采用盏中立柱式灯，灯柱用硬灯柱，与安息陶灯采用带流的盏唇搭柱式灯完全不同。长沙窑带流瓷灯造型用盖碗式，上有三耳，与纳沙布尔出土带流陶灯相同，只是少了一个圆形大把，而以可系吊的三耳相代。这种灯和新疆巴楚出土的唐代仿安息式陶灯的铜灯不一样。巴楚铜灯虽然带流，而平面作敞口盒形，下部有柱础式高足，形制和安息式样相仿，属于立式带流灯。另一类型的安息带流陶灯系座式[①]，相当于中国的碗式灯盏，是纳沙布尔带流陶灯的祖型。自长沙窑带流瓷灯流行以后，立柱式灯才逐渐被淘汰，搭柱式软灯柱才推广至各地，并流传后世。长沙窑陶灯实首开风气。

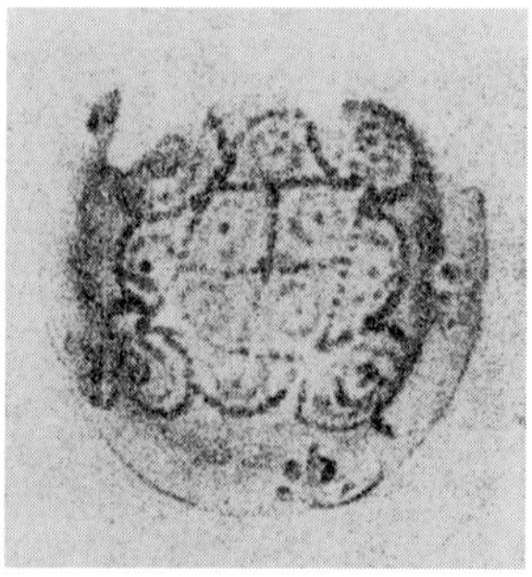

长沙窑出土葵口碗

纳沙布尔出土菱格彩陶碗

长沙窑陶瓷上奔放自由的纹饰有许多来自西亚伊斯兰陶器装饰艺术的启示。长沙窑出土一件葵口碗，系黄釉褐绿彩，内底图案采用了与纳沙布尔出土彩陶碗相仿的、以圈点显示的四方菱格纹。伊朗蓝绿彩白陶碗上以釉彩显示的呈块状分布的粗线纹饰，在伦敦维多利亚和阿尔柏特博物馆收藏的长沙窑白釉蓝彩盘上也可见到。纳沙布尔出土的白釉彩陶盘，在口弦上施以半圆形釉彩，这种粗放的装饰手法也被长沙窑工所采用，见于日本出土的长沙窑碗腹[②]。长沙窑瓷与伊斯兰陶器特别是伊朗陶器关系如此密

① 波普：《波斯艺术综览》（A. U. Pope，*A Survey of Persian Art*），第2卷，牛津大学1964年版，第664页，图225b。

② 东京国立博物馆：《日本出土的中国陶瓷》，东京1978年版，图22—1。

切，不能不使人猜想有少数来自西亚的陶工参与了长沙窑瓷器的烧造[①]。扬州出土长沙窑黄釉绿彩背水壶，一面绘花，一面写有阿拉伯文“真主伟大”字样[②]，在长沙窑址中也曾见到类似瓷片，当属事出有因。

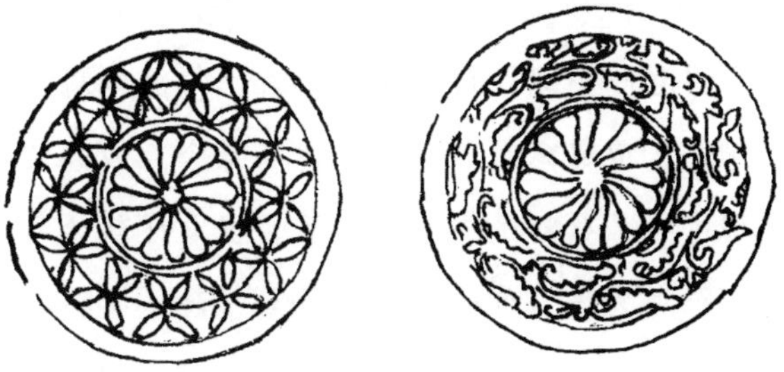

宋代磁州窑白瓷纹饰

宋代瓷业繁荣发达，瓷器大量外销。北方定窑、磁州窑白瓷，南方龙泉窑系青瓷和景德镇青白瓷均外销伊朗。河北磁州漳河两岸的观台镇、彭城镇窑址中出土的白瓷见有伊斯兰风格的纹饰。彭城镇出土瓷器的圆圈纹（球路纹）中有中心呈波浪形的莲瓣，四周绕以爵床属卷草或连交成圆的四叶纹。波形或多瓣莲瓣是8—9世纪萨珊后圆纽纹饰的图案，连交四叶纹则始见于坦尔·哈拉夫陶器，都是伊朗纹饰。始烧于宋初，历元、明、清不衰的山西介休窑所烧黑釉、白釉釉下褐彩，以缠枝牡丹等花卉和被称作“婴戏荡船纹”的纹饰装饰。婴戏荡船纹就是指以波形展开的莲瓣为饰。黑褐釉印花器的器内都有一圈无釉，实际上是代替萨珊圆圈纹的一种色彩分层。这种纹饰被认为仅见于介休窑，属于新颖的题材[③]，其来源亦与伊朗有关。元、明青花瓷、青白瓷大量运销西亚，元代高足杯、执壶、四系扁壶，明代高足杯、高足碗、鸡心碗、菱口盘、瓶式执壶、有柱执壶、双耳扁瓶、长方笔盒，都是仿效伊朗陶瓷造型制造的，纹饰和釉彩也都有伊斯兰格调。

在华瓷推动下，伊朗陶瓷在9—10世纪以后突飞猛进。唐三彩低温铅釉陶器首先成为伊朗陶工仿效的榜样。伊萌东部纳沙布尔，中部阿莫勒、赖伊都出土有当地仿唐三彩的陶片。西北部距大不里士东南200公里的阿格罕镇（Aghkand）曾出土20件类似唐三彩的当地烧造的陶碗。里海南岸的马赞德兰省的陶工直到17世纪仍在使用唐三彩釉彩纹饰。到9世纪，中部的赖伊和卡善最早在陶器上施以不透明的白釉，后来烧制白胎

① 马文宽：《长沙窑瓷装饰艺术中的某些伊斯兰风格》，《文物》1993年第5期。

② 朱江：《扬州出土的唐代阿拉伯文背水瓷壶》，《文物》1983年第2期。

③ 中国硅酸盐学会：《中国陶瓷史》，文物出版社1982年版，第239页。

成功，又改施透明釉。但这种仿制白瓷质软易碎。12—13世纪的伊朗釉陶不仅在釉色上仿效中国北方定窑、南方龙泉窑的影青，而且在纹饰上也流行中国式莲瓣、波浪云纹，以及器沿少釉而露出的“紫口”等烧造工艺。波斯绿釉陶的烧造年代可上溯至萨珊晚期，江苏扬州1965年出土的一件双耳翠绿釉陶壶即属于该时期。1982—1986年间，扬州三元路、汶河路又出土数百块波斯釉陶片。与波斯陶片一齐出土的还有唐长沙窑釉下彩瓷、越窑青瓷、巩义窑白瓷、青花瓷和绿瓷，属唐代中晚期。伊拉克萨马拉发现的波斯釉陶与唐代青花瓷十分类似，显示双方在陶瓷器皿方面交流的盛况。1965年，福建福州北郊莲花峰属五代时期的刘华墓也出土了波斯孔雀蓝釉瓶三件，器形最高的是78.2厘米，口径14厘米。这三件波斯釉瓶都属死于930年的刘华的用品[①]。釉瓶用于存油，以供墓中长明灯之用，故在石板墓室中特筑石雕覆莲座以固定位置，器形都与今藏柏林的伊斯兰艺术博物馆藏伊拉克出土孔雀蓝釉瓶相同。陶瓷是中国和伊朗在长达一两千年中双方广泛交流的器物。这种孔雀蓝釉瓶是伊朗和美索不达米亚从9世纪开始仿效华瓷釉下刻纹工艺的产品，直到11世纪仍很时兴。美索不达米亚的萨马拉，伊朗中部阿莫勒，西部阿加罕镇、加鲁斯（Garrus）、耶斯特罕（Yastkand）等地都曾出土过这类陶片和陶器。

波斯是元代青花瓷重要的销售市场。2009年江西景德镇红卫影院出土元代早期青花瓷15件，含砷的铜红釉料来自波斯。内中7件高圈足碗的口沿有波斯文四行诗，书法流畅，仿自1276年波斯釉下益彩陶碗（英国维多利亚和阿尔柏特博物馆藏品）。使用的青花料铁高锰低，从西亚进口[②]。

萨珊后圆纽莲瓣纹

① 陈存洗：《福州刘华墓出土的孔雀蓝釉瓶的来源问题》，《海交史研究》1985年第2期，封三图片。

② 黄薇，黄清华：《元青花瓷器早期类型的新发现》，《文物》2012年第11期，第79—88页。

1968—1971年，英国考古学家安德鲁·乔治·威廉逊（Andrew George Williamson）在伊朗南部波斯湾北岸进行考古调查，在1200处调查点中采集从萨珊王朝到伊斯兰文明时期的陶瓷标本，在其中451个调查点获得陶瓷片，分别由牛津大学阿希莫良博物馆和伊朗国家博物馆收藏。另一名英国考古学家大卫·怀特豪斯（David Whitehouse）则在法尔斯地区发掘了西拉夫古港遗址。威廉逊在10个沿海区域和6个内陆区域共采集到14036件陶瓷，其中中国陶瓷有3386件，占总数的24.1%。出土华瓷最多的是北起布什尔半岛、南至霍尔木兹甘省的米纳布沿海地区。其中布什尔省的沿海共出土92件华瓷，集中在布什尔半岛的里沙赫尔（Rishahr）。在这个萨珊时代的古港收集到的华瓷，最早的是元代的青花瓷，但主要是明代的龙泉窑青瓷和青花瓷，印证了16世纪下半叶这个古港的复兴。在威廉逊重点考察的米纳布地区出土了3675件陶瓷，中国陶瓷有549件，占了总数的14.9%。这里被认为是忽鲁谟斯王国的旧都所在地，出土华瓷从唐至清连续不断，而以宋、元、明时期为高峰。宋代瓷片有景德镇窑青白瓷，包括莲瓣纹盖碗、双鱼洗、菊瓣纹盘、反棱青瓷小罐、贴花碗、蔗段纹洗、香炉、高足杯，以及景德镇卵白釉高足杯。明代以后以青花瓷为主，有少量龙泉窑、广东粗制青瓷。在霍尔木兹岛共有5个调查点，每个点都出土大量华瓷，华瓷总计540件，占了总数666件的81.1%。这一地区的华瓷从1330年的元瓷开始，90%的华瓷是明代的青花瓷。采集的瓷片有元景德镇窑至正型青花瓷，菲律宾型青花瓷，明早期龙泉窑官窑型青瓷碗，明早期景德镇窑红绿彩碗，明中期青花瓷、克拉克瓷，明晚期景德镇窑黄釉盘，以及少量清代青花瓷残片。

威廉逊在长伊斯岛总共8处调查点找到286片中国瓷片，占到总数的69.2%。宋瓷有景德镇窑青白瓷，占多数的是元瓷，有菊瓣纹大碗，景德镇窑卵白釉碗、青白瓷罐，磁州窑白底黑花大罐，还有明初龙泉窑官窑刻花大盘。在卡伊斯岛对岸的古堡遗址阿卜杜拉赫曼也出土了唐至清代的中国陶瓷标本。

萨法维王朝成立初期，正当明代正德年间，明代青花瓷中出现阿拉伯文铭文。据说中国瓷商曾到伊朗的阿德比尔设店经销华瓷。北京故宫博物院藏有正德时饰有阿拉伯文、波斯文铭文的瓷器20多件，其中有一件青花鸡心式碗，外壁饰有六个双圈圆形开光，开光内分书波斯文单词“政权”“君王”“永恒”“每日”“益增”“兴盛”，有“君王长存”“万世昌盛”之意，是萨法维王朝订制的青花瓷。阿拔斯一世（1587—1629年）统治时期，华瓷尤受欢迎。他曾招聘数百名中国瓷工，连同家属移居伊斯法罕，建窑烧瓷。《咸宾录》卷六亦思把罕（伊斯法罕）条特地提到当地“亦有中国人寄寓者”。《咸宾录》成书于1591年，伊斯法罕的中国瓷工在阿拔斯即位之初即已移居当地。在阿拔斯的编年史抄本（今藏不列颠博物馆和牛津大学）上记有1611年8月28日阿拔斯向神庙献上的礼物，其中包括华瓷1162件。这些瓷器是皇室珍品，也是伊斯法罕烧制青花瓷和彩瓷的蓝本。1671年法兰西公司代表抵达伊斯法罕，在当地的招待会上见到整桌整桌的中国瓷器。当时伊朗民间已普遍使用瓷器，每顿饭都离不开它，早餐喝牛奶也用瓷杯[①]。当时伊朗上流社会在葬仪和宗教节日（1月和9月）普遍盛行铺陈瓷制器皿来举行献祭仪式，其中有明瓷，也有本地仿明瓷器，都属体积巨大的装饰瓷，由承包者租赁使用。直至近代，陈列明瓷和四十节《古兰经》仍是伊朗殡葬仪式不可或缺的项目。

17世纪，荷兰、法国、英国相继以运输华瓷为大宗货物，波斯是这种贸易中极为兴旺发达的中转站和销货市场。据荷兰东印度公司巴达维亚（今雅加达）档案记载，1629年运往波斯瓷器4000件。1634年波斯皇帝订购大批茶杯和盘子，发货单上显示该年运往波斯的瓷器有4000件。1635年波斯湾头的海港伽木朗（Gamron）订货8万~10万件，多数是直口鼓腹的咖啡杯。1639年两艘大船运到波斯的瓷器是137788件。1641年5月9日记载波斯在1642年需精瓷12万件。1644年7月22日记载波斯需瓷器20万件。1645年3月伽木朗来函：普通咖啡杯247100件售罄。1647年，波斯订购各式瓷器55200件，有大盘、精制碗、大杯、小碗、咖啡杯、茶杯等。订货人向经纪人提供货样，要求内外施釉，器壁或底部有红色或蓝色徽记，器外饰细线蓝圈。1648年，波斯全年订瓷196500件[②]。

吐鲁番出土龙泉窑瓷盘

① 约翰·查丁：《约翰·查丁爵士波斯游记》（John Chardin, *Sir John Chardin' s Travels in Persia*），伦敦1927年版，第230页，第233页。

② 沃尔克：《巴达维亚城堡档册所见瓷器与荷兰东印度公司》（T. Voker, *Porcelain and the Dutch East India Company as Recorded in the Dagh-registers of Batavia Castle*, 1602—1682），莱顿1954年版。

英国在1640年后在伽木朗（英文Gombroom）设立贸易站，经销华瓷。运往英国的华瓷也多经过伽木朗，因此英国人曾以“伽木朗货”称华瓷，意思和“中国货”（Chinaware）相仿。

法兰西公司也以运输华瓷为业，公司驻波斯代表为讨好波斯国王，赠送的礼物就有306件各式华瓷，送御前大臣的有34件华瓷[①]。

17世纪的波斯不但进口大批华瓷，成为华瓷在亚洲的主要销售国和中转国，而且仿制华瓷也到了可以假乱真的地步。据说，1666年，荷兰公司的代表赫伯特·德·拉莱斯在送给波斯皇帝的礼物中，称有中国瓷器50~60件，皇帝见后讥嘲地问：“这算什么?”原来荷兰人把波斯瓷器混进了中国瓷器[②]。

四、深井技术的西传

深井技术最初出于开矿的需要。新疆尼勒克县奴拉赛在1983年发现春秋中叶至战国早期（前7世纪—前5世纪）的古铜矿遗址，是天山以北塞人开采的古铜矿。在矿坑内外发现的用于抽水的提升工具是由许多卵石制器构成的平衡石锤，石锤和春秋战国时期湖北大冶铜绿山古矿遗址所见相同，一定是由内地矿工传入新疆的。汉武帝时，陕西大荔出现了一种利用地下水的深井，井深40多丈，井下可以通水，以控制地下水源，防止沿岸崩塌。这种多处开凿加以贯通的深井渠被命名为龙首渠。

这些精通凿井穿渠技术的汉人，在前102年李广利第二次率领大军攻打费尔干纳盆地大宛国都贵山城时充当了工程兵。当时大军围困贵山城，随军水工切断从郊外引入城中的水渠，封闭城中水源。大宛从联通匈奴的康居那里也得到了中国水工，准备打井穿渠，后迫于形势，还是开城投降。这种打井穿渠，在不同距离的地面上将地下水吸引到地表的技术，是中国陕西渭水流域等地从事采矿、水利的技师首先发明并向西传导的。大夏（巴克特里亚）的希腊人对此也早有所闻，可能就是从费尔干纳的希腊人那儿学来的。该技术在前146年的伊朗也早成为事实。波斯人把这种深井渠称作“卡纳特”，为解决伊朗高原的干旱气候，给农业生产提供了一个有效的办法。后来又经波斯人之手传入受波斯控制的阿曼，改名叫“法拉吉”。2世纪，也门的艾兹提人移居阿曼，发现那里的地下水渠竟有万条之多，是西亚少见的水利工程。最大的法拉吉在古

① 约翰·查丁：《约翰·查丁爵士波斯游记》（John Chardin, *Sir John Chardin's Travels in Persia*），伦敦1927年版，第94页，第98页。

② 约翰·查丁：《约翰·查丁爵士波斯游记》（John Chardin, *Sir John Chardin's Travels in Persia*），伦敦1927年版，第267页。

都尼兹瓦的郊区，主渠长达几十公里，支渠纵横交错。主渠从绿山区下坡，经暗渠流向尼兹瓦，渠宽3米，平时水深1米，下雨时水深可达2米多。

五、甲骑具装

使用铠马和全身披铠骑马作战，通称甲骑具装。据希罗多德和色诺芬的记述，前5世纪时，居鲁士的骑士已配有鱼鳞甲、头盔和护胫。在幼发拉底河畔和罗马帝国邻接的杜拉·欧罗波斯的前2世纪的图像中，已有头戴尖顶兜鍪、身披锁子甲的正在作战的波斯骑士，他的战马也头戴当卢。战马从颈部直到尻部，在马膝以上全身披挂鱼鳞纹的马铠[①]。这种重装作战的骑兵是波斯帝国所使用的新兵种，对决定战争的胜负具有重大的作用。西汉时期，鱼鳞形编制的铁甲锁子甲已在中国军队中使用。1968年河北满城西汉1号墓（刘胜墓）出土的铁铠一领，用两种小型甲片编缀成鱼鳞甲，全铠共用甲片2859片，重16.85公斤[②]。

杜拉·欧罗波斯的波斯铠马骑士

西汉初期，鱼鳞甲极为罕见，仅有咸阳杨家湾陶俑中的一例。同一地点出土的陶俑，所披多是大型札甲。汉武帝时开始由大型札甲过渡到精锻细密的鱼鳞甲，实物有内蒙古呼和浩特市郊二十家子汉城遗址出土的一领完整铁铠甲，在札甲之外，已结合鱼鳞甲使用。1958年洛阳西郊3023号西汉晚期墓出土残铁铠也是鱼鳞甲。东汉时期，百炼钢也用作炼制铠甲。3世纪初，曹植在《先帝赐臣铠表》中列举有黑光铠、明光铠、两当铠、环锁铠、马铠各一领。这些铠甲都是当时稀见精品，环锁铠、马铠是伊

① 鲍尔，罗斯托夫采夫，贝林格：《杜拉·欧罗波斯发掘报告：1930—1931年》（P.V.C. Baur, M.I. Rostovtzeff, A.R. Bellinger, *The Excavations at Dura-Europos: Preliminary Report of Sixth Season of Work*, 1930—1931），纽黑文1933年版。

② 中国社会科学院考古研究所：《满城汉墓》，文物出版社1978年版。

朗具装铠的仿制品。用重叠的鱼鳞甲片缝制的环锁铠和重装的马铠在萨珊王朝普遍应用，推动了中国在十六国时期甲骑具装的大量实战应用，使战争的规模和耗费大大胜过以往。

早期中国对战马的防护装备仅限于皮革的当胸。足以保护马匹全身的铁制马铠在东汉末才出现在军队中。官渡之战（200年）前夕，曹操在《军策令》中承认袁绍部下有一支重装骑兵，其中有300匹战马已装备马铠，骑士更是全身披甲；而在曹操军队中，这样的战马还不足10匹。在实战中，袁绍的300骑虽仅占骑兵总数的3%，可是已因它的锐不可当而引起战略家的重视。十六国时期（304—439年），由于广泛使用骑兵，装备齐全的具装马迅速得到发展，构成决定战争胜负的重要因素。羯族后赵的石勒打败姬澹时，俘获的铠马达到了万匹。羌人政权后秦在姚兴（394—416年在位）统治期间击败乞伏乾归，竟取得了收编铠马60000匹的辉煌战果。这和萨珊波斯大量采用重装骑兵可说是东西辉映。

从西晋起，这种由北方游牧民族竞相采用的，装备了全副武装的铠马的新兵种被称作具装。披甲骑士驾驭铠马奔驰战场，使4—5世纪以后北方的作战规模和军事指挥上的战术、战略水平都进入了一个新的阶段。最早的重装骑兵可以在云南昭通东晋太元（376—396年）年间的壁画和永和十二年（356年）冬寿墓壁画中见到。冬寿墓壁画中的具装马，头戴三花面簾（帘），身披长方形锁子甲。西安草厂坡一号墓出土有一组5世纪初骑兵俑，马具齐全，战马全身披铠，骑兵都头戴兜鍪、身披铠甲。敦煌285窟西魏大统（535—551年）年间壁画中的战士和铠马，全披重叠编制的鱼鳞甲，连马头面簾（帘）也不例外，全身甲片浑然一体。这种甲骑具装在6世纪已在大江南北大量使用，连吉林集安高句丽石墓壁画也有甲骑具装的生动场景。从高句丽开始，骑马文化越过朝鲜半岛，传向日本列岛，使日本由古坟文化迅速过渡到飞鸟文化。

冬寿墓壁画甲骑具装

中国的军事技术工程师对骑兵的装备作过重大改革。前1世纪鞍桥逐渐增高。西汉后期，高桥鞍的出现使骑兵可以更加灵活地发挥战术动作。中国人在4世纪发明的金属马镫更使披长铠、骑具装马的战士可以自由控制马匹，飞快上马下马。古代波斯、希腊、罗马的骑兵根本不用脚扣，习于一跃而上马。古代印度桑奇大塔浮雕和第聂伯河下游斯基泰银瓶图像中的脚扣，和长沙永宁二年（302年）墓出土的陶马使用的三角形脚扣相仿，只在马鞍左侧安置，上马后脚扣便无用处。4世纪初，河南安阳孝民屯154号墓出土木芯外包鎏金铜皮的镫，和长沙永宁陶马一样都是单镫。在法国卢浮宫博物馆所藏安息时代狩猎骑手图中，可见到在马右腹下有一个大约是皮革制的单镫①。中国早期脚扣一定受到同样的信息传递影响。但在4世纪中叶，中国北方便发明了双镫，实物有辽宁朝阳袁台子墓出土两件，吉林集安万宝汀78号墓出土四件，辽宁北票西官营子冯素弗墓出土两件，吉林集安七星山93号墓出土两件，都是双镫，用藤条之类木质材料为芯，外包铜、铁、皮革。6世纪时，马镫已普遍使用于南至广东、北抵吉林的广大地区。5—6世纪之际，马镫又从中国反馈到伊朗，6世纪已传到了匈牙利。波斯人先称以“中国鞋”的别名，后又叫作“脚套”。

环锁铠于3—4世纪在新疆境内通用②，到隋、唐时期而遍及全国。另一类型为明光铠，在胸前和后背各有两块圆形金属防护的铠甲。自南北朝开始制备以后，明光铠盛行于唐宋，而在元代由蒙古人传入伊朗。不列颠博物馆的手稿Khwājū Kirmānī（1397年）提到士兵胸前都有一金属圆牌防卫。到1403年西班牙大使克拉维约出访亚洲时，这种胸甲已见诸事实。16世纪起直到19世纪末，伊朗一直使用一种有两大两小四块圆护组成的铁甲，其中两块大型圆护，专护胸、背，称作却雷伊纳（Chārā'īna），虽与印度有关，但发源地却在中国。

六、建筑技术

砖石筒拱建筑是来自伊朗的一项建筑技术，它在中国的广泛采用将中国建筑业推上一个新的台阶。在西汉中叶以前，中国内地不知道用条砖砌筑筒拱，只有梁板式简支。砖券拱顶结构来自伊朗文化体系。两汉以后，历经魏晋南北朝及隋唐，发券或叠涩砖砌拱顶建筑构成了黄河和长江流域地下墓室的主要建筑方式。前1世纪，关中、洛阳地区首先大量采用砖券拱顶，木椁室墓和梁板式结构的空心砖、石板椁室到东汉末

① 相马隆：《流沙海西古文化论考·轮镫源流考》，株式会社山川出版社1962年版。

② 阎文儒：《新疆天山以南的石窟》，《文物》1962年第7、8期合刊。

已在黄河中游逐渐退出历史舞台。安息式样的砖石拱顶墓室在两汉时代表现有两种形式的构筑，一种是先挖竖穴，砌成拱顶后再填土封墓，拱顶有承载封土的能力；另一种是在已挖成的洞室墓中起券，拱顶与封土间有空隙，是一种西周以来洞室墓与砖券建筑技术的结合。甘肃境内，自汉至晋都盛行后一种在洞室墓中发券的做法。武威县城南祁连山下杂木河西岸密布汉代墓葬，形成一个东西长700米，南北宽600米的墓葬区，属于西汉末年的48号墓就是一座有墓道、墓门、墓室的长方形单室土洞墓，墓顶圆拱形。嘉峪关市东郊戈壁滩在1972年发现的四座东汉晚期画像砖墓也是土洞式发券建筑。敦煌东南辛店台、佛爷庙等魏晋墓葬群都是在土洞室墓基础上发展的砖券拱顶墓。

泰西封・塔克・伊・吉斯拉发券拱

嘉峪关东汉1号墓和3号墓是早期砖券拱顶建筑中有代表性的实例。1号墓有前室、后室，前室有左右耳室。前室长2.8米，高3.5米；后室长4米，高2.6米。墙面以三平一横面砌法起基，共八层，以上横平错缝叠砌起顶。每块横面砖（36厘米×17厘米）组成一个画面。3号墓由前室（附左右耳室）、中室、后室组成。墓门六重券，采用伊朗穹顶建筑中筒拱门殿的埃旺（Ivan）筒拱，建筑形式略同1号墓，但前室墓顶砌砖采用旋斜缝，在技法上与其他各墓不同，从四边结顶拱壳逐步向叠涩穹顶过渡。东汉中期出现叠涩穹顶，采用上圆下方的砌法。在130年左右河南襄城茨沟汉墓可见这种呈椭圆形抛物线的穹顶实例。

东汉嘉峪关画像砖3号墓剖面图

值得注意的是，大致不早于3世纪的马蹄形券洞在扎格罗斯山口的塔克·伊·吉莱（Tāq-i-Girrā）出现的同时，辽宁营城子汉墓中也出现了类似的券洞。塔克·伊·吉莱建筑规模庞大，是萨珊王朝早期或安息末期伊朗建筑中的出色作品。拱券建筑在中国北方不胫而走，或者出于游牧民对穹庐的癖好。

5世纪盛行于伊朗和中亚的穹顶建筑在突厥兴起后的西域有了新发展。伊朗伊斯法罕的加米大寺中，在东南隅有一座砖穹顶殿堂，专为塞尔柱皇帝马立克·沙（1072—1092年在位）的王后、喀喇汗国的回鹘公主帖尔罕可敦（Terkan Khatun）建造，供她礼拜和沐浴。整座建筑技艺超群，在穹顶殿中以图案刻纹代替砖饰，一时无出其右。这座建筑是中伊艺术交流的结晶。

埃旺·伊·卡尔伽跨拱屋顶

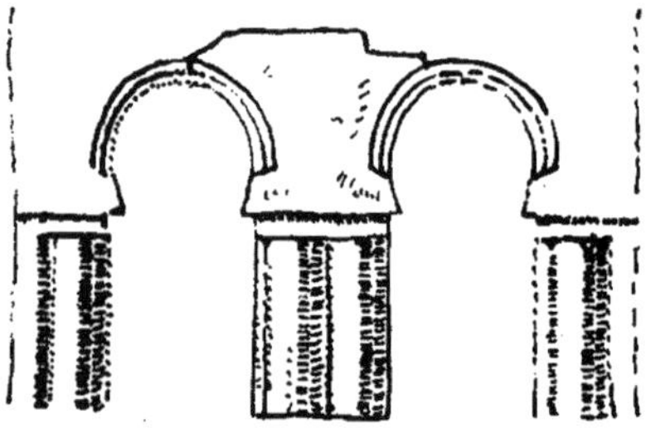

泰西封阿尔·迈阿里特6世纪马蹄券拱门

砖石拱顶结构在中国内地的地面建筑的应用发展迟缓。叠涩拱顶在唐宋时大量用于墓室和砖石塔建筑。元明之际，发券拱顶比以前使用广泛，出现在城门、宫门和庙宇建筑，并且可以完全不作楔形处理，使用大砖贴砌拱顶。元代大都和义门的瓮城城门以四层券砌成，而不用伏，与伊朗埃旺筒拱法相同。建于元代的杭州凤凰寺后窑殿的中殿由传教士阿老丁设计，为方底穹顶建筑，采用砖叠涩出挑和菱角牙子的技术。这种技术为11世纪前后的波斯所常用。元明时期，砖拱无梁殿在南京、苏州等地出现，是筒拱和拱顶建筑的一个新发展。这种建筑可以防火，建筑面积又胜过一般庙宇，是砖砌建筑技术的新运用。

七、伊朗医学在中国的推广

6世纪以后，伊朗药物在中国内地逐渐推广，苏恭《唐本草》（五十四卷）、段成式《酉阳杂俎》（三十卷）等唐人著作对伊朗药物开始有系统著录。8世纪时更有收集海外进口药物的专著出现，郑虔《胡本草》（七卷）首开端倪。10世纪初，李珣《海药本草》（六卷）尤其详备。波斯人来华经商，以药物、香料为大宗，因此许多植物都冠以波斯之名。这些药物中有密陀僧（黄丹，黄色氧化铅，Murdāsang，Mirdāsang）、硇砂（氯化铵NH_4Cl，nušādir，nasādir）、珊瑚、矾石、白矾、琥珀、胡黄连、缩砂蔤、莳萝（zīra，小茴香）、阿月浑子（pista，必思答）、石蜜、蔽齐（birzai）、阿魏（Anguze），食用的偏桃（巴旦杏）、波斯枣、没食子（无食子）、齐暾果（zeitun，油橄榄）、无花果（阿驵，anjir）也都自伊朗运来。用以治疗岭南流行的麻风的耶悉茗油也在6世纪时经海舶上的胡人传入广州。伊朗所产金线矾、紫矾则专供炼丹家烧炼。

《海药本草》的作者李珣是华化的波斯人，他一生到过杭州、广州、成都。《海药本草》所录波斯药物中的绿盐（zingār），《隋书》已知它是萨珊波斯所产，又叫石绿，不褪色，虽经阴雨也不受潮，是醋酸铜化石，可以用来治疗眼病。李珣诗词有《南乡子》17首，写岭南风光，其中第一首《思乡处》写他海上航行时追念祖先故乡。李珣可能从广州搭船到过波斯。阿拉伯文《百科书录》提到，著名医师、炼丹家拉齐在巴格达遇到一个中国学者向他求教罗马名医盖伦的著作。盖伦著作多达十五卷，而中国学者归期逼近，他用速记法记下一切，奇迹般地在一个月内学完了盖伦的著作，带着大卷稿本搭船返国。李珣是前蜀政权的权贵，有出国资财，极可能是他师承拉齐，归国后才有《海药本草》之作。

中国在14世纪下半叶编成的《回回药方》中著录了许多西方医学家。其中卷三十目录“杂证门”记有“忽儿木思马准”，“马竹尼虎而谟西方，即虎儿谟西地面加白薇、菖蒲、薄荷的膏子药”。“马准”“马竹尼”都是阿拉伯语“膏子药”（Ma‘jūn）音译。作者将虎儿谟西当作地名。此方原出阿维森纳《医典》第三册的“忽儿木思马准”（Ma’jūn Hurmus）。忽儿木思（赫尔梅斯）是大洪水以后出现的传说人物，他曾研究剧毒的动物和植物，制作玻璃和绿色陶器，以通晓医学和化学而著闻，在西亚被奉为神明，波斯语中用来称木星或希腊信使神赫尔墨斯，也有人认为是突厥语对阿胡拉·马兹达这一位瑣罗亚斯德教中的天神的转写。《回回药方》卷三十目录又记有沙卜而撒哈里（Sābūr bin Sahli），他是伊朗的医学中心君迪沙卜尔（Jundysābūr）培养出来的医生，曾任医院院长，著作甚丰，有《药物的配伍》《食物的功能》《药理学》等，死于回历255年（869年）12月21日。

明初朱棣等人所编《普济方》也曾提到许多波斯名称的胡药，有朵梯牙（tootiyā’，氧化锌，皓矾）、安咱芦（anzaroot，波斯树胶）、可铁剌（kateerā，黄耆胶，西黄耆）、阿飞勇（afyoon，阿芙蓉或鸦片）、李子树胶（samgh，阿拉伯树胶，音译“三亦”）[①]。它们和阿拉伯名称的药方同样在中国各地流传。

八、波斯人的珠宝鉴别知识

古代波斯在中国人心目中是一个出产宝石的国家，绿松石、红肉髓、玛瑙、珊瑚、真珠、绿宝石都和波斯有关系。战国时代盛传宋国的国宝结绿是波斯语中的绿宝石zumurrud最早的中译名称。波斯不产绿宝石，但波斯人却是古老的宝石贸易中精明的鉴别者与经销商。先秦时代，中国人以璆琳统称来自西亚的青碧色玉石。璆，或作球，是美玉；琳，是美石（珠）。最早的珠，既是真珠（蚌珠）的代称，又是石珠的兼名。《魏书》列举波斯多大真珠、颇梨（宝石）、琉璃（玻璃）、水精、瑟瑟（绿松石等碧珠）、金刚（钻石）、火齐（薄玻璃、料珠），真珠、颇梨、瑟瑟、金刚都从波斯转运中国。汉代以来绿松石镶嵌工艺精益求精，推动了珠宝首饰业的进步。南京象山晋墓、西安何家村唐代窖藏出土金刚指环、玛瑙、琥珀等物大约来自伊朗。伊德里西在12世纪记录波斯湾中的采珠场有300处，采珠者大多居住巴林，卡伊施岛即以出口真珠闻名。

① 以上见宋岘：《对〈回回药方〉中的古医人姓氏的考证》，《西北民族研究》1991年第2期；《对〈普济方〉和〈本草纲目〉中的回回医方的考证》，《回族研究》1992年第2期；宋岘：《回回药方考释》，中华书局2000年版。

唐宋以来，波斯商人多以贩运珠宝称富，也以鉴别珠宝为长。《太平广记》卷三十四叙述崔炜受托返归广州向波斯邸中的老胡出售宝珠，对方以为是神物，出价十万缗，购后归国。在《太平广记》中有许多波斯商人鉴别珠宝的故事，如在豫章（南昌）有未见人已知有宝石的，在扶风有剖腋藏珠的，在睢阳有藏珠于股的，在广州有藏珠腰肉的，在扬州有兜售紫靺羯可防水火的，在洪州（南昌）有因紫靺羯而纳税百万的，在豫章有以三万缗买二石珠的。广陵（扬州）有胡人礼拜玉清三宝，终以千万相易；在同一地点，更有以数千万买骊龙珠的。长安的西国胡客有以五十万买珠的，还有以十万贯买武则天青泥珠的。这些不具国名的胡人大多是波斯人。波斯人崇拜财富，这一风气也逐渐渗入素重名分的中国内地社会。唐代长安的胡客每年开一次同乡会，称为宝会，届时各人展示财富，以宝物多少论列上下，最富有的戴帽，居于上座。安史乱平后，有个发了财的魏生也去参加胡人的宝会①，当时上座的出示明珠四颗，大逾径寸，与会者起而礼拜。到座末，轮到魏生也出示他的宝物，三十多名胡人见宝后都将魏生推举于座首，一一礼拜。受宠若惊的魏生最初以为是故意取闹，不胜惶恐，后知出于诚意，大为惊异。

元代陶宗仪《辍耕录》卷七“回回石头”条根据波斯语列举的宝石有剌（lal，淡红色，娇）、避者达（bidjade，深红色，石薄方，娇）、助把避（上等暗深绿色）、助木剌（中等明绿色）、撒卜泥（sabuni，下等带石，浅绿色）、鸦鹘（yakut，刚玉），还有译自波斯语的“甸子”（绿松石），共分你舍卜的（回回甸子，纳沙布尔甸子，纹理细）、乞里马泥（河西甸子，小亚细亚甸子，纹理粗）、荆州石（襄阳甸子，色变）三种，连中国湖北出的襄阳绿松石（或绿长石）也按波斯语称甸子了。

九、罗盘导航

中国人在10世纪时制成了人造磁体指南针。沈括（1031—1095年）在《梦溪笔谈》中正式指出了磁偏角的存在。他做了四种实验，其中水浮法是用指南针横穿在灯草芯上，浮在水上指示方向。这样的指南针早在沈括以前便已在航运中使用，但有多荡摇的缺点，因而又试验了缕悬法，用新蚕丝以蜡珠结针，悬挂磁针，测定磁偏角。

世界上指南针用于航海的最早记录存于宣和年间（1119—1125年）朱彧所著的《萍洲可谈》。作者追述他父亲朱服在广州当官时，舟师辨认航向，“夜则观星，昼则观日，阴晦观指南针”。这种指南针采用浮针，并把古代堪舆家使用的方形栻占地盘改装

① 《太平广记》卷四〇三引《原化记·魏生》。

成圆形罗经盘，称为地螺。地螺以八干、十二支、四卦（乾坤巽艮）组成正针，二十四向，另有两位间的缝针，合共四十八向。

13世纪时，世界远洋航船普遍用指南针导航，昼夜守视，按指定的针路航行，天文导航逐步淘汰。《梦粱录》（1265—1274年）正式称为针盘。1195年以后，英国人、法国人相继论述了使用磁化铁针的浮针导航技术。波斯人穆罕默德·奥菲在1228年前后编集的《故事大全》中讲到磁性指南鱼。这部故事集中的一则故事记述著者在航行中凭借一尾用磁石制作的鱼找到了航路。这种磁鱼是在波斯湾与阿拉伯海中使用的指南针，头尾可以指向南北，辨别方向。在稍后阿拉伯人的记载里，地中海东部的航船使用木片或苇箔浮出水面的磁针辨别航向。这是1282年阿拉伯博物学家贝伊拉克·卡巴杰吉在《珠宝商鉴别手册》中描述他从利凡特沿海的特里波利向亚历山大里亚航行途中的见闻时提到的。他还说在印度洋上航行的船长不用这种水浮针，而用磁鱼。不论哪一种磁针，都是中国海员早已在航海中使用过的。波斯湾的伊朗人称罗盘叫“吉卜拉·纳玛”（qibla-nāma），意思是“指针”，完全根据中国传统名称命名。波斯语、阿拉伯语中表示罗经方位的khann就是闽南话中的“针”字。中国航海家出没于波斯湾、阿拉伯海，这种先进的地文导航技术由首先得到了波斯同行的认可。

12世纪以后出现的针路引导了针路图（航海图）的问世，至元明时代而更加周详。牵星过洋是波斯、阿拉伯商船在印度洋航行中习用的技术，也成了郑和下西洋时往返牵星为记的导航工具。《郑和航海图》可能也参照过波斯和阿拉伯的海图，在绘制技术上采取了海岸地图对应式测绘的办法，并记上64处地点所见北辰（北极星、小熊座α星）和华盖星（小熊座β星、γ星）高度。

十、火药在伊朗的使用

火药的主要成分硝和硫黄是中国人很早便已掌握的药料，火药的发明取决于硝、硫、木炭混合的比例。中国在8—9世纪完成了这一发明，并迅速以“飞火”的发射方式用于战争。盐类的朴消与硝石虽有区别，但色味均同。真消（火消）与盐类水消不同之处在于前者可燃而“朏朏如握盐雪，不冰”[①]。硝（火消）既如盐雪，所以波斯人在8—9世纪得知此物时以“中国盐”（namak-i cīni）相呼。巴格达炼丹家查比尔·伊本·海扬在8世纪中叶已知用蒸馏明矾取得硫酸，用硫酸和消石制备硝酸，发明王水，

① 《重修政和经史证类备用本草》卷三引陶弘景语；又见唐写本《本草经集注·序录》，收入罗振玉《吉石盦丛书》1915年影印本。

足证当地已知用硝。664年山西泽州继益州、武都、陇西之后也发现硝石矿，可与北印度乌苌国的相比，俗称盐消。9世纪中叶巴斯拉开采的硝矿称作Shūraj，这个词正是“硝”（消）的音译，山西盐消是波斯名词以盐相称的来源。

13世纪中叶，阿拉伯世界以“巴鲁得”（bārud）称呼火药，这和蒙古西征有着直接的关系。1258年旭烈兀占领巴格达，建立伊儿汗国，他的远征军中就有来自中国内地的火炮手naft-ạndāz。中国的火枪开始称“筩”，后来写作“铳”，用金属作铳身。这个词首先被伊朗借用，称tufèk，现在读作tufèng（枪）。在帖木儿时代，火炮在波斯被称作tkhsh-tèkhsh，火炮手叫作tèkhsh-afghenan，tèkhsh-èndazan。tèkhsh这个词似乎也来自中文的“铳”。13—14世纪，火药、火器在抗拒伊斯兰教马木鲁克王朝的战争中发挥作用，火器成为伊朗军队的重要武器。1283年以丞相职衔出使大不里士的朵儿边氏孛罗，后来定居伊朗，担任宫廷侍卫统帅的要职，也一定在他的从属部队中使用了先进的手铳。

第四节　饮食文化交流

中国和伊朗在饮食文化方面有过广泛的交流。中国的茶大约在10世纪就有小批量进入伊朗。它们是通过海路运入的，波斯人根据云南口音译作tchay。阿尔·比鲁尼是最早提到茶的一位穆斯林作家。13世纪拉施特丁的《农艺书》指出tchay是一种草药，“我们的医生称为人民的国王”。“人民的国王”（Shah al-Khalq）的原文是thah al-Qala‘i（克拉茶），因由马来半岛的航运中心克拉（中国古称箇罗）运去而得名。在伊儿汗时代，茶被当作药物使用。茶作为饮料而被伊朗和伊斯兰世界普遍接受的时间在1830年以后。

来自中国的各种米酒（大米和小米酿造的酒）也在10世纪开始出现在伊朗各地，其名称都借用回鹘语（畏吾儿语）或汉语。伊儿汗国的蒙古人特别喜饮啤酒和各种大米酒、小米酒，因此米酒也流行于伊朗。

波斯饮食流入中国的时间更早。汉代波斯饮食已进入中国内地。汉灵帝时，由于皇室喜爱胡食，长安便已流行波斯风味的饮食。至于西北各地，是波斯人及粟特人出入的必经之地，胡食的流行更可想见，长安、洛阳不过是此风东进所及。但汉代胡食内容已多湮没不详。南北朝以来，特别是唐代开元以后，上流社会宴聚亦时兴胡食，甚至有“尽供胡食”的。慧琳《一切经音义》卷三十七“陀罗尼集经”介绍唐代流行的胡食，有䭔䬱（音部斗）、烧饼、胡饼、搭纳等数种。䭔䬱是波斯语bardāna的音译，原为黄油煎饼。烧饼，6世纪《齐民要术》卷九“饼法”记用“面一斗，羊肉二斤，葱白一合，豉汁及盐，熬令熟，炙之。面当令起”，是一种羊肉葱花饼。胡饼，汉代已有，前赵石虎讳胡，改为麻饼，元代称蒸饼[①]，有馅。9—10世纪以后，这些波斯饮食已逐渐在通都大邑推广，普遍到民间都能享用。

波斯酒、波斯果浆、波斯糖果、波斯枣、偏桃、齐暾、无花果、安石榴、莳萝、甜菜、波斯菜，都是源出波斯，且久已流传中国民间的饮料、食品或蔬果。果子露（舍里必、舍里卜）也在元代进入中国上层社会。

波斯葡萄酒，汉代已能依法酿造。唐初占领高昌，又得到马乳葡萄酒法，由唐太宗亲自监督仿制成功，共有八种，“芳辛酷烈，味兼醍醐”（《册府元龟》卷九七〇）。八种葡萄酒中应有烈性的烧酒，开中国内地制造烧酒的风气。但当时器械简陋，提取酒露的纯度有限，且方法极为秘密，限于禁中，难知其详。元代葡萄烧酒普遍推广，许有壬（1286—1364年）《至正集》卷十六有《咏酒露次解恕斋韵》：“世以水火鼎炼酒取露，气烈而清。秋空沆瀣不过也，虽败酒亦可为。其法出西域，由尚方达贵家，今汗漫天下矣，译曰阿尔奇云。”阿尔奇又名“阿剌吉”、“阿里乞”、“轧赖机”。蒙古文《格萨尔王传》中列举了八种用阿剌吉（烧酒、白葡萄酒）蒸馏而成的酒。阿剌吉（’araq）是波斯语、阿拉伯语，专指以蒸馏法提炼酒精。元代此法大盛，可以用葡萄酒、枣酒、好酒等设计专门的蒸馏器加以提取，也称酒露、重酿酒。忽思慧在1330年为元代朝廷编纂《饮膳正要》，卷三“米谷品”提到用好酒蒸熬取露成阿剌吉。朱德润在1334年家居江苏昆山时，从推官冯仕可处得到轧赖机酒，说意思是重酿酒[②]。尤以葡萄酒所制阿剌吉酒最名贵，称法酒。

波斯果浆，亦即果子酒，唐代已列入天下名酒，名叫三勒浆。这种酒由庵摩勒、毗梨勒、诃梨勒三种波斯果子制成，“类酒，法出波斯”[③]，制造地点是首都长安。还有唐顺宗时来自伊朗南部乌弋山离国（锡斯坦）的龙膏酒，苏鹗《杜阳杂编》卷中记：“时有处士伊祁玄解……上知其异人，遂令密召入宫，处九华之室，设紫茭之席，饮龙膏之酒……龙膏酒黑如纯漆，饮之令人神爽。此本乌弋山离国所献。”蔷薇露，宋代已

① 司马光：《资治通鉴·唐玄宗纪》，胡三省注。据真人元开《唐大和上东征传》，鉴真东渡时备有干胡饼、干蒸饼、干薄饼、番捻头。胡饼与蒸饼原非一物，且后来的制作方法较唐代亦或有变化。

② 朱德润：《存复斋文集》卷三《轧赖机酒赋》。

③ 李肇：《国史补》卷下。

列入名酒，元代萨都剌以蔷薇露比作紫髓琼浆。陶宗仪《元氏掖庭侈政》列举元代宫廷有酒名蔷薇露[①]，波斯语名‘araq-l-gul。

波斯食品中的波斯枣是生长在非洲和阿拉伯半岛、波斯湾的枣椰树的果实椰枣，现有伊拉克蜜枣之称。3世纪从南方海上传入中国，称海枣，不久又有经中亚运进的，起名千年枣。7世纪后由波斯商人作为珍贵礼品献赠宫廷，并供应广州外侨食用，于是有波斯枣之称。唐代已知椰枣的波斯名为窟莽（khurmā），元代别译苦鲁麻、忽鹿麻。椰枣的俗称千年枣则在长时期中被使用。宋代又叫万岁枣、大食枣、番枣，明代改译万年枣，并通用万岁枣的名目。

偏桃，唐代段成式《酉阳杂俎》中记有它的波斯名称婆淡树（badam）。偏桃肉苦涩，不可吃，核中仁则甘甜，元代称作巴旦杏，原意是杏仁。古代米地亚人用杏仁做面包，当粮食。元代中国北方也像亚洲中西部地区一样爱上了这种食品。

齐暾，波斯语zeitun，即橄榄。波斯橄榄为中国所无。唐代已记载这种橄榄在西亚用于榨油，以煮饼果，就是后来称呼的油橄榄，属于木樨科，与橄榄之属橄榄科不同。这种植物久已在中国南方引种，清代《西域同文志》称齐墩。

无花果、安石榴，都是在伊朗高原各地普遍生长的果木。无花果，唐代段成式已记下它的波斯语名阿驿、阿驲（anjīr），说它“叶有五出，似椑麻，无花而实。实赤色，类椑子，味似甘柿，一月一熟”。无花果的名称，在西方从亚里士多德起就已使用，原因是它的花藏在果实中，果未成熟时剖开可以看到盛开的花。《梁书》记下的是无花果的一个印度名称优昙钵花。直到明代，广东人都习称此名。中国南方很早就从印度将此果移植。851年到中国的阿拉伯商人苏莱曼就说中国有无花果。到7—8世纪时北方又进口这种果子，并且知道了它的老家在西亚。元代扬州城西有无花果园，每年由西域人（伊朗人）酿醋供奉元廷。

莳萝，是中古波斯语zīra的译音，又称小茴香。晋代《广州记》已知莳萝生波斯国。它的别名枯茖，也来自波斯语kamūn。伊本·西纳说莳萝有四种：波斯莳萝，黄色，性烈；克尔曼莳萝，黑色；叙利亚莳萝；那巴提莳萝。可以增加滋味，多食无害处。

甜菜，中国古称莙荙菜，译自中古波斯语gundar。苏恭《唐本草》称作菾菜，近代又名根大菜、根达菜。

菠菜，在中国是到明代李时珍编《本草纲目》时才录下这个名字的。它最早称作

① 陶宗仪：《元氏掖庭侈政》，《香艳丛书》卷二，清宣统元年（1909年）版。

波棱菜。《唐会要》卷一〇〇说："（贞观）二十一年，（泥婆罗国）遣使献波棱菜、浑提葱。"《本草纲目》释菠菜时说："《唐会要》云太宗时尼波罗国献波棱菜，类红蓝，实如蒺藜，火熟之能益食味，即此也。"中国最早是经尼波罗（尼泊尔）国使者之手传入这种蔬菜的。印度斯坦语称菠菜为palak，可以追溯到梵语里的pālanka，因此中国人误传菠菜出于波棱国，即梵语中的一个印度国名Pālaka①。但更有可能是由著名的华氏城（Pataliputra，巴特那）输往尼泊尔，再经西藏进入长安的，波棱或即华氏城的一种译法。元代已知菠菜出自波斯，波斯语名aspanāh，asfināj。明代干脆称作波斯菜。

元代回回饮食文化时兴，一般日用百科全书中也有这类西亚食品。如《居家必用事类全集》庚集饮食类中有"回回食品"12种②，每种有用料和做法，有的沿用民间惯用的中国化的名称，有的则是根据波斯语音译的称呼。这12种食品是：设克儿匹剌（sukar-pīra，蛋白杏仁糖），卷煎饼，糕糜（冻羊肉糕），酸汤，秃秃麻失（tūtmāj，粉丝、面条），八耳塔（bardāna，古译䭔飳，黄油煎饼），哈耳尾（halvā，芝麻甜点心），古剌赤（golānj，果仁蜜饼），海螺厮（hareese，肉麦包），即你匹牙（chalpak，奶油面包），哈里撒（harīsat，harīsa，羊肉麦片粥），河西肺。它们是14世纪中国北方回民和汉族居民的日常食品，给中国的饮食文化增添了新的风采。

第五节　语言与文学

一、波斯语在中国

波斯语在2000多年中一直是中国人较多地接触到的一种外国语。《史记·大宛列传》已评述伊朗语系在大宛以西通行："自大宛以西至安息国，虽颇异言，然大同俗，相知言。"《汉书·西域传》更注意到安息国的文字，"书革，旁行为书记"，是一种横写在皮革上的文字。早期的波斯语随着波斯物产的来华而进入中国语言，成为汉语词汇，如狮（sheer）、苜蓿（musu）、葡萄（budawa）、胡荽（koswi），甚至麒麟、符拔、

① 劳费尔：《中国伊朗编》（B. Laufer，*Sino-Iranica*，*Chinese Contributions to the History of Civilization in Ancient Iran*），林筠因中译本，商务印书馆1964年版，第222页。

② 北京图书馆藏明司礼监刻本，参见黄时鉴：《元代的对外政策与中外文化交流》，《中外关系史论丛》第3辑，世界知识出版社1991年版。

叱拨也都被写入中国文献。《续博物志》记述唐天宝年间大宛进献汗血马六匹，分别取名红叱拨、紫叱拨、青叱拨、黄叱拨、丁香叱拨、桃花叱拨，叱拨即是波斯语中的马（asp）。至于苏胡（珊瑚）、琥珀（兽珀）、密陀僧、颇梨、瑟瑟、毾㲪、诃黎勒、无食子（没食、墨石、摩贼、没石、没食子）、莙荙菜、菠菜、莳萝、巴旦杏、窟莽（苦鲁麻、波斯枣）、没药、阿末香（龙涎香）、阿虞截（阿魏脂），这些为数众多而在中国几乎家喻户晓的波斯物产、香药，长期以来已是中文词语中不可替代的一部分了。

《北史》卷九十七列举波斯制度文化，有国王称医囋，妃称防步率，诸王子称杀野。大官有摸胡坛，掌国内狱讼；泥忽汗，掌库藏关禁；地卑，掌文书及众务。次有遏罗诃地掌王之内事，薛波勃掌四方兵马。祆教、摩尼教传入中国后，将许多宗教术语和神职人员的等级名称转写成汉语。在前伊斯兰时期，祆教徒、摩尼教徒和景教徒进入中国以后仍多用波斯语。祆教祭司使用波斯语宣教，摩尼教徒则使用安息语或粟特语。伊斯兰初期，波斯语不但是国际商业上的通用语言，而且也是伊斯兰教十分有力的传教语言。10世纪后，波斯语逐步成为亚洲东部伊斯兰世界的文学语言，伊朗人又通过海外交通活跃于中国东南沿海，将波斯语推广为中国人熟悉的一种外国语。12世纪的摩尼教就曾使用波斯语传教。《宋会要》记宣和二年（1120年）睦州青溪县方腊聚众起事，宣传的是明尊之事，“至于字音，又难辨认”，这难以辨识的文字想是波斯语了。

元代推行歧视汉人的政策，重用色目人，其中也有一些是伊朗人。元朝政府和西北三藩保持着密切的联系，尤其和伊儿汗国关系至深。波斯文化在三大汗国中占有很高的地位，因此给波斯语的应用提供了广阔的天地。1289年元朝政府专门创建回回国子学，使用亦思替非文字，传授波斯语。亦思替非文字作为一种财务和计数文字早在中国境内通用。广东遂溪窖藏葵口银碗，口沿外周的文字应是亦思替非文字。中国西部出土摩尼教文书中已见使用亦思替非文字书写纪年①。波斯语在元帝国是仅次于蒙古语和畏兀儿语的通用语言。摩洛哥大旅行家伊本·白图泰在他的游记中追忆，他在1345年10月北上大都经过杭州时，在那里受到热诚的接待。他被邀请乘船游览，听到中国歌手唱起了波斯歌曲，他记下了其中的两句：“我对你一见钟情，心潮如波涛汹涌；祈祷时，壁龛中也出现你的面影。”这首歌词的作者就是伊朗著名诗人萨迪（1208—1291年），原诗为《我对你一见钟情》，共有22句：

① 格希曼：《帕提亚与萨珊朝的波斯艺术》（R. Ghirshman, *Persian Art, the Partian and Sassanian Dynasties*），纽约1962年版，第317—336页。

你走过我身旁，总该看我一眼，
难道由于矜持才对我如此冷淡？
纵使到和田也绝找不到这妩媚容颜，
亭亭玉立的翠柏，哪片草坪也难得寻见；
请中国画家端详这姣好的面容，
画一幅肖像，否则何必描绘水墨丹青？
若撩起面纱露出你弓样的蛾眉，
天边皎月也得收敛她迷人的清辉；
翠柏躯干挺拔，但缺少美丽的脸庞，
太阳面庞美丽，但略欠秀发的芳香。
自从开天辟地，未见有人如此妩媚娇艳，
你是皎月，还是安琪儿？是凡人，还是天仙？
我对你一见钟情，心潮如波涛汹涌，
祈祷时，壁龛中也出现你的面影；
我愁锁心头，如同失足陷入激流之中，
你的玉唇莫非沾上我的血才如此殷红？
你若在我坟旁走过，我将轻曳你的衣襟，
纵然死去，我也会立即复活还魂。
你匆匆从我身旁走过，我的心备受折磨，
萨迪，别人不堪忍受，对你岂不是欢乐！
如若有人夸口说对你痴情倾心，
那准是花言巧语，蓄意骗人①。

萨迪足迹很广，曾到达中国西部的可失哈耳（喀什噶尔）。杭州在元代有畏兀儿人居住，萨迪的歌曲便这样流传在杭州歌坛，受到当地人士的赞赏。

在明代，波斯文仍是通用的国际语言。1409年郑和在斯里兰卡所立碑文有中文、波斯文、泰米尔文三种文字。北京民族文化宫藏有永乐五年五月十一日朱棣下令保护伊斯兰教的《谕米里哈只》敕谕，长100.5厘米，宽72厘米，自右至左，分别以中文、波斯文、蒙古文三种文字书写。

① 张玉书主编：《外国抒情诗赏析辞典》，北京师范大学出版社1991年版，第66—67页。

16世纪，中国伊斯兰教徒创立经堂教育。17世纪，常志美在中国伊斯兰教经堂教育的陕西学派之外创立山东学派，注重博览，除阿拉伯文经典外，更提倡学习波斯文典籍，使教者与学者不必专精一经。他一生在山东济宁讲学，著有《哈挖衣米诺哈志》（《波斯文法》），用波斯文写成，通用于各伊斯兰教寺院学校。现在北京、南京等地都已发现该书的多种抄本。伊朗曾据北京东四清真寺保存的抄本影印出版。此书大约是在伊朗境外由外国学者写出的波斯语语法书中最早的一部。在此以前，明末吴人慎懋赏编辑《海国广记》（又名《四夷广记》），其中在“天方国”就天文门和地理门一共收录了84例中文与波斯文词汇的对照表，并用贴切的中文注明波斯语语音（《玄览堂丛书续集》第97册）。

清代沿海地区的伊斯兰教经院大多采用山东派的讲授办法，课本既有阿拉伯文的，也有波斯文的。大诗人萨迪的《蔷薇园》也曾作为教本，为中国伊斯兰教学者所熟谙。江宁伍遵契在1676年将波斯人二卜顿捞吸·额补白克尔在1223年写成的《米尔萨德》（Mirṣad）译成中文，作者系德黑兰人，原书用波斯文写作，汉译本取名《归真要道译义》。但译者不准刊印，直到1912年才有南京蒋春华补注的铅印本问世。清末云南经师马联元（1841—1903年）多次赴麦加朝圣，精通波斯语、阿拉伯语，一生著译甚富，最后在印度康波尔（Gangpur）讲学期间去世。他的著作中有讲波斯文文法的《古文仙法》（*Kīmiyyā'i*），还有用波斯文写的教义概论《四篇要道》（*Faṣl*）、教条入门《教典经注》，都在云南木刻刊印。由于经堂教育的提倡，波斯语在穆斯林的日常生活中仍是一种足以与阿拉伯语相颉颃的语言。

二、吐鲁番摩尼教残经

20世纪初，人们在新疆东部吐鲁番发现了数以千计的摩尼教文献残片。这些古文献由17种不同文字写成，包括佛教、景教和摩尼教的经文抄本，为亚洲古代各民族语言和史料的研究提供了弥足珍贵的资料。

吐鲁番古文献分别由德国格伦威德尔和勒·柯克率领的中亚考察团在发掘中获得。受到英国人斯坦因在新疆的考古和地理发现的激励，德国于1902年派遣柏林人种博物馆格伦威德尔教授组团赴新疆考察。考察团在该年8月11日离开柏林，经过中亚，由伊犁入境，前往吐鲁番进行考古发掘，将所得文献、抄本、画像及其他各种文物装成46个大箱子，在1903年7月运回柏林。运回的抄本有24种，涉及的文字有17种。其中就有在中国初次发现的用西域文字书写的摩尼教经典抄本残片。

接着德国又派出以勒·柯克教授和巴托斯率领的考察团前往新疆。考察团在1904年11月到达古城高昌（哈拉和卓），发现了摩尼教寺院遗址，发掘了石窟和佛塔。在吐鲁番东南40公里的木头沟又发现了柏孜克里克千佛洞。到1907年德国考察团离开新疆时，摩尼教文献残片已发现数千块之多。高昌故城曾有摩尼教寺院的地下书库，可惜发现时所藏已多被泥水浸泡，难以复原。

在吐鲁番已找到的摩尼教文献抄本使用的语言主要是古突厥语和三种常用的中古伊朗语，即中古波斯文（帕拉维语）、帕提亚文（安息语）和粟特文。还有一块残片用大夏文写成，两块用乙种吐火罗文（龟兹文）书写。学者因此可以根据这些重大的发现对中古波斯语和帕提亚语进行十分细致的研究。第二次世界大战前，柏林普鲁士科学院已将这些文献的主要部分发表，引起俄国、比利时、美国、日本、英国和德国的学者详加探讨。德国战前发表的吐鲁番摩尼教文献后由毕克汇成专集刊印[①]。英国的鲍伊思编成了《德国收藏吐鲁番伊朗文摩尼教抄本目录》[②]，足以使人了解德国对吐鲁番伊朗文手抄文献收藏的概况。

吐鲁番发现的摩尼教文献有摩尼用中古波斯文写成的重要著作《沙普拉干》的手抄残片，后来已经释读英译[③]。还有两首最古老的帕提亚文摩尼教赞美诗《胡威达曼》（*Huwidagman*）和《安格罗斯南》（*Angad Pōšnān*）是3世纪的作品，或者就是开教帕提亚的阿摩所作，鲍伊思有专著加以研究和释读[④]。吐鲁番摩尼教文献的残片被鲍伊思辑入《摩尼教中古波斯文和帕提亚文读物》[⑤]，并有详尽的注释。

对吐鲁番发现的中古波斯语和帕提亚语文献的研究，使这两种早已湮没的古代语言获得新生。曾经主持德国收藏的吐鲁番文献发表工作的海宁对于中古波斯语的研究贡献殊多，他在1933年就发表了《吐鲁番的中古波斯语动词》一文，后又编成《中古

---

① 毕克：《德国藏吐鲁番文书》（W. Peek，*Ergebnisse der Deutchen Turfan Forschung*），第2卷，莱比锡1972年版。

② 鲍伊思：《德国收藏吐鲁番伊朗文摩尼教抄本目录》（Marry Boyce，*A Catalogue of the Iranian Manuscripts in Manichaean Script in the German Turfan Collection*），柏林1960年版。

③ 麦肯西：《摩尼的沙普拉干》（D.N. Mackenzie，*Mani's Sābuhragān*），伦敦大学《亚非学院院刊》（BSOAS）1979年第42卷，第3页；1980年第43卷，第2页。

④ 鲍伊思：《摩尼教帕提亚文赞颂诗》（Mary Boyce，*The Manichaean Hymn Cycles in Parthian*），伦敦1954年版。

⑤ 鲍伊思：《摩尼教中古波斯文和帕提亚文读物》（Mary Boyce，*A Reader in Manichaean Middle Persian and Parthian*），莱顿1975年版。

波斯语和帕提亚语词目》[1]。吉伦用法文写出了《帕提亚语》的专论[2]。鲍伊思在各国学者研究的基础上，编撰了《摩尼教中古波斯文和帕提亚文词目》的辞书[3]。海宁的研究后来被汇编成两卷本的论文集[4]。他们的成果大大推动了吐鲁番出土的中古波斯语和帕提亚语、粟特语文献的研究。

三、敦煌摩尼教残经

20世纪在敦煌莫高窟藏经洞发现的古文书中，学者整理出三部汉文摩尼教残卷，以《波斯教残经》《摩尼光佛教法仪略》《摩尼教下部赞》的名称收入日本大正新修《大藏经》第五十四卷，内中涉及古代波斯语。

《波斯教残经》最初在1911年出版的《国学丛刊》第二册上刊布。经法国学者沙畹、伯希和和日本学者羽田亨研究，定为摩尼教残经（《国学季刊》第1卷3号，定名为《摩尼教残经一》）。残经是一篇专题论文，论述人类自身并存明暗二性的教义，可能是《仪略》所提摩尼写作的七部经中的第五部“钵迦摩帝夜”的汉译，译名《证明过去教经》。“钵迦摩帝夜”在希腊语中便指“专题论文”[5]。

《摩尼光佛教法仪略》分别由斯坦因和伯希和发现后携回本国。上半部在1907年5月由斯坦因取走，藏伦敦不列颠博物馆，编号S3969；后半部在1908年为伯希和携去，藏巴黎国家图书馆，编号P3884。1925年，日本学者石田干之助公布《敦煌发现〈摩尼光佛教法仪略〉中的若干词语》一文，伯希和也发表《敦煌发现的两篇摩尼教手稿》的短文，认定分藏伦敦和巴黎的这两个卷子原是一件文书中的前后两截，为国内外学者所瞩目。

《摩尼教下部赞》计有七言诗1254句，并有少量四言和五言诗，以及三段音译文字。文卷在1907年被斯坦因取走，藏于伦敦不列颠博物馆。1916年由日本学者矢吹庆

---

① 海宁：《中古波斯语和帕提亚语词目》（W.B.Henning，*A List of Middle-Persian and Parthian Words*），伦敦大学《亚非学院院刊》（BSOAS）1937年第9卷，第79—92页。

② 吉伦：《论帕提亚语》（A. Ghilain，*Essai Sur la Langue Parthe*，*Son Sytème Verbal D' après les Textes Manichéens du Turkestan Oriental*），《博物馆与图书馆》（Bibliothèque du Muséon）1939年第9卷。

③ 鲍伊思：《摩尼教中古波斯文和帕提亚文词目》（Mary Boyce，*A Reader in Manichaean Middle Persian and Parthian*），莱顿1975年版。

④ 鲍伊思：《海宁论文集》（Mary Boyce，*The Selected Papers of W. B. Henning*），第2卷，莱顿—德黑兰1978年版。

⑤ 哈仑，海宁：《摩尼光佛宣示的教义与教规》（G.Haloun，W. B. Henning，*The Compendium of the Doctrines and Styles of the Teaching of Mani*，*the Buddha of Light*），泰东（Asia Major）1952年版，第204—209页；林悟殊：《摩尼教及其东渐》，中华书局1987年版，第191—205页。

辉鉴定为摩尼教经，1926年和1943年相继被译成德文和英文。《摩尼教下部赞》的结语中有译者道明的后记，声称“梵本三千之条，所译二十余道；又缘经、赞、呗、愿，皆依四处制焉。但道明所翻译者，一依梵本”。译者在译出全文外，留有三段音译文字，第一段列于经文之首，为中古波斯文；第二段见“次偈宜从依梵”，为帕提亚文；第三段为初声赞文，也是帕提亚文。三段文字是8—9世纪时汉译摩尼教经典中保留的古波斯文字[①]。

《摩尼教下部赞》有“叹明界文”，凡78颂，分4句，未冒慕阇撰[②]。德国学者海宁认为叹明界文是3世纪帕提亚文赞美诗《胡威达曼》第一节的汉译[③]，不妨以为中世纪经过改编的汉译摩尼教原本经文的代表作。《摩尼教下部赞》将摩尼译作忙你具智法王。《仪略》第一章开首便称：“佛夷瑟德乌卢诜者（本国梵音也），译云光明使者，又号具智法王，亦谓摩尼光佛，即我光明大慧无上医王应化法身之异号也。”佛夷瑟德乌卢诜，是东方摩尼教徒对教主摩尼所用中古波斯语尊称freštagrôšan的音译，意思是“光明使者”。

敦煌摩尼教经中保存的中古波斯语、帕提亚语的字音及译文，是中国现存最古老的波斯语文书资料，它为世界文明的宝库增添了藏品，也为中国和伊朗的文化交流留下了弥足珍贵的一页。

---

① 音译文字的研究见布莱德：《摩尼教典的文译》（Peter Bryder，*The Chinese Transformation of Manichaeism*），瑞典1985年版。

② 据林悟殊就德国施塞微（Helwing Schmidt Glintzer）提供的原件复印本校正。

③ 海宁：《评〈下部赞〉译文》（W.B. Henning，*Tsui Chi's Translation of the Mo Ni Chiao Hsia Pu Tsan*），伦敦大学《亚非学院院刊》（BSOAS）1943年第11卷，第217页。

第五章
中国和阿拉伯、叙利亚文化交流

第一节　中国历史上的香料王国

阿拉伯是个盛产香料的国家，西海岸又以出产纯度极高、几乎无需冶炼的黄金著称。希罗多德曾经盛赞“整个阿拉伯都散发着极其美妙的芳香”。从阿拉伯半岛南部出发，沿红海北上亚喀巴湾的香料之路早在大流士帝国建立以前就已是阿拉伯世界与外界沟通的命脉。自公元前4世纪末起，直到罗马帝国侵占叙利亚为止，北方阿拉伯人的纳巴泰王国（前4世纪—106年）的首都佩特拉一直是往来于南阿拉伯的沙比和地中海之间的队商的必经之处。阿拉伯国家也通过美索不达米亚和波斯湾与东方其他古国互通音信。

中国到汉武帝时代才知道西亚有个条支国。在罗马兴起以前统治西亚的是亚历山大帝国分裂出来的塞琉西王朝（前312—前64年）。不久，塞琉西帝国一分为三，巴克特里亚和帕提亚相继独立，亚洲西部归安条克，建都地中海滨奥朗特河畔的安条克城，美索不达米亚、叙利亚、利凡特和阿拉伯北部都归入它的版图，中国便把统治此地的安条克（Antioch）王朝译作条支、条枝，省去开唇音的第一音节。张骞在公元前126年从巴克特里亚归国后，向汉武帝刘彻报告，帕提亚（安息）是西域最大的国家，条支在它以西。公元前30年罗马并吞叙利亚，替代安条克统辖地中海东部领土。张骞已知条支有大鸟，卵如瓮，又善眩，“安息长老传闻条枝有弱水、西王母，而未尝见”。有弱水之称的死海和阿拉伯游牧部落尚未与中国人取得联系。

后汉时代，中国关于条支的地理观念比前汉大为扩大，获知叙利亚和美索不达米亚政治形势的变动信息。当地的纳巴泰王国曾长期处在罗马的保护之下。106年，罗马皇帝图拉真征服纳马泰国，直接统治了阿拉伯北部地区。条支在中国人看来只是波斯湾和阿拉伯海滨的一个国家。94年，班超征服焉耆，葱岭交通畅通，“其条支、安息诸国至于海濒四万里外，皆重译贡献”（《后汉书·西域传》）。班超派甘英在97年取伊朗北道前往大秦（埃及），亲历了直通波斯湾西岸阿拉伯半岛于罗国（Gerrha，朱尔哈，今乌凯尔）的陆程：“自安息西行三千四百里至阿蛮国（Ecbatana，今哈马丹），从阿蛮西行三千六百里至斯宾国（Spasinu）。从斯宾南行渡河，又西南至于罗国九百六十里。安息西界极矣。自此南乘海，乃通大秦。”甘英所到的斯宾国译自波斯湾头的阿拉伯城市史帕西纳—喀拉塞（Spasinu-Charax），为《后汉书·西域传》中的条支国城[①]：

> 条支国城在山上，周回四十余里，临西海，海水曲环其南及东北，三面路绝，唯西北隅通陆道。土地暑湿。出师子、犀牛、封牛、孔雀、大雀。大雀其卵如瓮。转北而东，复马行六十余日至安息。后役属条支，为置大将，监领诸小城焉。

条支国城建筑在面临大海的山上，故址在现在波斯湾头沙洲以北的内地。塞琉西王朝的安条克四世（前175—前164年在位）曾将古老的喀拉塞集镇加以改建，取名安条克。公元前140年左右，阿拉伯酋长史帕西纳占领此地独立，当地人便习称史帕西纳—喀拉塞，以后役属安息约有两个世纪。

前汉时代，汉使到条支，无论是去地中海滨的安条克，还是到波斯湾头，都通过伊朗北道，经过安息都城番兜城。那时汉使通行伊朗南道的仅到乌弋山离的国都亚历山大—普洛夫达西亚（锡斯坦）。后汉时代，波斯湾和红海之间的海上通商大为兴旺，

① 白鸟库吉：《条支国考》，王古鲁译，《塞外史地论文译丛》第1辑，商务印书馆1939年版，第75—102页；沈福伟：《中国与非洲》，中华书局1990年版，第23—25页。

伊朗南道也因此被亚洲中部的商人所重视。中国使团于是也有取伊朗南道到波斯湾头条支的，并且知道由此北行，再转向东北，马行六十多日，同样也可到达安息国都。这条伊朗南道就是出葱岭，经巴克特里亚，穿越锡斯坦，再经伊朗南部卡尔玛尼亚、波西斯、苏西安那，到波斯湾头两河交汇处的条支。

阿拉伯半岛南部素有香岸（Shihr Lūbān）之称，最早运到中国的香料、香脂都有一个能体现它奇特的性能和国名的专名。东汉郭宪《别国洞冥记》列举汉武帝元封年间（前110—前105年）焚烧天下异香，有沉光香（乳香）、涂魂香（返魂香，苏合香）。沉光香据说出自涂魂国，烧之有光。涂魂国的对音是南阿拉伯著名的香料运输港佐法尔（Zafār，Dhufar），它是海达拉毛的乳香贸易中心[①]。涂魂香则因苏合香被传为起死回生的灵药而得名，后来又知道它的产地在席赫尔（al-Shihr），古译苏合。3世纪的《广志》已知苏合香“出大秦国，或云苏合国”[②]。

和涂魂国同样古老的名称还有香国。香国（Lubān）之名早在前汉就已使用，译作勒毕国[③]。《别国洞冥记》卷二以传说为据，记述公元前110年勒毕国贡物：

> 元封元年，勒毕国贡细鸟。以方尺之玉笼盛数百头，形如大蝇，状似鹦鹉，声闻数里之间，如黄鹄之音也。国人常以此鸟候时，亦名曰候日虫。帝置之于宫内，旬日而飞尽。帝惜，求之不复得。明年，见细鸟集帷幕，或入衣袖，因名蝉。

号称乳香之国的勒毕国所献细鸟是一种形体细小的蜂鸟，20世纪80年代在新疆的塔里木盆地也出现过成群的蜂鸟。

香国（勒毕国）、涂魂国（佐法尔）都是甘英出使前早已与中国有交往的阿拉伯香岸的国家。甘英出使到达于罗国后，由于他所到的地方“皆前世所不至，《山经》所未详，莫不备其风土，传其珍怪焉，于是远国蒙奇、兜勒皆来归服，遣使贡献”（《后汉书·西域传》）。在波斯湾通往红海航路的沿线国家中，蒙奇、兜勒两国在和帝永元十二年（100年）冬十一月联袂遣使来华。蒙奇即红海南部的商业中心莫札（Muza，Mo-

① 沈福伟：《中国与非洲》，中华书局1990年版，第108页，第122页。

② 沈福伟：《中国与非洲》，中华书局1990年版，第106—107页，第122页。

③ 勒毕国不能颠倒成毕勒国，将它视为秘鲁（此说见《秘鲁—勒毕—弥罗》，《人民日报》1982年10月17日第7版；又见沙丁等编：《中国和拉丁美洲关系简史》，河南人民出版社1986年版，第14页）。

cha，今木哈），兜勒是它对岸埃塞俄比亚的要港阿杜利（Adulis）[①]。和帝通过两国使者“赐其王金印紫绶”。由于中国和莫札、阿杜利的建交，条支国于120年派出贡异瑞的使节，形高七尺又解人语的鸩鹊（鸵鸟）被运到了洛阳。东汉时代，从波斯湾头的条支到南阿拉伯的香国都和洛阳建立了联系，对罗马帝国通过阿拉伯南部开展与中国的贸易起到了十分重要的作用。

494年以后，由平城（大同）迁都洛阳的北魏与南亚、西亚各国展开频繁的外交活动，早先已和印度、波斯建立牢固商务关系的希米雅尔和艾兹提也分别派出代表和中国联络。宣武帝正始四年（507年）十月，希米雅尔和艾兹提的使团随同呎哒、波斯、巴里格柴（印度坎贝湾）和渴槃陀（塔什库尔干）的政治代表抵达洛阳。《魏书》卷八将希米雅尔译作渴文提（Himyarite），将阿曼的艾兹提译作忸杖提（al-Azdite）[②]。他们在红海和阿拉伯海的商业竞争中起着举足轻重的作用。

希米雅尔王国在3世纪并吞了沙比人的国土，控制了香料之路，一跃而成南阿拉伯的强国。4世纪初，阿克苏姆势力伸向希米雅尔，波斯则通过在波斯湾立国的莱赫米人对希米雅尔王族进行威胁利诱，以和阿克苏姆展开角逐。担任希米雅尔王国和莱赫米王朝中间人的是艾兹提部落。2世纪时，早先定居在也门的艾兹提阿拉伯人开始成群北迁，进入由波斯总督控制的阿曼。不久，不断迁来的艾兹提人成了阿曼境内人数最多的居民。3世纪末在两河入海处希拉（Hira）建国的莱赫米王朝就是艾兹提部落首领马立克的外孙阿慕尔所创建的。378年阿克苏姆退出也门以后，重新恢复统治的希米雅尔王国仰仗莱赫米王朝在南阿拉伯继续和以拜占庭为后盾的阿克苏姆展开商战。正当莱赫米王朝孟迪尔三世（505—554年在位）极盛时期，阿曼和希米雅尔同时向北魏派出了使团。这是继条支和勒毕国以后，统治波斯湾和阿拉伯海的阿拉伯国家和中国正式进行的又一次国事访问。

从前汉时代勒毕国、涂魂国开始的南阿拉伯国家和中国的商业联系，后汉时转成蒙奇国、苏合国这些希米雅尔和阿曼的古老城邦；唐宋时代，希米雅尔船只航行广州的记载时有所见，证实希米雅尔王国在长时期中维系着和中国的联系。

伊斯兰教的创立者穆罕默德和他的继任者建立的哈里发帝国，领土遍及叙利亚、

---

① 沈福伟：《中国与非洲》，中华书局1990年版，第70页。张星烺最早将蒙奇考作马其顿，兜勒订为吐火罗（张星烺：《中西交通史料汇编》第1册，中华书局1977年校订本，第24页）。林海村以为是马其顿和推罗（提尔），见林海村：《公元100年罗马商团的中国之行》，《中国社会科学》1991年第4期，第71—84页。

② 沈福伟：《中国和阿曼历史上的友好往来》，《世界历史》1982年第1期。

伊拉克、伊朗，连同埃及、北非，成了一个大一统的阿拉伯世界。穆罕默德曾告诫他的弟子："学问虽远在中国，亦当往求。"[①]中国的财富与智慧都为阿拉伯人所钦羡。在651年波斯末王伊嗣俟三世战败被杀后，阿拉伯外交使团立即奔赴唐朝都城长安。651年，正统派第三位哈里发奥斯曼（644—656年在位）的使节被唐高宗正式接见，从此中国和阿拉伯帝国展开了漫长的外交往来的历史。当时中国有关西方的知识大都得自伊朗，阿拉伯译名大食也是如此。阿拉伯大部落泰伊（Ṭayyi'）从迁入萨珊波斯统辖的幼发拉底河以东地区后就被称作Ṭāzī，中古波斯语写作Tačik，粟特人也将阿拉伯人称作Tazik，后来成了穆斯林的通称[②]，中国于是也以大食的译名相称，异写有大石、大寔、多氏等。

唐代和阿拉伯的关系，在文化经济联系上具有秉承以往中国和伊朗、叙利亚、埃及关系的传统特色。尤其在8世纪中叶唐朝退出中亚之后，唐和阿拔斯王朝的政治关系由于彼此和平共处而显得十分融洽，在经贸上更因双方加强了海上联系，从而展开了以中国外销陶瓷和阿拉伯香药成批东运为标志的崭新时代。海上陶瓷之路的拓展象征着中国与阿拉伯自唐、五代历宋、元、明、清而不衰的文化联系。

从647年大食使节初次来华，到798年最后一批使团归国，在这150多年中，使团出入长安多达42次[③]。按年代次序列出于后：

1. 贞观二十一年（647年），十九国入贡，有乙利鼻国[④]，是Arabia初次通使。（《旧唐书·太宗纪》）

2. 永徽二年（651年）八月，大食国始遣使朝贡。（《册府元龟》卷九七〇）

① 苏拉瓦底：《穆罕默德圣训》（Abdullah al-Mamun al-Suhrawardy, *The Sayings of Muhammad [Hadīth]*），伦敦1941年版，第273条。

② 弗莱：《波斯黄金时代》(R. N. Frye, *The Golden Age of Persia*: *The Arabs in the East*)，伦敦1975年版，第96页；桑德曼，西罗：《西安出土中古波斯语汉语碑铭》（W.Sundermann & T. Thilo, *Zur Mittelpersisch-Chinesischen Grabinschrift aus Xi'an*)，《东方研究所通讯》（Mitteilungen des Instituts für Orientforschung)，1996年第13卷，第440页。

③ 据《册府元龟》卷九六五、卷九七〇、卷九七一、卷九七二、卷九七五、卷九七六，《旧唐书·大食传》卷一九八，《新唐书·西域传》卷二二一下，《资治通鉴》卷二〇五排列。白寿彝《从怛逻斯战役说到伊斯兰教之最早的华文记录》（《禹贡》1936年第5卷第11期）及《中国伊斯兰史存稿》（宁夏人民出版社1983年版，第93—97页）列出的大食使节为36次。

④ 乙利鼻，苏继庼以为是"巳利鼻"之讹，考作印度尼西亚的室利佛逝。参见苏继庼：《岛夷志略校释》，中华书局1981年版，第144页。

3. 永徽六年（655年）六月，大石国盐莫念（Amīr-al-Mu'mmīn，信士们的长官，别译噉密莫末腻、黑密牟尼，或简称暮门、茂门）并遣使朝贡。（同上）

4. 龙朔元年（661年），多福王（Ẓafār，Dhufar）难婆修强宜说遣使者来朝。（《新唐书·西域传下》）

5. 永隆二年（681年）五月，大食国、吐火罗国各遣使献马及方物。（《册府元龟》卷九七〇）

6. 永淳元年（682年）五月，大食国遣使献方物。（同上）

7. 武后万岁通天元年（696年）三月，大食请献师子。姚璹上疏劝阻，乃却之。（《资治通鉴》卷二〇五）

8. 长安三年（703年）三月，大食国遣使献良马。（《册府元龟》卷九七〇）

9. 景云二年（711年）十二月，大食遣使献方物。（同上）

10. 开元初（713年），大食遣使进马及宝钿带等方物。（《旧唐书·大食传》）[①]

11. 开元四年（716年）七月，大食国黑密牟尼苏利漫（Amīr-al-Mu'mmīn Sulaymān，715—717年在位）遣使上表，献金线袍、宝装玉洒池瓶，各一。授其使员外中郎将，放还蕃。（《册府元龟》卷九七四，卷九七一）

12. 开元七年（719年）六月，大食国、吐火罗国、康国、南天竺国遣使朝贡。（《册府元龟》卷九七一）

13. 开元十二年（724年）三月，大食遣使献马及龙脑香。（同上）

14. 开元十三年（725年）正月丙午，大食遣其将苏黎等十二人来献方物。并授果毅，赐绯袍银带，放还蕃。（《册府元龟》卷九七五）

15. 开元十三年（725年）三月，大食遣使苏黎满（Sulaymān）等十三人献马及毛锦。（《册府元龟》卷九七一）[②]

16. 开元十六年（728年）三月辛亥，大食首领提卑多等八人来朝。并授郎将，放还蕃。（《册府元龟》卷九七五）

17. 开元十七年（729年）九月，大食国遣使来朝，且献方物。赐帛百匹，放还蕃。（同上）

---

① 据《太平广记》卷八二，此次使节来自突尼斯的凯鲁万。

② 《新唐书》记作开元十四年。

18. 开元二十一年（733年）十二月癸丑，大食王遣首领摩思览达干等七人来朝。并授果毅，各赐绢二十匹，放还蕃。（同上）

19. 开元二十九年（741年）十二月丙申，大食首领和萨（Ḥassan）来朝。授左金吾卫将军，赐紫袍金钿带，放还蕃。（同上）

20. 天宝三载（744年）七月，大食国遣使献马及宝。（《册府元龟》卷九七一）

21. 天宝四载（745年）五月，大食舍么国（Hamåh）遣使来朝贡。（《册府元龟》卷九七一）

22. 天宝六载（747年）五月，大食国王遣使献豹六。（《册府元龟》卷九七一）

23. 天宝六载（747年），都盘等六国皆遣使入朝。（《新唐书·西域传下》）封都盘王为顺德王，勃达王为守义王，阿没王为恭信王，沙兰王为顺礼王，罗利支王为义宁王，涅蒲王为奉顺王。（《册府元龟》卷九六五）[①]

24. 天宝十一载（752年）十二月己卯，黑衣大食谢多诃密（Said al-amir）遣使来朝。授左金吾卫员外大将军，放还蕃。（《册府元龟》卷九七五）

25. 天宝十二载（753年）三月，黑衣大食遣使献方物。（《册府元龟》卷九七一）

26. 天宝十二载（753年）四月，黑衣大食遣使来朝。（《册府元龟》卷九七一）

27. 天宝十二载（753年）七月辛亥，黑衣大食遣大酋望（Wahb）二十五人来朝。并授中郎将，赐紫袍、金带、鱼袋，放还蕃。（《册府元龟》卷九七五）

28. 天宝十二载（753年）十二月，黑衣遣使献马三十匹。（《册府元龟》卷九七一）

29. 天宝十三载（754年）四月，黑衣大食遣使来朝。（《册府元龟》卷九七一）

30. 天宝十四载（755年）七月，黑衣遣使贡献。（《册府元龟》卷九七一）

31. 天宝十五载（756年）七月，黑衣大食遣大酋望（Wahb）二十五人

① 都盘（Ādharbayjān，主城阿德比尔、大不里士）、勃达、阿没、沙兰、涅蒲（纳沙布尔）都在伊朗境内；罗利支，依《新唐书·地理志》卷四三下贾耽道程，是罗刹支（al-Jazīrah，上美索不达米亚），都城摩苏尔，位于今伊拉克境内。

来朝（《册府元龟》卷九七一）

32. 至德初（757年），大食国遣使朝贡。（《册府元龟》卷九七一）

33. 乾元元年（758年）五月壬申朔，回纥使多乙亥阿波八十人，黑衣大食酋长闹文（Nawfal）等六人，并朝见。至阁门，争长。通事舍人乃分左右，从东西门并入。文涉施（Waqqāṣ）黑衣大食遣使来朝见。（《册府元龟》卷九七一）

34. 乾元元年（758年）十二月，黑衣跋陁国（Baghdād，巴格达）使伏谢多（Abu Said）还蕃，宴赐有差。（《册府元龟》卷九七六）

35. 上元元年（760年）十二月，宴白衣婆谒使等十八人于延英殿会。（《册府元龟》卷九七一）

36. 宝应元年（762年）五月戊申，黑衣大食遣使朝贡。（《册府元龟》卷九七二）

37. 宝应元年（762年）十二月，黑衣大食遣使朝贡。（《册府元龟》卷九七二）

38. 大历四年（769年）正月，黑衣大食遣使朝贡。（《册府元龟》卷九七二）

39. 大历七年（772年）十二月，大食遣使朝贡。（《册府元龟》卷九七二）

40. 大历九年（774年）七月，黑衣大食遣使来朝。（《册府元龟》卷九七二）

41. 贞元七年（791年）正月，黑衣大食遣使来朝。（《册府元龟》卷九七二）

42. 贞元十四年（798年）九月丁卯，以黑衣大食使含嵯（Ḥassan）、乌鸡（al-Wāqidi）、莎比（al-Ṣābi）三人并为中郎将，放还蕃。（《册府元龟》卷九七六）

最初两次使团都由哈里发奥斯曼派出，从麦加万里迢迢奔赴长安，开创了中阿建交的历史。接着在661年，多福王（佐法尔王）难婆修强宜说派使者来华，是香料贸易中心在汉代古译涂魂国之后第一次以它的本名出现在中国档册上。

伍麦叶王朝的建立者穆阿维叶（661—680年在位）统治时期，长期与拜占庭为敌。在他死后，他的继任者叶齐德一世（680—683年在位）派出的使者才初抵长安，使者来自伍麦叶王朝的首都大马士革。中国史书称伍麦叶王朝为白衣大食。752年，新兴的阿拔斯王朝向唐朝派出使者，之后双方又频频交聘。阿拔斯王朝崇奉黑旗，以黑为贵，唐朝才以黑衣大食相称。758年的跋陁国使是由阿拔斯朝第二位哈里发、有“常胜者”

称号的曼苏尔（al-Manṣūr，754—775年在位）所遣的。这位给新王朝开创大业的哈里发，不但为新王朝奠定了基础，亲自制定了和中国友善相处、积极发展海上联系的政策，而且还是阿拔斯新都巴格达的奠基者。曼苏尔执政后，选定巴格达村营建他的新都。经过四年建设，到762年正式迁都，定名和平城（Dār al-Salām）。曼苏尔在当年踏勘城址时就曾宣称："这里有底格里斯河，可以把我们和遥远的中国联系起来。"他的使者当年就到了中国，向唐肃宗报告这一消息。762年，黑衣大食的使者便来自新都巴格达了。这一年有两次使节赴中国，十二月的那次应该是向中国报道新都竣工、曼苏尔迁都的盛典。在哈仑·拉希德（786—809年在位）时代，这位曾接待过欧洲查理曼大帝使者的哈里发，也向唐德宗（779—805年在位）派遣过两次使节，798年的那一次算是最后一次。此后因吐蕃占领河西走廊，中国和阿拉伯使者所走的陆路不通，双方使节活动才告中断。

9世纪之后，海上贸易成为中国和阿拉伯之间主要的贸易途径，它的重要性随着印度洋贸易网的调整而与日俱增。代表性的历史事件就是经久不衰的中国外销瓷世纪的到来。海上贸易以华瓷的世界性输出在阿拉伯世界赢得了信誉。波斯湾中的古港巴斯拉、西拉夫和卡伊斯岛先后见证了中国帆船和这一地区进行过的海上贸易。巴斯拉港在638年建成后，有大批阿拉伯军队驻守，成为各方交易的中心。但中国帆船由于体积庞大，波斯湾中多有浅滩，而且风浪时起，所以多半只到西拉夫港停靠，补充淡水。"绝大多数中国船在西拉夫装卸货物，从那里装上巴斯拉、阿曼和其他各地运去的货物。"[①]然后这些船便开往阿曼的马斯喀特。西拉夫有许多华丽的房屋，人口众多，977年以后由于地震等多种原因逐渐衰落。11世纪起，西拉夫的地位由卡伊斯岛取而代之。宋朝建立以后，中国和阿拉伯之间的商业关系又进一步以海上朝贡贸易的方式着力进行，广州成为阿拉伯、波斯商人常来常往的口岸。开宝元年（968年）二月二十二日，大食国首次遣使北上汴梁（今开封）。《山堂考索》称："是年大食国遣使贡方物，自是贡奉商船往来不已。"（《宋会要·蕃夷七》）自开宝元年至乾道四年（1168年），来自波斯湾和阿拉伯的大食使节约有40次之多[②]。976至995年间来自希米雅尔的蒲希密

① 雷诺多：《九世纪两名回教旅行家的印度、中国见闻录》（E. Renaudot，*Ancient Accounts of India and China by Two Mohammedan Travelleres Who Went to Those Parts in the 9th Century*），伦敦1733年版，第8页。

② 白寿彝《宋时大食商人在中国的活动》（《禹贡》第7卷第4期；《中国伊斯兰史存稿》，宁夏人民出版社1983年版，第122—129页），统计开宝元年至乾道四年共49次。但其中有属非洲各伊斯兰国家的，参见沈福伟：《中国与西亚非洲文化交流志》，上海人民出版社1998年版，第345页以下。

（Abu Ḥimyarite）父子（子名蒲押陁黎）、1071年和1081—1083年间来华的层檀（麦加外港吉达）使节，1088—1089年连续来华的麻罗拔国（Ẓafār，佐法尔港）使者，都是宋代中阿海上使节往还的著名事例。

层檀并不是“层拔”，层檀的对音也不会是“苏丹国”的“苏丹”（Ṣulṭān）或者称黑人异教国的Ard Kafarat as-Sūdān。当时的官方档册中说这个国家“国主名亚美罗亚眉兰，传国五百年，十世矣”。500年历史是从开创伊斯兰教的先知穆罕默德诞生之日算起的，指明这是个伊斯兰教的大国。

层檀国与宋通使，在官方文书中有记录。李焘（1115—1184年）修《续资治通鉴长编》卷三三二记载：

> 己丑，层檀贡方物。层檀，南海旁国也，国城距海二十里。海道须便风百六十许日，昼夜行，经勿巡、古林、三佛齐国，乃至广州。国主名亚美罗亚眉兰，传国五百年，十世矣。春冬暖。贵人以好越布缠头，服土产花锦、白叠布，不服绫罗绢帛。出入乘象、马。官有奉。其法，轻罪杖，垂罪死。有稻、麦、粟、胡羊、山羊、沙牛、水牛、驼、马、鱼、犀、象、熏陆、木香、血竭、没药、鹏砂、阿魏、苏合油、真珠、玻璃、葡萄、千年枣、密沙华三酒。交易用官铸钱，三分其齐，金铜相半，而银加一分。禁私铸。人语如大食国语。

这段文书也曾被1126年出生的周辉录入《清波别志》中，但改了几个字，称“国城距海二千里”，“贵人……服土产花绵、白叠布”，“官有月俸”，物产中有“苏合香”，不称“苏合油”，“人之语音如大食国云”。文末，还加上周辉自撰的“国朝承平日，外国朝贡，间数年必有之。史策但书某国贡方物而已，如封域、风俗皆略焉，特于层檀所书如此”。

宋代文献介绍层檀国是个“传国五百年十世”的国家，国主名亚美罗亚眉兰（Amīr a Lumarā’），物产十分丰饶，从层檀到中国的海路要经过勿巡（苏哈尔）、古林（南印度奎隆）、三佛齐（苏门答腊岛占卑港），顺风昼夜要走160多天。层檀国主称亚美罗亚眉兰（司令官，大元帅），是阿拔斯哈里发穆克塔迪尔（908—932年在位）册封给他的禁卫军统领穆尼斯·穆赞法尔的一个新爵位“大元帅”。从此，突厥族的禁卫军肆无忌惮地掌控了任命和废黜哈里发的大权。945年，自称是萨珊波斯后裔的波斯什叶派信徒阿哈曼德·伊本·布韦希被哈里发任命为大元帅，还将穆伊兹·道莱（国家的支柱）的头衔封赏给了他。布韦希竟在金曜日的祈祷中将他的名字与哈里发穆斯塔克菲（944—946年在位）的名字相提并论，并将他的名字铸在钱币上。从此以后，直到1055年，大元帅的军职一直由布韦希及其亲信掌控，哈里发的大臣直接由大元帅任命，哈里发因此成了布韦希王朝的傀儡，巴格达政权开始陷入四分五裂的境地，在西亚和地中海先后出现了加兹尼、巴格达、麦加、开罗和科尔多瓦等多个穆斯林王朝。1055年，信奉逊尼派的塞尔柱突厥人突格里勒率领他的突厥军队攻进巴格达，结束了已有110年之久的布韦希王朝的统治。突格里勒被哈里发卡伊姆（1031—1075年在位）封为摄政王，授命为“东方和西方的国王”，官衔是“苏丹”（意思是“君主”）。突格里勒把他的名字铸入钱币。1060年，突格里勒最后击败了布韦希势力的叛乱，重新扶持卡伊姆复位。

塞尔柱王朝最初两位苏丹仍以伊斯法罕为他们的都城。1071年，塞尔柱突厥人打败了拜占庭，开始进驻小亚细亚，1077年在那里建立了他们的罗姆国（al-Rum）。塞尔柱王朝的第三任苏丹马里克沙（1072—1092年在位）将突厥人控制的国土扩大到地中海和红海沿岸各地。直到1091年冬，这个突厥王朝的政府才正式迁到巴格达。说“层檀”的对音就是“苏丹”，有些牵强，不如说是距离伊斯兰世界的圣地麦加二十里（应该是20法尔申，约合110公里）的海港城市吉达（明代译秩达，Djidda）更加合乎情理[①]。元丰年间（1078—1085年）主管接待外国使节的主客郎中庞元英接待过层檀国使节，指明这里东至海（Baḥr Berberā，巴巴拉湾），西至胡卢没国（Wadi al-Ḥammāmāt，苏丹国的瓦迪·哈麻麻特），南至霞勿擅国（Bilād al-Ḥabashah，哈巴沙国，今埃塞俄比亚），北至利吉蛮国（Al Yamāmah，阿拉伯半岛中部也门麦，今纳季德），位置十分清楚。庞元英还指出他接待过的第14个国家勿巡（苏哈尔）的使者，“舟船顺风泛海，二十昼夜至层檀”。这二十昼夜的航程是苏哈尔前往吉达的最佳航行纪录。若是从苏哈尔到波斯湾头的港口，则一定不用那么多日程的，因此层檀只能是麦加，离穆罕默德建国正好有500年之久。所以宋代和穆斯林世界的圣地之间确已建立了正式的外交关系。

建国漠北的契丹，后来改称辽（916—1125年），和大食国（巴格达）建立了三年一次的队商贸易关系。1021年（太平元年），大食国王的请婚特使再次到来，辽圣宗耶律隆绪（982—1031年在位）封王子班郎君胡思里女耶律可老为公主下嫁巴格达，与阿

① 参见胡拉尼：《阿拉伯海运史》（G.F.Hourani：*Arab Seafaring*），普林斯顿1951年版，第85页，图版4。

拔斯哈里发卡迪尔（991—1031年在位）建立了和亲关系。于是双方人员往来更密。西辽时代，大批华人跟着突厥人西迁，于是伊拉克出现了许多华人的后裔。当1259年常德奉蒙哥汗之命自和林西行谒见旭烈兀时，竟惊奇地发现巴格达哈里发宫廷中有许多后妃是北中国的汉人，“其后妃皆汉人”（刘郁《常德西使记》）。受到波斯、阿拉伯文化熏陶的中国人在美索不达米亚散播着中国文化，同时也逐渐阿拉伯化了。

元朝和中东局势的变迁息息相关。来自利凡特城市推罗（提尔）的发郎使者，是占领当地的法兰克人基督教骑士团派遣的。1259年使团出发时，大约正当大马士革从马木鲁克人手中落入蒙古大军铁蹄之下，蒙古大军正势如破竹地向巴勒斯坦挺进之际。使者在中统二年（1261年）五月七日到达上都开平，有人记述：“是日，发郎国遣人贡献卉服诸物。其使自本土达上都已逾三年。说其国在回纥极西徼，常昼不夜。”（王恽：《中堂事记》）使者来自常昼不夜的地方，但不见得远到北极圈附近。王恽介绍其地“妇人颇妍美，男子例碧眼黄发”。有欧罗巴种族特征的西方国家，又和“常昼不夜”的语源有直接联系的是利凡特。拉丁语以地中海东部滨海之地为Levare，意即“日出之地”，于是国名便有与日同义的意义了[①]。此地在《魏略》中称作驴分，也是同一个意思。但也有可能，发郎国是指派遣骑士团往圣地的母国神圣罗马帝国，所以王恽记述使者来到开平要渡过两个海，其中一个海要费时一个多月，另外一个海要经过一个月，这两个海当然是地中海和黑海了，因此称道他们来自常昼不夜的地方。

1281年伊儿汗大军在希姆斯被马木鲁克击败，伊儿汗阿八哈随即去世。元朝在1282年10月派阿耽出使法里郎国，到了意大利丰岛北部的费拉拉；使者又顺道去开罗，大有调停伊儿汗和马木鲁克苏丹盖拉温（1279—1290年在位）的争战，重兴红海、地中海贸易之意。这时中国人从海上去往忻都（印度）、回回（阿拉伯）的日益增多，去后常年侨居不归。华船操纵了印度西海岸（马拉巴）至广州、泉州的区间贸易。元朝为推行官本贸易，禁止私商经营海外贸易。1322年，马木鲁克在红海东岸的属城希贾兹也派使者来华，《元史》卷二八译作押济思国。这次阿拉伯使节促成了元朝在1323年重新开放海外贸易。1322年，马木鲁克苏丹纳赛尔（1309—1340年在位）和伊儿汗不赛因（1316—1335年在位）缔结了和平条约，直到1335年，双方相安无事。

明朝建立以后，从15世纪开始，中国继续和西亚开展海陆贸易，一直保持到万历年间。

1405年，郑和第一次率宝船队开赴印度古里（卡利卡特），分遣船队便远赴波斯湾的忽鲁谟斯（霍尔木兹）、阿拉伯的阿丹（亚丁）、祖法儿（佐法尔）、天方（麦加）[②]。

① 沈福伟：《中国与非洲》，中华书局1990年版，第344页。

② 《国榷》卷十三所记录的二十一国中有此四国。参见谈迁：《国榷》，中华书局1988年版，第954页。

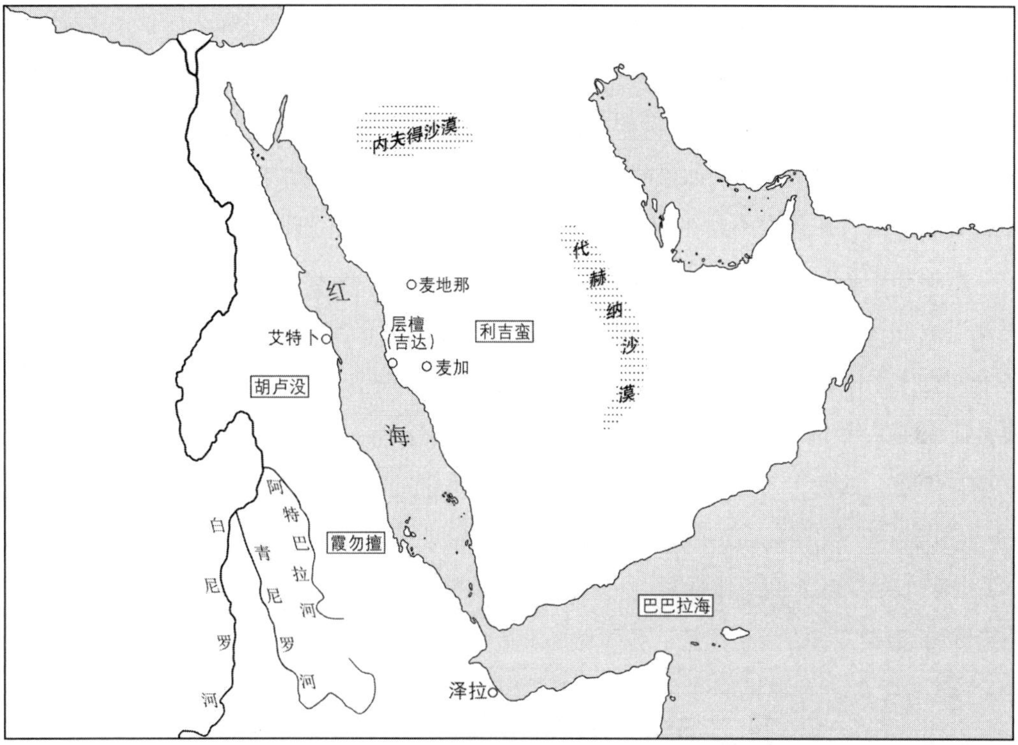

公元11世纪与宋通使的层檀国地图

陆容《菽园杂记》、谈迁《国榷》都说郑和第三次下西洋（1409年10月—1411年7月）船队到了天方①，也访问了亚丁、佐法尔、霍尔木兹、剌撒②。

郑和第四次下西洋（1413年12月—1415年），船队到了霍尔木兹、剌撒、阿丹（亚丁），因此1416年11月十九国使团赴华，其中便有霍尔木兹、阿丹。第五次下西洋（1417年12月—1419年），船队又到佐法尔、亚丁。1419年9月十七国使团来华，亚丁进献麒麟（长颈鹿），被认作祥和吉利之兆。1421年初，霍尔木兹、亚丁、佐法尔等十

① 严从简《殊域周咨录》卷一一“天方”条：“本朝永乐七年，遣正使太监郑和等往赏赐。”《国榷》卷十五只提“自柯枝而往，通国六七，数天方最远，盖去中国数万余里矣”。参见谈迁：《国榷》，中华书局1988年版，第1064页。

② 旧考El-Hasā，Ras Sharwein，均误。《新编郑和航海图集》（人民交通出版社1988年版，第81页）考作伊萨角，在红海南端，也门境内，15°11′N，42°39′E。据此说，剌撒和亚丁近在咫尺。以后每次下西洋又必到剌撒，有《明太宗实录》《明宣宗实录》可据。《郑和航海图》将剌撒列在亚丁以南的大山南麓。《星槎胜览》说，剌撒自古里国顺风20昼夜可到，其国傍海而居；又说那里有龙涎香、乳香、千里骆驼三大物产，中国船运去金、银、缎绢、瓷器、米谷、胡椒与之交易。据此可以明确，剌撒（Ras Aser）是奴隶角，汪大渊译作“辽西”，指现在地图上的阿赛尔角，是中国帆船到达东非的第一码头，并不在阿拉伯半岛。

六国使者来华，郑和奉命伴送归国，是为第六次下西洋（1421—1422年）。1422年9月返国时，“诸番国皆随入贡”，其中应有亚丁、佐法尔、霍尔木兹的使团。1423年10月，上述阿拉伯三国使团协同霍尔木兹等十六国使团再度来华，在总人数达1200人的庞大使团中占有重要地位。亚丁等阿拉伯国家已连续三年派使团参加中国经办的印度洋官方贸易。

第七次下西洋（1431年12月—1433年），郑和所率宝船队最后一次前往古里，使船到了亚丁、佐法尔。1433年闰八月，佐法尔国王阿里（Ali）、亚丁国王抹立克·那思儿（Malik Nāṣir）、天方国以及古里国等所派十国使团抵达北京。天方国进麒麟，宣德帝在奉天门接见使者，在宣德年间形成外国来使的高潮。阿拉伯使臣直到1436年夏才搭爪哇船离境。

1490年，麦加又参与了中亚和北京的队商贸易，一直持续到万历年间，成为郑和下西洋以后中国北方和伊斯兰圣地麦加在经济上合作的一种有效方式。

第二节　中国的阿拉伯人社区

在唐代阿拉伯人因经商或传播伊斯兰教而进入中国，或由中亚细亚抵达新疆和河西走廊地区，或从海上来到华南沿海。安史之乱爆发后，两京失陷，757年，唐朝调集安西、北庭和拔汗那、大食援军在凤翔整编，先后夺回长安、洛阳。这些大食军队大约从吐火罗东调，人数不过几百，多属骑兵，原籍也门。10世纪中叶，波斯人阿卜杜勒·米撒尔游历中国，去过新疆、河西。他到过一个名叫喀力伯（Kalib）的国家，国境长达一月之程，有也门人居住，都是当年也门王陀拔（Tobba）大军出征中国时的遗民，使用希米雅尔文字。差不多同时，曼苏地也说吐蕃占领下的图伯特（河西走廊）人口中希米雅尔人占了半数，间或也有陀拔的后裔。9世纪以后，西州至甘州之间的回鹘统治区确有大食军队的后裔侨居。8世纪末，有一个名叫塔明·伊本·巴希尔·摩塔维克（Tamin ibn Bahr al-Muttawwic）的阿拉伯人记录了他从中亚到回鹘（Toghzguz）首都的行程。他的名字摩塔维克原意是志愿兵，意思是职业军人，他应该属于那批在中亚与新疆充当职业军人的阿拉伯人。

黑衣大食的雇佣军也曾服役于吐蕃军队，在云南、四川边境与唐军作战。贞元时吐蕃在泸水边筑悉摄城，剑南西川节度使韦皋命令部将杜毗罗联合南诏阻击，于801年大获全胜，“于时，康、黑衣大食等兵及吐蕃大酋皆降，获甲二万首”（《新唐书·南蛮传上》）。这些阿拉伯士兵也就成为定居中国的阿拉伯人的先祖。

唐代侨居在通商口岸广州和扬州的阿拉伯人特别多。广州在伊斯兰教徒心目中是最早传播该教的一个中心。中国教徒传说，“隋开皇中，其国撒哈八（ṣaḥ-ābah，圣门弟子）撒阿的·斡葛思（Sa'd Waqqāṣ）始传其教入中国”（《明史·西域传四》“默德那”条）。开皇（581—600年）传教是明代流行的说法，因不知回历与公历的不同而造成。这位圣门弟子撒阿的·斡葛思就是奥麦尔哈里发派去征服萨珊波斯的统帅赛伊德·伊本·艾比·斡葛思，传说他曾奉先知穆罕默德之命出使中国，死后葬在广州①。明代何乔远《闽书·方域志》也说穆罕默德有门徒大贤四人，唐武德（618—626年）中来华传教，一贤传教广州，二贤布道扬州，三贤、四贤开教泉州，泉州东南灵山有三贤、四贤圣墓。广州则有一贤旺各师（即斡葛思）墓，《天方正学》卷七《旺各师大人墓志》说他于贞观六年（632年）到长安，受太宗准许开教江宁、广州。这些传说已成伊斯兰传教史上的积淀，留传于后世。

唐代广州的阿拉伯商人为数众多。最早到中国经商且留有姓名的，是8世纪的阿曼人、伊巴迪派教长艾卜·乌拜达（Abū 'ubayda 'Abdallāh bin al-Qāsim）②。乾元元年（758年）九月，居然发生了大食、波斯人在广州掠仓库、焚庐舍，最后浮海而去的事。广州的外商既多，起先还是蕃汉杂居，后来便出现了专门供外商居住的蕃坊（番坊）。在太和（827—835年）初中进士、832年出任广东高州刺史的房千里写有《投荒杂录》，记述他在岭南的见闻，最早提到广州蕃坊：“顷年在广州番坊，献食多用糖蜜、脑麝，有鱼俎，虽甘香而腥臭自若也。”③851年来到广州的阿拉伯商人苏莱曼·丹吉尔在游记中也说，广府（广州）是阿拉伯商人聚居的地方，有伊斯兰教阿訇一人和清真寺。中国皇帝因伊斯兰商贾多集中广府，才任命伊斯兰判官一人，按伊斯兰风俗加以管理。“判官为人正直，听讼公允，一切均按《古兰经》圣训及伊斯兰教规行事，因此伊拉克商人来此地的，都善加称颂。”外商乘季风搭船赴广，到达时“郡邑为之喧阗，有蕃长为主领”（李肇《唐国史补》）。蕃坊设立的时间约在820年以前，既有蕃坊，则有蕃长，蕃长都由外商充任。836年到广州出任广州刺史、御史大夫、岭南节度使的卢钧为了改变当地居民与蛮僚杂居、婚娶相通的局面，特立法规定：“华蛮异处，婚娶不通，

① 蓝煦：《天方正学》卷七。

② 莱维奇契：《早期赴华的阿拉伯商人》（T.Lewicki，*Les Premiers Commersants Arabes en Chine*），波兰《东方学报》（Rocznik Orientalistyczzny）1935年第9卷，第179—180页。

③ 顾炎武：《天下郡国利病书》卷一〇四。

蛮人不得立田宅。”可见阿拉伯人与华人通婚的当不在少数。

879年黄巢农民军攻陷广州时，阿拉伯人来华经商、定居的已为数众多。

在广州居住的番客也有进番学受特殊教育的。大食国人李彦昇于大中元年（847年）经曾任岭南节度使的卢钧推荐，在848年进士及第，是深受华化教育的一人。唐代进士须通五经，又要明时务，素以难考著称，阿拉伯人李彦昇可称得上是才学高深的人士了①。

宋代来华的阿拉伯商人有增无已。北宋时代，广州番坊繁荣胜过唐代，番市兴旺，舶来品充斥市场。熙宁（1068—1077年）时，广州城外已有番汉万家，“每年多有番客带妻儿过广州居住”（《宋会要·刑法二》）。当时的番长都由宋廷委派，可以取得从九品保顺郎将的官职，“巾袍履笏如华人”②。阿拉伯是各国中最“富盛多宝货”的国家，来华商人在广州上岸后，常往各州和东京（开封）买卖。巨商如蒲希密、辛押陁罗、蒲沙乙、蒲亚里常出入广州。

蒲希密，是希米雅尔的一位老船长，多次来华。淳化四年（993年），蒲希密到了广州，因老病不能北上，派副酋长李亚勿到开封朝献，有“象牙五十株，乳香千八百斤，宾铁七百斤，红丝吉贝一段，五色杂色番锦四段，白越诺二段，都爹一琉璃瓶，无名异一块，蔷薇水百瓶”（《宋史·外国六》）。至道元年（995年），蒲希密又派他的儿子蒲押陁黎到开封致谢，进贡方物，献物有白龙脑一百两，腽肭脐五十对，龙盐一银盒，眼药二十小琉璃瓶，白砂糖三琉璃瓮，千年枣六琉璃瓶，舶上五味子六琉璃瓶，舶上偏桃一琉璃瓶，蔷薇水二十琉璃瓶，乳香山子一座，番锦二段，驼毛褥面三段，白越诺三段。每次贡献都出手阔绰。

蒲沙乙，阿拉伯首领，至和二年（1055年）、嘉祐元年（1056年）、嘉祐五年（1060年）都曾贡献方物。最后一次被授予武宁司阶，应是广州的番长一类人物。

辛押陁罗，勿巡人，出身阿曼首府苏哈尔。他长期从事对华贸易，成为巨富，在广州定居数十年，频繁往返海上。苏辙《龙川志略》卷五说“蕃商辛押陁罗者，居广州数十年矣，家资数百万缗”。1072年，辛押陁罗作为大食勿巡国进奉使到开封朝献，返国时，宋廷以白马一匹、鞍辔一副相赠。他主动提出“统察番长司公事”的请求，宋廷命广州方面处置。他热心地方公益，在广州“开导种落，岁致梯航”（《东坡全集》卷一〇七）。挟雄厚的财力，他甚至提出助修广州城钱银，未被宋廷允准。其势力之大，一时无二，宋朝因此封他为归德将军。

① 陈黯：《华心》，《全唐文》卷七六七；又见《文苑英华》卷三六四。

② 朱彧：《萍洲可谈》卷二。

蒲亚里，其名亚里对音为Ali或Himyarite，大约是也门商人。绍兴元年（1131年），蒲亚里以商人身份一次进奉大象牙209株，大犀35株。象牙每件在57斤以上，要用5万多贯才能支付，市舶司一时难以支付。蒲亚里因财力雄厚，“有右武大夫曾讷，利其财，以妹嫁之，亚里因留不归”（《宋会要·职官四四》）。宋高宗赵构在1137年亲自委托广州知州连南夫劝他归国接洽商货，以利市舶之利。

蒲海达，是占城贵族的后裔，先祖是阿拉伯人。蒲氏家族在12世纪时已成广州的豪族，号称白番人。甘蕉《蒲氏家谱》载，海达是二世祖，居广州玳瑁巷（今玛瑙巷），南宋孝宗（1162—1189年在位）、光宗（1189—1194年在位）时期因经商而出任要职，由太中大夫、中奉大夫擢广东常平茶盐司提举，管军千户侯。他任此职后，针对流弊悉心整顿，“赋税骤增，贡舶商帆，鹅湖云集”。在广州捐得官职的阿拉伯商人还有蒲晋、蒲延秀。《宋会要·蕃夷七》记载，绍兴二十六年（1156年）十二月“二十八日诏，昨知广州折彦质奏：蒲晋久在广州居住，已依汉官保奏承信郎，今来进奉，可特与转五官，补授忠训郎。其蒲延秀，可依昨引接占城入贡陈惟安例，与补承信郎”。

唐代扬州也有阿拉伯人，尤以波斯人为多。肃宗上元元年（760年），刘展在扬州发动兵变，平卢副大使田神功率兵马进讨，“神功至扬州，大掠居人资产，鞭笞发掘略尽，商胡大食、波斯等商旅死者数千人”（《旧唐书·邓景山传》）。宋、元、明三代有名可考的阿拉伯人，宋代有普哈丁、撒敢达，元代有撒穆逊丁、撒穆逊邦乃基、伊朗妇女阿伊莎·哈通的父亲埃米尔·勒尊丁等，明代有马哈谟德、展马陆丁、法纳等，或传教，或经商。

宋代明州（浙江宁波）已有高丽使馆、波斯馆。波斯馆专门接待阿拉伯人和西方人士。乾隆《鄞县志·街巷志》记载有“波斯巷”，并说该地驻有“波斯团”。波斯团等于波斯馆，在今车轿街南巷左边，直到元代仍然使用。

泉州在宋代一跃而成重要的海港城市，地位仅次于广州。泉州也有专住外国人的蕃人巷。福建兴化人祝穆记述泉州：“诸蕃有黑白二种，皆居泉州，号蕃人巷，每岁以大舶浮海往来，致象犀、玳瑁、珠玑、玻璃、玛瑙、异香、胡椒之属”[①]。宋元时代，外国商人都居住在郡城之南。当时罗城在镇南桥内，外国商船都聚集在笋江、巽水汇流处的浯浦海潮庵，在泉州旧南门外濒江一带[②]。1345年访问泉州的伊本·白图泰注意

① 祝穆：《方舆胜览》卷十二。

② 万历《泉州府志》卷十六。

到“泉州有一条街全属穆斯林居住，那里有他们的寺院、济贫所和市场”。西拉夫巨商在1162年出资在泉州东坂修筑蕃商公墓[①]，侨民人数之多不难想见。

南宋初，泉州当地的豪富是西拉夫的波斯人，资财仅次于广州蒲氏。到宋末元初，蒲寿庚之父开宗迁居泉州，才替代波斯人成为泉州豪族。蒲寿庚和他的哥哥寿晟助宋平海寇立功，景炎（1276—1278年）时授福建广东招抚使，总海舶。寿晟官至梅州知府，有《心泉学诗稿》六卷，后退隐泉州法石山中，与寿庚密谋叛宋附元。1277年，蒲寿庚及子师文尽杀泉州宋宗室和淮兵，拒纳张世杰，归附元军唆都。元封蒲寿庚为昭勇大将军、闽广都提举福建广东市舶事，改镇国上将军，江西行省参知政事。1279年进职福建行省左丞，分省泉州，继续管辖对外贸易。长子蒲师文为正奉大夫宣慰使、左副都元帅，兼福建道市舶提举、海外诸藩宣慰使，父子专擅市舶大权30年。蒲氏家族在元代享尽荣华富贵，子孙多至显达，成为地方一霸[②]。

蒲罗辛是出入泉州的阿拉伯大商人，绍兴六年（1136年）从出产乳香的家乡到泉州进奉抽解，“乞比附纲首推恩”。宋廷“诏蒲罗辛特补承信郎”（《宋会要·蕃夷七》）。蒲罗辛所贩乳香由官府抽解30万缗（贯），按宋朝规定，“抽解物货累价及五万、十万贯者，补官有差”（《文献通考》卷二十）。纲首蔡景芳因从中撮合，自建炎元年（1127年）至绍兴四年（1136年）累计收息钱98万缗，亦授承信郎官职。蒲罗辛所贩乳香价值仅比熙宁十年（1077年）明、杭、广三市舶司出卖乳香总额少10000多缗。蒲罗辛大约也是泉州的蕃长。

在埃及和西亚经商的犹太卡里米家族不乏经营中国绸布和瓷业者，伊祖丁·奎隆米·卡里米（‘Izz al-Dīn al-Kūlamī al-Kārimī）是最著名的一个。他从阿勒颇移居巴格达后，先后五次到过中国，因贩运丝、瓷而成巨富，泉州是他熟悉的中国港口。

目前泉州出土的伊斯兰教徒墓碑共有56块，其中多数属于元代[③]。

元代泉州为世界著名海港，地位不亚于埃及的亚历山大里亚，因此阿拉伯商人甚多，后裔散居福建晋江各地，陈埭丁氏尤为著称。

---

① 林之奇：《泉州东坂葬蕃商记》，《拙斋文集》卷十五。

② 参见《清源金氏族谱·丽史》，何乔远《闽书》卷一五二；桑原隲藏：《蒲寿庚考》，陈裕菁译，中华书局1954年版。

③ 陈达生：《泉州伊斯兰教石刻》，宁夏人民出版社1984年版。

第三节　地理知识的交流

一、中国地志中的阿拉伯

自汉代甘英抵达阿拉伯的于罗起，中国人就一直在探索前往阿拉伯和叙利亚的商路。有许多从西域出发的队商到过那里，但没有留下像伊西多尔《帕提亚驿程志》那样的道程志和旅行者的名姓。

唐代确实到过阿拉伯且留下记录的是杜环①。京兆（西安）人杜环在751年随高仙芝西征，参与中亚怛逻斯城战役，因唐军覆灭被俘。不久，阿拔斯王朝崛起，中阿关系改善，于是像杜环这样出身名门、身为《通典》作者杜佑族子的人物也获得优待，得以周历阿拉伯世界。杜环在伊拉克库法城、叙利亚大马士革、埃及等地度过十个春秋，最后在宝应元年（762年）自波斯湾搭上商船回国。他将所见所闻写成《经行记》。《通典·边防九》摘录1500多字，是现在仅能见到的《经行记》文字。杜环的《经行记》留下了中国有关阿拉伯哈里发国家最早又最真实的记录。

《经行记》描述大食首都库法的繁华景象：“（大食）一名亚俱罗（Akula，库法）。其大食王号暮门（Amir al-Mu‘minin），都此处。其士女瑰伟长大，衣裳鲜洁，容止闲丽。女子出门，必拥蔽其面。无问贵贱，一日五时礼天。食肉作斋，以杀生为功德。系银带，佩银刀。断饮酒，禁音乐。……郛廓之内，廛闬之中，土地所生，无物不有。四方辐辏，万货丰贱，锦绣珠贝，满于市肆。驼马驴骡，充于街巷。刻石蜜为卢舍，有似中国宝舆。每至节日，将献贵人琉璃器皿、鍮石瓶钵，盖不可算数。粳米白面，不异中华。”又介绍大食国势：“今吞灭四五十国，皆为所役属，多分其兵镇守。其境尽于西海焉。”

杜环《经行记》比最早东来的阿拉伯商人苏莱曼的游记早了90年。8世纪下半叶，中国对西亚的地理知识大为增进，与当时中阿两国人员的交往密切相关。

---

① 唐初达奚弘通（或称达奚通）有《海南诸蕃行记》一卷，记述他在印度洋航行中的见闻。原书早已亡佚，《玉海》卷十六引《中兴书目》记述达奚弘通曾在上元中（674—675年）从赤土西航，经三十六国到达虔那。他起程的赤土在苏门答腊岛的东部，时称金洲，中间所经各国，都不知国名。虔那，苏继庼考作凯尼，定在阿拉伯南部的Bandar Hisn Ghorah，以为即是三国时康泰《吴时外国传》中的加那调洲（《岛夷志略校释·叙论》，中华书局1981年版，第6页）。但《吴时外国传》中的加那调，应在印度东海岸的古黄支国（康契普腊姆）。参见沈福伟：《中国与非洲》，中华书局1990年版，第82—83页。若虔那必须同时是孙吴时的加那调，则不能远至阿拉伯半岛。凯尼为埃里佐王国的海港，杰佛斯·马修考订今地在哈达拉毛哈季尔河口以西的皮尔·阿里村（Bir Ali）。

唐代中国伸向亚洲各国的四通八达的交通线，促使中国人的域外地理知识突飞猛进。地理学家贾耽（730—805年）在贞元年间（785—804年）完成的《古今郡国县道四夷述》对海陆交通都有记述，《新唐书·地理志》录有他记录的中国帆船的航行路线和运行区域，不妨称为贾耽航程。航程分前后两段，前段起自广州，经马六甲海峡、阿拉伯海而止于波斯湾头的巴士拉；后段起于坦桑尼亚北部的三兰，沿岸北上巴士拉，所经阿拉伯沿海的地名有设国（席赫尔）、萨伊瞿和竭国（卡勒哈特）、没巽国（苏哈尔）、拔离诃磨难国（麦纳麦），最后至于乌剌（乌波拉）古港①。该书还录有伊朗、伊拉克、叙利亚境内各封国的地里，也应是贾耽所录的西亚道程，其价值亦可与伊西多尔《帕提亚驿程志》相比。

12世纪以来，中国与阿拉伯建立了直通航路，于是阿拉伯世界在中国学者所著海外地理著作中有了更周详的记录。1174年起任桂林通判、熟知岭南和海外事务的周去非于1178年写成《岭外代答》，在卷三中介绍："大食者，诸国之总名也。有国千余，所知名者特数国耳。"列举的区域性大国有阿拉伯的麻离拔国、麻嘉国，伊拉克的白达国等六国。

麻罗拔国，或称麻离拔、麻啰拔，原名是"阿拉伯的马赫拉"（Mahrah al-'Arabi），或"马赫拉港"（Bandar al-Mahrah）、"马赫拉州"（Barr al-Mahra）②。马赫拉海港有三，以香料贸易港佐法尔为最大。麻罗拔应是佐法尔的别称，因此宋代不见有佐法尔一名。最早提到麻罗拔的是周去非的《岭外代答》，他译作麻离拔："有麻离拔国，广州自中冬以后发船，乘北风行约四十日，到地名蓝里，博买苏木、白锡、长白藤。住至次冬，再乘东北风，六十日顺风方到此国。"这是一条从广州到麻离拔的直达航线，总共航行100天。中间只需在苏门答腊西部的蓝里（亚齐）停靠，再乘东北风继续西航，经过60天便直接到达阿拉伯的马赫拉港了。周去非首先指明这麻离拔是数以千计的大食各国中的一国。过去研究者由于弄不清麻离拔、麻罗拔以及麻哩抹这些地名的原意，一概将它们当作印度的马拉巴海岸，致使这条航线与从广州出发经过蓝里中转到南印度故临（今奎隆）的航线成了同一条航线，于是完全不明白在12世纪中叶中国的广州和阿拉伯半岛的佐法尔港之间已经辟通了当时世界上最长的航路，在广州和香料王国之间有了直接贸易。这条航线一通，就大大加速了海运的周转期，降低了运输成本。后来赵汝适在《诸蕃志》中将这条航线的出发港从泉州算起，把麻离拔译作麻罗拔国。这里不仅是阿拉伯香岸的商业中心，也是阿拉伯各国的都会与贸易中心，出产乳香、龙涎、真珠、琉璃、犀角、象牙、珊瑚、木香、没药、血竭、阿魏、苏合油、没石子、蔷薇水等货，"皆大食诸国至此博易"。

① 参见藤田丰八《宋代的层檀国》（《东西交流史研究·南海篇》，东京1932年版），家岛彦一在《东方学》（日文）1965年第31辑中的论文，以及沈福伟《中国与非洲》（中华书局1990年版）第208—210页。

② 沈福伟：《十二世纪的中国帆船和印度洋航路》，《历史学》1979年第2期。

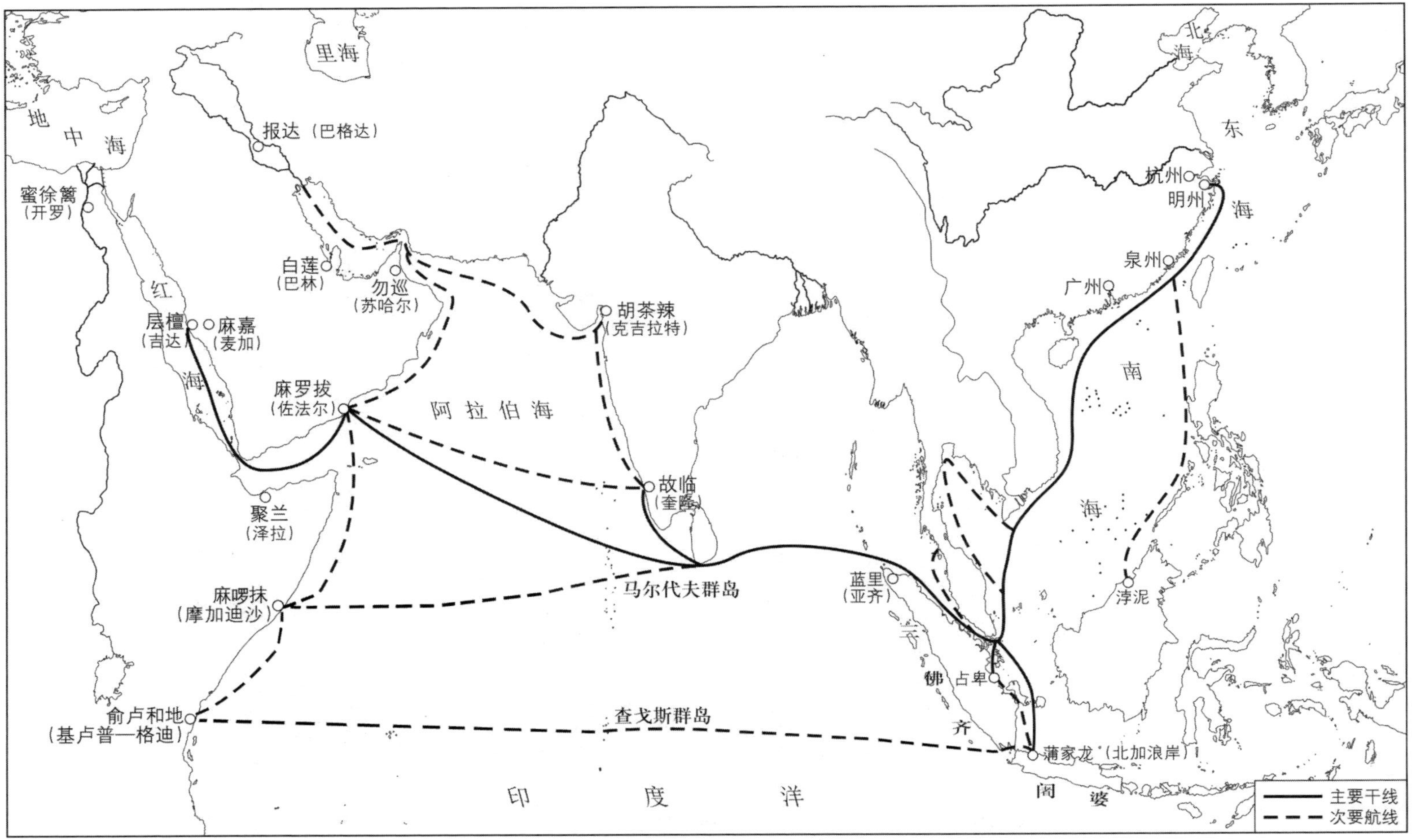

12世纪麻罗拔航路辟通后东亚与西亚的海上交通示意图

在1130年前后由中国帆船开通的麻罗拔航线改变了波斯湾与印度洋西部地区的贸易格局，将早先以西拉夫—苏哈尔—故临（奎隆）的航行路线逐渐转变成卡伊斯—麻罗拔（佐法尔）—故临（奎隆）航线。根据伊德里西《地理志》关于苏哈尔港兴衰的所记文字和宋代文献的描述，由于西拉夫在1055年以后迅速衰败，波斯湾贸易的中枢转到了卡伊斯岛，此后麻罗拔对印度和中国港口的新航路兴起，使苏哈尔在1130年以后失去了海上贸易的重要地位，促使卡伊斯—麻罗拔航行区间成为波斯湾对南印度、中国和巴巴拉湾贸易的中枢。到13世纪，航线的东端由广州进一步延伸到福建的泉州，有力地推动了泉州港的崛起，成为东亚第一大港。泉州—麻罗拔（佐法尔）航线拉近了中国和红海地区以及东非沿岸贸易的距离，将贸易周期由三年缩短为不足二年，成为中世纪印度洋贸易界最发达的海上通道。

根据庞元英在宋元丰年间（1078—1085年）接待层檀使者的记录，从吉达到苏哈尔的航程已经取得了顺风二十昼夜可达的最佳纪录，使南中国的红海贸易得到很大的提升。这条路线从红海南下可分三段。第一段从吉达至曼德海峡，是顺流南下，长约1200公里（650海里）；第二段从曼德海峡到佐法尔，长约1500公里（800海里）；第三段从佐法尔到苏哈尔，长约800公里（450海里），可以在西南季风期航行。按马威西（al-Marwazi）的记述，日航数可达95海里。对照层檀国的四至，可以证实11世纪的层檀国确是红海东岸的吉达。

由于麻罗拔航线的运营，中国帆船有200多年可以无需直接开赴波斯湾，便能从佐法尔或马赫拉的其他港口以及南印度的故临获得各种西亚的货物。阿拉伯船也无需直航中国，便可以很方便地在马赫拉的港口以及故临或亚齐获得中国的丝绸、瓷器、铁器和农产品了。

麻嘉国，今伊斯兰教的圣地麦加（Makkah），又可写作摩迦，从麻离拔向西陆行八十余程可到。《岭外代答》特意指出，“此是佛麻霞勿出世之处”。

白达国，又作缚达、报达，今译巴格达（Baghdād）。《岭外代答》描述这里是阿拉伯各国最大的都会：“有白达国，系大食诸国之京师也。其国王，则佛麻霞勿之子孙也。大食诸国用兵相侵，不敢犯其境，以故其国富盛。王出张皂盖、金柄，其顶有玉狮子，背负一大金月，耀人目如星，远可见也。城市衢陌，居民豪侈，多宝物珍段。皆食饼肉酥酪，少鱼菜米。产金、银、碾花上等琉璃、白越诺布、苏合油。国人皆相尚以好雪布缠头。所谓软琉璃者，国所产也。”软琉璃应是仿制华瓷所成的料器，碾花透明玻璃器则是当地的名产。巴格达处于伊朗、伊拉克、叙利亚、阿拉伯之间，为中世纪东方（马什里克）最大的都会。

比周去非稍后的赵汝适为宋太宗八世孙，曾任提举福建路市舶，主管泉州对外贸易，所著《诸蕃志》（1225年）为中世纪中国关于外国最详赡的地理志。它列举大食属国有24处，其中阿拉伯境内有10处：麻嘉（麦加）、奴发（Dhufar，佐法尔）、勿拔（Mirbat，Mahrah Barr，麻罗拔，是马赫拉的海港）、施曷（al-Shiḥr，席赫尔）、罗施美（al-Ḥimyarite，希米雅尔）、瓮篱（Lahsa el'umani，哈萨海岸）[①]、白莲（al-Baḥrayn，巴林）、伊禄（al-'Iraq，下美索不达米亚）、白达（Baghād）。另有思莲（Syria），为叙利亚。《诸蕃志》所记阿拉伯各国，不但于南阿拉伯沿海各地特详，而且对非洲各穆斯林商业重镇记述也很翔实，这些都反映了中阿海上交通的繁荣。

元代出使巴格达等地的中国人将见闻留下记录的，有1259—1263年随常德出使的刘郁，其所著《西使记》对哈里发国、巴格达和麦加的天房国均有笔述。畏兀儿人巴·苏玛在1278年从北京出发前往耶路撒冷，1287年被伊儿汗阿鲁浑派往拜占庭、罗马、巴黎，1294年1月10日在巴格达去世。他的事迹均随游记流传于世。

在元代周游印度洋的汪大渊，以一名国际贸易商的身份写下了他在1328—1332年、1334—1339年两次航海生涯中所历亚、非两大洲的见闻，于1349年附刻于《清源续志》（泉州出版），1350年又在江西南昌单独刊印《岛夷志略》，记述天堂（麦加）："云南有路可通，一年之上可至其地。"

明初跟随郑和宝船队下西洋的马欢、费信、巩珍，各有专书记述见闻，对阿拉伯留下十分周详的观察。他们都曾访问伊斯兰国家最重要的港口亚丁，甚至亲去麦加朝圣。四下西洋的会稽人马欢充当通事，谙熟伊斯兰风俗礼仪，所作《瀛涯胜览》是下西洋最宝贵的记录。记天方国圣堂尤其栩栩如生：

> 其堂番名恺阿白（Ka'bah），外周垣有城。其城有四百六十六门，门之两傍皆用白玉石为柱，其柱共有四百六十七个。前九十九个，后一百一个，左边一百三十二个，右边一百三十五个。其堂以五色石叠砌，四方平顶样。内用沈香大木五条为梁，以黄金为阁，满堂内墙壁皆是蔷薇露、龙涎香和土为之，馨香不绝。上用皂纻丝为罩罩之，蓄二黑狮子守其门。每年至十二月十

① 冯承钧《诸蕃志校注》以为瓮篱是瓮蛮（阿曼）之讹（中华书局1956年版，第59页）。应该是属于阿曼的哈萨海岸。

日，各番回回人，甚至一二年远路的，也到堂内礼拜，皆将所罩纻丝割取一块为记验而去。剜割既尽，其王则又预织一罩，复罩于上，仍复年年不绝。

根据马欢和费信的纪事，郑和船队以南印度的西洋国（古里，卡利科特）为大本营，由此出发有五大航线通往西亚、东非。

第一条是卡利科特到新霍尔木兹岛（哲朗岛，Djeraun），顺风25日可到。

第二条是卡利科特到阿拉伯最大的海港城市亚丁（阿丹），顺风一月可到。

第三条是卡利科特到阿拉伯半岛中部的佐法尔（又作祖法儿），顺风10个昼夜可到（有时20个昼夜）。

第四条是卡利科特到麦加（天方国）。由于在东北季风期启航的船要顶着南下的红海流北上，故这条线只适合单桅船航行，不利于中国远洋船航行，费时要3个月之久。

第五条是奎隆或柯枝到索马里阿赛尔角剌撒，顺风20个昼夜可到。从古里出发日程亦同。

在郑和时代，中国帆船还有许多条通往东非各港的航线，可以无需经过卡利科特，而经苏门答腊以西的岛屿或马尔代夫群岛便可开赴索马里、肯尼亚、坦桑尼亚沿海各地。

郑和时代参与印度洋航运的中国船，无论载重量、交易程序还航行周期，都比14世纪有了大幅度的提升。600吨左右的大型帆船出入印度洋公海已是常例，欧洲海船则无法闯入这一地区。这里原本便是一个与地中海经济体相衔接的另一个巨大的经济体与朝气蓬勃的贸易世界。

进入19世纪以来，阿拉伯已不如中世纪那样为中国对外贸易的重要对象和穆斯林世界的商业中心，然而在魏源五十卷本《海国图志》、徐继畬十卷本《瀛环志略》这些近代中国最早系统编写的国际知识手册中，亦曾留意介绍巴格达、大马士革等都会，后者更叙述阿拉伯地分六部，与李光廷《亚剌伯沿革考》[①]相同。

中国穆斯林前往麦加朝觐的，从19世纪中叶起更加踊跃。云南经师马德新（1794—1874年）奔波七年，两次参与麦加朝觐，多次往返于麦加、开罗之间，并游历了土耳其，用阿拉伯文写出了《朝觐途记》，后由他的弟子马安礼译成汉文，出版于1861年。这是继马欢《瀛涯胜览》以后的一本由内地穆斯林写作的最早的朝觐见闻。这位

① 参见王锡祺：《小方壶斋舆地丛钞续编》第十帙，光绪辛丑年（1891年）上海著易堂排印本。

太和（今大理）人为求伊斯兰学问，在1841年正当48岁时，自云南出发，取道景东、思茅，经缅甸仰光走海路抵达印度加尔各答，再历马尔代夫、索科特拉、亚丁，在1843年5月抵达吉达，前往麦加，11月参加朝觐。作者将麦加译作满克。1844年2月，马德新去麦地那进谒圣陵，再往麦加，由吉达渡海北上开罗、亚历山大里亚；1845年2月抵达土耳其伊斯坦布尔，归途又经开罗，参加1846年的朝觐，一直住到1847年5月；然后自吉达乘船东返，1848年9月抵达广州，翌年4月到家。他继唐代杜环之后从海路遍历伊斯兰文化的精粹之地，亲历各地的风俗，谒见了穆斯林的王公、学者，寻访、研究并购置了许多典籍。

此后不久，由于苏伊士运河的开凿，红海一道成为欧亚交通的畅途。不久扼红海南口的亚丁遭英国觊觎，沦为军事要塞。学贯中西、享誉海外的文士王韬前往英伦时，在1867年途经亚丁，曾泊舟上岸，与西人宴于酒楼，座间有日耳曼乐工弹琴唱歌，王韬为之吟诵高启七律一首。他所著《漫游随录》中有亚丁夜宴一篇，记述亚丁"本隶阿拉伯，后为英人所踞，驻兵泊舟，为欧洲西来之要道"。又说："昔时英人东来之海道，皆绕好望角而至中华。自咸丰年间，始由亚丁直抵红海，陆行百七十里而至地中海，计程可近数万里，诚捷径也。于是好望角形势之雄遂成虚设。逮至苏伊士运河一开，东西轮船均可直达，局面又一变矣。地势无常，可胜慨哉！"王韬已从亚丁地位的变迁感悟到变幻莫测的国际风云，认识到将由海洋霸权国家主宰世界局势的前景。

二、阿拉伯地志中的中国

阿拉伯地志中出现中国的时间，比中国记述阿拉伯的时间要晚。阿拉伯旅行家首先记录东方见闻的是商人苏莱曼（Sulayman al-Tajīr），他于851年完成东方游记的写作，并在916年由西拉夫移居巴士拉的波斯人阿布·宰德·哈桑编入《中国印度见闻录》，被当作第一卷传抄于世。苏莱曼到过广府（广州），他的见闻大多是关于岭南和沿海地区的，譬如，他说："中国人的粮食是大米，有时也把菜肴放进米饭再吃。"[①]"中国很少有枣椰树，除了某些家庭偶尔种植一两棵，通常很少见到。他们喝的是自己用稻米发酵制成的饮料。因为中国没有葡萄酒，中国人既不知道这种酒，也不喝这种酒，所以也没有人把葡萄酒带到中国来。"[②]其实，葡萄美酒在中国北方早已脍炙人口。

苏莱曼观察周到，记下了许多阿拉伯人闻所未闻的中国事物，其意义犹如《马

① 引文据穆根来等译：《中国印度见闻录》，中华书局1983年版。

② 引文据穆根来等译：《中国印度见闻录》，中华书局1983年版。

可·波罗游记》对于中世纪的欧洲人一样。苏莱曼既到过印度、中国，故其观感所及，常用中印对比的手法加以叙述：

> 印度的每个国王都有许多军队，但并不发军饷。……中国人则不同，中国人对自己的军队另给犒赏，和阿拉伯人的军队一样（按：这是指中国实行的募兵制）。
>
> 中国更美丽，更令人神往。印度大部分地区没有城市，而在中国人那里则到处是城墙围绕的城市。
>
> 中国人比印度人更为健康。在中国，疾病较少，看上去中国人更健壮，很少见到盲人或独眼失明的人，也很少见到残疾人。而在印度，这一类人屡见不鲜。
>
> 中印两国的河流是很可观的：很多河流都比我们的大，两国的雨量都很充足。
>
> 在印度，很多地区荒无人烟。在中国，所有土地都已开垦，全国各地人口众多。
>
> 中国人比印度人好看得多，在衣着和使用牲畜上更像阿拉伯人。中国人的礼服很像阿拉伯人的衣着，他们穿长袍（qaba），系腰带。而印度人不分男女，全都披两块布当衣服，另戴金手镯和首饰作装饰。

苏莱曼对9世纪的国际形势有一种客观的分析，这表现在他根据印度人、中国人的看法而提出的四天子说：

> 印度人、中国人都一致认为，世界上有四个国王。四个之中，第一个是阿拉伯国王，他们异口同声认为阿拉伯国王是最伟大的国王，最富有的国王，最豪华的国王，是无与伦比的伟大宗教的主。中国国王仅次于阿拉伯人的主，位居第二。再次是罗马国王。最后是穿耳孔民族的国王巴拉哈国王。

在苏莱曼前后到过中国的阿拉伯旅行家还有塔明·伊本·巴希尔·摩塔维克，他在800年以前曾去过回鹘（Toghuzghuz）的首都。他的行纪被9世纪的伊本·郭大贝、10世纪的艾尔·法基、13世纪的雅库特所摘引。还有一个译人萨列姆（Sallām at-Tarjumān)，被哈里发瓦西克（842—847年在位）从巴格达派往中国。他经过亚美尼亚、格鲁吉亚、可萨到了峨格人（Cog）和马峨格人（Magog）边境的城墙。萨列姆能操30种语言，他所见到的边城应该是中国的长城。峨格是回鹘人，马峨格可能就是沙州的汉人。

阿布·宰德·哈桑在《中国印度见闻录》第二卷中编写了黄巢起义前后阿拉伯人的中国见闻。最引人注意的是巴士拉的古莱希族人伊本·瓦哈卜（Ibn Wahab），他在回历257年（870—871年）巴士拉动乱的年代来到西拉夫，搭上了去广州的船，并且北上到了长安（胡姆丹），受到唐僖宗的接见。僖宗赐给他许多财物，他荣幸地回到了伊拉克。在回历303年（915年7月17日—916年7月4日），曼苏地还从当时居住在巴士拉的伊本·瓦哈卜那里获得了许多有关东方和海外世界的报道[①]。

阿布·宰德·哈桑称赞中国人奉公守法，因此行政上成效卓著，令人感佩。他列举事例说，一个呼罗珊商人从伊拉克贩货到广州出售，受到市舶司宦官的勒索。商人到长安向皇帝告状，受到公正体面的处理。那个宦官被贬职充当皇陵的看守。阿布·宰德列举当时世界上的大国有五个：哈里发、中国、突厥、印度、拜占庭。据说这是瓦哈卜从中国皇帝那里听到的，比苏莱曼的说法又多一个突厥，证实苏莱曼只知道在印度洋和地中海世界存在四个大国，对亚洲北方的突厥一无所知。

阿拉伯著名的地理与历史学家曼苏地（al-Mas'ūdi，?—956年）出生在巴格达，912年后游历信德、东非、印度、斯里兰卡、占城，并到过中国沿海。他的巨著《黄金草原和宝石矿》也和苏莱曼一样记述中国帆船和阿曼、波斯湾各港通航的情况。他特别提到黄巢起义后中阿航业萎缩。据曼苏地说，在黄巢占领广州时，广州的伊斯兰教徒、犹太教徒、基督教徒、拜火教徒纷纷被屠杀或被驱逐，数达20万人之多。这一数字比阿布·宰德·哈桑的记录又高出许多。这些外来宗教的信徒一定不完全是移居的外侨，还有中国人在内。

亲历中国的阿拉伯人的见闻大多出现在唐代。唐代以后，虽然来华的阿拉伯客商有增无已，但留下的记载大多仰赖地志才流传于世。8—13世纪的阿拉伯地志中有许多中国的事情。在很长一个时期中，对阿拉伯民族来说，中国都是东方最富庶、最文明的国家，是智慧与财富的表征。

约在675年去世的阿卜杜勒（Abdallah ibn Amir ibn al-As）可能是哈里发初期统帅奥玛尔的儿子。伊本·艾尔·法基（Ibn al-Faqih）《列国志》曾引述阿卜杜勒的话：

---

① 曼苏地：《黄金草原》(al-Masūdi，*Les Prairies D'or*)，第1卷，梅纳、科蒂埃法译本，巴黎1865年版，第321页。

> 阿卜杜勒说：世界像鸟一样，可以分成鸟头、两翼、胸部和尾部五个部分。世界之首是中国（Ṣin），背后是韦韦（Waq Waq），韦韦之后的民族，便只有真主知道了。右翼是印度，印度背靠大海，大海中并无生物。左翼是可萨，可萨后面有两类民族，其中之一是孟沙和马沙，在他们之后是雅朱（Yajuj）和马朱（Majuj）。胸部是麦加、希贾兹、叙利亚、伊拉克和埃及。尾部从扎特—胡玛姆（尼罗河三角洲）到马格里布（北非）[①]。

伊本·艾尔·法基的《列国志》写成于903年，书中转述了查希兹（779—869年）的著作，同时也摘引了阿布·宰德书中所不见的苏莱曼游记。

伊本·郭大贝（Ibn Khurdādhbih，820—912年）出身伊朗望族，在巴格达学习，任贾贝勒省邮务长官。约848年写成《省道志》，记述巴士拉到中国沿海的航路，称自南而北的中国港口有龙编（越南北部al-Wakin，交州）、广府（广州）、越府（明州）、江都（扬州）。并称中国有300座人口稠密的城市，较著名的也有90座[②]。

阿布尔·法拉吉·伊本·阿布·雅卡布·纳迪姆（Abul Faradj，Ibn al-Nadīm）生于巴格达，是个藏书家与书商，988年编成《百科书录》（Kitāb al-Fihristal ‘ulūm）。全书十章，第九章论摩尼教和中国，其中讲一个故事：撒马尔罕的500名摩尼教徒因教义被暴露，呼罗珊总督将按例加以处斩。中国国王（回鹘汗）派人去呼罗珊，宣称中国境内的穆斯林比呼罗珊的摩尼教徒多一倍以上，如对方杀死一个摩尼教徒，国王便将以杀尽境内穆斯林并毁灭清真寺作为报复，并将搜索其他地区的穆斯林加以处决。于是呼罗珊总督便改变了旨意，只向摩尼教徒征收人丁税，听凭他们活动[③]。这段记载比哈拉汗王朝布格拉汗（卒于998年）开始皈依伊斯兰教要早几十年，至少在10世纪初哈桑·纳赛尔任呼罗珊总督时便已如此。这些穆斯林也可能是唐代就已来华定居的阿拉伯人。

纳迪姆以后，1050年写作《珍异记》的格尔德齐（Gardezi），1154年完成《旅游

---

① 伊本·法基：《列国志》（Ibn al-Faqīh，*Mukhtasar Kitāb al-Buldān*），《阿拉伯地学丛书》（BGA），莱顿1886年版。

② 伊本·郭大贝：《省道志》（Ibn Khurdādhbih，*al-Masālik wa‘l-Mamālik*），《阿拉伯地学丛书》（BGA），莱顿1889年版。参见伊本·郭大贝：《唐代大食国通中国之海道》，宋岘译，《中外关系史译丛》第3辑，上海译文出版社1986年版。宋岘将中国第三港口译作“汉久”，释作杭州，又说，“行程从广府到汉久八日有误”。

③ 参见布朗：《波斯文学史》（E. G. Browne，*A Literary History of Persia*），第1卷，伦敦1908年版，第164页。

证闻》的科尔多瓦人伊德里西（1100—1165年），1321年著有《统一的国家》的大马士革百科全书学者阿布·菲达（1273—1331年），他们的地理著作都录有关于中国的各项知识，但大多是搜集前人著作，再加上较新的传闻。这一段时间，由于阿拉伯学者较少接触游历中国的阿拉伯人士，同时更因阿拉伯商业衰退，直接经营中阿贸易的大多是中国人、波斯人或其他中间商人，因此地理著作中反映的中国知识反而缺少现实意义。阿布·菲达的著作，习称《阿布·菲达地理书》，法国莱诺（N.Reinaud）和古耶（S.Guyard）分别于1848年和1883年完成该书第一、第二卷的法译本。该书列举中国的大城有广州、泉州、杭州、扬州，但材料大都采用阿尔·比鲁尼（973—l048年）的著作。

13—14世纪的阿拉伯地理学家雅库特（Yākūt，1179—1229年）的《地理辞典》（1224年）[①]，大马士革人乌玛里的《眼历诸国记》[②]，都有许多涉及中国的地方。乌玛里（al-'Umarā，1301—1349年）出生于大马士革，但长期居住于埃及，是埃及学识渊博的著名学者。所著《眼历诸国记》分两部分，第一部分论述交通和地理；第二部分自东而西，从印度、信德、成吉思汗国家，经西亚、地中海至西班牙，分述各国历史、地理、宗教。书中还运用了档册和当代的见闻。对中国北方的论述，多采用了访问过中国的伊拉克、波斯和中亚人士的报道，有商人，也有学者。这些报道一致认为，蒙古大汗欢迎各国人士来华。阿拉伯商人贩往中国的货物有马匹、猎鹰、宝石和珐琅盘等器皿。这充分反映了元代中国和阿拉伯、叙利亚等地繁忙的商业往来。

第四节　阿拉伯马的引进

阿拉伯纯种马是世界上久享盛誉的良马。中国在前汉自中亚引进乌孙马、大宛马以后，曾从月氏统治下的中亚、阿富汗等地不断输入马匹，到唐代更引进了阿拉伯马。

在到达长安的阿拉伯使者所进献的方物中，据档册记载，明确提到献马的有五次：

---

① 雅库特：《地理辞典》（Yāqūt，*Mu'jam al-Buldān*），胡斯登菲尔德（F. Wüstenfeld）编，莱比锡1866—1873年版，1924年再版；另有贝鲁特1955—1957年版，5卷本。

② 乌玛里：《眼历诸国记》（al-'Umarā，*Masālik al-Absār fī Mamālik al-Amsār*），冈德夫洛—德蒙比（Gaudefroy-Demombynes）法译本，巴黎1927年版；莱希：《乌玛里对蒙古帝国的描述》（Klaus Lech，*Das Mongolische Weltreich:Al-'Umarī's Darstellung der Mongolischen Reiche*），威斯巴登1968年版。

永隆二年（681年）五月，大食国、吐火罗国各遣使献马及方物。（《册府元龟》卷九七〇）

长安三年（703年）三月，大食国遣使献良马。（《册府元龟》卷九七〇）

开元初（713年），大食遣使进马及宝钿带等方物。（《旧唐书·大食传》）

开元十二年（724年）三月，大食遣使献马及龙脑香。（《册府元龟》卷九七一）

天宝三载（744年）七月，大食等国遣使献马及宝。（《册府元龟》卷九七一）

安史之乱爆发后，应唐朝之请，大食派骑兵与拔汗那等国军队自中亚开赴陇右，参与收复长安、洛阳之举。此后档册中虽不见有大食献马之事，但阿拉伯马匹一定有更多的输入，因此名声渐大。751—762年周游阿拉伯世界的杜环有专记大食马的文字："其马，俗云西海滨龙与马交所产也。腹肚小，脚腕长。善者日走千里。"（《通典》卷一九三）大食"有千里马，传为龙种"（《新唐书·大食国传》），从此名闻中华。

阿拉伯良种马在元代被目为天马、龙种马，尤多输入。到过巴格达等地的《西使记》作者常德以龙种马称呼阿拉伯马，记述此种纯种马颇有神秘色彩："龙种马出西海中，有麟角，牝马有驹不敢同牧，被引入海，不复出。"所谓麟角，是传说"余吾天马生水中，毛如泼墨耳插筒"[①]。双耳挺拔的天马因产在西海，一如汉代有水羊之说，产生了生于水中的传说，于是在文人笔下出现了"麟角"。天马，亦即西马。1327年，察合台槊思班、伊儿汗不赛因派出使团向北京大汗赠送礼物，中有文豹、西马等物。1358年，金帐汗扎尼别也派出使者将青、白西马各两匹进献北京。

西马为希贾兹名马。14世纪30年代到过麦加的汪大渊在《岛夷志略·天堂》中说："地产西马，高八尺许。"阿拉伯半岛在元代被目为西极，产于西极的阿拉伯马自12世纪以来成批输往印度马拉巴海岸，《岛夷志略》记马拉巴的古里佛："畜好马，自西极来，故以舶载至此国。每匹互易，动金钱千百，或至四十千为率。"14世纪时的古里佛（Pantalayini Kollam）正是卡利卡特以北的梵答剌亦纳，是波斯湾马船贸易的一大节点。《岛夷志略·甘埋里》说：

甘埋里，迩南冯（Baḥr al-Lārawi）之地[②]，与佛朗（利凡特、地中海）相

① 马臻：《题画海南入贡天马图》，《霞外诗集》卷七，四库丛刊本。

② "南冯"中的"冯"，是阿拉伯语Baḥr（海）的音译。

近。乘风张帆二月可至小具喃（奎隆）。其地船名为马船，大于商舶，不使钉灰，用椰索板成片。每舶二、三层，用板横栈，渗漏不胜，梢人日夜轮戽水，不使竭。下以乳香压重，上载马数百匹，头小尾轻，鹿身吊肚，四蹄削铁，高七尺许，日夜可行千里。

甘埋里是阿拉伯地理书中的卡伊斯岛。波斯湾中的卡伊斯岛邻近拉尔海（阿曼湾），它有一个很长的全称Qais Ben ‘Umaira，卡伊斯（Qais）只是它的简称[①]，“甘埋里”中的“甘”可以对上Qais，“埋里”的对音是‘Umaira。波斯每年出口大量骟马，运到南印度，从中牟取巨利，成为一宗著名的马船贸易。自从12世纪十字军东侵后，利凡特和波斯湾之间的商路阻滞，苏哈尔因此衰落，远航信德、印度和中国的阿拉伯船也都改从亚丁起程了[②]。因此南印度和亚丁之间的商业往来从此大有起色。

15世纪初，郑和率领宝船下西洋，阿拉伯半岛的香料港佐法尔和亚丁、伊萨角是多次访问的海港城市，阿拉伯马一定也有输入。忽鲁谟斯（霍尔木兹）是宝船在波斯湾贸易的中心，《郑和航海图》上标得特别明显，那里的马船也有阿拉伯马的输出。麦加的使者在永乐、宣德年间也多次来华。严从简《殊域周咨录·天方国》特意指出，当地产物中“马有八尺高者，名为天马”。阿拉伯马也通过孟加拉、基尔瓦等使者献给永乐皇帝，如1414年榜葛剌（孟加拉）国王赛弗丁贡麒麟、名马，名马即是阿拉伯马；1415年11月，麻林（基尔瓦）和其他国家向中国进献麒麟、天马，天马就是阿拉伯马。1419年9月，霍尔木兹使团送来西马，也是阿拉伯马。15世纪末，麦加和中国开展队商贸易，弘治三年（1490年），麦加王速檀阿黑麻（艾哈曼德苏丹）派使者随同撒马尔罕使团到北京进贡马、驼、玉石。因麦加出善马，正德初年急需输入骒马、骟马的明政府采用兵部尚书刘宇希的建议，派人到中亚、西亚接洽玉石、马匹贸易。正德十一年（1516年）十月，麦加贡使正式抵京。正德十三年（1518年）正月，麦加王写亦把剌克（Sherif Barakut，1497—1524年在位）派使者来华，献物有马、驼、梭幅（羽绒）等。嘉靖四年（1525年）麦加王亦麻都儿又派使团贡马、驼等方物。1543年，麦加又同撒马尔

---

① 威尔逊：《波斯湾简史》（Arnold T.Wilson，*The Persian Gulf*），伦敦1954年版，第95页；沈福伟：《简论汪大渊对印度洋区域贸易的考察》，《中国史研究》2004年第2期，第128—132页。藤田丰八曾将甘埋里考作克尔曼，以甘埋里马船为霍尔木兹马船（藤田丰八：《岛夷志略校注》，《雪堂丛刊》第二集，罗振玉辑印1914年版）。苏继庼则以为是“甘里埋”的倒置，以对霍尔木兹（苏继庼：《岛夷志略校释》，中华书局1981年版，第366页），但对音与货流、地理都有不合。

② 伊德里西：《地理志》（al-Idrīsī，*Nuzhat al-Mushtāq fi Ikhtirāq al-Āfāq*），若贝法译本（P. A. Jaubert，*Géographie d'Edrisi*），第1卷，巴黎1836年版，第51页。

罕、鲁迷等国派使者到中国贡马匹、玉石，此后每五六年一次，直至万历年间。从麦加经撒马尔罕到陕西，构成了当时世界上道程最长的骆驼队商贸易路线中的一条。

第五节　中阿陶瓷贸易

中国输往阿拉伯的最早一批名贵瓷器在8世纪末由呼罗珊总督阿里·伊本·伊萨献给哈里发哈仑·拉希德（786—809年在位）。据说其中有“二十件中国皇室瓷器，为过去哈里发宫廷所未见过”。所制器皿为日用的碗、杯、盏。伊萨的礼品还有2000件其他各色瓷器。这件事是一位名叫阿布·法德尔·贝哈杰（Abu'l-Fadl Bayhaqī，995—1077年）的学者在1059年的著作中披露的。

吐鲁番出土白瓷瓶

在9世纪中叶兴起的中国外销瓷的热浪连绵不断，一直延续到17世纪，主要销售的地区便是阿拉伯世界。伊本·郭大贝在《郡国道程志》（846年）中列举中国输出物中有陶瓷。当时中国最南的港口龙编（越南北部红河口）也以出口优质陶瓷著称于世，声誉远播阿拉伯半岛。博学的查希兹（al-Jahiz，约779—869年）在《生财之道》（Kitāb al-Tabaṣṣur bil-Tijāra）中开列巴格达市场上的外国货，其中有从中国运去的丝绸、瓷器、纸、墨、马鞍、宝剑、香料、麝香、肉桂、孔雀等许多富有特色的产品[①]。中阿换货贸易已将瓷器列入专项，从此瓷器便在印度洋、阿拉伯世界走红了。在查希兹的书中，瓷器被描述为一种案桌上的陈设。因当时瓷器价格昂贵，运到阿拉伯的华瓷都被当作珍品收藏。9世纪时的坦纳基非常赞赏30多件中国瓷罐，说用来储存香料，可以使香气经久不衰。最佳的一件是哈里发瓦蒂克（842—847年在位）时代的遗物，而最大的一件竟要好几个人才能移动。哈里发穆塔瓦基勒（847—861年在位）时代，华瓷仍是十分稀见的珍物。阿拉伯文学大师阿布尔·法拉吉·伊斯法哈尼（Abu'l Faraj al Isfahānī，约897—967年）在《乐府诗集》中追述穆塔瓦基勒时一位诗人收藏的多件瓷器竟被他为了欢度宰牲节（古尔邦节）而喂养的公羊撞坏，诗人心情久久不能平息。其中的一件灯盏（Sirāj）上面画有凝结着非凡才智的纹饰，被作者称为“中国瓷盏”（Ṣīnīyat al-Ṣīn），尤为诗人所钟爱[②]。这种瓷盏应属长沙窑仿阿拉伯式的彩釉瓷灯。在伊本·法基的《地理志》（903年）中，中国瓷器、中国灯和中国丝绢被列为中国三大名产。中国灯不但有铜制的，而且也有仿照西亚式样的瓷灯。它的出现，使中国使用的油灯走向了一次革新。

851年前到过中国的阿拉伯商人苏莱曼，在他的游记的第三十四节中提到中国陶瓷特别精美，“瓷盅（qadah）晶莹透明如同玻璃，在外面隔着器壁竟能看清里面存放的水”[③]。伯希和称赞这是“西方关于瓷器的第一次描述”[④]。伊斯兰作家塔利比（961—1038年）在《逸闻录》（Latāif al-Ma'ārif）中对中国瓷器的评述在伊斯兰世界中颇具代表性，他说：“有名的中国瓷器是些透明的器皿，包括煮食物的罐、煎食物的锅，也有

---

① 查理·佩拉：《查希兹的〈生财之道〉》（Charles Pellat, *al-Jahiz, Kitab al-Tabassur bi al-Tijarah*），《阿拉伯》1954年第2期。

② 雷恩，赛尔金特：《亚丁沿海的陶瓷和玻璃残件》（Arthur Lane，R.B.Serjeant，*Pottery and Glass Fragment from the Aden Littoral with Historical Notes*），《皇家亚洲学会杂志》（JRAS）1948年第3、4期合刊，第111页。

③ 此据佩拉的译本。雷纳多译本称：“中国有一种优质土壤，用来制作杯、碗，透明晶莹可比玻璃。”参见雷诺多：《九世纪两名回教旅行家的印度、中国见闻录》（E. Renaudot，*Ancient Accounts of India and China by Two Mohammedan Travelleres Who Went to Those Parts in the 9th Century*），伦敦1733年版，第21页。

④ 伯希和：《乔治·欧莫福普洛斯的收藏：中国、韩国和波斯陶瓷目录》（P. Pelliot，*The George Eumorfopoulos Collection：Catalogue of the Chinese, Corean and Persian Pottery and Porcelain*），《通报》（T'oung Pao）1927—1928年第25卷，第106页。

盛食物的碗。以杏黄色的为上品，胎薄、色净、音脆；奶白色的次之。”[①]杏黄色瓷器（al-mushmushiya）即是唐至五代风行海外穆斯林世界的长沙铜官窑釉下彩瓷，这种瓷器色泽洁净、鲜艳，为阿拉伯民族所喜爱。奶白色瓷器（al-zabadiya）指中国的白瓷。阿拉伯人认为，中国北方的白瓷、南方的青瓷尚在其次。宋代白瓷采用阿拉伯人喜爱的旋波式菊纹也是为适应外销的需要。直到13世纪，元代大量烧造青花瓷、青白瓷，产品纹饰与色泽兼采西亚风格，于是青花瓷、青白瓷在同阿拉伯世界的瓷业贸易中才独占鳌头。此风直至16世纪上半叶正德年间仍持续不衰。宣德（1426—1435年）年间以缠枝菊花为辅纹的三彩人物盘内圈仍然使用阿拉伯风格的小点联珠纹[②]。中东式样的青花执壶更是外销瓷中十分走红的产品。

阿拉伯商人因贩运瓷器、丝绸和麝香等中国产品致富的不乏其人。布索格·本·沙赫里耶的《印度珍异记》中记述一个犹太商人，只带着很少的资金到远东经商，而在913年回到阿曼苏哈尔时，已是一位拥有100万迪纳尔和无数丝绸、瓷器的巨富。他献给阿曼统治者一件顶端镶金的深色瓷壶，可能属于五代越窑所造名贵的“金钿瓷器”，专为帝王享用。统治了亚丁、席赫尔、阿伯阳、米尔巴特、红海哈利的伊本·齐亚德有一本976—977年的财政报告，记有上百万迪纳尔的钱币和大量的中国瓷器、麝香及龙涎香。中国瓷器代表着中国，像丝织品在古代曾是中国的象征一样，阿拉伯文就以Sīnī一词来称呼瓷器，意思是“中国货”。

宋、元、明三代，中国瓷器销往阿拉伯地区的数量十分可观。1001年，哈里发卡迪尔（991—1031年在位）一次就将300件中国瓷器赐给了巴格达的一个大臣。那时瓷器从海上运到伊拉克的已越来越多了。亚丁是华瓷外销阿拉伯的一个重要港口。亚丁统治者酷好华瓷，在一份1151—1153年的统治者财产清单中有来自中国的精美瓷器。也门作家阿布·马克拉玛记述一个在阿勒颇和巴格达经营棉布的商人，后来到印度、中国经商，成为富豪。他从印度归国后定居亚丁，他的财宝中最受人称羡的便是中国瓷器。明初，南京和麦加贸易，白花青瓷器是重要出口货物（《星槎胜览》卷四）。颈部书有阿拉美文字的青花玉壶春瓶，有六件被收藏在国外，腹部多作莲池水禽或人物

---

① 塔利比：《逸闻录》（Tha‘ālibi，*Latāif al-Ma‘ārif*），德·荣格（P.de Jong）刊本，莱顿1867年版，第125页；鲍斯华兹英译本（C.E.Bosworth，*The Book of Curious and Entertaining Information*），艾丁堡1968年版，第141页。

② 久志卓真：《中国明初陶瓷图鉴》，日东宝云舍株式会社1943年版，第114页，第116页。原书以为二件瓷器底款“大明年造”是正德年造，而以第115页的三彩人物盘底款“宣德年造”为后人伪造，不妥。

图案，瓶上字母有被解释作正反罗马字母的[①]，当是元末明初的外销瓷。1511年从里斯本前往印度、中国的葡萄牙使节汤姆·皮莱士在亚丁见到有从泰国首府大城转运的中国货，在印度康拜又见到亚丁商人从马六甲运去丝绸、瓷器、麝香、珍珠等中国货物。

考古发现的华瓷在阿拉伯半岛、叙利亚和伊拉克各地都有出土。

亚丁附近出土的瓷器十分丰富。亚丁和它附近的考德·安·赛拉（Kawd am-Saila，意为“洪水冲成的沙碛”），位于亚丁—萨那公路旁的大沙丘，有许多东方陶瓷出土，其中华瓷有9世纪的白瓷，12—13世纪的龙泉瓷和定窑瓷，14世纪的青花瓷。哈比尔（al-Ḥabīl）位于拉赫季东北，出土有9世纪的白瓷和12—13世纪的龙泉瓷，有大碟和深腹碗残片；还有耀瓷碗和瓷坛，以及14世纪的青花瓷残片，绘有池藻游鸭。在12—15世纪曾是海港和行政中心的阿比延（Abyan），位于亚丁东北56公里处，遗存的华瓷散布在广达几公里的地面上，有9世纪以后的越窑，还有龙泉窑。在北也门和沙特阿拉伯交界处的扎哈兰（Zahlan）发现了龙泉窑青瓷和元青花瓷残片。席赫尔镇的炮垒废墟中也出土了中世纪末与远东陶片混在一起的青花瓷片。席赫尔以东的哈米（al-Hami）老镇地表上也见到了和阿拉伯玻璃混在一起的中国青花瓷。南阿拉伯出土的华瓷，除阿比延以外，最多的是13—15世纪的青瓷和15—17世纪的青花瓷。

在阿曼的苏哈尔，在旧市街的地下发现了青瓷和明代青花瓷[②]。1980—1982年，驻巴林和阿曼的法国考古队对建于13世纪的苏哈尔城堡进行发掘，获得中国瓷片800件，其中属于9—12世纪的占总数的三分之一。最早的华瓷属于10世纪初的越窑青瓷和长沙窑的带足盘、碗，饰有褐色和黄绿色斑点纹，并有一件11—12世纪初广州西村窑的瓷碟残片[③]。巴林的卡拉托巴林以南400米处的清真寺遗址和海滨一共收集到28块青瓷片和58块青花瓷片。美国宾夕法尼亚大学的藏品中也有巴林出土的华瓷。这里出土的青瓷多半是明初的龙泉窑青瓷。青花瓷则多以蔓草花纹和莲花纹为主。巴林对岸沙特阿拉伯的达兰附近的卡提夫也是个通商口岸，曾出土了宋代咸平通宝（998—1003年）、绍圣元宝（1094—1098年）和绍定元宝（1228—1233年）[④]，为宋钱通行阿拉伯半岛作出了见证。

---

① 哈里·加纳《东方的青花瓷》（Harry Garner，*Oriental Blue and White*，费伯出版社1970年版）图56将一件1552年收藏的玉壶春瓶（瓶口残损，另镶银口）当作嘉靖年造，在时间上推得过晚。

② 菲立普斯：《阿曼之谜》（Wendall Philips：*Unknown Oman*），纽约1966年版，第161页。

③ 米歇尔·皮拉左里：《阿曼苏丹国苏哈尔遗址出土的中国陶瓷》，程存浩译，《海交史研究》1992年第2期；米歇尔·皮拉左里：《巴林与阿曼出土的中华陶瓷》（Michèle Pirazzoli，*Chinese Ceramics Excavated in Bahrain and Oman*），《祝贺三上次男77岁生日论文集》，东京1985年版，第315—335页。

④ 三上次男：《陶瓷之道》，岩波书店1969年版，第77—78页。

伊拉克境内的古都萨马拉（Samarra）位于巴格达以北120公里，在838—883年曾作为哈里发帝国的首都而繁荣于世。1911—1913年，萨莱和赫兹福尔在这里作了首次发掘，开启了大规模发掘华瓷的先例①。1936—1939年，伊拉克古物部作了第二次发掘②。1963—1964年，又进行了第三次发掘。在第一次发掘的扎乌萨克宫（Djausaq）仓库中发现了唐三彩碗、盘，绿釉和黄釉瓷壶碎片，白瓷和青瓷残片。在穆塔瓦基勒大清真寺的水井旁出土了青瓷片。在阿息克宫地下室找到了白瓷片。1936—1939年出土的陶瓷大多收藏在巴格达的阿拔斯宫博物馆中，有唐三彩和辽三彩的陶器，还有仿唐三彩的伊斯兰多彩陶器的绿釉系、三彩系、黄褐釉系软陶。从萨马拉遗址出土物可知，唐三彩输出实际不在少数。该地出土9—10世纪越窑瓷曾被巴格达的阿拉伯博物馆（The Arab museum at Khan Marjan）和巴黎达朗博物馆收藏。达朗博物馆并收藏了9—10世纪的白瓷碗残片和12—13世纪萨马拉出土的龙泉瓷片。萨马拉出土物的下限为13世纪的龙泉青瓷、青白瓷，以及白瓷，为仅次于福斯塔特与纳沙布尔出土华瓷数量的一大中心。

考古人员在邻近巴格达的泰西封的田地里发现了12—13世纪的龙泉青瓷片，被不列颠博物馆收藏。1964年又出土青瓷片一件。

位于库特东南70公里的瓦西特（Wasit），有伊斯兰时代的都市遗址。出土的华瓷有基本完整、外侧有棱纹装饰的龙泉窑青瓷钵，属于12—13世纪；并有内侧中间附贴菊花的元代龙泉青瓷钵残片。出土物存放在巴格达的阿拔斯宫博物馆或阿拉伯博物馆。

巴格达东南约60公里的阿比达（Abirta），初建于伍麦叶王朝希沙木（724—743年在位）时代，到阿拔斯王朝阿尔·拉迪（934—940年在位）时被废弃。1957—1958年，芝加哥大学调查了周围600平方米的土城③，其中有9—10世纪越窑褐色瓷片和华南白瓷残片，陈列在东京出光美术馆的陶片室。

伊本·法基在902年曾说过，在伊拉克，“来自中国的货物中，最受欢迎的是精巧的青瓷和白瓷”。伊拉克考古发现证实了这一点。

黎巴嫩的巴勒贝克有罗马时代的遗址，发现了两片华瓷，一片是宋代龙泉窑莲花瓣青瓷碗，一片是元代花草纹饰的青花瓷碗，现保存在柏林贝尔雅门博物馆东方部。

叙利亚的古城哈马，1931—1938年经丹麦国家博物馆调查发掘，在950—1400年

---

① 萨雷，汉尔兹菲尔特：《萨马拉考古》（F.Sarre，E.Herzfelt，*Die Ausgrabungen von Samarra*），5卷本，柏林1930年版；萨雷：《萨马拉出土陶瓷》（F.Sarre，*Die Keramik von Samarra*），柏林1925年版。

② 伊拉克考古部：《萨马拉发掘报告：1936—1939年》（Iraq Government，*Dept. of Antiquities：Excavation at Samarra* 1936—1939），巴格达1940年版。

③ 雅可布逊：《迪耶拉平原考古发掘简报》（Thorkild Jacobsen，*Summary of a Report by the Diyala Basin Archaeological Project*），1958年第14卷，第79—89页。

的地层中找到了青瓷、白瓷和青花瓷片[①]。其中有些被认为是宋代德化窑白瓷片，有南宋官窑浮牡丹纹青瓷钵残片，内侧贴花的元代青瓷钵碎片，并有元代青花瓷片。在大马士革博物馆的藏品中，可以见到15世纪仿制青花的白地蓝釉彩画陶器。

第六节　工艺与科学的交流

一、纺织

公元1—2世纪，中国缣帛从幼发拉底河渡口或红海涌向利凡特与亚历山大里亚。利凡特的罗马城市贝鲁特、西顿、推罗（提尔）将中国缣素拆解，重新按罗马式样织成“胡绫”。同时，中国丝织品也以适应西亚式样的纹饰制作美观大方的面料，运销阿拉伯、叙利亚和小亚细亚。叙利亚作为罗马帝国的安条克省，富庶繁荣程度不下于埃及的亚历山大省和小亚细亚的埃弗苏斯[②]。巴尔米拉是中国丝货运销地中海的必经之地，这个位于叙利亚东部沙漠中的绿洲国家便因中国丝绸而闻名于世。1933年和1937年在当地出土了织有汉字的绫锦与缯彩，是公元1—2世纪的遗物，图样与20世纪初楼兰出土的丝绢相仿[③]。这些出土的丝绸引起了人们极大的注意。其先进的纺织技艺由法国的普菲斯特定名为“汉式组织”（armure Han），是一种平纹组织与斜纹组织的混合，或者说是在平纹组织上提起一部分经线使之成为花纹的织法。这种暗花绮畅销叙利亚[④]。

唐代更有中国工匠侨居阿拉伯就地传授技艺的。762年归国的杜环曾旅居阿拉伯各地十多年，他在哈里发首都库法亲见当地有“绫绢机杼，金银匠，画匠。汉匠起作画者，京兆人樊淑、刘泚。织络者，河东人乐隈、吕礼”（《通典》卷一九三引《经行记》）。从事美术工艺图样设计工作的樊淑、刘泚和纺织能手乐隈、吕礼是第一批称名

① 里西，普尔逊：《中世纪哈马的玻璃制造业和陶业调查研究》（P.J.Riis，Bgan Poulsen，*Hama：Fouilles et Recherches，1931—1938. IV 2. Les Verreries et Poteries médiévales*），哥本哈根1957年版。

② 罗斯托夫采夫：《罗马帝国社会经济史》（M.Rostovtzeff，The Social and Economic History of the Roman Empire），第1卷，牛津1957年版，第67页，第139页，第263—273页。

③ 普菲斯特：《巴尔米拉织物》（R.Pfister，*Textiles de Palmyre*），巴黎1940年版，图版15；普菲斯特：《巴尔米拉的汉代丝织品》（H.Pfister，*The Han Silk Fabric of Palmyra*），《亚洲艺术评论》（Revue des Arts Asiatiques）1939年第13卷，第67—77页。

④ 赫尔曼：《中国和叙利亚间的古丝路》（A.Herrmann：*Die Alten Seidenstrassen Zwischen China und Syrien*），莱比锡1910年版。

伊拉克的中国能工巧匠。阿拉伯丝织、陶瓷、金银器和中国关系之深于此可见一斑。9世纪的博物学家查希兹在《生财之道》中说巴格达市场上有许多中国货，丝绸是不可或缺的重要商品。中阿双方在丝织技艺上的交流促使阿拉伯丝业有了新的进展。库法制造的金丝或半金丝头巾直到20世纪还是阿拉伯人喜爱的头巾，称作库菲叶（Kūfiyah）。缎子因产在大马士革，被名为“大马士革缎”（damask）。用金线在这种缎子上刺绣美丽的图样，是库泽斯坦纺织工场的特产。

唐代高祖、太宗时，窦师纶被派到成都督造瑞锦、宫绫，所创图案系对雉、斗羊、翔凤、游麟，多用对称的鸟兽，师承波斯、阿拉伯风格。因他晚年被封为陵阳公，人称“陵阳公样”。金锦是盛唐以后流行的技法，为阿拉伯丝织工艺所效法。叙利亚、伊拉克和波斯湾沿岸的塔瓦吉、法萨等地都有专为制作王室贵族所用高级袍服的丝织工场，织造花团锦簇、色泽鲜艳的锦缎、挂毡、毛毯。当地设计的花纹与唐代图式相互交流，因此盛唐以后，中国小簇团花与散搭花大为流行；中晚唐时期，雄健豪迈的缠枝花、联珠团窠宝相花成为一时风气，小朵散搭花仍层出无穷。团花连环纹绮、回纹绮等图式都具有伊朗、伊拉克风格，或至少蕴含着来自西亚的艺术信息。

伊拉克、叙利亚的丝织业曾从中国同行那里获得借鉴，但在878年黄巢起义军占领广州后，这种海上联系便因战事而陷于停顿，于是最好的中国丝绸便难以直接运到阿拉伯而导致价格更昂贵。阿布·宰德·哈桑在编纂《中国印度见闻录》时曾特意指出，中国的高官显爵身穿豪华的丝服，因为不准直接出口，所以阿拉伯各国很难得到，而且价格昂贵，了无止境。他记述一位富商曾谈到在广州面见管理市舶务的宦官，当时他透过宦官的丝服居然看到胸口长的一颗黑痣。他推测宦官至少穿着两件丝衣。宦官见状十分诧异，便问这位阿拉伯富商：“你好像老盯住我的胸口，为的是什么？”这位外商回答道：“透过这件衣服，看到了一颗黑痣，使我十分惊奇！”宦官听说后，不觉哈哈大笑，伸手撩起衣袖，说道：“请数一数，看我穿了几件衣服？”商人一数，才知他穿了五件丝衣，然而黑痣仍很清晰。阿布·宰德·哈桑评述这件事说：“这类最好的丝绸，是未经漂白的生丝。总督穿的丝绸，比这还更精美、更出色。”①

① 苏莱曼，哈桑：《中国印度见闻录》，穆根来等译，中华书局1983年版，第101页。

11世纪西伊斯兰风格的织物残片

宋、元以后织金技术精益求精。金锦、毛缎都用金线加织，并和伊朗、伊拉克、叙利亚广泛交流加金技术。宋代织锦有直接采用西亚狮子图式的。在宋代每年按等级赏赐百官的袄子锦中，第四等狮子锦即有西亚余风。宋代丝绢也通过辽、金和海运流向西亚。12世纪巴格达生产的条纹绢，因在阿塔卜区制造，被称作阿塔比（attābi），花色品种却借鉴中国。《诸蕃志》记述巴格达生产白越诺布（白绫），十分著名，很可能就是白色的阿塔比。同书又称大食生产织金软锦[①]、异缎，都是伊朗和艾优卜朝统治下的叙利亚与下埃及产品，异缎正是享名欧洲的"大马士革缎"。元代金襕输出西亚，巴格达等地至今尚有遗物可查，藏品中有元代织出阿拉伯文字的鹦鹉金襕。元政府在将作院下专设异样局总管府，下辖异样纹绣提举司、绫锦织染提举司、纱罗提举司，负责设计、采集各种外来图式，尤其是中亚、西亚风格的纺织纹饰。

据汪大渊《岛夷志略》，14世纪上半叶从中国输往西亚的纺织品，在波斯湾头的波斯离（法尔斯沿海）有毡毯、五色缎；在甘埋里（卡伊斯岛）有青缎、苏杭色缎；在天堂（麦加）有五色缎。在明代中国对阿拉伯的贸易中，缎匹、色绢仍是主要的货物，甚至是一种代表双方结成友善关系的信物（《星槎胜览》卷四、《殊域周咨录》卷一一）。正德年间，中国派使者到麦加通好。正德十三年（1518年）麦加王写亦把剌克遣使贡马、驼，明政府大为满意，以蟒龙金织衣和麝香、金银器回赠。其他阿拉伯口岸也都欢迎中国出产的色绢、缎匹、纻丝。亚丁甚至有专售丝帛的商店，经销各国丝织品，中国丝绢当然也有陈列。在葡萄牙人东来之前，阿拉伯半岛一直是中国在印度洋地区的重要贸易伙伴。

叙利亚、利凡特的毛织工艺十分精湛，罗马时代即以"大秦氍毹"著称于东方。氍毹又作氍毺，译自阿拉伯语中的毛褥ghashiyat。"大秦氍毹"以色泽鲜艳、图案繁复胜于海东诸国，纺织技艺高于伊朗、月氏同类产物。著名的"和田毯子"已见于汉代

① 雍熙元年（984年）大食国人花茶向宋朝的献物中，首先是花锦、越诺，花锦即是织金软锦的一种。

尼雅遗址出土木简。这种名闻世界的栽绒毯以起绒短、富于装饰风格而经久不衰，是不断吸收西亚毛织工艺成就之后加以改进的优良产品。叙利亚的亚麻或野茧丝与羊毛混纺的氍毹罽帐在2世纪就已为中国所推崇。在唐代阿拉伯使者的礼物中仍有这种传统的名牌货。开元十三年（725年）大食使者苏黎满献物中就有与马并列的毛锦（《册府元龟》卷九七一），毛锦之为阿拉伯特产不难想见。宋代这种毛织物仍有高档货作为贡礼进入中国宫廷。熙宁三年（1070年）十二月二十四日，大食国使献物中有锦罽（《宋会要辑稿·蕃夷七》），是色彩绚丽的毛毯。此外，《诸蕃志》列举的大食名产还有驼毛布，这种驼绒只产在阿拉伯，深受中国人喜爱，历数世纪而不衰。

亚麻与棉布是更为中国瞩目的阿拉伯产品。《魏略》列举3世纪畅销中国的叙利亚亚麻织物有三种：一种叫绯持布，是希腊、罗马时代亚麻业中心贝鲁特织造的麻布，“绯持”为“腓尼基”的音译；一种叫度代布，因巴尔米拉的阿拉伯名称塔德莫尔（Tadmor）而得名；一种叫阿罗得布，由安条克的奥朗特河命名，产在安条克。古希腊盛传印度、阿拉伯出产生在树上的羊毛。赛奥法拉斯托斯提到波斯湾的泰罗斯岛（Tylos）上有羊毛树，这种树在印度、阿拉伯各地都有[①]。阿拉伯棉布大量运入中国的时间在宋元时代。宋代进口的棉布，凡属东南亚所产多称吉贝花布、吉贝纱、白叠布，印度棉布和阿拉伯棉布则统称番布，或细分为番头布、番显布、番青斑布、青花番布、青番棋盘小布。也有以花色命名的，如花蕊布、白叠布（緤布），或径称兜罗绵。番布大多从海上运入，花蕊布、白叠布多从西北陆上进口。于阗是花蕊布贸易的主要集散中心，许多阿拉伯花布便从于阗东运中国内地。1072年大食勿巡国（苏哈尔）使者辛毗陀罗的贡物中，属于纺织品的便有越诺布、花蕊布、兜罗绵毯、锦襈蕃花簟（《宋会要辑稿·蕃夷七》）。最后一类锦襈蕃花簟，在毛锻上用金线纺织，“簟”这个名词译自波斯语言taktar。这种棉布交易直到明代仍在进行。永乐年间到过亚丁的马欢记述当地民间男子缠头，衣撒哈剌、锦绣、纻丝、细布等服，“市肆熟食及绮帛书籍，俱如中国”。在纺织文化上，中国和南阿拉伯有许多共同的地方。

二、炼金术

中国炼金术在汉代已取得重大进展。公元2世纪，魏伯阳掌握了汞齐炼金法。他在《周易参同契》中说用“黄牙”制服“河上姹女”，即通过硫黄克服水银的挥发性，得

① 赛奥法拉斯托斯：《植物考》（Theophrastus，*Enquiry into Plants*），霍特（Arthur F. Hort）译，第4卷，剑桥大学1916年版。

到人造的丹砂（HgS）还丹。同时道家在金液中引入硝石，溶解杂质中的铜，用来制海绵状的伪金。葛洪在《抱朴子・黄白》中记录他在丹砂水中加入硝石，取得纯净的丹砂，并提高了醋酸对许多金属单质和化合物的溶解力。中国炼金术取得的这些成就，在8世纪成了阿拉伯炼金术的基本理论和实际操作中不可分离的重要因素。

被尊为阿拉伯炼金术祖师的查比尔（Abu ‘Abdallāh Jābir）曾是太子哈立德的老师，生活在8—9世纪之际。987年，巴格达书商纳迪姆在《百科书录》中已感到炼金术著作浩繁，无法一一记录，尤以埃及学者所作的最多，但大多是重复前辈之言。同时纳迪姆又说，除了埃及以外，当时颇有人以为炼金术出于波斯，或传自希腊，也有说来自印度和中国的[①]。纳迪姆所能确定的查比尔著作只有一种，而托称查比尔所作的著作在当时已多达500种。从查比尔开始，葛洪的神丹（al-iksīr）便成为阿拉伯炼金术士终生追求的目标，“以丹作金”的思想指导着长期居住在库法的查比尔及其后继者为开创近代化学而不倦地进行实验。查比尔所制作的“哲人石”又称“点金石”（al-kibrīt al-abmar），是一种具有点铁成金的神效的介质，转述了中国炼丹家制作还丹的方法和理论，成为他所炼取赤硫黄的秘诀。他的硫黄—水银的炼丹法，正是魏伯阳黄牙—河上姹女法的翻版。

查比尔原来接受的炼金理论是古希腊的元素说和罗马时代希腊名医盖伦的药效说，现在又从中国吸收了道家阴阳中和的理论，从而使阿拉伯炼金术在学理上有了新的突破。盖伦的药效理论认为，构成世界的基本元素及其化合物，如金属、矿物、动物、植物，都具有自然界存在的冷、热、干、湿四大属性，组合结构比例合理，取得平衡，便可使物质保持永恒；合理的药效就在于使物质或生命取得这种平衡，以纠正因不平衡而造成的衰败和病变。阿拉伯炼丹家从查比尔、拉齐以来就将中国道家学说引进伊拉克，他们制作哲人石，最终目的在于使黄金中的硫汞比例维持平衡，达到金、银、铜、铅、铁、锡六种金属中硫汞配制比例的合理。这种理论和《淮南子・地形训》所述的中国炼丹术并无两样，来自中国当无疑问[②]。查比尔又从中国同行那里学会了制取硝酸，加上三分或四分盐酸，炼成可以熔金的“王水”。“王水”等于中国古籍的“金液”，后来成了阿拉伯文中炼金术（al-Kīmiyā’）这门学问的专称。

---

① 伊本・纳迪姆：《百科书录》（al-Nadīm，*Kitāb al-Fihrist al-‘Ulūm*），达奇（B.Dodge）英译本，第2卷，纽约1970年版，第868页。

② 李约瑟：《中国科技史》（J-Needham，*Science and Civilization in China*），第5卷第4分册，剑桥大学1980年版，第455—459页；黄子卿：《中国炼丹术的起源和发展》，清华大学生理研究所讲稿，1944年。

炼丹家兼医生的拉齐（Rhazes，865—925年）曾受学于巴格达译学馆，接触到中国炼丹理论。他从中国引进输石和硇砂（氯化铵）制作药剂，在学术渊源上和查比尔一脉相承。10世纪初，他曾帮助中国学者在三个月内将阿拉伯文译本的盖伦著作传授给一位出访伊拉克的中国同行，他的炼丹知识和这种国际交往有着直接的关系。

三、化工

伊斯兰学者塔利比（961—1038年）曾像当年许多阿拉伯人一样赞扬中国工匠卓绝的手艺。他在《逸闻录》中说："阿拉伯人通常对精美的或制作巧妙的器皿，不管它真正出产在哪里，都以'中国货'（sinīya）相称。直到今天，人们对于一些驰名的盘碟仍然以'中国'这个词来称呼。在制作奇技异物方面，今天和以往一样，中国仍以心灵手巧、技艺卓绝著称于世。"[①]阿拉伯人曾努力吸取中国在化工方面的各项技艺，在蜡染、制革、造瓷、制墨、马具、砚绢、漆器、磨镜等许多举世瞩目的工艺领域中都曾借鉴于中国同行；尤其在造纸、制造火药等中国遥遥领先的项目上紧步中国之后急起直追。

10世纪中叶，托名炼丹家查比尔的《物性汇览》（Kitāb al-khawās al-kabīr）有好几章涉及中国配制和加工的化学工艺，共有十项之多：

（1）用于衣物、武器、防水、防污的涂蜡技术。唐代印染技术发达，蜡缬、夹缬、绞缬衣料十分流行。蜡缬，当时称蔼缬，有单色染和复色染两种，复色染有四色、五色套色，办法是用蜡在布上绘画印染，然后去蜡，花纹一如绘画。脱蜡法在各种制器工艺上大量使用，也为阿拉伯世界所效法。

（2）皮革所制马具、皮带、鞘、箙等表面所需防护性清漆或涂料。这些工艺都属于武器、武装方面有关皮革制品的化学处理和漆加工技术。髹饰工艺，要求对于黑色和深色主要用漆，对于浅色、淡色、艳色必须用油。涂料，被称作duhn ṣīnī，为中国所特有。唐代以前，已使用调色的油有大麻子油、荏子油、乌桕子油和密陀僧（一氧化铅）制作的密陀油，以及胡桃油，duhn sīnī至少包括大麻子油、荏子油这两种油料。唐代陈藏器《本草拾遗》曾说："江东以荏子为油，北土以大麻为油。"油帛、和漆，尤以荏子为强[②]。髹饰中的镶嵌、戗金、堆漆技艺在中国具有悠久历史，都是唐代流行

---

① 塔利比：《逸闻录》（Tha'ālibi，*Latāif al-Ma'ārif*），鲍斯华兹英译本（C.E.Bosworth，*The Book of Curious and Entertaining Information*），艾丁堡1968年版，第141页。

② 吴其濬：《植物名实图考长编》卷十二，中华书局1959年版，第676页。

的漆加工工艺。

（3）烧制玻璃和瓷器的高纯度耐火土。有关瓷器的高岭土知识，大约在9世纪已进入西亚、埃及，瓷器被称作ghaḍār sīnī，ghaḍār一词可能是造瓷原料“高岭”的音转。

（4）中国式马鞍制造法。中国马具在东汉以后特别是南北朝时代有很大发展。5世纪中叶，马具已东传日本列岛；6—7世纪之后，中国马具又因制作精良而为骑马民族发祥地的西亚各国所瞩目。唐代成套的马具（辔头、鞍具、镫、胸带和鞧带）曾向阿拉伯世界出口，制作技艺为对方所借鉴。马鞍的制作，包括鞍具（鞍座、鞯、障泥）及其相关的镫，以及将鞍具前后加以固定的胸带和鞧带[①]，涉及制革、金工、木工、镶嵌等多种手艺，对军事、仪仗、运输、交通的作用至关重要。

（5）中国与印度的制墨配方。阿拉伯世界引进印度墨水和中国油墨的制造配方，油墨用于印刷。

（6）浆洗丝帛的方法。

（7）浆洗麻布的方法。

（8）涂敷刀剑、木器等的金工、油漆技术。

（9）仿制吐蕃木（柽柳或白杨）的技艺；制造马鞭的各种手艺。

（10）打磨铜镜的中国涂料膏。古代铜镜需经常抛光，以保持镜面光亮。《淮南子》已有使用玄锡涂镜的文字记述。由于涂抹“黑漆古”这种优良的抗腐蚀剂，铜镜得以久埋地下一两千年，表面仍漆黑发亮、光滑晶莹。古玩家对这种出土铜镜有“黑漆古”的俗称。黑漆古铜镜镜面在玻璃质表面膜下有明显磨痕，表面膜系抛磨以后形成的。汉代玄锡是种含铅的锡石[②]。黑漆古在长江流域水分较多的“水坑”中出现，与气候、土壤有关，和北方的“干坑”不同，大致由锡的氧化物组成[③]。唐代使用的磨镜药可能已有宋代以来明确提到的锡汞齐，为阿拉伯所借鉴。

造纸术从中国输入西亚，使植物纤维纸迈开了绕行全球的重要步伐。9世纪初阿拉伯人塔明·本·巴赫的《回鹘行纪》中引述阿拉伯作家艾卜·法德尔·瓦斯盖尔迪（Abul-Faḍl al-Vāsjirdī）的话，提到穆斯林在战争中曾让一些中国俘虏从事造纸，“现

---

① 孙机：《唐代的马具和马饰》，《文物》1981年第10期。

② 梁上椿：《古代铸镜技术之研讨》，《大陆杂志》1951年第2卷第11期。

③ 盖登士：《古代青铜器上的绿锈》（R.J.Gettens，*Tin-oxide Patina of Ancient High-tin Bronze*），《福格艺术馆通讯》（Bulletin of the Fogg Museum of Art）1949年第11卷，第19—23页。

在在撒马尔罕制造上等纸张、各式武器和各种工具的人，正是这些俘虏的后裔”①。博学的加兹尼学者比鲁尼（973—1050年）也认为：“中国战俘把造纸术传入撒马尔罕，从此以后，许多地方都建立了造纸的作坊，来满足当时的需要。”②此后，纸坊便在阿拉伯世界各地相继出现。植物纤维纸以它轻便、简洁和字迹不易涂改的优点逐渐代替苇纸、皮革和羊皮纸，成为最受欢迎的书写用纸，在世界文化革命中贡献了无可计量的效益。

794年，哈里发哈仑·拉希德统治下的巴勒马克家族呼罗珊总督法德尔·伊本·叶海亚（al-Barāmika al-Faḍl ibn Yaḥya）在巴格达开办了撒马尔罕式样的造纸工场，在伊拉克开始生产植物纤维纸。这件事被伊本·卡勒敦写进了他的巨著《历史导论》（al-Muqaddimah）。这也标志着西亚正式进入了纸的世纪。经法德尔的弟弟宰相贾法尔·本·叶海亚建议，哈仑正式下令，为防涂改，政府公文一律以这种新式的纸张代替早先使用的皮纸。这种纸就是后来习称的贾法尔纸。此后，在造纸术传入阿拉伯世界不到两个世纪的时间内，在阿拉伯半岛也门的蒂哈玛，叙利亚地区的大马士革、特里波利、哈马和梯比里斯，都拥有了自己的造纸厂。大马士革以制造的纸张长期供应欧洲而闻名遐迩，拉丁文中称为大马士革纸（charta Damascena）。叙利亚的另一城镇班毕（Bambycina），因为造纸被欧洲人讹传成Charta Bombycina，成了“棉纸”。直到1885年维也纳的威斯纳对早期阿拉伯古纸作出显微分析时，欧洲一直讹传阿拉伯是褴褛纸的发明者，他们的纸由棉质纤维所造。这个历史性的误会，竟一时剥夺了早先阿拉伯著名学者早已公认的中国人对纤维纸的发明权。

火药是中国的发明，在13世纪已为阿拉伯世界所重视。组成黑色火药的三要素是硝、硫黄和木炭，关键在硝的配方。中国硝（火硝）传入伊朗，被称为“中国盐”或shūra。阿拉伯语则以“中国雪”（talgā-s-Sīn，thalj al-Ṣīn）和硝（shawraj，shūraj）相称。硝石进入伊斯兰国家的时间大约在8—9世纪之际。阿拉伯炼丹术之父查比尔·伊本·海扬用硝酸取得王水。9世纪中叶巴斯拉开采的shūraj，也就是硝矿，这个字本身就是“硝”的音译。但9—12世纪，阿拉伯人始终不能用硝制取火药，而只能充作炼丹和医药中的药剂。当13世纪阿拉伯人从战场上得知火药时，他们最初使用的便是这个来自中国的“药”字，在阿拉伯语中称达瓦（dawā’），是个意译的字。还有“巴鲁得”

① 本·巴赫：《塔明·本·巴赫回鹘行纪》（Ibn Bahr，*Tamim Ibn Bahr’s Journey to the Uyghurs*），米诺尔斯基（V.Minorsky）译，伦敦大学《亚非学院院刊》（BSOAS）1948年第12卷，第285页。

② 萨伽：《比鲁尼印度志》（G.Sachau，*Al-Beruni’s India*），伦敦1914年版，第171页。

（bārūd）和“焰硝花”（或译“阿索丝石之花”，zahrat ḥajar assiyūs）两个词，早在埃及和北非已被使用。

硝作为一种药料，在炼丹和仿造华瓷、烧制玻璃中都发挥着它特异的功能。最初是从南宋首都临安（杭州）和泉州、广州等地传入埃及的“焰硝”“花火”得名，焰硝花和希腊医学著作中的“阿索斯石头”似无关系[①]。阿拉伯最博学的药物学家伊本·贝塔尔（Ibn Baiṭār，1197—1248年）在他的巨著《医方汇编》（Kitāb al-jāmi fi al-Adwiyah al-Mufradah）的“巴鲁得”条目下说道：“这是埃及老医生所称的中国雪，西方（马格里布和安达卢西）普通人和医生都叫‘巴鲁得’，称作‘焰硝花’。”[②]这显示在1248年前非洲阿拉伯世界就开始使用含有火药意义的“巴鲁得”和“焰硝花”来代替早先“中国雪”这个含义不清的名词。“巴鲁得”一名的出现，正是硝在阿拉伯世界开始用来制造花火的结果。

埃及在推广中国烟火和火药方面走在阿拉伯世界的前列。1249年的一种阿拉伯文抄本Shebah bin Fadhl叙述艾优卜朝国务大臣奥姆莱（al-Amraes）亲自主持了在伊斯兰国家初次试制火药的实验，取得了成功。当时使用的火药方子可能就是半个世纪后哈桑·拉曼（al-Ḥasan al-Rammāḥ）在《马术和军械》中列举的“契丹花”处方。哈桑·拉曼在1285年后不久记述的这张火药方子，用了硝、硫黄、木炭和“中国铁”。他使用的硝称“巴鲁得”。1249年以后，“巴鲁得”这个词就因用于军事上的试验获得成功而具有“火药”的含义了。

蒙古人使用中国火器在中东战场大显威风，促使阿拉伯人逐渐弃置早先使用的火油机。在幼发拉底河抗拒蒙古入侵的马木鲁克人首先开始仿造这种使用火药的新武器。到13世纪末，马木鲁克使用的火炮有通称“火器”的马达发（midfa’ an-naft，简称midfa’），还有“火炮”马卡拉（mukḥulat an-naft，简称mukḥula或naft）。乌玛里还在1340年时提到，马木鲁克人使用了类似宋代突火枪的一种焰硝炮（makāhil al-bārūd），它已是一种比较成熟的管形火器了。由于阿拉伯人的传递，差不多同时，火药、火器都在欧洲战场上得到了应用，世界军事上射远火器的时代由此正式揭开了帷幕。纳夫达（naft）至晚在14世纪60年代就已不再是石油机（naphtha），而是地地道道的火炮（makāhil an-naft）了。

---

① 沈福伟：《中国与非洲》，中华书局1990年版，第534页。

② 萨尔顿：《科学史导论》（G.Sarton，*Introduction to the History of Science*），巴尔的摩1975年版，第2卷，第1036页；柯林（G.S.Colin）：“巴鲁得（Bārūd）”，《伊斯兰百科全书》第1卷，莱顿1986年版，第1055—1056页。

阿拉伯玻璃制造技术优于中国，宋元以来对中国玻璃业有所推动。新疆出土宋元时期的一些玻璃残片，经鉴定系钠钙玻璃，按照器型、纹饰，曾被推测是当地制作的仿伊斯兰玻璃器。《宋会要辑稿》曾多次记述阿拉伯使者从海上进献玻璃器，阿拉伯特产香水、千年枣、白砂糖也常装在琉璃瓶（玻璃瓶）中一起进献。如咸平二年（999年）闰三月，蒲押提黎的献物中有千年枣、白砂糖、葡萄各一琉璃瓶，另有蔷薇水四十瓶，当然都装在玻璃瓶内。大中祥符四年（1011年）陁婆离进献方物中有碧白琉璃酒器（《玉海》称琉璃钟）。熙宁三年（1070年）十二月大食使者贡物中的水晶琉璃器，和熙宁五年（1072年）二月勿巡国（苏哈尔）辛毗陀罗进奉的琉璃水精器，当是同一类型的、最精巧的透明玻璃器。《诸蕃志》卷下琉璃条评述大食玻璃“最耐寒暑，宿水不坏，以此贵重于中国”。中国玻璃不耐高温，虚脆不贞，因此玻璃器皿的制作技术长期停滞不进。这种情况到15世纪初仍未见改善。永乐年间，郑和、王景弘出使西洋，引进烧制玻璃人才来华，实际解决钠盐的合理配方，烧出有气眼而质轻的玻璃，减少玻璃的进口量，才使中国玻璃价格下降（《事物原会》卷二八引《正字通》）。

四、金工

托名查比尔的《物性汇览》中列举借鉴的中国技艺，有炼铁为钢（fūlādh）的各种方法，炒钢、灌钢等先进技术已为阿拉伯所传扬。灌钢技术在5世纪陶弘景的《古今刀剑录》中有确切的记录，办法是将生铁和糅熟铁掺杂，由此炼制的钢坚韧耐用。生铁炼钢是中国人的独创，久已引起阿拉伯人的注意。在查比尔为数众多的著作中，有一本名为《论中国铁》（*Kītab al-Khārṣinī*），专门论述中国人发明的铜镍合金，亦即中国人所称的鋈（白铜），Khār这个字好像就是“鋈”的音译。阿拉伯人认为用这种金属制作箭镞可以置人于死地，制作鱼钩可以使海中的鱼难以挣脱，做铜镜可以避邪，做铜铃则声音铿锵，久久回荡。

对于阿拉伯制作的腰刀，由于它锋利而形如新月，用于骑兵作战时能发挥歼敌的效力，中国人给以很高的评价。唐代荆南兵马使赵公有大食刀，诗人杜甫为之作《荆南兵马使太常卿赵公大食刀歌》（《全唐诗》卷二二二）：“太常楼船声嗷嘈，问兵刮寇趋下牢。牧出令奔飞百艘，猛蛟突兽纷腾逃。白帝寒城驻锦袍，玄冬示我胡国刀。……荆岑弹丸心未已，贼臣恶子休干纪。魑魅魍魉徒为耳，妖腰乱领敢欣喜。用之不高亦不庳，不似长剑须天倚。吁嗟光禄英雄弭，大食宝刀聊可比。丹青宛转麒麟里，光芒六合无泥滓。”

大食宝刀在中国享有很高的声誉，历宋、元不衰，到明代因日本刀大量进口，才让位于日本刀。1327年，伊儿汗不赛因向北京馈赠的礼物中有西马、佩刀和珠宝，这种佩刀也就是著名的叙利亚钢刀。马欢《瀛涯胜览》记述中国使者到达亚丁后，阿丹国王馈赠礼物，有金厢宝带二条，金丝珍珠宝石金冠一顶，并雅姑等各色宝石，蛇角二枚，修金叶表文等物，称当地是金银镶嵌工艺的制作中心，“打造入细金银生活，绝胜天下”。正德十三年（1518年）麦加王写亦把剌克向明廷赠送的礼物中，有一种名为鱼牙刀的宝刀。

阿拉伯各国制造的掐丝珐琅以工细闻名。在铜胎上粘焊细铜丝组成的图案，再填满珐琅，经烘烧、磨光、镀金而制成。元初传入中国后被称作“大食窑”。明代以景泰（1450—1457年）年间制作的最精，并有年款，清代才以景泰蓝相称，流传至今。

五、珠宝

在唐代，阿拉伯商人和波斯商人一样以贩运珠宝著称。《太平广记》中有许多胡人、胡僧挟宝以返的故事，明确讲是大食国人的，有卷三十四“崔炜”条。崔炜在外地返归广州，将所得巨珠出售，有老胡一人，见到这稀世之珍便匍匐膜拜，出价十万缗购进，然后搭船回到大食。同书卷四〇二“水珠”条引《纪闻》，有大食国胡人，见珠行顶戴礼，大食国人出价四千万贯买珠。还有大食国人埋珠于地引发泉水等记事。这些故事说明阿拉伯商人善于识别珠宝，并有足够的资金可以操纵珠宝市场。

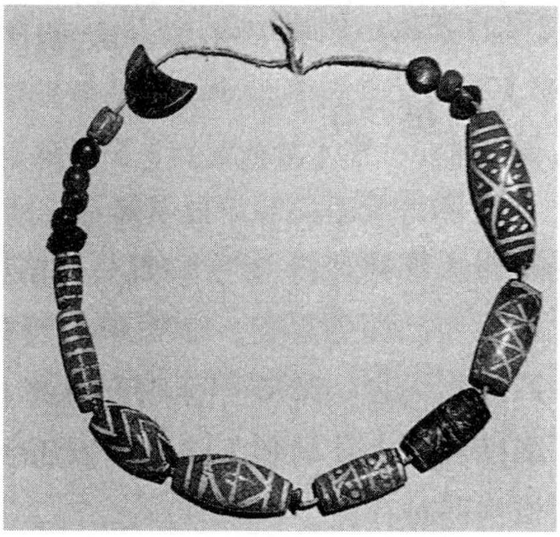

温宿出土玛瑙蚀花串珠

12世纪初，在广州以阿拉伯穆斯林为主体的蕃人都有带宝石戒指的风气，“其人手指皆带宝石，嵌以金锡。视其贫富，谓之指环子。交趾人尤重之，一环直百金。最上者号猫儿眼睛，乃玉石也，光焰动灼，正如活者”（《萍洲可谈》卷二）。这种追求财富的风气也传给了中国商民。

《诸蕃志》卷下“珠子”条：“真珠出大食国之海岛上。”又说广西、湖北虽亦产珠，但不及大食、监篦（苏门答腊西北岸）所出的明净。赵汝适记录了伊德里西《旅游证闻》中巴林产珠场的实际操作情况，指出这种采珠业属于官办性质，取得的珍珠和采珠者均分。“珠大率以圆洁明净者为上，圆者置诸盘中，终日不停。番商多置夹襦内及伞柄中，规免抽解。”由于珠宝大多由入境者偷运，所以实况难明。《诸蕃志》列举阿曼沿海出真珠，出口货“惟买马与真珠及千年枣”；卡伊斯岛是重要口岸，“土产真珠、好马”和白铜、水银、生银等阿拉伯产品，同时运销世界各地。

《皇明世法录》卷八十一以默德那（麦地那）为回回祖国，评论：“其人善鉴识，每于贾胡海市中廉得奇琛，故称识宝曰回回。”将阿拉伯人当作鉴识珠宝的民族。

元代阿拉伯商人常以珠宝玉石和官府交易。至元三十年（1293年），“回回孛可（Bakr）、马合谋沙（Muhmud Shah）等献大珠，邀价钞数万锭”（《元史》卷一七）。至大元年（1308年），“泉州大商马合马丹的（Muḥammad al-Tāmm）进珍异及宝带、西域马”（《元史》卷二二）[①]。皇庆二年（1313年）又有“回回以宝、玉鬻于官”（《元史》卷二四）的记事。回回进宝与回回识宝，是元、明时代社会上的常事。

元末陶宗仪《辍耕录》卷七录有各种阿拉伯宝石，总称回回石头，称价格因种类而异。“大德间（1297—1307年），本土巨商中卖红剌一块于官，重一两三钱，估直中统钞一十四万，定用嵌帽顶上。自后累朝皇帝相承宝重，凡正旦及天寿节大朝贺时，则服用之，呼曰剌（lal），亦方言也。”“剌”译自阿拉伯语，在红石头四种中名列榜首，明代以红玉相称。14—15世纪，亚丁是印度洋最大的玉石市场，出产猫睛、珊瑚、金珀、大珠和五色雅姑。1421年，中国从亚丁进口重二钱许的猫睛，高二尺的珊瑚。嘉靖年间，制方丘、朝日坛玉爵所需红黄玉也在亚丁购进。

六、星历

中国传统星历知识根基雄厚。1220年5月，蒙古军进驻撒马尔罕，精通汉学的契丹人耶律楚材首次获得与穆斯林天文学家合作观察天象的机会。回回天文学在元初已

---

① 这位泉州客商“马合马丹的”名字和什叶派中伊司马仪派所拥护的伊司马仪的儿子穆罕默德·塔木相同。但“的”这个字也可能译自伊司马仪派中的传道师（dā‘i）。总之，这位客商是什叶派信徒。

深受重视。1271年，元政府在原有的汉儿司天台之外，正式在大都（北京）设立回回司天台。1276年任用可马剌丁为司天少监，隶属于秘书监之下，由可马剌丁襄助波斯人扎马剌丁编制回回历书。终元一代，回回司天监与中国传统的历法机构同时存在。

在1273年汉儿、回回两个司天台合并时，可马剌丁曾随侍驻守陕甘的安西王忙哥剌。忙哥剌在京兆府（今西安）设立的天象台实际上是北京司天台的分部，在六名台官中有三名归属忙哥剌。忙哥剌的儿子阿难答是个虔诚的穆斯林，精通阿拉伯文字，从事阿拉伯历法的推算。1957年在西安东北三公里的安西王府遗址进行发掘，出土了藏在石函内，铸在正方形铁板上的五块阿拉伯数字的幻方，数字分六面浇铸，大约出于王府的工匠之手①。据元《秘书监志》，可马剌丁在1278年曾为安西王推算历法，奉旨写进回回历。阿拉伯幻方当属运算工具，同时又是穆斯林压胜和避邪的灵符。1980年，上海浦东陆家嘴也出土过一枚玉质佩挂幻方，所铸阿拉伯数字与西安出土物类同。

精通星历、医术的爱薛与在马拉格天文台工作过、历史上称作阿布·舍克尔的天文学家似乎是同一人。他和叙利亚的博物学家阿布尔·法拉杰相处甚为融洽。阿布尔·法拉杰常去马拉格从事研究，1272—1273年在那里讲解托勒密，阿布·舍克尔为他选编了托勒密的《行星体系萃编》(*Khulāṣat al-mijisṭī*)，希腊—阿拉伯天文学因此得以东传。

回回历推测天象极精，五星纬度尤为中国所无。耶律楚材早认为“西域历五星密于中国”（宋子贞：《元故领中书省耶律公神道碑》，《元文类》卷五十七，《四部丛刊初编本》）。明末徐光启总结汉代以来历法家有70多家，而五星法不过一卷。以之推步，常有误差。日月有交食可验，而五星则无可查证，因此要借鉴回历，“回回历则有纬度，有凌犯，稍为详密”（徐光启主纂：《新法算书》卷二，缘起，影印文渊阁四库全书本）。所以明代仍极重视回回历法。洪武元年（1368年），明政府在设置司天监时同时又设回回司天监，命回回司天监黑的儿、阿都剌等14人修历。1369年，特将元代回回历官郑阿里等11人召到京师（南京），负责回回司天监的工作②。1370年司天监改为钦天监，回回司天监改称回回钦天监，并在钦天监下专设回回历一科。洪武十五年（1382年）秋，朱元璋命令翰林李翀、吴伯宗会同回回大师马沙亦黑将元代使用的回回历译成中文，后来传世的《明译天文书》便是他们的成果③。但这项成果不能切合中国

① 夏鼐：《元安西王府址和阿拉伯数码幻方》，《考古学和科技史》，科学出版社1979年版，第63—68页。

② 谷应泰：《明史纪事本末》卷七二，《明神宗实录》卷五三六。

③ 吴伯宗，马沙亦黑：《明译天文书》，涵芬楼秘籍本，1927年。

传统历法，所以又根据南京的地理纬度计算了“昼夜宫度立成”“经纬加减立成”，在洪武十八年编成了《回回历法》[①]。马沙亦黑、马哈麻和汉人元统都曾参与这项中阿历法的融通与调整工作。《明史》卷三七、三八、三九曾详加著录。1398年，回回钦天监被撤销，但钦天监下仍设有回回历科，负责编写星历，与大统历参用了270多年。这中间最重要的是宣德、正统年间的刘信和成化年间的贝琳。刘信编纂了“约而精、简而尽”的《西域历书》，并撰写了《凌犯历捷要》[②]，贝琳撰了《七政推步》。清初仍采用大统历和回回历。直到1669年清政府决定采用西洋新历，回回历才被废去。

七、医药

香药是亚丁湾两岸对外输出的大宗货物，对中国的医药具有十分重要的借鉴作用。阿拉伯香药以乳香、苏合香、龙涎香、阿拉伯胶、诃黎勒、石硫黄、没石子、阿魏、金线矾、押不芦、阿芙蓉、栀子花、蔷薇水等享名中国，在中国医方中广泛应用。

乳香，一名薰陆（Boswellia carteri），阿拉伯名mastaki。薰陆取名于阿拉伯香岸（Shiḥr Lūbān）[③]，香岸以产乳香蜚声世界，因此初入中国即以产地相称。《别国洞冥记》称元封年间（前110—前105年）外国进赠沉光香，出在涂魂国（佐法尔），烧之有光，是最好的照明材料，便是乳香。唐、宋时代，以薰陆的别名大量输送中国。8世纪中叶，海南岛万安州冯若芳用海上截取的乳香做灯烛，一烧100多斤。宋代大量从广州进口，并制成各种丸、散、丹药，供吞服或外敷。《政和证类本草》所收乳香丸有八种，乳香散三种，乳香丹一种，为进口药物中最为常见的。

苏合香（Styrax officinalis），系金缕梅科野茉莉属落叶乔木脂液炼成的香脂，具有开窍醒脑功效，被广泛应用。苏合香也是上等的防腐剂，可以防止尸体腐烂。汉代元封年间已进入长安宫廷，译称涂魂香。唐代《大秦景教流行中国碑》中别称返魂香。苏合因产在阿拉伯南部的苏合国（al-Shiḥr）而得名，今地名席赫尔，宋代《诸蕃志》译作施曷。3世纪的《广志》已知苏合有香膏、香油之别，由于能救治昏厥，传为起死回生的妙药。晋泰康（280—289年）时曾发掘襄阳城外刘表墓，时离刘表死时已有80多年，但尸体颜色不变，就如平生。据说墓中香气还传三四里，经久不散，原因是刘表的儿子刘琮曾采办各地珍贵香料数十石放入刘表棺中，其中最重要的是苏合、消疫

① 陈久金：《马德鲁丁父子和回回天文学》，《自然科学史研究》1989年第1期。

② 陈占山：《明钦天监夏官正刘信事迹考述》，《自然科学史研究》2009年第2期。

③ 夏德、柔克义英译本《诸蕃志译注》（F. Hirth &W. Rockhill，*Chau Ju-kua*，圣彼得堡1911年）以为出于Kundur。

之香[①]。消疫香的主药是没药。古埃及用没药消炎、防腐，第二十王朝已知用没药制作木乃伊[②]。里特尔对公元前后的六个木乃伊标本分析的结果，已知用了没药、苏合香、砂糖、沥青、麦加香膏等物[③]。没药产在东非的埃塞俄比亚，南阿拉伯也有出产。至晚在3世纪时，中国医药界已知道引进了。唐代进口的苏合以“紫赤色，与紫真檀相似，坚实极芳香，惟重如石，烧之灰白者好”（《本草纲目》引《唐本草》）。唐、宋时以叙利亚所产为上，运到中国常有以阿丁枫香树膏制品相代的。刘禹锡《传信方》有苏合香；《广济方》《外台秘要》《千金翼方》《苏沈良方》有苏合香丸。宋真宗（997—1022年在位）曾以苏合香酒、苏合香丸赐近臣，当作养生与急救的特效药。

胡麻，又称脂麻（今作芝麻），广产于地中海东部和伊朗高原。普林尼说罗马法定药物中常用脂麻油和籽。中药自1世纪前后采用脂麻，一定参照过埃及、叙利亚的制药法。《神农本草经》以胡麻主伤中、虚羸，补五内，益气力，长肌肉，填髓脑，久服轻身不老。陶弘景《名医别录》说，用胡麻可坚筋骨，疗金疮，止痛，治疗寒温疟、大吐后虚热羸困；明耳目，耐饥渴，延年益寿。又说脂麻油利大肠、胞衣不落，可以摩疮肿，生秃发。葛洪《抱朴子》亦说，以脂麻饵服，不老，耐风湿。

阿拉伯胶（Acacia senegal），系豆科金合欢属常绿乔木阿拉伯胶树的脂液。阿拉伯半岛西岸的阿西尔是主要产地，故称阿拉伯胶（samgh ‘Arabee）。《魏略》以黑胶相称。在15世纪初，朱橚、滕硕等的《普济方》中译作李子树胶，更早的《回回药方》音译成“三亦”“三额”“三额阿剌必”，以阿拉伯语“树胶”（ṣamgh）相称，在阿拉伯已成“阿拉伯树胶”的专名。配伍使用可治眼睛的炎症。

诃黎勒，本产在伊朗、伊拉克，但巴格达的基督徒艾卜·阿里（卒于公元1080年）的《方剂》（Kitāb minhāj al-bayān）已记有四种诃子，在喀布尔诃子、黑诃子、黄诃子之外并有中国诃子。《广异记》说高仙芝在大食国得到长三寸的诃黎勒，抹于肚腹，大痢十余次，恶物俱出，一切病消，因以为宝。

押不芦（Yabruh，Abruh），宋人《志雅堂杂钞》卷上记，回回国之西数千里，产一种极毒而似人形的植物，叫押不芦。制成药后，以少许磨酒饮入，就会通身麻痹而死，虽加以刀斧而毫无知觉。但经三日，别以少药投之即活。宋代御药院中有二枚，

① 郦道元：《水经注》卷二十八《沔水》；卢弼：《三国志集解·魏书·刘表传》引《从征记》。

② 奥斯本：《埃及木乃伊》（W.Osburn，*An Account of an Egyptian Mummy*），利兹哲学与文学协会（the Leeds Philosophical and Literary Society）1828年版，第6页。

③ 罗卡斯：《古埃及工矿》（A. Lucas，*Ancient Egyptian Materials and Industries*），伦敦1948年版，第366—367页。

被称作神药。后世称作曼陀罗华，是理想的麻醉药。宋元以后，使用这种药剂的渐多，阿拉伯是它的原产地。

阿芙蓉，元代写作阿肥荣、阿夫荣，译自阿拉伯语Afyoon、波斯语Apyoon。明代以阿片、阿芙蓉称呼，《普剂方》译作阿飞勇，俗名鸦片。由罂粟（khashkhāsh）果内乳汁经干燥而成。王玺《医林类证集要》说出在天方国，“红罂粟花，不令水淹头。七八月花谢后，刺青皮取之”。李时珍评述鸦片前代罕闻，近方有用者。明、清时以之入药。

阿勃参，阿拉伯文Afursama，叙利亚文Apursama，亚美尼亚文Aprsam，本产于麦加、麦地那，后来移植巴勒斯坦。段成式《酉阳杂俎》卷一八以为“出拂林国。长一丈余，皮色青白。叶细，两两相对。花如蔓青，正黄。子似胡椒，赤色。斫其枝，汁如油，以涂疥癣，无不瘥者。其油极贵，价重于金”。西方传教士依希腊名称译作拔尔撒摩、巴尔酥麻香（balsam，balsamo）。

栀子花、蔷薇水是阿拉伯著名的香花、香水。栀子花出产在大食啞巴闲（伊斯法罕）、啰施美（希米雅尔）国，晒干后使用。俗称西域薝葡花。蕃栀子（Miichelia champaca）与栀子花不同，产在阿拉伯各国。《岭外代答》卷七介绍：“蕃栀子出大食国，佛书所谓薝葡花是也。海蕃干之，似染家之红花也。今广州龙涎所以能香者，以用蕃栀故也。”这种蕃栀子有点像中国的红花，色泽浅紫，香味清越，晒干后用琉璃瓶（玻璃瓶）装好，可以保持花的香味与色泽。12世纪时广州人用这种蕃栀子和香，能使龙涎香获得清越的香味。蔷薇水出在波斯湾和阿拉伯半岛，中世纪向世界各地出口，从中国到欧洲都使用这种香水。宋代大食使者常将蔷薇水装在琉璃瓶中进献朝廷。洒过蔷薇水的衣服，郁烈的香气经久不消。

阿拉伯医学自9世纪后名家辈出，制取药物也别创新法，可以久贮。宋代以后，中国药学界仿效阿拉伯医药，大量推广丸、散、膏、丹。阿维森纳（980—1037年）被推崇为用金银箔包裹药丸的创始者。宋代《太平惠民和剂局方》也有金银箔作丸衣的，并且采用朱砂、青黛等制备丸衣。龚昱《中吴纪闻》卷五记苏州有郭姓药商以出售朱砂丸致富，他的朱砂丸包治百病。后来真方被人窃出，方知朱砂不过是外加的丸衣而已。这是13世纪中成药学习阿拉伯方法后的新成就。

中国医生与阿拉伯医师之间在元代结有深情厚谊。叙利亚的景教徒爱薛（1227—1308年）精通多种语言，长于星历、医药，1246年来华。他在1270年设立京师医药院，在开平负责配制宫廷使用的回回药物，治疗患病的卫士和色目人。这所医院的建制可能仿照大马士革的穆斯林医院，韦立德和努尔丁（1147—1174年）曾相继在大马士革创建了第一所和第二所医院，努尔丁建立的那所努尔医院可说是当时世界上最好的医院了。爱薛主持的这所医院，比盖拉温在1284年落成的开罗曼苏尔医院还要早些，在1273年被改称广惠司，主要职官有20多人。1292年又分别在大都北京和上都开平建立回回药物院，到1322年将两处归并到广惠司机构之下。在元代已经编成的《回回药方》，虽用中文写成，但引用了许多阿拉伯和伊朗的医书。该书刊于明初，共三十六卷。现在北京图书馆善本部收藏的仅有四册，第一册目录卷之下列有卷十九至卷三十六的目录，第二册卷之十二为中风门，第三册卷之三十为杂证门之下，第四册卷之三十四为金疮门、折伤门、针灸门、汤火门、棒疮门、治人齿所伤门。残本共243页。从残本已见到，药方采用的阿拉伯医书有：阿维森纳《医典》，伊本·贝塔尔《医方汇编》，穆罕默德·本·宰凯里雅·拉齐的《医学集成》（简称al-Ḥāwī）阿里·本·阿拔斯·麦朱西的名著《医学全书》。在这些阿拉伯医学的里程碑式的经典中，中国的伊斯兰医师将各种药方加以汇编，并临床应用，最后汇总成《回回药方》这部巨著，这是对世界药学的一大贡献，也是中国和阿拉伯医学交流的结晶。从此，中国医学的伊斯兰学派正式宣告诞生。

八、园艺

阿拉伯出产的瓜果、蔬菜、花木、香药、香油，品类繁多，久为中国所钦慕。其中的一些阿拉伯、叙利亚、伊拉克园艺作物移植到中土，对丰富中国的饮食文化和栽培技术具有深远的意义。

乳香，和近代药用的薰陆香（Pistacia lentiscus）不同。据《广志》，3世纪左右已在当时属于吴、晋的交州（越南北部）移植。到11世纪，海南岛也有栽种（《梦溪笔谈》卷二二），称乳头香。清代又称水乳香，出在云南怒江东南的镇康，是梅迪树的衍生种。

亚麻，原产地中海东部，是地中海居民制作衣服的主要纺织原料。在里海以西和伊朗高原间，亚麻长期是野生的。汉代经中亚细亚的大宛传入中国，和脂麻合用一个名称：胡麻。亚麻籽和脂麻的种子都可榨油入药。山西汾水流域是最初适合性喜凉爽的亚麻栽培地，《淮南子》已有记载。陶弘景《别录》称亚麻初生上党川泽，有山西胡麻之称。《广雅》以藤弦为亚麻别称。内蒙古、山西、湖北、四川都有栽培，在湖北、四川又叫山脂。现在东北各地栽培尤多。

芝麻，野生热带非洲。希罗多德说巴比伦的食用油全靠芝麻籽榨出的油。那时伊朗高原已种植芝麻。此后不久，阿拉伯人也以芝麻为油料作物。《本草经》以为芝麻由张骞从大宛传入，因称胡麻。3—4世纪后有方茎、巨胜等别名，巨胜一名译自波斯语Kurijut。《广志》已知“服之不老”。唐代《唐本草》以为八棱的叫巨胜，芝麻籽只有黑、白两色，而以乌黑的为良。黄河以南普遍栽种。到明代，种子已有黑、白、红三种颜色，可供食用、榨油、入药。

椰枣（Phoenix daetylifera），分布在大西洋东部和印度河流域间。阿拉伯的海得拉毛是三大主产区之一。希罗多德已知巴比伦的椰枣可供食用，也就是现在中国进口的伊拉克蜜枣。希伯来语称作tamar，来源很古。3世纪时，《南方草木状》首先称扬海枣味极甘美，胜过安邑御枣。284年由越南中部的林邑使者向洛阳进献百枚，当时这种树已生长在林邑海边了。4世纪左右徐衷的《南方记》又称海枣是夫漏树，子称夫漏子，后来写作无漏，音译出了埃及柯柏特语bunnu（枣）这个词。8世纪以后又称波斯枣、千年枣，宋代又称万岁枣、千年枣，有时称大食枣、番枣。如绍兴二十六年十二月二十五日（1157年初）三佛齐使者带来大食枣十六琉璃瓶（《宋会要辑稿·蕃夷七》）。

咖啡，原产地在埃塞俄比亚高原。近代咖啡经阿拉伯人推广享名世界，19世纪以来已成为世界三大饮料作物之一，与茶、可可相并列。阿拉伯品种的繁衍，使小果咖啡（Coffea arabica）获得了阿拉伯咖啡的美名。17世纪起，红海东岸的阿西尔和也门的高原以盛产咖啡吸引西方国家的船队前去贩运。中国到19世纪末才在云南、广东等地种植咖啡。

九、地图

元代来华制作地球仪的扎马鲁丁曾参与编纂《大元一统志》。编纂这部包括亚洲境内蒙古王公统辖区的巨型地志，需要收集海外各种图书。1285年此议刚刚提出，扎马鲁丁就提出一个地理奏文，声称阿拉伯文字的地理书已收藏四五十册，并有回回图子，然而要重新搜集资料，才能另绘一幅总图，总图要包括西亚各地在内。两年之后的1287年，秘书监又下令福建省通知来华海船上的阿拉伯穆斯林，“有知海道回回文字剌那麻，具呈中书省行下合属取索者”（元《秘书监志》卷四）。“剌那麻”是阿拉伯语的航海地图，当初曾由元政府广为搜求，入藏内府。《大元一统志》虽已佚失，但后来编纂的《经世大典》尚有地图一幅，地域广及西亚各地，或者就是据《大元一统志》中世界地图改绘的。原图录入《永乐大典》元字韵，清代魏源《海国图志》又加以转载，得以流传至今[①]。

阿拉伯航海地图和各种地志流入中国，推动中国的航海地图和域外地图向更加精密的方向发展。台僧清濬在1360年所作《广轮疆里图》，内容广及夷夏，明代景泰三年（1452年）有严节重摹《混一疆里图》[②]。李泽民在14世纪30年代绘成《声教广被图》。李泽民和清濬的地图在1399年被高丽使团的金士衡带回朝鲜，在1402年由李荟和权近据以编制《混一疆理历代国都之图》，现约有1500本复印本保存在日本京都[③]。图中绘出了非洲、欧洲和亚洲。尽管显得不合比例，但地图列出许多欧洲和非洲地名，欧洲标出的地名近100处，非洲列出的地名有35处，埃及的亚历山大里亚绘上一个灯塔，以示它独特的世界声誉。尤其突出的是，非洲的总体图像绘成倒三角形，尖端指向南方，纠正了13—14世纪伊朗科学家穆罕默德·卡兹维尼、纳速剌丁·杜西和欧洲地理学家马黎诺·塞纳托所作的地图将非洲呈东南向伸向苏门答腊的错误。现在能见到的绢本彩绘《大明混一图》，据故宫博物院专家研究，是完成在洪武二十二年（1389年）六至九月间的绢本地图[④]，在2002年11月12日南非开普敦举办的“南非国民议会千年项目地图展”上展出过，着实使世人刮目相看。这是参与印度洋航业的中国航海家和地理学家对阿拉伯地图学的一项具有重大历史意义的贡献。

十、眼镜

用来遮阴和保护眼睛的眼镜据说在孔子时代便已诞生。唐代确已有了保护眼镜，吐鲁番阿斯塔那363号墓曾出土有铝片制作的眼罩，大约用来防御风沙。元代中亚、西亚各地普遍使用薄玻璃制作窗户，以透光亮。中国内地与沿海也有用鱼脑骨制作透明或半透明的灯罩和眼罩的，这种鱼脑骨称枕，或作魫。元代北京便有少数显宦使用这种魫嵌在眼睛上，作成“鬼眼睛”，用青皂帛系在头上，当防护眼镜用（熊梦祥《析津志》）。

阿拉伯素以眼科医治和玻璃制造为长技，光学玻璃制造的眼镜便由阿拉伯传到中国，初称“叆叇”，译自阿拉伯文al-unwaināt，异译有“僾逮”“优逮”“叆逮”“矮纳”

① 朱杰勤：《元史地理志西北地名考释》，《中外关体系史论文集》，河南人民出版社1984年版。

② 叶盛：《水东日记摘抄》卷四。

③ 中村拓：《朝鲜藏中国古旧世界地图》（Hiroshi Nakamura，*Old Chinese Worldmaps Presered by the Koreans*），《古地图年鉴》（Yearbook of Early Cartography）1947年第4卷，第3页以下，图1。

④ 汪前进，胡启松，刘若芳：《绢本彩绘大明混一图研究》，《中国古代地图集（明代）》，曹婉如等编，文物出版社1995年版，第12页。

等多种。这种光学眼镜在明初郑和下西洋时初传中国。清初学者赵翼《瓯北诗钞》中录有《初用眼镜》一诗说："相传宣德年，来自番舶驾。"是宣德（1426—1435年）年间那些出海贸易的船带到中国的。到嘉靖（1522—1566年）、万历（1573—1620年）时仍然是罕见之物。

明代眼镜已有实物出土。万历以前的明代典籍中有五处提及眼镜。最早的眼镜都是老花镜，适用于中老年人读书写字。明人张宁《方洲杂言》说，胡宗伯得到的一副老花眼镜是"宣庙赐物"，系宣宗朱瞻基所赐。如果以郑和最后一次统率的宝船归来时间为此物从阿拉伯进口之年，那么第一副眼镜当在1433年夏天正式传到中国。这种眼镜片像铜钱大小，色泽像云母石，有金属镶边，系折叠式。《方洲杂言》又记孙景章通过马匹交易，"以良马易得于西域贾胡"，弄到一副老花眼镜。这是从西北陆路，以一匹良马的代价购进的。由于价格昂贵，运输不便，全凭境外运进，所以眼镜在明代始终是一种珍贵的异国奇物。

郎瑛《续七修类稿》卷六提到的老花眼镜，是"甘肃番人贡至而得者"，也是通过来自撒马尔罕或天方的队商辗转相传入境的。据明人田艺蘅《留青日札摘抄》，万历初，林大春也拥有一副眼镜，是从"南海贾胡"那里获得的。吴宽所获眼镜是明代文献中唯一明确提到的近视眼镜。他在《匏翁家藏集》卷二十三中有一首诗，表白屠滽（1441—1512年）赠他眼镜，使他这个有读书癖而苦于无法读书的人（"予生抱书淫，视短苦目疾"）"一朝忽得此，旧疾觉顿失"。屠滽是成化（1465—1487年）进士，官至南直隶御史、吏部尚书、太子太傅，1486年为调停占城国和安南国的纷争曾亲往广东。他所获眼镜似乎来自南海穆斯林商人。大致到16世纪，阿拉伯眼镜已分别从海上和陆上通过穆斯林商人作为珍货向中国人出售。

即使在16世纪末，眼镜仍价格昂贵，与马价相等，十分稀见。田艺蘅以亲身经历评论眼镜之为珍异，以致"人皆不识，举以问余，余曰此叆叇也"（《留青日札摘抄》）。明末光学仪器从西欧传入，眼镜似乎也渐被上层官绅所了解。但国内正式制作眼镜的时间已到清初。北京、广州、苏州这些最早制造玻璃、钟表的地方，在光学制品的生产上居于全国的前列。国产制品上市后，"眼镜"一名便通行起来，不再称作"叆叇"。康熙时，一副眼镜一般"三五分可得"（孙承泽《研山斋杂记・眼镜》），只有墨色水晶镜，每副仍贵到七八两银子。乾隆（1736—1796年）时眼镜在北京已有专门的商号，读书人以戴眼镜为时尚，当时杨米人在《都门竹枝词》中有诗句"眼镜戴来装近视，学他名士老先生"。嘉庆年间（1796—1820年）张子秋《续都门竹枝词》明白指出："近视人人戴眼镜，铺中深浅制分明。"此时广州太平门外眼镜街的产品已风行国内，眼镜已因国产而逐渐普及，成为都市商业中的一个新行当了。

第七节　艺术与民俗文化交流

一、美术

新疆拜城克孜尔千佛洞保存着众多的犍陀罗式美术，其中画师洞中有一幅画师临壁绘图的自画像，画着一位垂发披肩、上衣敞口、翻领右袒、腰佩短剑、右手夹中国式画笔、左手持颜料杯的画师。铭文中题名米特拉旦达（Mitradatta），是个希腊名字，从姓氏到装束均表明画家系拜占庭人。大约在6世纪初，因拜占庭和萨珊波斯的战争，画家被迫流落他乡。但按杜环的说法，这些在异国生活的拜占庭人仍"死守不改乡风"，一直保持着固有的民族传统。米特拉旦达成了第一个留下姓氏的来华叙利亚画家。中国新疆地区因此早就有叙利亚或小亚细亚画家带来的拜占庭艺术了。

伊斯兰教兴起后，由于教规严禁绘画人物，教义学家一致主张表现人类和动物是真主独享的特权，因此在清真寺中绝无人像，只有在少数宫殿和书籍插图中见到。因此，当自称穆罕默德圣门后裔的伊本·瓦哈卜在871年后来到广州并被僖宗接见，竟在宫廷藏画中见到诺亚、耶稣和骑在骆驼上由教友簇拥着的先知穆罕默德像时，他该是如何的惊讶和感动了！在穆罕默德去世后的两个半世纪内，第一幅关于他的画像就是中国宫廷画家所作的，或者说在热心的中国皇帝所收藏的世界名画中，穆罕默德已是个不可或缺的人物了。

伊斯兰艺术中的装饰风格，以变幻无穷的花卉和几何图案形成的"阿拉伯式"（Arabesque）著称于世。这些式样在元明时代分布在中国各地的清真寺建筑的窗棂和厅堂，壁龛上也有大量的移植。在华瓷的图样上，特别是元明时代大量生产的青花瓷的纹饰上，阿拉伯文字和三角形、回纹、旋涡纹边饰的经常出现，是阿拉伯式装饰风格在中国流行的另一种表现。1980年，河北邢台地区征集一件明初青花无挡尊①，器身书有"万物非主""唯有真主"等两组阿拉伯文，器高17厘米，外径17厘米。广西容县

① 同一器形的青花瓷又称盖罐。参见中国硅酸盐学会：《中国陶瓷史》，文物出版社1982年版，第402页，图5。

博物馆在1989年征集一件宋代白瓷碗印模，模柄有两组“元祐七年三月日莫”款阴刻文字，顶心月华式菊花纹，即是阿拉伯式样。

以赞颂“安拉”（Allah，真主）的图案式样装饰于外销中东的陶瓷，起始于长沙铜官窑的彩釉器物。1980年，扬州城北蜀冈出土一件青釉绿彩背水扁瓷壶，正面以曲线对称展开阿拉伯文Allah[1]，同样的遗物又见于泰国南部素呖府猜耶县莱福（Laem Pho）。还有1989年出土的长沙铜官窑瓷碗正面底部，都是华瓷以阿拉伯文作为装饰图案构成外销产品的物证。到了明代，这种文字装饰手法已和繁缛的花卉图案交叠成一体。邢台地区征集的青花无挡尊上，腹部三层图纹均有釉色浓重而整体展开的阿拉伯文字笔画，使文字与图案融合无间。这种装饰手法，正是当时中文“福禄”“富贵”等字样与缠枝花相交织风格的一种异域情调的演变而已。

二、建筑

阿拉伯建筑在中国最早的遗存是广州怀圣寺的光塔。这座尖塔（Mi’dhanah，米宰纳）是这座古寺唯一留存的阿拉伯式建筑。叙利亚是米宰纳的故乡，在伍麦叶时代逐步推广于各地兴建的清真寺，最初由基督教大教堂中的望楼所改建。广州光塔是前来经商的伊斯兰教徒集资兴建的，唐代称怀圣塔，外表作圆柱形，高36.3米，顶上立有金鸡，随风南北。每年五六月西南季风到来时，伊斯兰教徒便在黎明前登塔祈风，以利航海，因此米宰纳在中国一开始便与航海经商联结在一起。古代在晚间于塔顶燃灯，指示珠江船只。此塔历经修建，现仍耸立在广州光塔路。

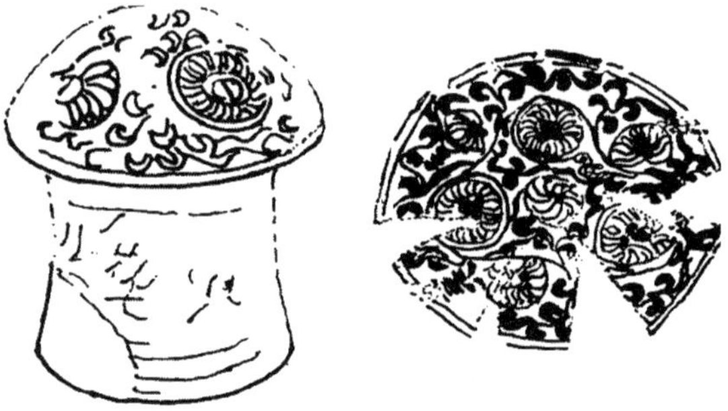

宋代白瓷碗印模顶部旋波式菊纹

泉州圣友寺（清净寺）是伊斯兰建筑中现存最古的寺院门楼，属叙利亚、埃及建筑风格。

---

① 朱江：《扬州出土的唐代阿拉伯文背水瓷壶》，《文物》1983年第2期，第95页，图1，图2。

13世纪以后，阿拉伯式样的伊斯兰建筑以清真寺和陵墓的形式在中国西北边区的新疆如雨后春笋般出现。在建筑风格上，大多属于波斯混合式或突厥斯坦混合式，以普遍使用尖券和轴线对称的四合院式布局为通常的式样。另外，1363年在伊犁境内建成的察合台后王吐虎鲁克·铁木尔汗（1346—1363年在位）的麻札，是新疆最早的砖砌方底穹顶无量殿。

更重要的是，从13世纪起，在伊斯兰建筑中出现了中阿混合式的建筑。这种建筑以汉式清真寺或回族汉式清真寺为基本式样，混合了其他地区的阿拉伯式样。元、明以后，清真寺建筑中不可或缺的砖砌穹顶无量殿，在内地汉式建筑和儒家文化模式影响下，逐渐向木构的窑殿（穹顶后殿）转化，成为列柱前殿和穹顶后殿组成的礼拜殿。西安鼓楼西北化觉巷清真寺便是一例。

元初阿拉伯人也黑迭儿和他的儿子马合马沙都相继推行阿拉伯帐幕建筑，并注意和汉式建筑相融合。忽必烈登位后，也黑迭儿董理茶迭儿（庐帐）局，官正三品。1266年后，也黑迭儿便同张公柔、段天祐同时分管工部，负责扩建新都，在辽、金故城东北规划宏伟壮丽的大都。也黑迭儿按阿拉伯的工程技术要求，根据中华文化的精神理念，对宫城的布局、建筑、苑囿作了具体的规划，为今天北京北海附近的景观奠定了基础。他的儿子马哈马沙继承父业，掌管工部，为北京城的建设作了无微不至的规划①。1271年宫城建成，忽必烈正式定国号为元。1272年又将金代中都改为大都，正式以今北京作为首都。元代大都城自1267年4月兴建宫城开始，到1285年2月建筑竣工，历时18年。城的设计按《周礼·考工记》的模式，方九里，旁三门。大都北面二门，其余三面都是三门。殿内布置仍具蒙古毡帐色彩，“内寝屏障重覆帷幄，而裹以银鼠，席地皆编细簟，上加红黄厚毡，重覆茸单”（《故宫遗录》）。并有多座畏兀儿殿、盝顶殿和棕毛殿，殿内雕刻和装饰纹样也吸收了伊斯兰建筑艺术的手法。这些布置便是当初主管茶迭儿局的也黑迭儿的专长了。

① 欧阳玄：《追封赵国公谥忠靖马合马沙碑》，《圭斋文集》卷九，明成化刊本。

元代火不思

三、回回乐舞

元明时代从波斯、中亚和伊拉克引进阿拉伯乐舞，泛称回回乐舞。阿拉伯流行的乐器不但在民间穆斯林社会中出现，而且也逐渐为内地汉民族所使用。火不思、胡琴、扬琴、冬不拉等阿拉伯乐器在元代中国边区已经是家喻户晓的乐器，为宴饮、喜庆节日所不可或缺。火不思（qubuz）在唐代已见于回鹘语佛典中，形状像波斯的巴尔布德和阿拉伯的乌德（‘ud）。乌德是伍麦叶时期将巴尔布德和阿拉伯自古已有的米兹哈尔（二弦）融合后诞生的阿拉伯四弦木制乐器，类似吉他。《元史·礼乐志五》说它像琵琶，直颈，无品（柱），小槽，圆腹，面上张皮，挂四弦。宋元时又称浑不似、胡泼四、胡不四，译名兼有音义。吐鲁番西边招哈和屯出土的9世纪古画上有火不思前身的图像。杨瑀《山居新语》称回回国有镔铁胡不四，为宫廷乐器。火不思在元代受到统治集团的重视，逐渐替代琵琶的地位。后来汉族乐器中出现的三弦，是对火不思的仿作。

另一种拉弓弦乐器胡琴，形似火不思，卷颈，龙首，使二弦，用马尾作弦，以弓擦弦演奏。今日中国胡琴已在各地方戏剧、舞蹈中成为一种重要弦乐器，有二胡、四胡等。这种乐器起源于阿拉伯本土的拉巴卜（rebāb）[①]，原先是在一个纵剖半卵形共鸣体上装一个长柄的拉弓乐器，通常作二弦。古奈韦《突厥文—阿拉伯文辞典》（1245年）指出，回鹘语yiqil，在阿拉伯语中译作al-rabāb，源出阿拉伯拉弓乐器，亦即提琴。这种乐器在伊朗并不通行，在土耳其流行的是卡曼恰（kamanja，kēmantcheh）。拉巴卜在中世纪传入欧洲，叫列比克（rebec），为小提琴的前身，而在中国则以胡琴的名字在乐界、戏剧界大显身手。

元代宫廷宴乐22种乐器中，除火不思和胡琴外还有琵琶、箜篌等波斯乐器，同时还使用了由阿拉伯引进的两种管风琴：兴隆笙和殿庭笙。兴隆笙是中统时（1260—1264年）回回国进献的，形如夹屏，用楠木制成，两侧音柜上一端立有闭式紫竹管90支，柜外另有15支小管。柜前有二皮风口。奏乐时一人鼓风囊，一人按小管，各管竹簧随之奏鸣。由郑秀考正音律后加以改造，列入宴乐大器。殿庭笙，据兴隆笙仿制，列在大明殿上。列管90支，排成15行，每行纵列6支管，中有簧管，用乐工三人演奏。延祐（1314—1320年）时增设10具。在宴会时，殿庭笙先鸣，于是众乐随和，笙止则曲终。演奏者一定是那些擅长管风琴的阿拉伯琴师。

扬琴，起源于阿拉伯的一种似瑟的乐器卡龙（qānun），在波斯和伊拉克称桑图尔。在类似梯形的共鸣箱上并列张着金属弦，以三弦调一音，共24个音，72根弦。1259年，郭侃从巴格达带回一张72弦琵琶，大约就是这种卡龙[②]。新疆现在使用36弦的卡龙。中国的扬琴呈等腰梯形，立有弦马，用它两侧调成两个音，以细竹棍敲奏，近似桑图尔。粤琴用柔软而有弹性的钢丝敲击，原理也相仿。

元代宫廷中有回回乐队，专演阿拉伯风格的音乐，自以伊拉克风格为准。1316年改隶常和署，署令、署丞之下还有管勾、教师、提控，专门培养有关人员。到明代，回回乐舞仍是一种时兴而又美妙的艺术种类。清代回部音乐中也有喇巴卜、达卜等乐

① 拉巴卜和古代波斯弦乐器鲁巴卜（rubāb，阿拉伯语rābab）的名字很近似，但鲁巴卜用木或骨制弹片弹拨琴弦发音，类似中国的三弦。土耳其人普遍使用这种鲁巴卜。

② 现代埃及也有七十二弦卡龙，见萨尔瓦多—但尼尔：《阿拉伯音乐与乐器》（F.Salvador-Danie，*The Music and Musical Instruments of the Arab*），伦敦1914年版，第222页。另有七十五弦，合二十五音的，见萨尔瓦多—但尼尔：《阿拉伯音乐》（F.Salvador-Daniel，*Le Musique Arabe*），阿尔及尔1863年版。

器，就是当今新疆维吾尔族常用的热瓦甫、达甫（手鼓）等。

四、双陆

双陆是一种通过投掷两枚骰子开彩的博戏，据说起源于印度的波罗塞戏（prasaka），在曼苏地的《黄金草原》中有这样的记载。曹魏黄初（220—226年）时传入中国，民间说是曹植的发明。中世纪时，双陆（nard）因使用棋盘，在阿拉伯世界大为流行，也被唐代宫廷作为娱乐方式广泛传播。

北宋人摹唐代双陆仕女图

双陆布阵以六为限，左右各十二路，号曰梁。白黑各十五马，白马从右归左，黑马从左归右。走法，每次可行一马或二马，或移或叠。双陆在中国南北各地流行，布局各有千秋，于是有北双陆、广州双陆和南番、东夷双陆之别[①]。北双陆有五种布局，在唐初通行的便是。广州双陆用板，不用盘。南番、东夷双陆有四架八双陆、南皮（南印度）双陆、大食双陆。另有日本双陆，是一种由中国做媒传遍亚洲的阿拉伯博戏。

武则天也是双陆的一名爱好者。她曾叫宰相狄仁杰和她的男宠张昌宗打双陆，以张昌宗拥有的南海郡进奉的进口货集翠裘为赌注，结果狄仁杰赢得了这件裘衣。但他一出门便赐给了家奴，以示轻蔑（《集异记》）。唐中宗也是双陆迷，他让韦皇后同武三思下双陆，自己在旁边点筹码。双陆以北双陆盘最精巧，刻出两门二十四路，用象

① 洪遵：《谱双》，南宋绍兴辛未年（1151年）刻本。

牙实之，或以花石砌饰。现存日本奈良正仓院的紫檀木画双陆局两件，尚可见到唐代实物。其中一件长543毫米，宽310毫米，高167毫米，另一件长546毫米，宽306毫米，高180毫米①。新疆吐鲁番阿斯塔那唐墓在1973年出土一件嵌螺钿木双陆局，长280毫米，高78毫米，为国内现存最早的双陆盘实物。南方的双陆比较简易，番禺人以板为局，或以纸或画地为之，随时都可进行。“大食国以毯织成局”。日本则以白木为盘，方式与中国北双陆类似，而简陋得多。

新疆吐鲁番阿斯塔那出土唐代嵌螺钿木双陆局

明代黄花梨木双陆桌

1974年在辽宁法库叶茂台辽墓曾出土双陆盘残板，长528毫米，宽254毫米，尺寸与日本正仓院收藏的近似。元代宫廷和民间也多好双陆，奸相哈麻是个能歌善舞、会吟诗、擅双陆的人。《事林广记》刊有双陆木刻图。明代小说《金瓶梅》《警世通言·玉堂春落难逢夫》也都提到双陆。下棋与打双陆都是常见的娱乐方式。现存明代黄花梨木双陆桌，形制精美，是件高845毫米、宽699毫米、长978毫米的大型双陆桌，现为美国费城艺术博物馆所藏。北京故宫博物院也藏有明末紫檀双陆局，但高仅130毫米；残存双陆子二十二枚，黑马十枚为紫檀木，白马十二枚为黄杨木，制作十分精细。

双陆虽在中国盛行上千年之久，但到清初已呈衰势，终至于消亡了。

五、饮食

西亚和中亚流行的胡饼，是一种用脂麻焙制的面饼，在2世纪时已成长安上层集团的主食。《太平御览》卷八六〇引《续汉书》说：“灵帝好胡饼，京师皆食胡饼。”北方面食以饼为主，相沿成习。油煎饼，称䭔䬵，译名来自波斯语，《齐民要术》中有详细

① 正仓院事务所：《正仓院的宝物》，日本朝日新闻社1965年版；陈增弼：《双陆》，《文物》1982年第4期，第78—79页。

制法，也是一种西亚食谱中不可或缺的面食。煎熟的饼，一面白，一面赤，周边也呈赤色，软而可爱，放久了也不变硬，道理在于和面时添加了油脂。原系西亚民食的烧饼、饆饠（毕罗，馅饼），到唐代已流行在长安和黄河流域各大城市。

胡饼在8—9世纪的长安是僧俗共享的主食，连皇帝也免不了爱吃。安史之乱中，杨国忠曾在市场买了胡饼去讨好颠沛流离的玄宗。长安城里的辅兴坊是专门制作胡麻饼的场所。白居易也是胡饼的爱好者。他由江州（今江西九江）司马升任忠州（今重庆忠县）刺史时，亲自做了胡饼赠给万州（今重庆万州区）刺史杨敬之，随附绝句一首："胡麻饼样学京都，面脆油香新出炉。寄与饥馋杨大使，尝看得似辅兴无。"这些久享长安胡食的官员，虽身处长江峡地，仍不忘京师生活，因此总得有面脆油香可以久贮的胡饼相伴。这种胡饼在十六国时期因石勒避讳而改称麻饼，又可叫炉饼，中间还可有不同的馅料，和现在的麻饼相仿。长安的东市和长兴里还有专做另一种胡饼的毕罗店，饼中置蒜，是一种带馅的蒸饼。

广州城外蕃坊（今广州光塔街以南，珠江以北）是引进阿拉伯、伊朗饮食文化的另一处基地。最早记录这种异域风味饮食的，是太和（827—835年）中任高州（今广东高州市）刺史的房千里。他在《投荒杂录》中追忆："顷年在广州番坊，献食多用糖蜜、脑麝，有鱼俎，虽甘香而腥臭自若也。"干鱼、糖蜜，再加上香料，是颇有南阿拉伯风格的进食方式。

宋元时代，伊斯兰教在西北地区深入流传，东南沿海阿拉伯、波斯移民的习俗在广州、泉州、宁波等地广为扩散，促进了清真菜系在中国边区和内地的形成。中国东南沿海首先将阿拉伯风味的烹调术引入食谱的，是《南方记》著录的椰枣猪肉鸡鸭羹："夫漏树，野生，三月华，五、六月成子。如术有煮，着猪肉鸡鸭羹中好，可食，亦中盐藏"（《太平御览》卷九六〇）。夫漏树，即柯柏特语的枣树，夫漏子指椰枣，是南阿拉伯人民的重要食品，晒干后可作干粮。刘恂《岭表录异》记唐昭宗（888—904年）时，刘恂在广州番坊阿拉伯番长家中亲食皮肉软烂的椰枣，"疑是蒸熟也"，所以其核种而不活。

岳珂《桯史》卷十一记番禺蒲姓宴饮，刻画出一幅1192年广州阿拉伯豪商日常生活的图景：

> 他日，郡以岁事劳宴之，迎导甚设。家人帷观，余亦在。见其挥金如粪土，舆皂无遗。珠玑香贝，狼藉坐上，以示侈。帷人曰："此其常也。"后三

日以合荐酒，馔烧羊，以谢大傣，曰："如例。"龙麝扑鼻，奇味不可名，皆可食，迥无同槽故态。羊亦珍，皮色如黄金。酒醇而甘，几与崖蜜无辨。独好作河鱼疾，以脑多而性寒故也。

东南沿海的阿拉伯移民和商人给当地带来了富有西亚风采的饮食文化和薰香习俗，推动着当地香药消费的增长和崇尚奢侈风气的形成。到元代，由于阿拉伯移民的增多，西北沿线、东南濒海盛行此风的地方更为广泛。喜食冰果子露、蜜糕和各种甜食，烧烤、清炖食物，渐成民间风习。1331年忽思慧编纂的元代皇室食谱《饮膳正要》列有许多回回食物，最终为清真菜系进入中华饮食文化的殿堂奠定了基础。到明清时代，由于回族的形成和东南沿海阿拉伯移民风俗习惯的扩散，以牛羊菜为主的清真菜系得以茁壮成长。更因回族人数的增加和回族军人散居黄河流域及云南等地，各大城镇逐渐出现清真馆、清真糕点铺、伊斯兰饮食摊，阿拉伯式饮食逐渐成为大众文化。

第八节　语言与文字

一、文字的借鉴

佉卢文是来源于波斯阿拉美文的古文字，在公元前后通行于中亚和中国新疆南部。于阗、若羌等地出土大量佉卢文书简牍，为了解汉代该地民族文化、语言、历史与宗教信仰、经济活动提供了丰富的资料。中亚粟特文也是根据阿拉美文字改制而成的，回鹘文又据粟特文字母而形成。13世纪蒙古族兴起后，又仿照回鹘文创制了回鹘式蒙古文，成为最早在蒙古草原上通行的蒙文，后来又在这一基础上不断改进，成为现在的蒙古文和托忒蒙文。1981年，在内蒙古达尔罕茂旗阿伦苏木曾陆续发现汪古部旧地墓群中的景教徒墓碑，碑文用古叙利亚文（阿拉美文）字母拼写的突厥语言刻写。古突厥语也是使用阿拉美字母制作的文字，充当媒介者大约正是那些来自西亚的景教徒。

随着伊斯兰教的传入，阿拉伯文字逐渐在新疆地区成为通行的文字。蒙古兴起以后，察合台汗国使用了以阿拉伯字母为基础的察合台文，此后又演化成现在通用的维吾尔文、哈萨克文和柯尔克孜文。

二、阿拉伯语在中国

阿拉伯语在中国的实际应用，源于唐代大食使者频频出入长安宫廷。汉地推行阿拉伯语教育以培养有关人才的地方，以11世纪下半叶的广州为最早。当时伊拉克、阿曼和也门商人纷纷来华，阿拉伯语成了仅次于波斯语、粟特语的重要语种。《中吴纪闻》卷三说，程师孟在北宋熙宁（1068—1077年）间出任广州知府时，"大修学校，日引诸生讲解，负笈而来者相踵，诸蕃子弟皆愿入学"。在蕃坊中也修学校，于是各国侨民子弟也都有入学就读的，这种学校势必涉及蕃语。但蕃学的兴起时间，还在大观（1107—1110年）、政和（1111—1118年）之间，当时"四夷向风，广州、泉南请建番学"（《铁围山丛谈》卷二）。在蕃学中，阿拉伯语是必修的语种，《古兰经》是学子崇奉的经典。《桯史》卷十一描述"堂中有碑，高袤数丈，上皆刻异书，如篆籀，是为像主，拜者皆向之"。立碑诵经礼拜，是蕃学的校规。

在元代色目人中，阿拉伯语是通行的外国语。当时官方的国际通用语是亦思替非文字，亦即波斯语。阿拉伯语只在侨民和伊斯兰教徒中使用。各地清真寺的兴建与回回饮食的推广，促使阿拉伯语在一定程度上有所扩散。例如，12世纪初，朱彧在广州见以菩萨蛮（Muslimānt）称蕃妇为奇，以为是乐府中的名词，不知是伊斯兰教信徒的通称。元代已普遍使用"没速鲁蛮""谋速鲁蛮""木速儿蛮""木速蛮""铺速满"称呼穆斯林。又称伊斯兰学者为"大石马""答失蛮""达失蛮""达识蛮"。用"回回"称呼阿拉伯人，或阿拉伯化的穆斯林。福建泉州先后征集的56方伊斯兰教徒墓碑石刻中，有年代可考的只有2方是南宋碑石，且都非阿拉伯人，其余54方都是元代的碑刻（其中一方是卒于明洪武四年的艾密尔·吐葛逊的墓碑）。这些碑刻中刻有名字的37方，佚名的19方；刻有名字的只有2方是波斯人和祖籍亚美尼亚人，其余35方都是阿拉伯人。碑文所用文字，全用阿拉伯文的48方，阿拉伯文、波斯文并用的3方，阿拉伯文、汉文并用的4方，阿拉伯文、波斯文、汉文杂用的1方[①]。在阿拉伯文之外杂有其他文字的碑刻中，也总以阿拉伯文为主体，这是按照阿拉伯国家的传统习俗，即在不同民族、使用不同文字的地区中，阿拉伯文始终是居于第一位的国文，伊斯兰教也总是高于其他宗教的国教。

元代阿拉伯语不但是商业语言和宗教语言，而且也是一种学术语言，为研究星历、

① 吴文良：《泉州宗教石刻》，科学出版社2005年版；陈达生：《泉州伊斯兰教石刻》，福建人民出版社1984年版。

医药、数学、炼丹、鉴定珠宝的参考书籍所必备。1273年10月，北司天台（回回司天台）申报本台合用经书195部，加上提点官札马鲁丁家内诸般合使用文书47部，总共收藏阿拉伯文、波斯文典籍242部。这些典籍是政府保存的学术著作，其中有些是1270—1273年第二次出访马拉格的爱薛回国时带回的，交给了当年成立的秘书监①。王士点、商企翁《秘书监志》列出的有关书目如下：

（1）兀忽列的四擘算法段数15部

兀忽列的（Uqlidi）是希腊数学家欧几里德，田坂兴道考证是伊朗天文学家纳速剌丁·杜西校订本的欧几里德《几何原本》（*Tahrīru Kitab-i Uqlidīsi fi al-Handasati*）②。此外，一定还有麦海丁·马格里布编订的欧几里德《几何原本》。

（2）罕里连窟允解算法段目3部

原名误作罕里速窟。该书是哈桑·马拉喀什的《始终归元论》（*Jāmi ʻal-mabādī wa-l-ghāyat*）。

（3）撒唯那罕答昔牙诸般算法段目并仪式17部

罕答昔牙为几何学，此书定为几何或三角的名著。具体书名待考。

（4）麦者思的造司天仪式15部

指埃及的希腊天文学家托勒密的《行星体系》，此本是麦海丁·马格里布编选的《行星体系萃编》（*Khulāṣ at al-Mijisṭī*）。

（5）阿堪诀断诸般灾福（部数不明）

指麦海丁·马格里布的《天体积年指断》（*Kaifīyat al-ḥukm 'alā ta ḥwīl sinī-l- 'ā lam*）。阿堪（al-ḥukm）意为指断。

（6）蓝木立占卜法度（部数不明）

蓝木立（Rammālī）是沙卜，开罗至今有以贝壳投沙占卜的习俗③。

（7）麻塔合立灾福正义（部数不明）

麦海丁·马格里布的《实用阴骘入门》（*Kitāb al-madkhal al-mufīd fiḥukm al-mawā lid*）。

（8）海牙剔穷历法段数7部

比鲁尼的《天文学和占星学原理》（*al-Bīrūni al-Qānūn al-Mas ʻūdi fi al-Hay 'ah*

① 沈福伟：《元代爱薛事迹新论》，《中外关系史论丛》第2辑，世界知识出版社1987年版，第90—109页。

② 田坂兴道：《中国回教的传入及其弘通》（下），东京1964年。

③ 马坚：《元秘书监志〈回回书籍〉释义》，《光明日报》1955年7月7日。

wa 'l-Nujūm）。

（9）呵些必牙诸般算法8部

Hisibiya本指算学，此处当系穆罕默德·伊本·穆萨·花剌子密（780—850年）的《积分和方程计算法》（*Ḥisāb al-Jabr wa 'l-muqābalah*），为中古最伟大的代数著作。原本已佚，12世纪有贾拉尔的拉丁译本。

（10）积尺诸家历48部

积尺（al-Zīj）是天文表。诸家历中首先是1272年由马拉格天文台的纳速拉丁·杜西主编完成的《伊儿汗天文表》（*al-Zīj al-īlkānī*），书分四卷，合编希腊、阿拉伯、波斯、中国历法。

（11）速瓦里可瓦乞必星纂4部

麦海丁·马格里布的《十二宫行星会合考》（*Kitāb al-hukm 'alā qirānāt al-Kawākib fi-l-burūj al-ithnā ' ashar*），简称《十二宫行星》（*Kitāb ' ashar al-Kawākib*），音译“速瓦里可瓦乞必”。

（12）撒那的阿刺忒造浑仪香漏8部

撒那的阿刺忒即“浑仪”（San ‘al ‘alāt）。

（13）撒非那设（诸）般法度纂要12部

待考。

（14）亦乞昔儿烧丹炉火8部

亦乞昔儿（al-iksīr）即是“金丹”。烧丹炉火著作中，首先应有查比尔或托名查比尔的书。还有13世纪下半叶伊拉克人阿布尔·卡西木的著名论文《种金术知识》（*Kitab al-‘Ilm al-Muktasab fi Zirā ‘at al-Dhahab*）。

（15）忒毕医经13部

医经（Ṭibb），首推伊本·西纳《医典》（*al-Qānūn fi al-Ṭibb*）。此外，也应有伊本·贝塔尔《医方汇编》、埃及犹太药学家库钦·阿塔尔（al-Kūhīn al-‘Aṭṭār）编订，在穆斯林东方流行的《官药手册和贵人宝鉴》（*Minhāj al-Dukkān wa-Dusṭūr al-A ‘yān*）等。

（16）艾竭马答论说有无源流12部

伊朗卡兹维尼（Kazwini）的《动物奇观》（*‘Adjāib al-makhlūḳāt wa-Gharā ‘ib al-Mawjūdāt*）等。

（17）帖里黑总年号国名3部

塔巴里的《历代先知和帝王史》（*Ta 'rīkh al-Rusul wa 'l-Mulūk*），阿布尔·法拉吉

《各国史纲》（*Ta 'rīkn Mukhtaṣar al-Duwal*）等。

（18）密阿辨认风水2部

《幽玄宝鉴》（*Mir 'āt al-ghaib*）等[①]。

（19）福刺散相书1部

Firāsat是相术，中译福刺散。

（20）者瓦希剌别认宝具5部

以埃及人希哈卜丁·帖法希的《宝石审美》（*Azhār al-Afkār fi Jawāhir al- 'Aḥjār*）为最流行。

（21）黑牙里造香漏并诸般机巧2部

叙利亚天文学家乌尔迪（'Urḍī al-Dimishqī）有《天文观察的艺术和理论与实践知识》（*Risāla fi Kaifiya al-arṣād*），列举马拉格天文台各项仪器的制作方法。

（22）蛇艾立诗1部

蛇艾立（shā'irī）是诗。可能是波斯最伟大的苏菲诗人贾拉丁（Jalāl al-dīn Muḥammad al-Rūmī）的诗。他在1273年完成了数达26000多行的哲理诗。

这批阿拉伯文和波斯文书籍汇集了希腊科学界和阿拉伯、叙利亚、伊朗科学家有关天文、数理、医学、矿物、动物、星占与历史、诗歌等各方面的著作，可以说是在中国境内第一次大规模收藏的阿拉伯学术著作，对于中国与西亚体系的学术交流具有划时代意义。

明代为适应频繁的外事活动，在永乐五年（1407年）三月设立四夷馆，培养翻译人才。明人王宗载《四夷馆考》共列十馆，上卷收鞑靼馆、回回馆、西番馆。回回馆规模最大，附土鲁番、天方、撒马儿罕、占城、日本、真腊、爪哇、满剌加。回回文字当以波斯语为主，但既附有“天方”，可知阿拉伯语也是重要语种。馆中译字生负责翻译诰谕、来文和杂字，课本叫《华夷译语》，1382年由火原洁等编译。德国柏林图书馆收藏的一种本子内容最多，共分24编。到1566年，回回馆虽仍有教师一两人，但已无子弟入学。清初，四夷馆改名四译馆，隶属翰林院。1748年改称会同四译馆，直到1862年京师同文馆设立后才撤销。

明代社会交往中的一些阿拉伯术语已逐渐通用，并流传至今。如虎儿班节，明人许进《平番始末》卷下已见录用，今译库尔班、古尔邦，原文是Kurban（宰牲）。速檀，或译速鲁檀、素勒坦（《献征录》）、锁鲁檀（《明英宗实录》）、算端，原文Sultan，意思

① 马坚：《元秘书监志〈回回书籍〉释义》，《光明日报》1955年7月7日。

是君主，今译苏丹。哈只，今译哈吉，通用哈只，是参加过麦加朝圣的朝觐者（Hājj）。舍黑，原文Shaikh，意思是“长老”，又写作舍赫、筛海、夏依赫。火者 ’ hōja，又译霍加，是对教师的尊称，意为师长。满剌，manlā，是对穆斯林学者的尊称，又称满拉，今新疆通称毛喇、毛拉。麻札，mazār，是圣地、圣徒墓。拱北，Kubba，是圆屋顶建筑，今陕、甘、宁、青苏菲派穆斯林广泛使用，专指门宦教主墓地或教主修道处，是门宦活动中心。

明末穆斯林宗教学识贫乏。胡登洲（1522—1597年）在陕西咸阳倡导经堂教育，于是有学者、经师大批涌现。经堂授课所用课本，到清末才逐渐完备，总计各地所用有14门课程，阿拉伯文课程有8门：《连五本》《遭五》《满俩》，都是文法书；《自亚尼》是波斯赛尔顿丁所作修辞学；《伟戛业》是教法书；《者俩来尼》是埃及学者者俩丁的经注学；《戛尊》也是经注学；《客俩目》是认主学。另有《虎托布》等6门波斯文课程。

清初，一些伊斯兰经师在授课并用汉文著书之外，还开始翻译阿拉伯文经籍，撰写阿拉伯文语法著作。苏州人张中（约1584—1662年）于1653年在扬州将《率苏理》（Faṣl）由阿拉伯文译成中文，改名《四篇要道补注便蒙浅说》，刊印成书。继张中之后，上元（今南京）人刘智（约1664—1730年）编译了传世的三部著作：《天方性理》《天方典礼》和《天方至圣实录》。他另有许多译著印本流传，《天方字母解义》《天方三字经》等可以列入最早的阿拉伯文典之中。刘智又曾用阿拉伯文翻译清朝典礼，但稿已失传。18世纪下半叶，为便于学子研读，经堂教学使用的阿拉伯文课本出现了用汉文拼读阿拉伯文经文的《汉字赫听》《赫听真经》，并有汉阿对音的译注本，如《经汉注解赫听》，使初学者得以逐步深入阿拉伯文字的堂奥。

中国穆斯林著述最富的马德新（1794—1874年）是元云南首任平章政事赛典赤·赡思丁的二十一世孙[①]。他一生用汉文、阿拉伯文写作的著作有35种，其中有些同时用两种文本刊印[②]。他曾校补刘智《天方字母释义》一卷，同治二年（1863年）刊印；并有阿拉伯文本《算来夫》（*Alṣarf al-Muṭṭasia*）一卷，汉文与阿拉伯文本《天方历源》一卷，都属研究阿拉伯文法、天文学的专著。云南新兴（今玉溪）人马联元（1841—1903年）是继马德新之后周游各国，并且主张学经可以中阿两种语言并授，在新兴大营用汉文从事经堂教育的第一人。一生著译20多种，有用阿拉伯文、波斯文写作的。

① 马安礼：《滇南回回总掌教马公墓志》。

② 白寿彝：《白寿彝民族宗教论集》，北京师范大学出版社1992年版，第426—428页。

讲阿拉伯文法、修辞的有《米府他哈》(*Miftāḥ*),《哈哇遂来》(*Ḥawāṣil*),《摆夭乃》(*Bayān al-Muṭṭasiq*),多在云南木刻刊印,成为一套讲授阿拉伯词法、语法、修辞学基础的教材,后来为各地清真寺教学所采用。

在今天维吾尔语中,许多词语直接来自阿拉伯语。伊斯兰历12个月份的阿拉伯语原名仍是维吾尔语的通用语。在通用汉语的回族中,夹杂了许多阿拉伯语汇、波斯语汇。伊斯兰教每天的五次礼拜,虽各有汉名,但回族仍喜使用阿拉伯、波斯语称呼。用阿拉伯语称呼伊斯兰历12个月是回族的习惯,以便按宗教信仰的习俗核算斋月、朝觐月、开斋节和古尔邦节的确切日期。在日常生活用语中,阿拉伯语汇也是回族经常借用的,例如,称"孤儿"为"雅梯目"(yim),"贫民"为"法格勒"(fagin),"长者"为"晒衣赫"(sayid),"疾病"为"比吗勒"(bimar),"朋友"为"朵斯梯"(dasti),"食品"为"塔阿目"(ta'am),"笔"叫"盖来目"(galam),"书"叫"克塔布"(kitāb),汉文书籍称"汉克塔布"[1]。

① 林松等:《回回历史与伊斯兰文化》,今日中国出版社1992年版,第102—103页。

第六章
中国和土耳其文化交流

第一节 中土两国的历史关系

现今的土耳其国位于亚洲最西端的小亚细亚。自1453年土耳其人占领拜占庭帝国的首都君士坦丁堡，改名伊斯坦布尔，建立起地跨亚、欧、非三大洲的奥斯曼帝国起，土耳其民族便散居在小亚细亚和巴尔干各地。

土耳其，中国古译突厥。突厥人在6世纪上半叶崛起于阿尔泰山地区，不久取代柔然汗国，在北亚和中亚建立了突厥汗国，583年分裂为东突厥汗国和西突厥汗国，和中国的隋唐两朝关系极为密切。突厥移民在唐宋时代曾成批进入河套和河西地区，突厥名马如骨利干马、葛逻禄马等也曾在内地繁殖。西突厥汗国在统治区内铸造货币。19世纪在热海（伊塞克湖）北岸凡诺依出土西突厥货币，上面铸有突厥文，有的是汉文和突厥文同时刻铸，在政治上表示西突厥汗国是唐朝的一部分。10世纪后，塞尔柱土耳其人曾在中亚、伊朗和伊拉克建立政权。12世纪初，塞尔柱苏丹马苏德一世（1116—1156年在位）占领了小亚细亚的科尼亚。科尼亚和开塞利之间的肥沃平原和希腊居民给塞尔柱人提供了建立伊斯兰国家的根据地。他们的国家仍然被穆斯林当作拜占庭帝国，被称作罗姆（Rum，Rumi）。但在基利杰·艾尔斯兰二世（1156—1192年在位）去世后，这个塞尔柱国家又陷入动荡。

和拜占庭斗争并最终取得成功的不是塞尔柱人，而是奥斯曼人。奥斯曼王朝的创始人是奥斯曼一世（1258—1326年）。他在1289年迫使塞尔柱苏丹承认他占领的土地为封地，并继续从小亚细亚卡拉苏流域的索古德向南扩展。他的儿子奥尔汗一世（1326—1359年在位）从科尼亚的毛拉维教派的领袖那里获得苏丹的称号。1326年，奥尔汗征服了奥林匹斯山脚下的布鲁萨，作为奥斯曼王朝的都城。但此时的奥斯曼仍是科尼亚的藩臣。在穆罕默德二世（1451—1481年在位）时，他结束了对卡拉曼的战争，在1453年5月29日攻入君士坦丁堡，拜占庭帝国就此倾覆。1517年，埃及被并入奥斯曼帝国，苏丹赛里木（1512—1520年在位）正式接管了流亡在开罗的阿拔斯哈里发的职权。赛里木的儿子苏莱曼（1520—1566年在位）时代，帝国进入了极盛时期。

中国和小亚细亚最早接触是在罗马时代。罗马皇帝君士坦丁一世（306—337年在位）在312年皈依基督教，从罗马迁都拜占庭，大兴土木，将这座城市建成一座固若金汤的城堡，以致中国以为是“安都”，意思是安全的都城。过去有学者认为是音译名字，考作“安条克”，已被证实是不正确的。君士坦丁在330年5月11日正式启用他的新都，将它提升到帝国首都的地位，号为新罗马，取名君士坦丁堡，此后便成为帝国政治、经济、军事和文化中心，长达千年之久。城堡的希腊单词为polis（polin），单独使用时可当作“首都”，中国最初音译成“拂菻”。晋愍帝建兴元年（313年），张轨执政的前凉占据河西走廊，当时“西胡致金胡瓶，皆拂菻作，奇状，并人高，二枚”（《太平御览》卷七五八引《前凉录》）。接着，双方便有使节往还。晋穆帝（344—361年在位）时，罗马使者确已到达东晋都城建康（今南京），长江下游的中国人将拂菻译作“蒲林”，更加符合希腊名称，不如北方那样得从波斯语、阿拉美语中转译。363年，东晋哀帝司马丕表示答礼，派出使者假道河西走廊前往君士坦丁堡。《晋起居注》说：“兴宁元年闰月，蒲林王国新开通，前所奉表诣先帝，今遣到其国慰谕。”（《太平御览》卷七八七）当时基督教教会不同派别纷争，朱里安代表异教登上帝位，仅仅三年（361—363年）便在与波斯人的战争中受伤阵亡。狂热的基督徒皇帝约维安（363—364年在位）与波斯签订和约，放弃了对亚美尼亚和大部分美索不达米亚地区的主权，以便全力对付南侵的游牧民族的袭击。中国使节抵达拜占庭的时间已是在瓦伦提尼安（Valentinian，364—375年在位）时期了。这是中罗双方通过西亚陆路，经小亚细亚建立外交关系的最早记录。

中国和土耳其东部亚美尼亚的关系在2—3世纪时颇为密切。埃德塞人巴尔塔用希腊文写成的《中国史》中，已提到亚美尼亚王圣格里哥莱的弟弟索伦曾逃亡到中国。中国移民在亚美尼亚王梯格雷六世（142—178年在位）时已定居库尔德斯坦与亚美尼亚边疆。亚美尼亚著名的马米公族（Mamigonians）的先祖即在3世纪中叶流徙入境，或即高贵乡公曹髦（254—260年在位）的后裔。

5世纪初，柔然兴起于欧亚草原，拜占庭通过这些草原民族取得中国的丝货。北魏时代，北魏和拜占庭同样开始了外交往来。史称拜占庭为普岚（Purum，Porom），是经哌哒人之口从突厥语中译出的。397年，东西罗马分裂，罗马和东方的海上贸易停滞，和中国加强陆上贸易便有了新的意义。456年，哌哒、普岚国同时派使者到平城（今大同），465年又有普岚国献宝剑。北魏迁都洛阳后，又出现了从波斯语转译的伏卢尼（Fromī）。从“蒲林”到“普岚”“伏卢尼”的译音可以看出，拜占庭在这一时期一直努力在绕越波斯，从黑海通过希腊、突厥之间的草原路取得中国的丝货。拜占庭十分热衷于从欧亚草原路和北魏政权建立友好关系。《魏书·西域传》因此记述大秦国“都安都城，从条支（Antioch）西渡海曲一万里，去代三万九千四百里”。又说“地方六千里，居两海之间。其地平正，人居星布”，指出这里处在黑海与爱琴海之间，人口密布。《魏书》指出还有一条路：“从安息西界循海曲，亦至大秦，四万余里。”这是由波斯湾通往红海的一条路，所以要有40000多里。罗马玻璃器也通过这条交通线东运中国北方。在中国已发现的东罗马三枚金币中，最早的是利奥一世（457—474年在位）时所铸的，出土于内蒙古土默特右旗毕克镇东北水磨沟口水库工地，属币制改革后的金币“索里特”。另有咸阳底张湾隋墓出土查士丁尼二世金币①。它们是中罗双方商业往来的佐证。

隋代中西交通三道，北道经突厥可汗庭到拂菻国，走的是黑海。“拂菻”这一波斯语译名再度用于中国北方，而且为后世所传习。唐代来华的拜占庭使者，自643—742年共有七次之多。其中三次通过基督教教会与唐政府进行官方的磋商。拜占廷一代雄主希拉克略（610—641年在位）死后，所属叙利亚、美索不达米亚相继落入阿拉伯人之手。拜占庭军队在642年9月自动撤离埃及，迫于形势，只得以大教长（Patriarch）的名义向中国求援。“波多力”是拜占庭大教长特有的封号，与罗马教廷不相统属。使

① 另一枚出土于西安土门的一座高宗或武则天时的墓中，为7世纪中叶中亚仿铸的希拉克略型的铸币。

者穿过阿拉伯人的封锁，抵达长安，当时正是唐太宗贞观十七年（643年），“拂菻王波多力（Papas Theodorus）遣使献赤玻璩、绿金精等物，太宗降玺书答慰，赐以绫绮焉”（《旧唐书·拂菻传》）。这次由教会出面充当国使的外交活动，旨在求得解除阿拉伯入侵的危机。使者带来的礼物中有译作赤玻璩的红宝石，当时“玻璩”是“颇黎”的另一种写法，专指刚玉类宝石，尚非人工制造的玻璃。绿金精则是青金石或金绿玉之类的奇石。667年拂菻王又遣使赠奇药底也伽。701年和712年，拜占庭有使者到长安[①]。719年正月，拜占庭又通过吐火罗大首领献狮子、羚羊各二。该年又派大德僧（景教僧正）来华。到742年5月，大德僧再次抵达中国。拜占庭所受阿拉伯人的威胁仍未解除。直到782年，哈里发麦海迪的儿子哈仑对君士坦丁堡发起最后一次围攻，拜占庭摄政爱利尼皇后被迫乞和，答应每年向哈里发纳贡，从此边境无事。《旧唐书》将此事放在拜占庭第一次使节来华之后，“自大食强盛，渐凌诸国，乃遣大将军摩栧伐其都城，因约为和好，请每岁输之金帛，遂臣属大食焉”。然后又叙述其余各次使节，易于产生年代上的误会。阿拉伯军队四次对拜占庭远征，有两次包围了这座希腊文明的中心城市，其中一次是717年麦斯莱麦统率的大军所为。这时牧人出身的阿纳托利亚军区将军利奥三世（717—741年在位）登上了拜占庭的皇位。717年9月，阿拉伯舰队兵临君士坦丁堡城下，被拜占庭军队用希腊火击退。利奥三世借助保加尔人的支持，打败了阿拉伯人，718年8月15日解除了君士坦丁堡的第三次被围。《旧唐书》中的大将军摩栧是麦斯莱麦[②]。

《旧唐书·拂菻传》记述的拜占庭全是当时实情。它介绍：“拂菻国一名大秦，在西海之上，东南与波斯接。地方万余里，列城四百，邑居连属。其宫宇柱栊，多以水精瑠璃为之。有贵臣十二人共治国政。”描述都城宏庄富丽，石砌城墙，尤绝高峻。“自外至王室，凡有大门三重，列异宝雕饰。第二门之楼中，悬一大金秤，以金丸十二枚属于衡端，以候日之十二时焉。为一金人，其大如人，立于侧，每至一时，其金丸辄落，铿然发声，引唱以纪日时，毫厘无失。其殿以瑟瑟为柱，黄金为地，象牙为门扇，香木为栋梁。”在唐人心目中，希腊文明的光华仍照耀在拜占庭的土地上，它是一种仅次于昔日波斯文明的文化体系。

拜占庭使者来华，大约要经过在伍麦叶王朝时仍保持独立的陀拔斯单。到8世纪中

① 这712年的一次，在《册府元龟》卷九七〇记载为景云二年（711年）十二月“拂菻国献方物”。按公历计算，已在712年1月。

② 齐思和《中国和拜占庭帝国的关系》（上海人民出版社1956年版，第16页）研究《旧唐书》有关文献甚详，他将摩栧释作伍麦叶王朝的建立者穆阿威叶（摩亚美亚），因此以为和事实颇有出入。

叶，陀拔斯单丧失独立地位，拜占庭只好与唐朝停止官方接触。

在拜占庭与中国隔绝三个世纪之后，拂菻使节在宋元丰四年（1081年）十月重又通过西大食（叙利亚）、于阗、回纥、青唐抵达宋都汴梁（今开封）。《宋史》卷四九〇称这个拂菻国“东南至灭力沙（Malik Shah），北至海，皆四十程。西至海三十程”。又说：“历代未尝朝贡。元丰四年十月，其王灭力伊灵改撒（Malik-i-Rum Kaisar）始遣大首领你厮都令厮孟判来献鞍马、刀、剑、真珠。言其国地甚寒，土屋无瓦。产金、银、珠、西锦、牛、羊、马、独峰驼、梨、杏、千年枣、巴榄、粟、麦……王服红黄衣，以金线织丝布缠头。”元祐六年（1091年），使者又两次来华，宋朝回赠其玉帛二百匹、白金瓶、袭衣、金束带。此后双方未见再有使节往还。

进入10世纪，塞尔柱人在西亚建立起庞杂的帝国。1064年，塞尔柱苏丹艾勒卜·艾尔斯兰（1063—1072年在位）向安纳托利亚发动了进攻，在托罗斯山区和西里西亚出现了许多独立的亚美尼亚小国，和希腊政权之间不断争战。艾勒卜·艾尔斯兰的儿子马立克沙（1072—1092年在位）继位后，为了惩罚同族的背叛者库特卢米什，将他的儿子苏莱曼和许多盗匪一起放逐到小亚细亚。苏莱曼对安纳托利亚西北部发动进攻，并于1081年一度占据尼加亚这个与拜占庭邻近的地方。来自小亚细亚的拂菻使者正是苏莱曼所派，使者你厮都令厮孟判是聂思托利派的僧正。苏莱曼的根据地在库尔德斯坦西部的马拉提亚。1084年，苏莱曼夺取了安条克，希望在地中海东部建立政权。与他东南邻接的便是马立克沙的领地。1086年苏莱曼死后，他的儿子基利杰·艾尔斯兰（1086—1107年在位）连年与达尼什曼德作战。1106年，达尼什曼德在与拜占庭人和十字军的作战中死去，基利杰·艾尔斯兰才获得马拉提亚，定都马亚发里根[①]。接着他的儿子马苏德占领了科尼亚，建立了一个稳固的塞尔柱政权。1091年来华的使团就是基利杰·艾尔斯兰所派的。使团显然企图从中国那里获得共同对付塞尔柱的马里克沙政权的某种支持，并开展长途的队商贸易。宋代拂菻使者来华，是中国首次和小亚细亚的政权建立外交关系，所以史称“历代未尝朝贡”。

蒙古西征时，土耳其东南部小亚美尼亚王海敦一世（1226—1269年在位）归降蒙古军。贵由汗登位时，海敦派胞弟辛柏德前往哈拉和林朝贺，1248年出发，1250年与鲁姆国苏丹吉亚斯丁的儿子一同归国。建都科尼亚的塞尔柱人罗姆国于1243年卡伊豪斯劳二世时被蒙古人击败，依靠巨额贡金，在蒙古势力下保持着独立地位。卡伊豪斯

---

① 卡尔·布罗克尔曼：《伊斯兰教各民族与国家史》，孙硕人等译，商务印书馆1985年版，第301—303页。夏德、白鸟库吉均考订拂菻使节来自科尼亚，但年代上至少有二三十年之差。

劳死后，他的长子凯考斯二世为了争夺王位，倾向于和马木鲁克人结成联盟，最后遭到伊儿汗阿八哈的惩罚，使罗姆国失去了独立地位。夹于罗姆国和蒙古汗国之间的小亚美尼亚不得不向蒙古人屈服。蒙哥登位后，海敦一世在1254年奉拔都之命前往伏尔加河，继至哈拉和林朝贺。回国时在塔拉斯城见到了整装待发的旭烈兀，1255年7月底重返西里西亚的西斯城。1331年虞集《经世大典地理图》中有一个地名“丹牙”，是位于地中海沿海梅尔辛湾的城市阿达纳（Adana），这是《经世大典地理图》中距离中国本部最远的地名之一，位置与图中译作“迷思耳”的埃及相对应：前者在地中海北的土耳其境内，后者在地中海南的埃及。

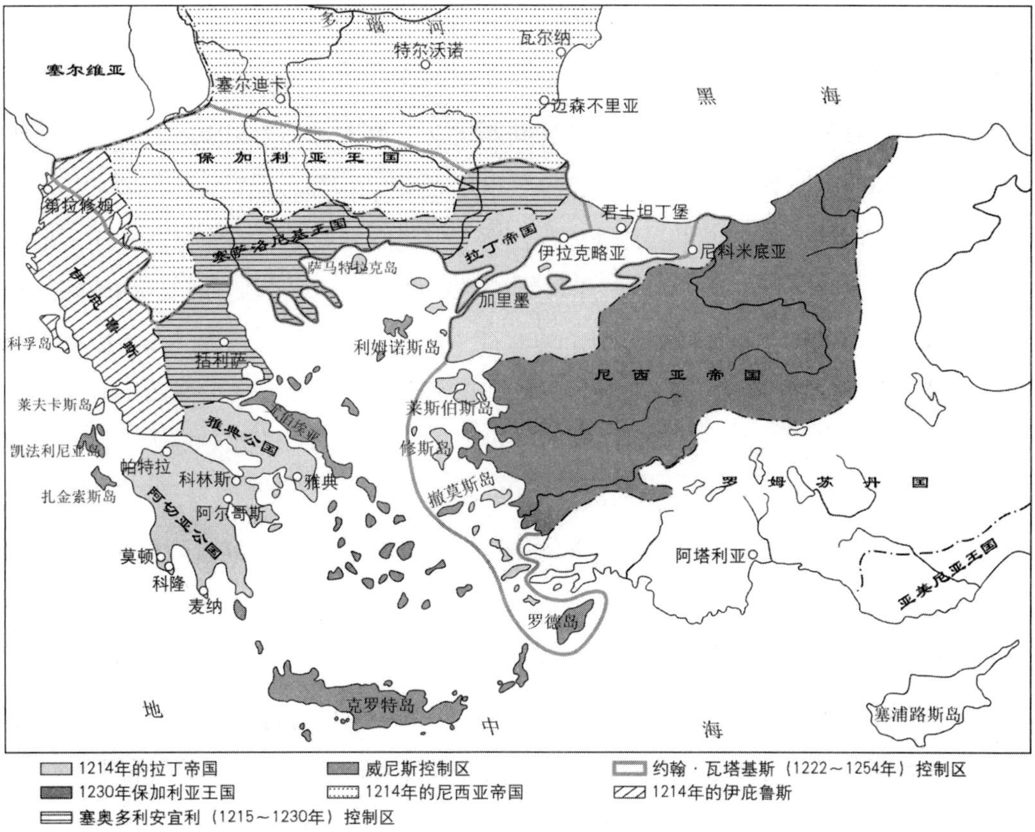

13世纪地中海东部各国政治形势示意图

明帝国建立后，小亚细亚政治形势大变，昔日偏居一隅的奥斯曼已经壮大成一强国。1402年，撒马尔罕的帖木儿西征，将奥斯曼苏丹白牙济德（1389—1402年在位）的大军击败。1403年3月白牙济德死后，帖木儿便班师东归。此后白牙济德的几个儿子纷纷起而争夺地盘，最后穆罕默德战胜了他的反对者，重新统一了小亚细亚。1416

年，穆罕默德在士麦那（伊兹密尔）以西的卡拉布隆岬将反对他的信仰神秘主义教义的叛乱者镇压下去。随后，在1419年，他派出的使团到达北京。这就是明代阿速和中国的第一次交往。《咸宾录》卷四说：“阿速，西海中为稍大国也。永乐中遣使百十二人朝贡。其地多撒马儿罕、天方诸国人。”《明史》卷三三二记阿速：“阿速，近天方、撒马儿罕，幅员甚广。城倚山面川，川南流入海。有鱼盐之利，土宜耕牧。敬佛畏神，好施恶斗。物产富，寒暄适节。人无饥寒，夜鲜寇盗，雅称乐土。永乐十七年（1419年），其酋牙忽沙遣使贡马及方物，宴赉如制。以地远不能常贡。天顺七年（1463年）命都指挥白全等使其国，竟不复再贡。”这里指出阿速是地中海、爱琴海中比较重要的国家，已雅有乐土之称，位置在撒马尔罕和天方两地互通的队商贸易线上。酋长牙忽沙即穆罕默德·本·白牙济德苏丹，阿速是奥斯曼家族最初的译名。1419年3月，伊朗的设拉子、伊斯法罕也有使团来华，5月使团辞归，明朝派中官鲁安、叶先率使团随往设拉子（《明太宗实录》卷二一〇、二一二）。阿速使团一定也伙同伊斯法罕使团来华，这时正是中国和撒马尔罕、伊斯法罕积极开展官方贸易之时。1421年，穆罕默德在亚德里安诺堡去世后，长途队商贸易便告中断。1463年2月，明廷再度决定派都指挥佥事白全、百户白暹使阿速，同行的还有都指挥同知海荣、指挥使马金使哈烈，指挥使詹　、葛春使撒马儿罕（《明英宗实录》卷三四九）。使团抵达目的地时，奥斯曼人早已占领了君士坦丁堡。从1462年秋天开始，奥斯曼苏丹穆罕默德卷入了和希腊领土上唯一可以和他抗衡的威尼斯的战争之中，因此和遥远中国的贸易未能继续下去。中国使团一定带去了许多名贵的瓷器和锦缎，充实了在1464年兴建的萨莱伊宫（现为托普卡皮·萨莱伊博物馆）。

塞尔柱人的罗姆国在蒙古时代曾出现在哈拉和林接待的使团中。在明朝，直到嘉靖三年（1524年）才再有队商取道赫拉特、吐鲁番经甘肃到北京，史称鲁迷“去中国绝远”（《明史》卷三三二），或说“鲁迷不详所始，或云地属哈烈”（《皇明世法录》卷八一）。“地属哈烈”显然是误会，是因来使一定要经过哈烈（赫拉特）之故。鲁迷使团从甘肃入贡狮子二、西牛一，北京还是受了礼。于是嘉靖五年冬（1527年1月）又有使者以狮、牛入贡，并嫌回赐物不足抵偿所费22000余金，要求加赐。路上花费七年，据说是本国王子差往瓦剌卖狮子、西牛的，要求有更多的绢匹抵值。入境后一切费用都由中国官方负担，所以明廷规定五年一贡，每次限十多人。使者的贡物有玉石、珊瑚、珠、金刚钻、花帐子、舍列孙皮、花瓷汤壶、羚羊角、锁服。1543年、1548年和1554年，鲁迷使团继续来华。1543年的一次，鲁迷使团和天方、撒马尔罕等国队商一同结伴而行。1544年贡使回国时，在甘州协助明军抵御入侵的蒙古人，死了9人，明廷为之震动。这次使团多达90多人（《明世宗实录》卷二八二），大约使用了奥斯曼铁火铳。到麦加朝圣是这些使团连年奔波的主要目的，同时也通过麦加的联络，他们又远赴中华大地。1554年是鲁迷使团赴华的最后一次。这五次使团，都是在奥斯曼帝国吞并埃及、攻占大不里士和巴格达之后，在一代雄主苏莱曼一世执政期间所进行的。于是伊斯坦布尔宫廷中珍藏的成千上万件名贵华瓷的来源，也就有了比较可信的解释，因为它们不全是苏丹从大不里士获得的战利品，还有很多是通过和中国建立的经济联系直接取得的。当然，赛里木苏丹确曾派军在1514年9月5日到9月13日将大不里士的八乐园大批珍品特藏搜刮一空，其中便有一批明瓷在内。苏莱曼一世也在1534年、1548年、1553年三度入侵波斯，一度占领大不里士，当然也把当地收藏的华瓷当作了战利品。

在清代，中土之间的官方接触已很少见，但民间的，特别是间接的经济往来仍维系不断。1901年土耳其末代苏丹阿卜杜勒·哈米德二世（1876—1909年在位）庆祝登基25周年时，光绪皇帝特派员赠以精美的工艺品，上有纯金镶嵌的亭台、金银雕镂的人物和用珊瑚串联的林木。至今，这些礼品还陈列在伊斯坦布尔的托普卡皮·萨莱伊博物馆中，象征着1000多年连绵不绝的中土民族友谊。

第二节　物产和知识的交流

一、罗马时期

《魏略》列举罗马出产的亚麻织物中，有出在弗利基亚的绯持渠布、由奥朗特河命名的阿罗得布。在3—4世纪驰名中国南北的大秦织物氍毹，以羊毛为主，和各种兽毛混纺，其中也有小亚细亚的产物。吕底亚、萨迪斯、弗利基亚和西里西亚都织造羊毛，远销东方。

小亚细亚拥有发达的羊毛纺织与染色工业。在罗马世界中，可与之相匹敌的唯有叙利亚。在遥远民族的眼中，这种神奇的羊毛纺织业具有神秘的传说色彩。罗马东部毛织业所用的羊毛，中国人以为出在水中，有水羊毳的传说。小亚细亚的毛织业分布在寒冷的北方，于是有地生羊的传说。最早记述地生羊传说的是杜佑《通典》卷一九三“大秦”条：

北附庸小邑有羊羔，自然生于土中，候其欲萌，筑墙院之，恐为兽所食也。其脐与地连，割之绝，则死。击物惊之，乃惊鸣，遂绝。逐水草，无群。

比杜佑晚一个世纪的段公路在《北户录》也有类似的说法，却指明地点在拂菻。“拂菻国有羊羔生于土中，其国人候其欲萌，乃筑墙以院之，防外兽所食。然其脐与地连，割之则死。唯人著甲走马击鼓骇之，其羔惊鸣而脐绝，便逐水草。”这地生羊的故事，在中世纪晚期竟变成了斯基泰地区地生棉花的故事[①]。这故事和罗马人长期设想中国的蚕丝产在树上一样，都具有幻想的色彩。然而在《山海经》同样可以发现这故事的来源。在《山海经·大荒西经》中，已有欧亚草原生长雒棠树的传闻，雒棠树正是亚洲棉（树棉）的一种民族语言。

拜占庭医药在唐代已著称于中国。段成式《酉阳杂俎》前集卷十八记述许多波斯香药、花木，列举波斯名称之后，常附有拂菻名称，或供药用，或作食用，或以压油。如婆那娑，出波斯，亦出拂菻，称为阿蔀𨁂树；槃砮穑，出波斯，亦出拂菻，呼为群汉树；齐暾，出波斯，亦出拂菻，呼为齐虚；䔂齐，出波斯，拂菻呼为顸勃梨咃（xelbanita）；波斯皂荚，波斯称忽野檐默（xaryadzambax），拂菻呼为阿梨去伐；没树（murd，番石榴树），出波斯，拂菻呼为阿䅣；阿驿（无花果），波斯称阿驲，拂菻呼为底珍。段成式可说是第一个将波斯药用植物和叙利亚、小亚细亚、亚美尼亚药用植物加以对照，并注明用途的中国专家。比段成式早一个世纪的郑虔《胡本草》或许已有这种记录，但书已佚失。

唐代还知道拂菻出产的阿勒勃（山扁豆），状似皂荚而圆长，味甘好吃。没食子，不但波斯出产，而且也盛产于亚美尼亚、小亚细亚和叙利亚。状如红蓝的郁金香，四五月采花，《魏略》说产在大秦，杨孚《异物志》以为出在罽宾（克什米尔至喀布尔河流域），《周书》以为是波斯产品，而小亚细亚其实才是郁金香故乡。16世纪荷兰人在土耳其发现后加以引进，以土耳其名字tulpen（土耳其花）相称，再转成tulipe（郁金香）。迷迭香（Rosmarinus officinalis），属唇形科常绿小灌木，《广志》说出于西海，见

① 英国亨利·李在所著《植物羊》（Henry Lee，*The Vegetable Lamb of Tartary*，伦敦1887年版）中，以为自希罗多德至齐奥夫拉斯托都说印度树上生羊毛，后来又变成了地生羊的故事，这植物羊便是棉花。但亨利·李没有注意到东西方之间对于远国物产都具有的那种好奇，使得这种传说在不同时代具有了不同的内涵。

于地中海东部。曹植、应旸各有赋赞颂，至晚3世纪初已移栽于黄河中游。野悉蜜（耶悉茗、耶悉弭）花（Jasminum grandiflorum），又称素馨花，段成式说出拂菻国，亦出波斯国。这种花叶似梅叶，四时敷荣，花五出，白色，不结子，西亚地区常采花压油，制成芳香滑润油。㮈祇，阿拉伯文narjis，亚美尼亚文nages，今称水仙。段成式说出拂菻国，茎端有花六出，花色红白，可以压油，涂身除风气。据说拂菻国王和国内贵人都用这种油。水仙在新春佳节开花，被看作新岁的瑞兆，为民间所喜爱的吉祥之花。《花史》记载唐玄宗赐虢国夫人红水仙十二盆，此种风气一定受到拜占庭的催发。明清以来，水仙以产在嘉定、苏州、漳州等地的水仙头最为有名。浙江、福建、台湾等地的中国水仙（Narcissus tazetta var. Chinensis）正是南欧水仙的一个变种，是拜占庭文明在东方传递的一个花种，也是1987年在上海评选出的中国十大名花中唯一自海外传入后又经精心培育的名花。

拜占庭有一种被称为万能解毒剂的底也伽（theriaca），在667年被使者带到长安，献给唐高宗。这种药初见于公元前3世纪科洛丰的尼卡特，用来治疗各种动物咬伤引起的中毒。后来本都国王米特里达梯（前121—前63年在位）将它变成一种万能解毒药。普林尼和盖伦都使用过这种药，配方多到600种，后来增入蛇胆、鸦片。中国人最初接触鸦片，便是由于用了出产在小亚细亚的这种含有阿飞勇（鸦片）的底也伽药丸。拜占庭医生善治眼病，“能开脑出虫以愈目眚”。740年，康国使者向长安进赠水精眼药瓶子，大约也是拜占庭制品。明初编印的《回回药方》卷三十目录杂证门中，尚有“福禄你牙亦鲁迷方”（Fulūniyā-i-Rūmī），亦即鲁迷药方。明初周定王朱橚等编《普剂方》中有眼科方，也用了鸦片：“用可铁剌（西域黄耆）一钱，阿飞勇（鸦片）一钱，李子树胶（阿拉伯胶）四钱，白雪粉（锡粉）八钱为末，鸡子白调作锭，每以乳女儿汗磨点之。”（《本草纲目》卷十一引）

拜占庭文明对中国影响最大的是景教的传入。景教是基督教的一支，由聂斯脱里创立。428年出任君士坦丁堡大主教的聂斯脱里由于教义上的分歧，不承认基督的神性，431年被以弗所宗教会议斥为异端。聂斯脱里被迫出走波斯，教徒纷纷往中亚和中国布道。景教徒初期都能治病，如景崇一度为唐玄宗长兄李宪治病，手到病除。

建筑工程知识的东传可能也与景教僧侣有关。拜占庭的凉亭在唐代宫廷中曾有仿造的史迹。“至于盛暑之节，人厌嚣热，乃引水潜流，上遍于屋宇。机制巧密，人莫之知。观者惟闻屋上泉鸣。俄见四檐飞溜，悬波如瀑，激气成凉风，其巧如此”（《旧唐书·西戎传》）。这种建筑技巧曾被唐玄宗的宫廷建筑师所仿效。玄宗造了一所凉殿，召拾遗陈知节询问国事，时当酷暑，“上在凉殿，座后水激扇车，风猎衣襟。知节至，赐坐石榻，阴霤沉吟，仰不见日，四隅积水成帘飞洒，座内含冻，复赐冰屑麻节饮”（《唐语林》卷四）。自从安禄山在长安亲仁坊获赐巨宅以后，王公贵族竞相争胜，京兆尹王鉷也大事营建，后来当上御史大夫，获罪赐死。当局查验他太平坊的邸宅，宅中有自雨亭子，“檐上飞流四注，当夏处之，凛若高秋”（《唐语林》卷五）。龙骨车本是中国所造，而利用龙骨车引水设计的人工瀑布却是拜占庭的新发明，它启发中国的建筑师去设计一种新颖的屋宇。

中国的机械工程给予拜占庭同行以十分强烈的印象。李约瑟宁肯相信卡丹挂环的创造者绝非卡丹，发明这种游动常平吊环的是2世纪的中国技师丁谖。后来阿拉伯人将这种发明纂入公元3世纪拜占庭费隆（Phlon）的《气体力学》（*Pneumatica*）中了。但实际上要到10世纪才由犹太人介绍到欧洲去[①]。

桃和杏这两种果树都是中国人最早栽培的，先传到波斯，公元前后再传到亚美尼亚，1世纪时在希腊、罗马生长。普林尼将桃和杏分别称作波斯果和亚美尼亚果子。杏的学名Armeniaca vulgaris就这样定下了。

对拜占庭人来说，从中华文化获得的最重大的影响是养蚕、织丝技术的引进。在查士丁尼（526—565年在位）时代，拜占庭和波斯在红海和陆上贸易的竞争激烈，拜占庭又和信奉犹太教的希米雅尔国王发生冲突，从中国进口的丝帛大受阻挠。531年后，查士丁尼派使者要求红海西岸的阿克苏姆确保红海商业利益，然而丝绸运输仍无契机。552年，一些来自赛林达国（中国新疆）的印度僧侣抵达君士坦丁堡，向皇帝介绍了育蚕的知识，并获准前往印度取蚕种。不久之后，他们从赛林达取得了相当数量的蚕卵，从此拜占庭开始了自己的养蚕业。在拜占庭统治下的那些原来仰赖进口中国缣素重新加工纺织的地中海东部城市也开始摆脱波斯的阻挠，得以重振旧业。查士丁尼在542年就宣布由国家专营丝织工业，然而要到引进蚕种、解决丝业原料后，拜占庭丝织业才有新的起色。

由于拜占庭受到阿拉伯势力的侵扰，通过里海和黑海取得中国丝货具有了比过去任何时代更加迫切的需求。分布在天山和里海间的铁勒（敕勒）民族，和从中国西迁的可萨突厥，充当了中国和拜占庭之间丝绸贸易的中介商。高加索是中国丝绢和拜占庭锦缎、粟特锦的集散地。北高加索西部基斯洛沃茨克附近的哈萨乌德自1885年以来

① 李约瑟：《中国与西方在科学史上的交往》，《李约瑟文集》，辽宁科学技术出版社1986年版，第142—144页。

时有古代丝绢出土，1967年更出土8—9世纪丝织物残片65件，粟特锦以外，也有拜占庭锦和唐绢、波斯锦。哈萨乌特以西大拉巴河的支流巴勒卡在20世纪初发掘莫赛瓦亚·巴勒卡墓葬，出土丝织品有143件之多，除粟特产品占半数外，中国和拜占庭制品各占20%左右[①]，粟特产品中恐怕也不乏新疆的仿制品在内。同墓还见有残存文字三行的汉文账册[②]。

二、土耳其时期

1081年，位于今土耳其境内的拂菻使者来华，展开了土耳其时期中土关系的序幕。此后，双方便有人士来往。现在可以查考到的，有祖籍亚美尼亚的侯赛因·本·穆罕默德，在南宋乾道七年（1171年）卒于泉州，泉州保存有此人墓碑。在哥伦布到达美洲以前，中世纪地中海世界普遍使用的洋红染料有生于橡树的Kermes insect，和高加索种的Porphyrophora kammelii，后者是来自阿拉拉特山麓的一种染料，著名的亚美尼亚红就取自这种植物。元代进口的用于宫廷毡罽的“茜红”，成分已很复杂，不限于茜草。当时宫廷地毯染红所用茜根有哈刺章、西番、陕西、回回之别，回回茜根即有来自亚美尼亚的，经撒马尔罕转运来华[③]。亚美尼亚又是中世纪出口蓝靛的中心[④]。中国进口蓝靛，除伊朗、印度外当也有来自亚美尼亚的。

在元代有河西甸子，其纹理粗于纳沙布尔的回回甸子，称乞里马泥，是中国所熟知的绿松石。乞里马泥，恐非伊朗的克尔曼（Kirmān），而是塞尔柱的根据地卡拉曼（Karaman），在塞浦路斯岛以北的小亚细亚。乞里马泥，又是土耳其绿松石的别称，近代欧洲人常称绿松石为土耳其玉（Turquiose）。

在中世纪，小亚细亚一直是明矾的主要产地。中国很早就从波斯、埃及进口明矾。普林尼记述明矾产在埃及、西班牙、亚美尼亚（小亚细亚东南部）、马其顿、本都和阿非利加（突尼斯），波斯因转运明矾被唐代人误认作产地。10世纪李珣《海药本草》说：“波斯、大秦所出白矾，色白而莹净，内有束针文，入丹灶家，功力逾于河西石门者。”这种白矾大多来自西亚和地中海，被炼丹家当作上品。宋元时代，明矾也从小亚

---

① A.A.雅鲁莎李姆斯卡娅：《论中世纪早期北高加索的丝绸之路》，《苏联考古学》1967年第2期。

② A.A.雅鲁莎李姆斯卡娅：《丝路上的阿兰世界》，埃尔米塔什博物馆1978年版。

③ 《大元毡罽工物记》,《广仓学窘丛书》甲类二集,上海仓圣明智大学1916年排印本。

④ 海特：《古代利凡特商业史》（W.Heyd, *Histoire du Commerce du Levant au Moyen-Ages*），莱比锡1923年版，第2卷，第75页，第83页。

细亚通过于阗运入内地，可供炼丹，可以做矾绢，可充清洁剂以净水。水银（汞）也是小亚细亚的重要矿产。陈霆《两山墨谈》记有拂菻国水银："拂菻国当日没之处，地有水银海，周围四五十里。国人取之，近海十里许，掘坑井数十，乃使健夫骏马皆贴金箔，行近海处。日照金光晃耀，则水银滚沸如潮而来。其势若粘裹，其人即回马疾驰，水银随赶。若行缓，则人马俱扑灭也。人马行速，则水银势远力微，遇坑堑而溜积于中。然后取之，用香草同煎，则成花银。此与中国所产不同。"（《本草纲目》卷九引）

还有一种赍狗，《通典》卷一九三已有记载："赍出西海，有养者，似狗，多力犷恶。"这种狗又叫拂菻狗。唐代武德七年（624年），高昌使者献雌雄狗各一，高六寸，长尺余，"性甚慧，能曳马衔烛，云本出拂菻国。中国有拂菻狗，自此始也"（《旧唐书·高昌传》）。到了明代，生长在吐蕃的西番狗（西藏狗）也被输送到土耳其。16世纪初访问中国的阿里·阿克巴尔·契达伊在《中国志》中提到中国皇宫中有一种身材高大长毛的动物，它们像狮子一样勇猛，土耳其苏丹也豢养着一群这种狗，民间习称"萨姆松狗"（Samani）。萨姆松一词出自喀斯塔姆拉省的奥斯曼人村庄Samsun[①]，当地出产长毛的高地动物。这种狗其实是一种西藏狗，俗称藏獒，善于追捕麝、鹿等猎物，西藏也向北京进贡这种动物。后来这些狗又成了土耳其皇室的宠物。

元代自拜占庭传入中国的工艺有拂郎嵌。拂郎嵌是一种錾胎珐琅，花纹与大食窑这种掐丝珐琅相仿，从利凡特、小亚细亚东传，元人因此称作拂郎嵌。元代的金锦、金线加工技术十分发达，毛织物加金叫毛缎子，风气和西亚相仿佛。当时西起拜占庭，东至中国沿海，达官贵绅盛行金织衣帽与帷帐，而纺织图样又富球路对鸟、狮团等西方格调。新疆阿拉尔出土的北宋时灵鹫球路纹锦富有装饰意味，最具拜占庭风格。元代金锦有十样锦，图案又多承袭宋代。西亚装饰风已成丝织、毛织物中不可离析的因素。

元代，由于蒙古军队的普遍使用，中国发明的马镫已成西亚马具中不可或缺的套件。马具用玉装饰也在土耳其社会中逐渐形成风气。

源出中国内陆的各种火器更装备了土耳其军队，使它所向披靡。在征服埃及及最终摧垮马木鲁克王朝时，装有活动轮子的奥斯曼炮队轻而易举地制服了坚持信赖骑兵优势的马木鲁克军队。后来"大炮"（top）这个词已成土耳其的词语。奥斯曼制造的火铳

① 《阿拔斯王朝史集》（巴黎国立图书馆科技部第744号），见阿里·玛扎海里：《丝绸之路——中国波斯文化交流史》，耿昇译，中华书局1993年版，第220页注14。

也曾从陆路运到中国。16世纪40年代，噜密（鲁密）人朵思麻带着噜密铳（鲁密铳）度岭涉水，经八年到达北京。明廷任命他为锦衣卫指挥，但对他所献神器却不感兴趣。这种鲁密铳与西洋铳一样，也属鸟铳，比倭铳长而重，射程与威力都大于倭铳，然而使用不便，制造无方，因此“都中人士罕有一问之者”[①]，促成了两国交换军事技术的一段趣闻[②]。

中国制造的精美瓷器更是向往奢侈生活而雄心勃勃的奥斯曼君主苦心追求的财富。1514年，奥斯曼苏丹赛里木从大不里士八乐园（Heshtebesht）运回君士坦丁堡的精美华瓷有57件，其中有大盘10件（含白瓷2件，褐釉4件）、小盘17件（含白瓷4件，各色瓷13件）。当年档案尚存塞拉里奥宫。该宫位于伊斯坦布尔东南，为历代25位苏丹国王的宫室，现已辟为托普卡皮·萨莱伊博物馆（Topkapu Sarayi Müzesi），意思是“大炮门宫”（胜利门宫）。苏莱曼一世在宫中厨房专门辟有收藏华瓷的一间“中国厨房”，但毁于1574年的大火。现在博物馆所列瓷器来自宫中的厨房、库房和地窖，在约10000件瓷器中，华瓷大约有8000件，包括南宋末、元、明时期青瓷1300件，元、明青花瓷约2600件，清代瓷器4000件。土耳其的塞尔柱旧都科尼亚也有博物馆收藏的华瓷，并且不乏精品。关于托普卡皮·萨莱伊的两件铸有“大明正德年造”的瓷瓶，在伊斯坦布尔至今有着动听的传说。据称，正德皇帝（1505—1521年在位）向赛里木一世（1511—1519年在位）赠送了两件带有阿拉伯纹饰的瓷器[③]，很可能在1524年鲁迷使团抵达中国之前，中国队商已去过伊斯坦布尔。

在中西医学沟通上，土耳其也曾起过重要的作用。塞尔柱政权在科尼亚建立以后，即设置经学院，研究医学、法学、数学、几何学、建筑学。后来奥斯曼政权建都君士坦丁堡，该地一时又成东方文化的中心之一，地位不下于开罗和巴格达。

在牛痘发明以前，土耳其将中国儿科医生早已使用的人痘法传播到英国。广泛流行世界各地、危害极为严重的烈性传染病天花，曾是医学史上一种难以治疗的疾病。2世纪时，天花由北方边外传入内地，人称“虏疮”。晋代葛洪《肘后备急方》已记述，天花发作，剧烈的会致命，幸存者也会在皮肤上留下许多瘢痕。中国在11世纪末已发

① 赵士桢：《神器谱奏议·万历二十六年恭进神器疏》，《神器谱》，日本清水正德1807年校刊本。

② 和田博德：《明代铁炮由来与奥斯曼帝国》，《史学》1961年第31卷第1—4号，第692—719页。

③ J.波普：《托普卡皮·萨莱伊博物馆藏14世纪中国青花瓷》（John Pope，*Fourteenth-Century Blue-and-White, A Group of Chinese Porcelains in the Topkapu Sarayi Müzesi*），华盛顿1952年版，第13页。波普以为这件事见于阿里·阿克巴尔的《中国志》（Ali Akbar，*Khitay-nama*），是个误会。

明抗原接种的人痘，预防天花。明代因天花流行，医家纷纷研究医治办法。隆庆年间（1567—1572年），皖南太平县首先推广这种人痘接种秘方，后来不断改进。康熙帝在1681年从江西招聘痘医朱纯嘏到北京，先后在皇室及内蒙古、外蒙古推广人痘法。1742年清政府颁布《医宗金鉴》，就详细记录了人痘接种术。俄国闻讯，在1688年派员到中国学痘医。土耳其通过中亚细亚和俄国学到了人痘接种技术，被英国驻土耳其公使蒙塔古（M.L.Montague）的夫人学会后，在1718年带回英国，迅速传遍欧陆。不久，美洲也施行了这种新的医术，以预防天花。英国人痘医生贞纳（E.Jenner，1746—1823）积累了接种人痘的经验，在人痘的启发下，以牛为苗体，在1796年用牛痘接种成功。此法比人痘更为优越，疗效更为明显，从此被欧洲医界采用。

第三节　阿里·阿克巴尔的《中国志》

14世纪以后，土耳其时有来到中国的商旅，也有到中国来传教的，其中不少人移居中国。主持南京净觉寺长达一个世纪之久的，即从洪武初建到弘治五年（1492年），便是鲁迷人可马鲁丁和他的子孙。他们中有人用文字将在中国的所见所闻所思留了下来。当时有关中国的最重要的著作，要推赛义德·阿里·阿克巴尔·契达伊（Seid Ali Akbar Khatai）的《中国志》（*Khatāy-nāmih*，*Khitay-nama*）。这部用波斯文写成的书共分二十章，长期以来只是一部手稿，书中声称作者在回历922年勒必拉费勒月（3月）末（1516年5月初）完成于君士坦丁堡。君士坦丁堡的阿希尔·阿凡提图书馆藏有该书两种波斯文抄本，卷首有作者献给鲁迷国王苏莱曼一世的颂词。1582年，穆拉德三世苏丹统治期间，该书由赫扎尔芬译成土耳其文，以之奉献苏丹，书名改成了《中国和契丹的法典》。很明显，《中国志》由于花费大量篇幅介绍明朝的法律和礼仪，以及军队的建制和社会秩序的稳定，引起了号称“立法者”的苏莱曼一世和继承者穆拉德三世（1574—1595年在位）的注意。但这部《中国志》直到1853年才在伊斯坦布尔刊出了第一个石印本。1883年法国的伊斯兰学者谢费首先发现了该书的波斯文抄本，并进行研究、整理和翻译。1988年在北京出版了张至善等编译的《中国纪行》，根据英译本和新波斯文版译校了全部文稿[①]，并编集了各国学者研究、介绍该书的文章，使《中

① 波斯文本根据伊朗学者伊拉志·阿夫沙尔编辑的本子（1978年版），原稿为开罗抄本的波斯文、奥斯曼土耳其文本，由张至善、张铁伟、岳家明合译，三联书店1988年出版。全书共二十一章，第十八章《中国的天房》系自第十七章《中国的农业》中析出。

国志》这本开启土耳其人了解中国文化锁钥的著作也为中国读者所分享。

赛义德·阿里·阿克巴尔之所以取契达伊（中国人）为姓，是因为按照当时波斯人移居他地的习惯，移成者要将侨居地作为姓氏。有人甚至推测他的父亲是圣门后裔，故称赛义德，而母亲则是一个中国人[①]。《中国志》讲到了1450年（回历854年）英宗被也先俘虏，后来由宪宗成化（实际为景宗景泰帝）继位，以后英宗复位的历史。他记录的时间跨度在半个世纪以上，而对这段历史混淆了许多事实，如将景泰（1450—1457年）和正德（1506—1521年）两位皇帝都写作Kin Tai，并误称他写《中国志》时，是成化汗的儿子景泰汗当政。对一个侨居中国的外国穆斯林来说，这种错误是难免的。

阿里·阿克巴尔遍述中国后，在第四章中得出了这样的结论："在世界上除了中国以外，谁也不会表现出那样一种井井有条的秩序来。毫无疑问，穆斯林如果能恪守他们的教规，虽则两者间并无共同之处，他们一定会按真主的良愿成为圣贤。"阿里·阿克巴尔相信当时的中国皇帝正德是皈依了伊斯兰教的，只不过碍于习惯势力不能公开宣布罢了。所以他对穆斯林采取的保护措施非常得力。这一说法和中国民间长期流传的传说十分吻合。阿里·阿克巴尔描述了皇宫的庆典，军队的建置和布防，仓储，监狱，12个省区，宴会和礼仪，妓女，奇妙的手艺，立法者和守法精神，学堂，农业，钱币和纸钞。既有历史的真实，又有类似天方夜谭式的穆斯林传说中的中国习俗与现实。书中描述的妓女大多是犯罪人的后裔，被罚作妓女，在旱情严重时被政府驱使去祈雨，如祈雨不果则只有等待处死。总之，《中国志》是一部西亚穆斯林眼中的中国总览，它以穆斯林的观念描述了中国统治集团的治国方针和中国各地的社会实况。此书大大胜过了在它以前二百年的《伊本·白图泰游记》。

第四节　中国穆斯林在伊斯坦布尔

在16世纪伊斯坦布尔成为伊斯兰世界的智慧和文化中心以前，塞尔柱王朝的首都科尼亚曾以装饰华丽的清真寺和神学院著称于世，它吸引了穆斯林世界的各地学生，其中便有来自中国新疆的信徒。库车苏菲主义教派中的依禅派相传起源于宋代理宗年间。有一位阿富汗人额西丁曾在科尼亚神学院学习，结业后到库车传教，不久便成为

① 阿里·阿克巴尔：《中国纪行》，张至善等译，三联书店1988年版，第307—308页。

该地依禅派领袖，最后死在库车，迄今陵墓仍在。

19世纪时，中国穆斯林常在朝觐之后奔赴土耳其首都游历、深造。云南著名经师马德新便是其中之一。1841年，马德新偕同弟子马安礼、马开科等人前往麦加朝觐。出国五年之后，他在1845年正月初由亚历山大里亚乘船到了伊斯坦布尔，一直住到七月才赴耶路撒冷。土耳其苏丹阿布杜拉·麦吉德（1839—1861年在位）亲自接见了这位远方来客。此时正值苏丹的王姊结婚，在伊斯坦布尔隔海相望的于斯屈达尔举行盛大的宫廷宴会，马德新亦躬与其盛。宴会结束，由宫廷官员陪同马德新游览伊斯坦布尔全城，并参观了土耳其皇家太医院，瞻仰了各处名胜古迹。马对这个穆斯林帝国印象十分深刻，回国后将自己的感受用阿拉伯文写进了《朝觐途记》中。

马德新的伊斯坦布尔见闻推动着以后的朝觐者分途前往帝国的中心，一瞻盛世华彩。云南马联元在20岁左右已精通汉文和阿拉伯文。杜文秀在大理起义后，马联元便跟着舅舅前往麦加朝觐，顺道往赴埃及、伊拉克、土耳其。在土耳其，他跟从二不都哈米德（‘Abd al-Hamīd）学习《奈格施邦定记刻尔》。后又赴埃及，从二不都浪宾来素礼（‘Abd Al lāhbin al-Rasūl）学习古兰读法，并转赴印度学习，学业大进，直到1874年才回到云南。1900年，60岁的马联元因杜文秀刻印的《古兰经》版本告绝，再度倡刻《古兰经》，由高足田家培一手写成版样。刻版至今留存，印本则遍布云南各地。20世纪的王宽追迹马德新、马联元前往土耳其考察，使中国穆斯林瞻仰当代最大的伊斯兰帝国首都的风气大盛。

第七章
20世纪中国和西亚文化交流

第一节　中国伊斯兰教学者与伊斯兰各国

进入20世纪，中国伊斯兰教学者前往麦加朝觐的有所增加。作为伊斯兰各国宗教和政治的中心，土耳其的伊斯坦布尔为中国伊斯兰学者和穆斯林所仰慕，成为朝觐和出国巡礼的终点。中国穆斯林还派出留学生赴埃及、土耳其学习，交流学术文化。

王宽是20世纪中国伊斯兰新式学校的兴办者。王宽（1848—1919年），字浩然，北京人，回名哈志阿布杜拉合曼，行五，人称“王五阿洪”，是世代主持牛街礼拜寺的王崇名的侄孙。学成后，先后在外地和北京牛街寺讲学。为拯救积弱已久的中国回民，他在1905年9月带领弟子马德宝一起赴麦加朝觐，历游埃及、土耳其等地；在伊斯坦布尔受到奥斯曼苏丹阿卜杜勒·哈米德二世的接见，受赠经书1000多卷。1907年由土耳其经师哈夫足哈三、阿里雷塔陪同，一起东渡回国。土耳其经师在华讲学，传授古兰经读法。这时土耳其已从布鲁萨修起了通往巴格达和麦加的铁路，青年土耳其党人根据他们和苏丹缔结的协议，在1908年7月公布了新宪法，在年底召开了土耳其议会。

王宽受到土耳其复兴运动的鼓舞，回国后以培养新型知识人才为第一大事，提倡兴学。1908年，他在北京和王友三、达浦生等创立回教师范学堂，地点就在牛街礼拜寺，在宗教课程外，又增设各项学科。翌年，又创办京师公立清真第一两等小学堂，开创了回教新式学校。1914年更创立中国穆斯林协会“中国回教俱进会”，任副会长。他在《中国回教俱进会本部通告》序中追述土耳其的改革对他的影响之深：

> 余游土耳其归国后，始知世界大势非注重教育不足以图存。遂即提倡兴学。未几，而清真学堂以立。……
>
> 宽犹有言者：土耳其与吾，同种之国也。该国人士对于中华物产最为欢迎。果能中、土结约，互通商旅，将见庄严民国称霸亚洲，而雄飞世界矣。

王宽曾翘首期待中国和土耳其缔约，发展经济关系，以为这是振兴中华、拓展国际商务的大好机遇。

中国穆斯林为拓展学术，增进国际间的接触而发起的出国研究，赴埃及、土耳其留学的风潮，始自甘肃马氏。继而哈国桢于1913年前往麦加、开罗，周子宾也曾赴埃及学习，此后有天津王静斋及其弟子马宏道留学开罗、伊斯坦布尔，王曾善自费留学土耳其，于是回民出国深造，渐成风气。王静斋、马宏道在1922年3月离开天津，经上海、香港、孟买前往埃及，考入爱资哈尔大学，从此展开留学生涯，在艰窘的环境下刻苦学习。1924年在参加麦加朝觐后，王、马两人又乘火车直赴伊斯坦布尔，并前往土耳其新都安卡拉游历。时值土耳其经济萧条，百业待兴，因此王静斋打消了在土耳其留学的念头，仍回爱资哈尔大学留学，担任该校中国学生部部长，为以后中国学生留学该校做了准备。马宏道则决意进入伊斯坦布尔大学学习，多年后学成返国，是现代中国最早留学土耳其的学子。王静斋自埃及归国后，致力于讲学、译经，编印字典。1928年他的《中亚字典》正式出版，风行海内。此书与北京马德宝所编《中阿字典》同为中国伊斯兰学者和穆斯林学习阿拉伯文的基本用书。1931年，王静斋又将《英阿双解新字典》译成《中阿新字典》出版。王静斋曾三次出版《古兰经译解》，即1932年北平回教俱进会文言体本，1942年宁夏石印经堂语本，1946年上海永祥印书馆白话文本。此书与杨仲明文言体《古兰经大义》（1947年北平伊斯兰出版公司）同为20世纪中叶通行的《古兰经》译本。

20世纪30年代赴埃及的留学生是由国内伊斯兰学校正式资派的，经中国政府与驻在国当局协议享受公费学习待遇。自1931年起至1935年，中国向埃及爱资哈尔大学派遣五届留学生，共23人。爱资哈尔大学中国学生部在1933年正式成立，由云南明德中学训育主任沙国珍出任部长。1931年派出的第一届留学生共4名，其中有上海伊斯兰回文师范学校的马坚、云南明德中学的纳忠等。1932年第二届赴埃及留学生由北平成达师范学校选送5名。1934年由云南明德中学派出3人，为第三届赴埃及留学生；同年，上海伊斯兰回文师范学校派出5人，为第四届赴埃及留学生。留学印度德里来克劳大学院的海维琼也在1934年转入爱资哈尔大学。第五届留学生5人在1935年由北平成达师范学校选派。

首届赴埃及留学生中的马坚，在学习期间曾以阿拉伯文做过关于中国伊斯兰教现状的专题报告，并在开罗刊物上发表。此外还致力于介绍中国文学和典籍。第二届赴埃及留学生，由北平成达师范学校代校长马松亭亲自率领，受到埃及苏丹福德一世的接见。福德一世同意尽量招收中国学生，允许派遣两名埃及教授到北平成达师范学校任教。福德一世亲赠罕见的上千册阿拉伯文经典，由该校专辟福德图书馆加以庋藏。该校还翻印了不少阿拉伯文小册子作为课本，尤以影印欧斯曼本《古兰经》为最珍贵。北平、上海、南京、镇江、昆明、成都和四川万县（今重庆万州区）也都先后刊印阿拉伯文、中文的伊斯兰教经书。

民国以来，阿拉伯原文典籍由上海协兴公司、上海中国回教书局、北平成达师范出版部从国外运进不少，同时进行影印，以供各方需要。上海协兴公司由南郑哈国桢在1914年发起。任职上海浙江路礼拜寺的哈国桢精通阿拉伯文、波斯文、乌尔都文和英文，1919年出任协兴公司驻斯里兰卡和埃及的经理。1924年回到上海。1925年与伍特公、沙善余等成立中国回教学会，出任浙江路礼拜寺教长。1928年在上海创办伊斯兰回文师范学校。他热衷于资选留学生出国深造，致力于从孟买、德里、开罗以及土耳其、叙利亚等地输入原版典籍，在上海销售。上海中国回教书局除经销阿拉伯文版书籍外，更以发行影印本为主要业务，《教律经》《喀最经注》《门志德字典》等巨著鸿篇均经影印发行，方便学人。

第二节　典籍翻译与交流

中国对阿拉伯文典籍的翻译史，可以追溯到南京刘智（约1664—1730年）在康熙年间所编《纂译天方性理》（简称《天方性理》），这是一部有经有传的伊斯兰教典籍译著。康熙末年，遨游全国各地的刘智在河南朱仙镇赛家找到了一部用西文（波斯文）叙述穆罕默德生平的《至圣录》，决心加以翻译，到雍正甲辰年（1724年）脱稿，取名《天方至圣实录》，但到1776年才正式出版（南京袁国祚付梓）。全书二十卷，前三卷是宗谱、图表。四至十六卷是正文，记穆罕默德一生事迹。最后四卷是附录，为刘智所辑。此书的出版，开阿拉伯典籍汉译之风，20世纪时又引起英、俄、日等国学者注意。1921年英国基督教传教士伊萨克·梅逊的英译本分别在伦敦、纽约问世。继而俄国艾哈曼德·勃列瓦涅夫据英文译成俄文，题名《俄语实录择要》。法国学者又据俄文译成法文。1941年日本田中逸平从刘智原本译成日文。

19世纪末，中国出版了中世纪阿拉伯诗人蒲绥里（1213—1297年）颂赞穆罕默德生平的长诗《盖绥迪·布尔德》（《先知的斗篷》）。云南经师马德新在1848年归国时带回了这部诗集和注文。此诗流传阿拉伯世界，在民间甚至被奉为足以逢凶化吉的圣诗。马德新在讲课之余开始口译，由弟子马安礼笔录润色。马德新死后，马安礼又与马学海合作，采用海尔布梯和巴珠里二氏的注释，仿照《诗经》的风韵，以四言、六言、八言诗句，拍合“雅”“颂”正声，完成译本，题名《天方诗经》，一名《衮衣颂》，1896年在成都刻成木版问世，阿拉伯文原诗刊于上端，阿汉对照，开启了中国翻译阿拉伯诗的历史。试举诗人颂赞穆罕默德的诗句：

如鲜花其光润
如圆月其高明
如大海其仁慈
如光阴其恒长

蒲绥里的这一杰作是传诵最广的阿拉伯语诗篇之一，除译成波斯语、土耳其语、汉语外，还被译成德语、法语、英语和意大利语等西方语种。汉译本与巴塞的法译本（1894年）、格卜赖里的意大利文译本（1901年）几乎同时问世。1956年人民文学出版社出版了汉译本的影印本，以资纪念。

中国对阿拉伯文学的翻译，从《天方诗经》开始到1949年大约出版了十种，从1950年到1993年间则出版了160种。

阿拉伯文学中流传最广、影响最大的作品是《一千零一夜》，它汇集了波斯、印度、阿拉伯和埃及的许多传说和故事，成为中世纪伊斯兰各国家喻户晓的知识宝库。这部故事集原题作《一千夜》。埃及法蒂玛朝艾迪德哈里发时期（1148—1171年）的一位文学史家改成《一千零一夜》。这部故事集现存最早的两页抄本是9世纪之物。整个故事集大约直到16世纪才由埃及文人编订成定本。阿拉伯文原本于1814—1818年在加尔各答刊出初版本，但所录故事仅二百夜。英译本大多取名《阿拉伯的夜晚》，因此最早的中文选译的篇目也都取名《天方夜谭》。中国开始翻译介绍这部名著的时间是1900年，译者周桂笙在《新庵谐译》上卷（上海清华书局）中，从英文版转译了《一千零一夜》部分故事。1903年，钱楷重选译《辛巴达航海故事》，译自英国史谷德的英译本，书名改题《海上述奇》。1904年，周作人用文言从英文版转译《阿里巴巴和四十大盗的故事》，改题《侠女奴》，刊于苏州《女子世界》，后由上海女子世界社出单行本。1903—1906年，由上海商务印书馆发行的早期小说杂志《绣像小说》上也有选译的《天方夜谭》。1906年，商务印书馆出版了奚若由英文版转译的《天方夜谭》四册。此后各种译本渐多，但大多从英、日文转译，或用文言，或用白话，多属选译或节译。1930年汪原放出版了从英文版转译的选本，开始采用《一千零一夜》的原名。1956年萧波伦从英文版转译《天方夜谭》节本（通俗文艺出版社）。从阿拉伯文版翻译这部名著的是纳训，他从留学开罗时就开始这项工作，在1947年返国前由上海商务印书馆出版五册；1957—1958年又出版了三卷选译本（人民文学出版社）。他翻译的六卷全译本在1982—1984年由人民文学出版社出版。

《一千零一夜》中的许多故事都与阿拉伯商人足迹所至的中国有关。名篇“阿拉丁和神灯的故事”中，最先占卜得知稀世宝物神灯埋藏在中国地下的便是一位非洲魔法师，他被告知，要得到这奇宝必须依靠胆大机灵的孩子阿拉丁。“辛巴达航海故事”中的脚夫辛巴达经过七次远航，到过印度、中国、马来群岛、非洲和欧洲，中国是他到过的最远的地方了。巴格达设有中国市场，港口有来自中国的船只，这些历史上的繁华景象也都在这部巨著中被描绘得栩栩如生，令人回味无穷。

畅销不衰的《一千零一夜》（纳训译）和1988年诺贝尔文学奖获得者埃及作家纳吉布·迈哈富兹的小说《三部曲》获得了1991年“第一届全国优秀外国文学图书奖”。这两部作品是在中国已经问世的一百多种阿拉伯文学作品的杰出代表，它们的获奖是一个世纪来中国人对阿拉伯文学的赞赏和颂扬。

在1958年，讴歌民族独立和革命斗争的阿拉伯各国的诗歌，翻译成中文的就有《明天的世界》等11部之多。不过译本直接译自阿拉伯文的很少，大多从其他文种转译。

1981—1986年，中国翻译出版的阿拉伯文学作品有46种。纳吉布的《三部曲》《平民史诗》《尼罗河畔的悲剧》《梅达格胡同》《宫间街》《思宫街》《甘露街》，伊赫桑·阿卜杜·库杜斯的《罪恶的心》《难中英杰》（原名《我家有个男子汉》）都在这时出版。还出现了三本畅销书：一本是《东方舞姬》（原名《莱娅丽》），作者并无多大名声，却在中国两年中销出30万余册。一本是黎巴嫩作家陶菲格·尤素福·阿瓦德的名作《白衣女侠》（原名《面包》），一次印刷10万余册。第三本是尤素福·西巴伊的浪漫主义代表作《废墟之间》，三次印刷10万册。在1991年，阿拉伯文学译本出版的便有10种。这些阿拉伯文学作品多半是埃及作家创作的。

埃及作家纳吉布·迈哈富兹是在中国出版译作最多的阿拉伯作家之一，除上述作品外，更有《纳吉布短篇小说选萃》《两宫之间》《世代寻梦记》《新开罗》等相继出版。以“复活的先知”著称的纪伯伦·哈里勒·纪伯伦（1883—1931年）是在国外特别著名的黎巴嫩作家、诗人和画家。1920年，纪伯伦发起了海外文学团体“笔会”，并担任会长。他在中国拥有的读者数仅次于纳吉布。散文诗集《先知》被公认是他的顶峰之作，以哲理和丰富的想象见长，谢冰心在1931年将它译成了中文。1957年、1987年《先知》又被重印，他的《泪与笑》《折断的翅膀》《主之音》《先知的使命》《纪伯伦抒情诗八十首》等也都先后出版。1993年正值纪氏诞生110周年，《纪伯伦散文全集》以及集纪氏阿文、英文作品和书信于一书的《纪伯伦全集》相继出版。

纳吉布在《三部曲》中译本出版时写了序言。他说：“埃及和中国都是世界上最古老的国家，差不多在同一时期各自建立了自己的文明，而两者之间的对话却在数千年之后。埃及与中国相比，犹如一个小村之于一个大洲。《三部曲》译成中文，为促进思想交流与提高鉴赏力提供了良好机会。”纳吉布不了解中国和埃及之间悠久的历史联系，这段历史需要进一步宣扬。同时他也期待中埃文化交流持续不断，也希望中国当代文学在埃及图书馆中占有席位，以便相互了解，这无疑也是中国文化人士的共同愿望。纳吉布本人早就念过两本中国书，一本是从英译本转译的老舍《骆驼祥子》，纳吉布回忆说是讲一个人力车夫的故事；另一本是留学开罗的马坚翻译的《论语》，1935年由开罗古籍出版社刊印。这是由中文直接译成阿拉伯文的第一部中国古代典籍。在此以前，马坚已将中国文学作品《茶神》《河伯娶妻》《中国格言》等译成阿拉伯文，在开罗发表。出版《论语》的发行人穆希布丁·赫蒂卜在该书序言中热情赞扬孔子的思想和马坚的翻译是对阿拉伯文库的重大贡献。他说：“中国孔子的哲学思想至今使人感到亲切，就像昨天刚刚说过似的。他的语言简练，通俗易懂，含义深刻。孔子尤其重视弟子的培养，提高他们的理性认识，陶冶他们的心灵，考察他们的行为和表现。”马坚对中国文学和典籍的翻译、介绍，在中国和埃及以至整个阿拉伯世界之间架起了文化的桥梁，使得彼此有了共同的语言。

同样在20世纪30年代初，诗人和英语文学研究者朱湘在编辑翻译外国诗集《番石榴集》时，已留意选译古埃及的《死书》（《亡灵书》）、波斯诗人萨迪的《蔷薇园》以及波斯诗人哈菲兹、费尔杜西的诗歌。另一位波斯诗人、天文学家欧麦·卡雅（1048—1124年）以充满哲理的四行诗见称于世，诗人郭沫若在1928年根据1859年英国菲茨杰拉尔德的著名英译版将他的作品转译为中文，取名《鲁拜集》，在上海光华书店出版，后来又收入他的《沫若译诗集》中。萨迪的《蔷薇园》是清代以来中国穆斯林必修的波斯语读本，1947年回族学者王敬斋将它译成中文，由北平牛街清真书报社出版，取散文形式，题名《真境花园》。1958年为纪念这位世界文化名人，中国出版了从英文本转译的《蔷薇园》（水建馥译，北京人民文学出版社）。1957年两部古埃及文学巨著译成中文，一部是包括140章的宗教诗歌总集《亡灵书》（吉林人民出版社），另一部是倪罗译的《古埃及故事》（作家出版社）。它们使中国读书界加深了解古代埃及人的生活与思想。巴比伦古代史诗《吉尔伽美什》也在1981年出版，译者赵乐甡从日文本译出，由辽宁人民出版社刊印，使这部称得上是世界史诗之源的巨著也有了中文译本。

1999年译林出版社重新刊印《吉尔伽美什——巴比伦史诗与神话》，又收进苏美尔的创世神话《思努马·艾利希》。

中国典籍译成阿拉伯文本除了开罗出版的《论语》以外还有很多。在伊斯兰国家中致力于移译中国文献的，是1935年成立的土耳其安卡拉大学汉学院。这里是中东地区规模最大、历史最久的汉学研究中心。1984年，中国向该校赠送了670册中文图书，丰富了该校的藏书。由汉学院翻译成土耳其语的中国文献，有《论语》《孟子》《老子》《史记》《汉书》《孙子兵法》；古典文学作品有《诗经》《李白白居易诗集》；现代文学作品有《狂人日记》《阿Q正传》《茶馆》《雷雨》；另有反映丝绸之路历史和出土文物的《丝绸之路》和《新疆历史文物》等大型图册。这些译作的问世，对沟通中国和西亚文化交流、加强中国和土耳其的相互了解和民族友谊有着重要作用。

第三节　以《瀛寰志略》为起始的西亚研究

进入19世纪以来，西方列强势力席卷全球所引起的世界性变化促使中国边疆史的研究风气日盛，了解与探究国际形势发展成为中国人当务之急。最早便和美国基督教传教士雅裨理打过交道，急切要求了解世界各国情势的山西五台人徐继畬（1795—1873），在魏源编写的《海国图志》第一次出版后的下一年即1843年，也开始从不同的视野编撰名为《瀛寰考略》的一本地图集。1843年，当时已升任福建布政使的徐继畬借助办理福州、厦门两处口岸通商事宜的职使，在这两地访问洋人，先后获得三册最新出版的世界地图，于是自己动手用墨线勾勒20多幅地图，后又不断修订文字，增加图幅，最后在1849年初正式出版了名为《瀛寰志略》的地图集。这本书摒弃了以往来华外国传教士编写的《职方外纪》《坤舆图说》等介绍海外地理只重各地奇风异物的做法，而参照西方以投影法绘制的地图，用墨线绘制42幅地图，分洲、分国介绍世界地理，以简洁的文字介绍世界各大区域的民族、国家、政治、经济和地理，显得主题分明，重点突出，是一本图文并茂的国际知识手册。卷首列出东半球图、西半球图，之后分亚细亚、欧罗巴、阿非利加、亚墨利加四大部分。书中对已经工业化或正在工业化的西方强国俄罗斯、意大里亚（意大利）、荷兰、佛朗西（法兰西）、英吉利、西班牙、葡萄牙、米利坚（美利坚）都有专图和长篇说明，在全书中占有突出的地位。

因其超出国人的世界知识与见识，徐继畬博得西方人士的赞誉。他对英国的君主立宪和美国的民主共和政体表示共鸣，以致成为他的政敌日后攻讦他的口实。他在书中叙述波斯、土耳其、非洲各国，比《海国图志》详细，是中国最早深入探讨西亚、非洲源流的专著。他在卷三“亚细亚印度以西回部四国”中列出阿富汗、俾路芝、波斯（广东称大白头）、阿剌伯，在卷六“欧罗巴土耳其国”详细讨论回部大国土耳其，地分西、中、东三土，西土在欧罗巴界内，中土、东土在亚细亚境内。他对土耳其的地理和历史作了扫描：

> 土耳其（土耳叽、土耳基亚、都耳基、多尔其、都鲁机、特尔济、杜尔格、控噶尔、痾多马诺、阿多曼），回部大国也，地分西、中、东三土，西土在欧罗巴界内，中土、东土在亚细亚界内，三土合计纵横约四五千里。古时

皆罗马东境（即大秦国），后罗马分东西，三土为东罗马地。唐初阿剌伯回部方强，取东、中两土建为藩部。土耳其者，本鞑靼种，旧游牧葱岭之东（即今伊犁一带），奉回回教，展转西徙入买诺（即土耳其中土），居于加拉马尼亚，为亚剌伯回部所驱，逃避山穴，其后种族渐繁。元成宗五年，头人阿多曼（一作痾多马诺）招集种人，攻夺买诺回国，即名其国曰阿多曼，至孙默拉德日益强盛，东土之犹太、叙里诸部（即土耳其东土）以次蚕食，疆土愈广。

《瀛寰志略》东半球图

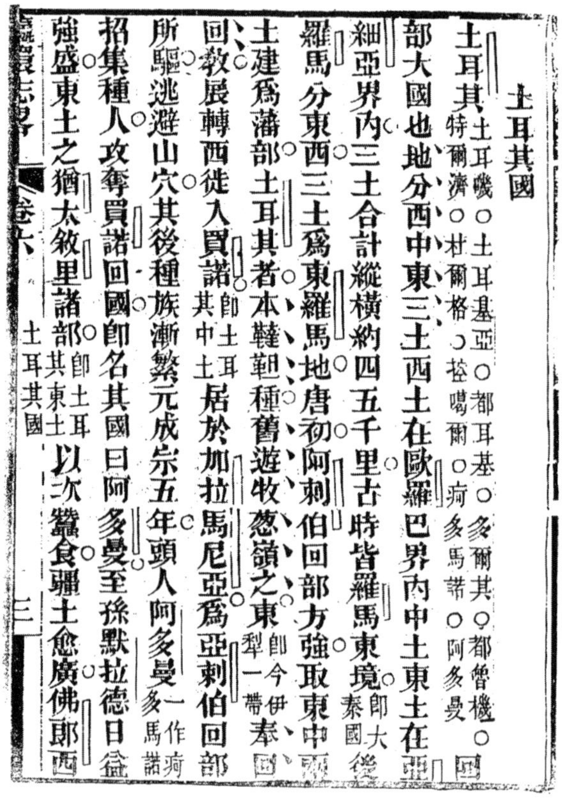
土耳其國

土耳其（土耳幾○土耳基亞○都耳基○多爾其○都魯機○國特爾濟○杜爾格○控噶爾○痾多馬帯○阿多曼）部大國也地分西中東三土西土在歐羅巴界內中土東土在亞細亞界內三土合計縱橫約四五千里古時皆羅馬東境（即大秦國）後羅馬分東西三土爲東羅馬地唐初阿剌伯回部方強取東中二土建爲藩部土耳其者本韃靼種舊遊牧葱嶺之東（即今伊犁一帶）奉回教展轉西徙入買諸（即土耳其中土）居於加拉馬尼亞爲亞剌伯回部所驅逃避山穴其後種族漸繁元成宗五年頭人阿多曼（一作痾多馬諾）招集種人攻奪買諸回國即名其國曰阿多曼至孫默拉德日益強盛東土之猶太敘里諸部（即土耳其東土）以次蠶食疆土愈廣佛郎西

瀛環志略 卷六 土耳其國 三

《瀛寰志略》1849年刻本

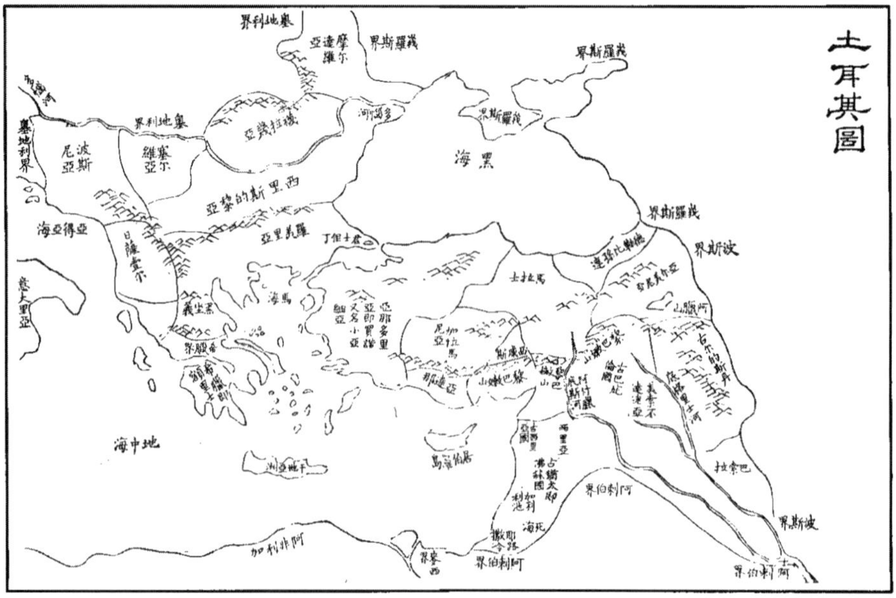

《瀛寰志略》土耳其地图

徐继畬将土耳其中部（今日的土耳其）地区小亚细亚（Asia Minor）简译成买诺，称这里三面环海，“纵约千里，横约二千余里，南北峻岭嵯峨，中多腴壤，土耳其起于此土，鞑靼种人散布杂居，故土虽中衰，尚无分裂”。介绍买诺地分六部：

亚那多里亚（一作士麦拿），又名小亚细亚，三面界海，与西土之罗美里隔一海峡。会城居民十万，勤于懋迁，西国商贾云集，每年出入货价，不下数百万金。域内街衢街污秽，每瘟疫盛行，传染殆遍。所属大城曰补撒，居民六万。大邑曰加士他，曰牟尼，多回回庙宇。

加拉马尼亚，在亚那多里亚之东，土耳其人初来时，寄居于此。会城曰可尼，土之旧都也。

亚达那（一作安俄剌）在加拉马尼亚之西南，跨山临海。其山之羊，毛细如丝，用以织布极温软。

西威斯（一作西瓦），在加拉马尼亚之东，南临海，山出铜矿，居民善造铜器。

马拉士（一作古地亚，又作路弥阿），东接东土之亚尔美尼亚，西连加拉马尼亚、亚那多里亚两部，北距黑海。

德勒比孙达（一作德比逊），在马拉士之东北隅，南界亚尔美尼亚，北距黑海，其埔头为土耳其与俄罗斯通商之地。

《瀛寰志略》接着介绍土耳其东土，在买诺以东，“北枕黑海，东北隅接俄罗斯，东界波斯，南连亚剌伯麦西，西抵地中海，纵约二千余里，横约千余里”。当地居民分四大部族。处在海岸、海岛的，“皆额力西种（即希腊），谓之上等人”。居住在西里亚、美索不达迷（米）亚各部的，属半阿丹种（即阿剌伯），长于经商。居住东北山中的，属戈达曼种，游牧为生。居住黎巴嫩山中的，有马罗奈底士、特鲁西士、黑尔西等，皆回民。按照地理，土耳其东土共分五部：西里亚（今叙利亚）、美索不达迷（米）亚、古尔的斯丹（今库尔迪斯坦）、亚尔美尼亚（今亚美尼亚）、巴索拉（今巴斯拉）。最后终结称，“按土耳其三土，古大秦国之东境（即意大里亚之罗马），为西域自古著名之地。东土创辟最早，巴庇伦建国于前，西里亚代兴于后”。全书对西亚的东部地区以波斯相论，西部地区划入土耳其的东土和中土，简明地介绍了该地的历史、地理和民族。此书一出，在19世纪60年代以后成为外事人员必备参考书，1867年京师同文馆采作地理读本，并东传日本。此书与《海国图志》中的“夷夏有别”主旨不同，开始向“政以养民”的新思路迈开步伐，因此从这本书开始，有清一代的知识分子开始摆脱孔教与当政者的思想约束，向工业化的世界张开双手，宣告中国思想界已进入一个新的时代、新的纪元！

20世纪中国对西亚的研究，发轫于中西交通史这门学科的诞生。西方汉学家勃莱特史耐德、夏德、劳费尔的著作和日本学者白鸟库吉、桑原隲藏、藤田丰八关于西域史地的研究推动了中国学者投身于中西交通史的研究，努力发掘与搜求古代中国与西亚的文化、经济与历史关系的史料。特别是斯坦因、伯希和、勒柯克、赫尔曼在20世纪初相继到中国西北地区探查与掠夺文物的活动，更加激励了中国学术界、教育界关注敦煌学、丝绸之路学的研究，从而揭开了中国对西亚进行专门研究的帷幕。

最先注意到明初郑和下西洋的是梁启超。1904年他在《新民丛报》第21号上发表《祖国伟大航海家郑和传》，探讨郑和船队在阿拉伯和非洲的活动。此后相当一段时期中，中国伊斯兰教学者致力于《古兰经》的翻译、注释与伊斯兰教教义及历史的研究。直到1930年张星烺编注《中西交通史料汇编》（计六册，辅仁大学出版），中国对西亚的研究才有了系统的进展。此书第一编至第六编分述古代中国与欧洲、非洲、阿拉伯、亚美尼亚、犹太、伊兰之交通，计三册，将上起汉代下至17世纪中国与西亚、非洲的史料汇集在一起，对一些地名、物名作了考订。差不多同时，向达写了《唐代长安与西域文明》（1933年，燕京学报专刊）、《中西交通史》（1934年，上海中华书局），后者对15世纪以前的中西交通的叙述占一半篇幅，偏重于中国与欧洲的关系。中国伊斯兰教学者马坚曾致力于介绍伊斯兰文化，译有《回教哲学》《伊斯兰哲学史》《伊斯兰教育史》《回历纲要》《阿拉伯通史》等著作。土耳其在凯末尔领导下革命成功，一批土耳其建国史、革命史相继出版。陈捷著有《回教各国民族运动史》，探讨伊斯兰国家的独立运动。柳克述著《新土耳其》（1927年，上海商务印书馆），以土耳其的现代化和“西化”相提并论。何凤山著《土耳其农村经济的发展》（1937年，上海商务印书馆），研究土耳其农村经济由殖民地时代到独立后的转变历程。最有成就的是留学爱资哈尔大学的纳忠，在博采众书之后，写出一部系统而又不偏颇的《回教诸国文化史》。全书40万言，分八篇，叙述阿拉伯文化的起源与伊斯兰教兴起后阿拉伯世界的文化，这本书可说是中国学者在20世纪50年代以前研究阿拉伯文化极富功力和最具眼识的代表著作。

在培养专业人才方面，北京大学走在前列。1946年该校成立东方语言文学系，设有阿拉伯语文系，是培养阿拉伯语和研究西亚与非洲的文化、语言、历史、社会的人才基地。50年代后，南京东方语言专科学校并入北京大学。北京大学东方语文系在80年代扩建成东方文化系，继而更名东方学系，阿拉伯学、伊朗学成为东方学系中的重要组成部分，先后组建专门的研究所。此外，北京外国语学院（今北京外国语大学）、中央民族学院（今中央民族大学）、上海外国语学院（今上海外国语大学）均设有阿拉伯语专业。中国伊斯兰教经学院从宗教角度研究伊斯兰文化，培养专业人才，也是传扬西亚文化的一个据点。

1962年，中国亚非学会在北京成立，开始组织和推动当代亚非问题的研究。成立于1963年的西亚非洲研究所，中间一度停顿，1978年恢复，开始有计划地系统研究，成为研究该地区政治、经济、国际关系问题，以及历史、文化思潮等问题的专门机构。自1980年起，该所编辑《西亚非洲》双月刊。1964年建立的北京大学亚非研究所，在1979年创办了《亚非问题研究》，1991年起改出《亚非研究》，每年一辑，专门刊载亚非问题的研究论文，其中西亚、非洲的研究占到相当的比重。1978年西安西北大学将伊斯兰教研究所改建成中东研究所，1983年重庆西南师范大学筹建了西亚研究所，1985年宁夏社会科学院建立中东伊斯兰国家研究所。云南大学也成立了西南亚研究所。1982年7月更成立了中国中东学会。上海外国语大学中东文化研究所主办的、1982年发刊的《阿拉伯世界》（季刊）专门介绍、研究阿拉伯文化、经济。

随着专门研究朝多学科综合的方向发展，以文化体系为对象的研究有了新的起色，伊朗学的建立便是其中一个成果。1992年11月，北京大学伊朗学研究所举办了“伊朗学在中国”学术讨论会，并在1993年出版了会议论文集《伊朗学在中国论文集》（叶奕良编，北京大学出版社出版）。尤其可喜的是，伊朗学者帮助中国同行拨开了笼罩在亦思替非文字上的迷雾，展现了文化合作在学术交流中的魅力。

参考文献

外文部分

1. Abu'l-Fidā'. *Kitāb Taqwīm al-Buldan (text Arabe)*. Par M. Reinaud et la B.Mac Guckin de slane, Paris, 1840.

阿布·菲达. 世界史纲.

2. Ackerman, Phyllis. *Tapestry, The Mirrior of Civilisation*. N. Y. -London-Toronto, 1933.

阿克曼. 花毡.

3. Aga-Oglu. *Persian Bookbindings of the Fifteenth Century*. Ann Arbor, 1935.

阿伽—奥格罗. 15世纪波斯书籍装帧.

4. Al-'Umarī. *Masālik al-Absār Fīmamalik al-Amsār*. Tr. Gaudefroy-Demombynes, Paris, 1927.

乌玛里. 眼历诸国记.

5. Al-Nadīm, Ibn. *Kitāb al-Fihrist*.Ed. G. Flugel, Leipzig, 1871—1872.

纳迪姆. 百科书录.

6. Arnold, Thomas W. *Painting in Islam*. OX, 1928.

安诺德. 伊斯兰绘画.

7. Asmussen, J. P. *Manichaean Literature, Representative Texts, Chiefly from Middle Persian and Parthian Writings*. N. Y. 1975.

艾斯密孙. 摩尼教文献.

8. Asmussen, J. P. *Xuāstvānift, Studies in Manichaeism*. Copenhagen, 1965.

艾斯密孙. 摩尼教研究.

9. Bahrami, M. *Recherches sur les Carreaux de Revêtment Lustré Dans la Céramique Pesane du XⅢe au XVe siècle*. Paris, 1937.

巴赫兰米. 13至15世纪波斯瓷器研究.

10. Baltrušaitis, Jurgis. *Art Sumérien, Art Roman*. Paris, 1934.

巴尔特沙蒂.苏美尔艺术,罗马艺术.

11. Benoit, F. *L'Architecture Antiquité*. Paris, 1911.

裴诺埃.古代建筑.

12. Binyon, Laurence, Wilkinson, J.V.S.and Gray, Basil. *Persian Miniature Painting*. Oxford University Press, 1933.

宾扬等.波斯细笔画.

13. Bonne, A. *State and Economics in the Midde East*. London, 1955.

波纳.中东国家与经济.

14. Boyce, Mary. *A Catalogue of the Iranian Manusctipts in Manichaean Script in the Germann Turfan Collection*. Berlin, 1960.

鲍伊斯.德国吐鲁番陈列室摩尼教稿本目录.

15. Boyce, Mary.*A Reader in Manichaean Middle persian and Parthian*. Leiden, 1975.

鲍伊斯.中古波斯文、帕提亚文摩尼教读本.

16. Bretschneider, E. *On the Knowledge Possessed by the Ancient Chinese of the Arabs and Arabian Colonies*. London, 1871.

布莱特史耐德.古代中国人的阿拉伯知识.

17. Browne, E. G. *A Literary History of Persia*. London, 1902.

布朗.波斯文学史.

18. Bryder, P. *The Chinese Transformation of Manichaeism*. Sweden, 1985.

布里特.中国摩尼教.

19. Budge, E. A. W. *A History of Ethiopia*. London, 1928.

本格. 埃塞俄比亚史.

20. Budge, E. W. & Gadd, C. J. *The Babylonian Story of the Deluge and the epic of Gilgamesh*. London. 1929.

本格,葛德.巴比伦洪水传说和吉尔伽美什史诗.

21. Cerulli. *Somalia*. Roma, 1957.

西鲁里. 索马里.

22. Coedès, George. *Textes D'Auteurs Grecs et Latins Relatifs a l'Extrême-Orient*. Paris, 1910.

戈岱司编. 希腊、拉丁文献中的远东.

23. Contenau, G. *Manuel d'Archéologie Orientale*. Paris, 1927.

康蒂诺. 东方考古.

24. Daremberg, C. &Saglio, E. *Dictionnaire des Antiquités Grecques et Romains*. Paris, 1875—1919.

达伦堡编. 希腊罗马古物辞典.

25. Darmesteter, J. *The Zend-Avesta*. F. M. Müller(Ed.). The Sacred Books of the East, IV. Ox, 1880.

达曼斯蒂特. 阿维斯陀经.

26. Debevoise, N. C. *Parthian Pottery from Seleucia on the Tigris*. AnnArbor. Michigan, 1934.

德伯伏埃. 帕提亚陶器.

27. D'Erlanger, R. *Baron, La Musique Arabe*. Paris, 1930.

德朗格. 阿拉伯音乐.

28. Devic, L.-M. *Les Pays des Zendis ou la Côte Orientale de L'Afrique du Moyenage*. Nabu Press, 2010.

台维. 桑给国.

29. Diehl, C. *Manuel d'art Byzantin*. Paris, 1925.

台伊尔. 拜占庭艺术手册.

30. Dilley, A. U. *Oriental Rugs and Carpets*. N. Y. -London, 1931.

狄莱. 东方毡毯.

31. Dodge, B. (tr) *The Fihrist of al-Nadim. Vol*. 1—2. N. Y. 1970—1975.

道吉译. 百科书录.

32. Dwight, H. G. *Persian Miniatures*. N. Y. 1917.

特惠脱. 波斯细笔画.

33. Edrisi. *Géographie d'Edrisi*. tr. Del'Arabe par P. Jaubert, 1836, 2vols.

伊德里西.地理志.

34. Fage,J. D. *The Cambridge History of Africa*. Cambridge University Press,1979.

菲奇.剑桥非洲史.

35. Filmer,H. *The Pageant of Persia*.N. Y. 1936.

费尔默.波斯舞台.

36. Firdousi. *The Shahnáma of Firdausí*(trs. AG. –E. Warner).London,1915.

费尔陀西.国王纪年.

37. Fisher. S. N. *The Middle East,A History*. N. Y. 1968.

费希尔.中东史.

38. Ghirshman,Roman. *Iran*. PenguinBooks,1954.

格希曼.伊朗.

39. Ghirshman,Roman. *Persian Art,the Partian and Sassanian Dynasties*. N. Y. 1962.

格希曼.波斯艺术.

40. Gibb,H. A. R. &Bowen,Harold. *Islamic Society and the West*. Vol. 1,pts1&2,London,Ox 1950,1956.

吉布等.伊斯兰社会与西方.

41. Grottanelli,V. L. *Pescatori dell' Oceano Indiano*. Roma,1955.

格鲁登纳里.印度洋渔民.

42. Hawqal, Ibn. *Kitāb Sūrat al–Ard*. 2nd. Ed. J. H. Kramers, Leiden, 1938—1839, BGA.

伊本·海克尔.地球的形状.

43. Herzfeld,E. E. *Archaeological History of Iran*. London,1935.

哈兹菲尔德.伊朗考古史.

44. Heyd,W. *Histoire du Commerce du Levant*. Vol. 1~2.Leipzig,1923.

海特.利凡特商业史.

45. Holt,P. M. ,Lambton,K. S. ,Lewis,Bernard. *The Cambridge History of Islam*. Cambridge University Press,1976.

霍尔特等.剑桥伊斯兰史.

46. Hourani,A. H. *Syrīa and Lebanon*. London,1954.

胡拉尼.叙利亚与黎巴嫩.

47. Hourani, G. F. *Arab Seafaring in the Indian Ocean in Ancient and Early Medieval Time*. Princeton, 1951.

胡拉尼.阿拉伯航海史.

48. Inalcik, Halil. *The Ottoman Empire, The Classical Age*, 1300—1600.London, 1973.

伊那尔塞克.奥斯曼帝国.

49. Jackson, A. V. Williams. *Zoroastrian Studies*. N. Y. 1928.

杰克逊.琐罗阿斯德教研究.

50. Jackson, A. V. Williams. *Researches in Manichaeism, with Special Reference to the Turfan Fragments*. Columbia Univ. N. Y. 1932, reprint, 1966.

杰克逊.摩尼教研究.

51. Kammerer, A. *La mer Rouge, l'Abyssinie et l'Arabie Depuis l'Antiquite*. Cairo, 1929—1952.

卡麦里尔.红海.

52. Khaldūn, Ibn. *Al-Mugaddimah*. 3vols. Tr. by F. Rosenthal. N. Y. 1958.

伊本·卡勒敦.绪论.

53. Khurdādhbih, Ibn. *Al-Masālik wa'I-Mamālik*. Leiden, 1889, BGA.

伊本·郭大贝.省道志.

54. Klimkeit, Hans-Joachim. *Manichaean Art and Calligraphy*. Leiden, 1982.

克林凯特.摩尼教艺术.

55. Kuhnel, E. *Islamische Kleinkunst*. Berlin, 1925.

科赫纳.伊斯兰文化.

56. Langlois, V. *Collection des Historiens Anciens et Modernes de L'Arménie*. Paris, 1869.

朗洛埃.亚美尼亚历史汇编.

57. Lewis, B. *Encyclopaedia of Islam*. London, 1978.

刘易斯.伊斯兰百科全书.

58. Louis-Frédéric. *Encyclopaedia of Asian Civilizations*. France, 1977, 3vols.

露易斯—弗雷德瑞克.亚洲文化百科全书.

59. Marcais. G. *Manuel d'art Musulman*, I.Paris, 1926.

马尔塞.穆斯林艺术手册.

60. Martin, F. R. *The Miniature Painting of Persia, India and Turkey*. London, 1912.

马丁.波斯、印度、土耳其细笔画.

61. Mas'ūdi. *Murūj al-Dhahab*. Revised by C. Pellat, 1962.

曼苏地.黄金草原.

62. Meynard, B. de, &de Courteille. (trs.)*Les Prairies d'or*. 9vols. Paris, 1861—1877.

梅纳,科蒂勒.黄金草原(法文).

63. Migeon, Gaston. *Les Arts Musulmans*. Paris, 1926.

米盖翁.穆斯林艺术.

64. Miquel, André. *L'Islam et sa Civilisation*. VⅡe-XXe Siècle.Paris, 1977.

米盖尔.7至20世纪的伊斯兰文化.

65. Mohl, J. (trans)Firdousi. *Le Livre des Rois*. Paris, 1877.

摩勒,费尔陀西.国王纪年法译本.

66. Mufaddal, ibn. *Histoire des Sultans Mamlouks*. Ed. &tr. E. Blochet.Patrologia Orientalis, 1919.

莫法达尔.马木鲁克苏丹史.

67. Münsterberg, O. *Chinesische Kunstgeschichte*. Esslingen, 1910.

孟斯特伯格.中国文化史.

68. Nasr, Seyyed Hossein. *Scienceand Civilization in Islam*. Harvard University Press, 1968.

纳萨.伊斯兰科学与文明.

69. Pankhurst, R. *An Introduction to the Economic History of Ethiopia, from Early Times to* 1800. London, 1961.

潘古斯特. 埃塞俄比亚经济史导论.

70. Pope, A. U. *An Introduction to Persian Art*. London, 1931.

波普.波斯艺术导论.

71. Pope, A. U. (ed.)*A Survey of Persian Art*. London &N. Y, 1938.

波普.波斯艺术综览.

72. Procopius. *De Bello Persico*. Eng. tr, H. B. Dewing.London, 1954.

普洛科庇.波斯战纪.

73. Rensch, R. *The Harp: Its History, Technique and Repertoire*. London&. N. Y. 1969.

伦奇.竖琴.

74. Reusch, R. *History of East Africa*. N. Y. 1961.

罗戚. 东非史.

75. Reuther, O. *Die Ausgrabungen die Deutschen Ktesiphon-Expedition im Winter* 1928—1929.Berlin.

罗什. 德国泰西封考察队报告.

76. Rice, D. Talbot. *Islamic Art*. Rev. ed. N. Y. 1975.

罗埃斯. 伊斯兰艺术.

77. Rice, T. T. *Ancient Arts of Central Asia*. London, 1965.

罗埃斯. 中亚古代艺术.

78. Rimmer, J. *Ancient Musical Instruments of Western Asia in the British Museum*. London, 1969.

里默尔. 不列颠博物馆藏古代西亚乐器.

79. Rostovtzeff, Baur. *The Excavations at Dura-Europos*. Preliminary Report of First Season of Work, Spring, 1928, NewHaven, 1929. Second season, 1928—1929, NewHaven, 1931. Third season, 1929—1930, NewHaven, 1932. Fourth season, 1930—1931, NewHaven, 1933.

罗斯托夫采夫. 杜拉—欧罗波发掘报告.

80. Rostovtzeff, M. *The Social and Economic History of the Roman Empire*. 2 vols. London, 1957.

罗斯托夫采夫. 罗马帝国社会经济史.

81. Royal Academy of Arts. *An Illustrated Souvenir of the Exibition of Persian Art*. London, 1931.

皇家艺术学会. 波斯艺术展览图录.

82. Said, Hakim Mohammed. *Al-Bīrūnī Comemoration Volume*. A. H. 362—A. H. 1362. Calcutta, 1951.

萨伊德. 比鲁尼纪念文集.

83. Salvador-Daniel, Francesco. *The Music and Musical Instruments of the Arab*. Facsimile, 1914.

萨尔瓦多—丹尼尔. 阿拉伯音乐与乐器.

84. Sarre. F. *Die Kunst des Alten Persien*. Berlin, 1922.

萨莱. 古波斯文化.

85. Sarre. F. *Die Keramik von Samarra*. Berlin, 1925.

萨莱.萨马拉瓷器.

86. Sarton, George. *Introduction to the History of Science*. 3vols. Washington, 1931.

萨尔顿.科学史导论.

87. Schoff, W. H. *The Periplus of the Erythraean Sea*. N. Y. 1912.

索夫译注.厄立特里海环航记.

88. Schulz, W. P. *Die Persisch-Islamische Miniaturmalerei*. Leipzig, 1914.

施尔兹.波斯伊斯兰细画.

89. Shaw, S. J. *History of the Ottoman Empire and Modern Turkey*. 2vols.Cambridge University Press, 1977.

肖.奥斯曼帝国与现代土耳其.

90. Smith, Charles & Clancy-Smith, Julia. *The Middle East and North Africa*. London, 1983.

史密斯等.中东和北非年鉴.

91. Stein, A. *Archaeological Reconnaissances in North-Western India and Southeastern Iran*. London, 1937.

斯坦因.西北印度和东南伊朗考古录.

92. Tabarī. *Ta'rīkh al-Rusul wa'l-Mulūk*. Ed. M. J. de Goeje & others, Leiden, 1879—1901. Cairo, 1939, 5vols.

塔巴里.各民族历代国王史.

93. Volbach, W. F. &Kühnel, E. *Late Antique, Coptic and Islamic Textiles of Egypt*. N. Y. 1926.

荷尔巴哈,科赫纳.埃及历代织物.

94. Volker, T. *Poreelain and the Dutch East India Company*. Leiden, 1954.

沃尔克.瓷器与荷兰东印度公司.

95. Warmington, E. H. *The Commerce between the Roman Empire and India*. Camb, 1928; Rev. ed. Delhi, 1974.

威明顿.罗马帝国和印度的商业.

96. West, E. W. (trans.)*Pahlavi Textes*. Pt. 1, The Bundahis, Bahman Yast, and Shāyast lā-Shāyast. F. M. Maller(ed.), Sacred Books of the East V, Ox, 1880.

韦斯特译.帕拉维文典籍.

97. Yākut. *Mu'djam al-Buldān*. Ed. F. Wüistenfeld, Leipzig, 1866—1873(anastatic reprint1924);5vols.Beirut,1955—1957.

雅库特.地理辞典.

98. Yarshater, E. *The Cambridge History of Iran*. Cambridge University Press, 1983.

雅沙特.剑桥伊朗史.

中文部分

1. 段成式. 酉阳杂俎. 北京：商务印书馆. 丛书集成本.

2. 张一纯笺注. 杜环经行记笺注. 北京：中华书局，1963.

3. 庞元英. 文昌杂录. 北京：商务印书馆. 丛书集成本.

4. 周去非. 岭外代答. 北京：商务印书馆. 丛书集成本.

5. 赵汝适著，冯承钧校注. 诸蕃志校注. 北京：中华书局，1956.

6. 陈元靓. 事林广记. 北京：中华书局，1963.

7. 汪大渊著，苏继庼校释. 岛夷志略校释. 北京：中华书局，1981.

8. 马欢著，冯承钧校注. 瀛涯胜览校注. 北京：中华书局，1955.

9. 费信著，冯承钧校注. 星槎胜览校注. 北京：中华书局，1954.

10. 巩珍著，向达校注. 西洋番国志校注. 北京：中华书局，1961.

11. 海军海洋测绘研究所，大连海运学院航海史研究室编. 新编郑和航海图集. 北京：人民交通出版社，1988.

12. 严从简. 殊域周咨录. 北京：故宫博物院，1930.

13. 黄省曾著，谢方校注. 西洋朝贡典录. 北京：中华书局，1982.

14. 罗曰褧著，余思黎点校. 咸宾录. 北京：中华书局，1982.

15. 陈伦炯著，李长傅校注. 海国闻见录校注. 郑州：中州古籍出版社，1985.

16. 谢清高著，冯承钧校注. 海录注. 北京：中华书局，1955.

17. 谈迁. 国榷. 北京：中华书局，1958.

18. 张星烺. 中西交通史料汇编. 北京：中华书局，1976—1977. 上海：上海书店，1994年影印. 民国丛书. 第五编之28—30册.

19. 朱杰勤. 中外关系史论文集. 郑州：河南人民出版社，1984.

20. 沈福伟. 中西文化交流史. 上海：上海人民出版社，2017.

21. 何芳川主编. 中外文化交流史. 国际文化出版公司，2008.

22. 沈福伟. 中国与非洲：3000年交往史，太原：山西教育出版社，2021.

23. 三上次男著，胡德芬译. 陶瓷之路. 天津：天津人民出版社，1983.

24. 苏莱曼，阿布·宰德. 中国印度见闻录. 北京：中华书局，1983.

25. 劳费尔著，林筠因译. 中国伊朗编. 北京：商务印书馆，1964.

26. 戴文达. 中国人对非洲的发现. 北京：商务印书馆，1983.

27. 张铁生. 中非交通史初探. 北京：三联书店，1965.

28. 马文宽，孟凡人. 中国古瓷在非洲的发现. 北京：紫禁城出版社，1987.

29. 郑和研究资料选编. 北京：人民交通出版社，1985.

30. 桑原隲藏著，陈裕菁译. 蒲寿庚考. 北京：中华书局，1929.

31. 罗香林. 蒲寿庚研究. 香港：香港中国学社，1959.

32. 希提著，马坚译. 阿拉伯通史. 北京：商务印书馆，1979.

33. 马金鹏译. 伊本·白图泰游记. 银川：宁夏人民出版社，1985.

34. 夏德著，朱杰勤译. 大秦国全录. 北京：商务印书馆，1964.

35. 林悟殊. 摩尼教及其东渐. 北京：中华书局，1987.

36. 林悟殊. 波斯拜火教与古代中国. 台湾：新文丰出版公司，1995年.

37. 林梅村. 古道西风——考古新发现所见中西文化交流. 北京：生活·读书·新知三联书店，2000.

38. 郁龙余编. 东方比较文学论文集. 长沙：湖南文艺出版社，1987.

39. 阿里·玛扎海里著，耿昇译. 丝绸之路——中国波斯文化交流史. 北京：中华书局，1993.

40. 爱德华·卢西·史密斯著，米淳译. 世界工艺史. 北京：中国美术学院出版社，1993.

41. 张至善编. 中国纪行. 北京：三联书店，1988.

42. 叶奕良编. 伊朗学在中国论文集. 北京：北京大学出版社，1993.

43. 卡尔·布罗克尔曼著，孙硕人等译. 伊斯兰教各民族与国家史. 北京：商务印书馆，1985.

44. 阿尔伯特·冯·勒柯克著，赵崇民、巫新华译. 中亚艺术与文化史图鉴. 北京：中国人民大学出版社，2005.

45. 贝格曼著，王安洪译. 新疆考古记. 乌鲁木齐：新疆人民出版社，1997.

46. 格鲁塞著，常任侠、袁音译. 东方的文明. 北京：中华书局，1999.

47. 中亚文明史（五卷本）. 北京：中国对外翻译出版公司，2002.

48. 拱玉书. 西亚考古史（1842—1939）. 北京：文物出版社，2002.

49. 孙机. 中国圣火. 沈阳：辽宁教育出版社，1996.

50. 罗世平，齐东方. 波斯和伊斯兰美术. 北京：中国人民大学出版社，2004.

51. 王瑞珠. 世界建筑史. 西亚古代卷. 北京：中国建筑工业出版社，2005.

52. 谢弗著，吴玉贵译. 唐代的外来文明. 北京：中国社会科学出版社，1995.

53. 赵乐蕤译. 吉尔伽美什——巴比伦史诗与神话. 南京：译林出版社，1966.

54. 杜兰著. 东方的遗产. 北京：东方出版社，1999.

55. 博伊斯著，张小贵、殷小平译. 伊朗琐罗亚斯德教村落. 北京：中华书局，2005.

56. 李光斌译. 异境奇观——伊本·白图泰游记. 塔奇校订. 北京：海洋出版社，2008.

后 记

大约10000年前，世界开始进入农艺作物的初始阶段，从而揭开了世界三大文明体系的漫长历史。世界文明的历史进程可以划分成前期、后期和晚期三大阶段。前期，在亚洲东部，是以发端于南稻北粟、兼有湿地和旱作农业的中华文明为标志的东亚文明；在亚洲西部，是以美索不达米亚文明为标志的西亚文明；在欧洲南部和非洲北部，是以地中海地区为主的地中海文明。三大文明体系虽彼此相距遥远，但它们各自通过向周边地区不断扩大的活动区域，彼此之间逐渐产生电磁效应，直接或间接地从其他文明体系那里获得新知识与新技能，从而产生新的动力，推进社会的发展。后期，在亚洲东部萌生了由中国主宰的佛教文明中心，在亚洲西部则是以阿拉伯文明为核心的伊斯兰文明的兴起，更新了世界文明的格局。从此，在全球范围内形成了以欧洲为主体的基督教文明，以西亚、北非为中心的伊斯兰文明，以东亚为中心的佛教文明，形成三大宗教文明鼎足而立的格局。晚期，随着不同文明在地域上的拓展和相互冲突，最终演绎成东亚佛教文明、亚洲西部和非洲的伊斯兰文明、欧洲及以后美洲的基督教文明等三大文明鼎足而立的局面。这三大文明不断地在彼此之间交流、冲突、适应与替代的过程中更新与重塑着自己的演变轨迹。

从某种意义上说，西亚文明曾是世界文明最核心的地区，它对于沟通东方与西方、大陆文明与海洋文明等产生过不可替代的承前启后、彼此互动、推陈出新的作用。研究东亚文明与西亚文明之间互相促进、互相交流的历史，是世界文明史中具有启蒙意义的重要环节。写作本书，只是我为后学者更加深入研究所做的抛砖工作。

1994年，我参与了百卷本《中华文化通志》的编纂工作，亲自撰写了《中国与西亚、北非文化交流志》，1997年在上海人民出版社正式付梓。2010年又应新疆人民出版社之约，利用出版《丝绸之路：中国与西亚文化交流研究》之机，对旧稿作了修订，增加了十多年来我和许多研究者有关的研究成果。又十年后的2020年，应山西教育出版社之约，我将中国与西亚的文化交流史志单列出来，根据大量史实对旧作进行大幅修订，增加了近十年来许多鲜活的新的考古资料，使本书具有与时俱进的时代感。不过，由于我涉猎不广，见闻有限，书中不足之处在所难免，若能做到尽力减少错漏，已算略有进步了。剩下的工作在于引玉，只能有待于比我更加年轻的后学者来进一步深入研究了。

沈福伟

2020年12月

编　　审：高春平
　　　　　桂林瑞
摄　　影：刘晋英等
装帧设计：王　华

内部资料性出版物准印证
（并迎）（2023）TYYZ字第002号
内部资料　免费交流